Gehaltsobergrenzen im Sport

Europäische Hochschulschriften

European University Studies

Publications Universitaires Européennes

Reihe II **Rechtswissenschaft**

Series II Law

Série II Droit

Band/ Volume **5979**

Carsten Henneberg

Gehaltsobergrenzen im Sport

Untersuchung der rechtlichen Zulässigkeit einer Einführung von Gehaltsobergrenzen im professionellen Mannschaftssport – insbesondere im Hinblick auf den europäischen Profifußball und im Vergleich zu den US-amerikanischen Profiligen

PETER LANG

Bibliografische Information der Deutschen Nationalbibliothek
Die Deutsche Nationalbibliothek verzeichnet diese Publikation in der Deutschen Nationalbibliografie; detaillierte bibliografische Daten sind im Internet über http://dnb.d-nb.de abrufbar.

Zugl.: Gießen, Univ., Diss., 2017
Fachbereich Rechtswissenschaft

D 26
ISSN 0531-7312
ISBN 978-3-631-74199-3 (Print)
E-ISBN 978-3-631-74432-1 (E-PDF)
E-ISBN 978-3-631-74433-8 (EPUB)
E-ISBN 978-3-631-74434-5 (MOBI)
DOI 10.3726/b13202

Diese Publikation wurde begutachtet.

www.peterlang.com

Vorwort

Die vorliegende Arbeit wurde im Wintersemester 2015/2016 von der juristischen Fakultät der Justus-Liebig-Universität Gießen als Dissertation angenommen. Die Disputation fand im Mai 2017 statt. Rechtsprechung und Literatur konnten bis September 2017 berücksichtigt werden.

Ein besonders herzlicher Dank gilt meinem Doktorvater, Herrn Professor Dr. Wolf-Dietrich Walker, der meine Arbeit mit Interesse begleitet und mir viele wertvolle Hinweise gegeben hat. Herrn Prof. Dr. Martin Gutzeit danke ich für die Erstellung des Zweitgutachtens und seine hilfreichen Anregungen für die Drucklegung der Arbeit.

Weiterhin bedanke ich mich ganz herzlich bei Herrn Rechtsanwalt Dr. Christoph Naumann und Herrn Dr. Frank Hüesker für die kritische Durchsicht des Manuskripts und viele konstruktive Gespräche. Meiner Schwester, Simone Schneider, danke ich für das Korrekturlesen der Arbeit. Ebenfalls ein besonderer Dank gilt meiner lieben Freundin Lisa für die fortwährende moralische Unterstützung, Motivation und Geduld.

Widmen möchte ich diese Arbeit meinen Eltern, die mir auf meinem gesamten Lebensweg, insbesondere während meines Studiums und der Dissertation, stets mit Rat und Tat zur Seite standen. Ihnen kann nicht genug gedankt sein. Die Idee und Motivation zur Anfertigung dieser Arbeit sind meiner Liebe zum Fußballsport und zur Sportgemeinde Eintracht Frankfurt entsprungen.

Inhaltsverzeichnis

§ 1 Einleitung

A. Gegenstand der Arbeit

Der beliebteste Sport der Menschen in Deutschland und in Europa, der Fußball, ist im Jahr 2017, 54 Jahre nach der Gründung der Fußball-Bundesliga, viel mehr als nur sportlicher Wettkampf auf dem grünen Rasen – er ist mittlerweile ein Milliardengeschäft geworden. In sportlicher und wirtschaftlicher Hinsicht dürfen als Branchenführer des deutschen Fußballs aktuell der FC Bayern München und Borussia Dortmund gelten. In der Spielzeit 2012/2013 bestritten sie das Endspiel der UEFA Champions-League und verdienten in diesem Wettbewerb 54 bzw. 55 Mio. Euro durch Prämien und TV-Einnahmen[1]. Die Gesamtumsätze der beiden Clubs[2] pro Spielzeit übersteigen mittlerweile 400 bzw. 600 Mio. Euro. Zugleich drängen von wirtschaftlich potenten Investoren wie dem SAP-Mitbegründer und Mäzen Dietmar Hopp oder dem österreichischen Getränkehersteller Red Bull unterstützte Clubs[3] mit scheinbar unbegrenzten Finanzmitteln in die Fußball-Bundesliga.

Doch das Fußballgeschäft hat auch eine andere Seite: In der Spielzeit 2012/2013 gerieten traditionsreiche Clubs wie der MSV Duisburg und Alemannia Aachen, die viele Jahre fester Bestandteil des deutschen Profifußballs waren, aufgrund des finanziellen Konkurrenzdrucks in wirtschaftliche Schieflage und wurden wegen fehlender Lizenzerteilung durch den Deutschen Fußball Bund (DFB) und „Die Liga – Fußballverband e. V." (Ligaverband)[4] in die 3. Liga bzw. in die viertklassige Regionalliga versetzt. Darüber hinaus gibt es auch innerhalb der Fußball-Bundesliga ein großes wirtschaftliches Ungleichgewicht zwischen vier bis fünf Clubs und dem Rest der Liga.[5] Gleichzeitig entsteht ein immer stärkeres sportliches Leistungsgefälle innerhalb der Ligen. In der Fußball-Bundesliga machen seit Jahren in der Regel nur einige wenige Clubs die Meisterschaft und die begehrten Startplätze für die europäischen Wettbewerbe untereinander aus. In den anderen europäischen Topligen, der englischen Premier League und der spanischen Premiera Division, ist das

1 „Geldquelle Champions League: Mehr für alle, viel mehr für wenige" in www.faz.net vom 16.9.2013 (zuletzt aufgerufen am 5.7.2014). Neben den Zuschauer und Fernseheinnahmen schüttet die UEFA auch großzügige Siegprämien an die Teilnehmer der Champions League aus.

2 Die in dieser Arbeit aus Gründen der Vereinfachung durchgängig verwendete Bezeichnung „Club" umfasst sowohl Sportvereine als auch Sportkapitalgesellschaften, die an einem professionellen sportlichen Ligawettbewerb teilnehmen.

3 TSG Hoffenheim und RasenBallsport Leipzig, dazu werden noch häufig die bereits seit einiger Zeit etablierten Werksclubs VFL Wolfsburg (unterstützt durch den Automobilkonzern VW) und Bayer Leverkusen in dieser Kategorie genannt.

4 Im Rahmen der Generalversammlung vom 24.8.2016 umbenannt in „DFL Deutsche Fußball Liga e. V." (DFL e. V.).

5 Vgl. hierzu unten bei § 1 B.

Gefälle zwischen den Clubs teilweise noch gravierender. Vergleicht man, welche Fußball-Clubs in Europa in den letzten Jahrzehnten die Mehrzahl der nationalen und europäischen Wettbewerbe gewonnen haben, so lässt sich ein eindeutiger Zusammenhang zwischen überlegener Wirtschaftskraft und sportlichem Erfolg ableiten.[6]

Im US-amerikanischen Profisport gab es in den 1980er und 1990er Jahren ähnliche Tendenzen wie heutzutage im europäischen Mannschaftssport. Zum einen dominierten einige wenige Clubs die Ligen, zum anderen erhöhte sich der Kostendruck auf die Clubeigentümer durch stetig steigende Spielergehälter.[7] Die dortigen Profiligen reagierten nacheinander mit ähnlichen Maßnahmen auf diese Problematik, nämlich mit der Einführung von Gehaltsobergrenzen, sogenannten *salary caps*.[8] Unter einem *salary cap* versteht man im Allgemeinen eine Obergrenze der einzelnen Spielergehälter und/oder der Gesamtpersonalkosten der Clubs, die sich z.B. prozentual an den Einnahmen der Clubs oder der Liga innerhalb eines bestimmten Zeitrahmens – in der Regel einer Spielzeit – orientieren und nicht überschritten werden dürfen.[9] Als weitere Maßnahmen werden teilweise durch das sogenannte *revenue sharing* bestimmte Einnahmen der Clubs untereinander aufgeteilt und eine sogenannte *luxury tax* auf bestimmte Ausgaben der Clubs erhoben.[10] Neben der grundsätzlichen Aufteilung der Ligaeinnahmen zwischen den Clubbesitzern und Spielern, organisatorischen Regelungen und weiteren Arbeitsbedingungen sind die *salary caps* häufig ein zentraler Inhalt der Tarifverhandlungen zwischen den Vertretern der Clubs und den Spielergewerkschaften (*players unions*), die in allen US-amerikanischen Profiligen vertreten sind.

Die vorliegende Arbeit geht der Frage nach, ob eine Einführung und Anwendung von Gehaltsobergrenzen im professionellen Mannschaftssport in Deutschland und Europa rechtlich möglich ist. Bedenken ruft hier insbesondere die Beschränkung der Verhandlungsmöglichkeiten von Spielern und Clubs bezüglich Beschäftigung und Vergütung hervor.[11] Der Schwerpunkt der rechtlichen Prüfung liegt im deutschen und europäischen Arbeitsrecht; ebenfalls werden verbands- und kartellrechtliche Aspekte behandelt. Zudem wird ein Rechts- und Tatsachenvergleich zwischen Deutschland

---

6 Vgl. hierzu eine Zusammenfassung bei *Randerath*, Legal Requirements and Problems to Create a financial Balance between Professional Sport Clubs in the German Bundesliga, 11 ff.

7 *Weiler/Roberts/Abrams/Ross*, Sports and the Law, 256.

8 Die Begriffe Gehaltsobergrenzen bzw. *salary cap* werden im Folgenden als Synonym und Oberbegriff verwendet, auch wenn es hier verschiedenste Ausgestaltungsformen gibt.

9 *Fikentscher*, Der Salary Cap im Sport, in: Vieweg (Hrsg.), Spektrum des Sports (2003), 191.

10 Einen Überblick zu den in den US-Profiligen verwendeten Umverteilungsmechanismen gibt *Randerath*, Legal Requirements and Problems to Create a Financial Balance between Professional Sport Clubs in the German Bundesliga, 16 ff.

11 *Fikentscher*, Der Salary Cap im Sport, in: Vieweg (Hrsg.), Spektrum des Sports (2003), 188.

und den USA durchgeführt. Bei der Betrachtung des deutschen und europäischen Mannschaftssports liegt der Schwerpunkt auf dem Profifußball, da dieser zum einen – gemessen an Zuschauerinteresse und wirtschaftlichen Umsätzen – die mit Abstand bedeutendste Mannschaftssportart in Europa ist[12], und zum anderen für keine andere Sportart so umfassendes Daten- und Informationsmaterial zur Verfügung steht.

B. Sportliche und ökonomische Ausgangslage und Bedarf an Gehaltsobergrenzen im europäischen Mannschaftssport

Es entspricht einer weitverbreiteten Ansicht im Bereich der Sportwissenschaft, dass die grundsätzliche Chancengleichheit, die dauerhafte Chance auf Sieg und Niederlage überlebenswichtig für den Wettkampfsport sei.[13] Gleichsam unterscheide sich sportlicher Wettkampf dadurch fundamental vom Wettbewerb zwischen Wirtschaftsunternehmen, dass beim Sport gerade die Spannung und die Unsicherheit des Ausgangs – also der offene Wettbewerb zwischen den Clubs – die Zuschauer in die Stadien und vor den Fernseher locke, während klassische Wirtschaftsunternehmen sehr gut auf jegliche Wettbewerber verzichten könnten.[14] Clubs, die an einem professionellen Ligawettbewerb teilnehmen, hätten folglich sowohl ein starkes Interesse an der Existenz und am Überleben als auch an einer gewissen Leistungsstärke ihrer sportlichen Konkurrenten, da gerade das Kräftemessen zwischen den Clubs deren Wirtschaftsgut und damit das der gesamten Liga darstelle.[15]

Anscheinend entgegen dem klassischen Verständnis des Sports als Freizeitbeschäftigung einer breiten Masse haben sich vor allem die europäischen Fußballclubs – aber auch Clubs in anderen populären Mannschaftssportarten wie Eishockey, Handball oder Basketball – in den letzten Jahren rasant in Richtung moderner, gewinnorientierter Wirtschaftsunternehmen und weg vom klassischen „Sportverein früherer Tage“ entwickelt.[16] Die Bedeutung ökonomischer Faktoren im

---

12 Siehe dazu umfassend: *Holzhüter*, Salary Cap, Revenue Sharing und Free Agency als Mittel zur Verbesserung der Chancengleichheit im US-Sport, 56 ff.

13 Fritzweiler/Pfister/Summerer/*Pfister*, PHB Sportrecht, 5.

14 *Pfister*, SpuRt 2002, 45, 45; ähnlich auch *Butte*, Das selbstgeschaffene Recht des Sports, 25; aus ökonomischer Sicht zur sogenannten Unsicherheitshypothese: *Swieter*, Ökonomische Analyse, 53 ff. und 60 ff.; *Hübl/Swieter*, Fußball-Bundesliga, 20; *Frick/Prinz*, Spielerallokation und Spielerentlohnung, 130; *Stein*, SpuRt 2008, 46, 47.

15 Stopper/Lentze/*Stopper*, Handbuch Fußball-Recht, Kap. 7, Rn. 3, mit Verweis auf die Schlussanträge von GA *Lenz*, in der Rs. C-415/93 (Bosman), EuGRZ 1995, 459, Rz. 254 ff.; *Butte*, Das selbstgeschaffene Recht des Sports, 80; *Flory*, Der Fall Bosman, 24; *Pfister*, SpuRt 2002, 45, 48; *Frick/Prinz*, Spielerallokation und Spielerentlohnung, 130.

16 So z. B.: *Holzhäuser*, SpuRt 2004, 144, 144; *Smilgies*, Erfolgsbeteiligung von Sportlern und Trainern, 29; eine ausführliche Darstellung hierzu findet sich bei: *Strauß*, Fußballunternehmen in Europa.

professionellen Mannschaftssport ist im Zuge dieser Entwicklung stetig gestiegen. Dies wird z.B. im deutschen Profifußball auch dadurch deutlich, dass mittlerweile die Mehrzahl der 36 am Spielbetrieb der Bundesliga und 2. Bundesliga teilnehmenden Clubs die Rechtsform sogenannter Sportkapitalgesellschaften haben.[17] Im deutschen Basketball waren dies im Jahr 2009 bereits 13 von 18 und im Handball sogar 15 von 18 Clubs.[18] Die Profiliga im deutschen Eishockey (Deutsche Eishockey Liga Betriebsgesellschaft mbH – DEL) wird von den am Ligabetrieb teilnehmenden Clubs, die allesamt die Rechtsform von Sportkapitalgesellschaften haben, gehalten.[19] Auch die Umsätze der Proficlubs sind in den letzten Jahren stetig gestiegen. Die 18 Clubs der Fußball-Bundesliga erwirtschafteten in der Saison 2015/2016 zum ersten Mal einen Umsatz von über 3 Mia. Euro, die 18 Zweitligaclubs immerhin 608,3 Mio. Euro.[20] Zusammen verzeichneten die 36 Proficlubs in der Saison 2015/2016 einen Umsatz von annähernd 4 Mia. Euro, was eine Steigerung von über 20 % gegenüber der Vorsaison bedeutet. Seit der Saison 2003/2004 hat sich der Umsatz der 36 Proficlubs mehr als verdreifacht.

Die Spielergehälter im deutschen und europäischen Profifußball stellen nach wie vor den größten Posten auf der Ausgabeseite der Clubs dar und ein stetiger, ungebremster Anstieg könnte die wirtschaftliche Stabilität der Ligen gefährden. Mit den steigenden Umsätzen steigen auch die Spielergehälter signifikant. Die Gesamtpersonalkosten der Bundesliga für Spieler und Trainer in der Spielzeit 2015/2016 betrugen 1,06 Mia. Euro. Die sogenannte Personalkostenquote, das Verhältnis der Ausgaben für die Profimannschaft zu den Einnahmen der Clubs, betrug im Durchschnitt 32,6 %.[21] Europaweit liege nach einer Erhebung der UEFA die Quote der Personalkosten der Erstligaclubs bei 65 %, also bei rund 2/3 des Umsatzes.[22]

Die Verbindlichkeiten der Bundesligaclubs sind in der Spielzeit 2015/2016 im Durchschnitt auf 70 Mio. Euro gestiegen, die Gesamtverbindlichkeiten der Bundesligaclubs betrugen somit 1,26 Mia. Euro.[23] Im europäischen Fußball betrugen die Gesamtschulden der Clubs im Jahr 2011 sogar 8 Mia. Euro.[24] Laut einer Anfang 2013

---

17 Vgl. *Smilgies*, Erfolgsbeteiligung von Sportlern und Trainern, 30 und Anlage 1, der zufolge im Jahr 2009 20 der 36 Lizenzclubs der Bundesliga und zweiten Bundesliga die Rechtsform einer GmbH & Co. KG, AG oder GmbH gewählt hatten; *Butte*, Das selbstgeschaffene Recht des Sports, 45 ff. m.w.N.; *Hübl/Swieter*, Fußball-Bundesliga, 30; *Swieter*, Ökonomische Analyse, 62; *Littkemann/Brast/Stübinger*, WiSt 2003, 415, 415.

18 Vgl. *Smilgies*, Erfolgsbeteiligung von Sportlern und Trainern, 30 und Anlage 1.

19 Hierzu ausführlich: *Schäfer*, Sportkapitalgesellschaften, in Scherrer, Sportkapitalgesellschaften, 17 ff.; *Strauß*, Fußballunternehmen in Europa.

20 DFL-Report 2017 – Die wirtschaftliche Situation im Lizenzfußball 8.

21 DFL-Report 2017 – Die wirtschaftliche Situation im Lizenzfußball, 29.

22 DFL-Report 2017 – Die wirtschaftliche Situation im Lizenzfußball, 29.

23 DFL-Report 2017 – Die wirtschaftliche Situation im Lizenzfußball, 12.

24 „Financial Fair Play in der UEFA überfällig“, Börsen-Zeitung vom 20.4.2012.

veröffentlichten Fünf-Jahres-Analyse der UEFA sind die Verluste der europäischen Fußballclubs in diesem Zeitraum auf insgesamt 1,7 Mrd. Euro, die Spielergehälter um 40 % auf insgesamt 8,6 Mrd. Euro gestiegen.[25] Im Zeitraum zwischen 2007 und 2012 sei der Umsatz der europäischen Fußballclubs zwar um 42 % gestiegen, die Gehaltsausgaben im gleichen Zeitraum jedoch um 57 %.[26] Ein besonders gravierendes Beispiel ist dabei der Branchenprimus, die englische Premier League, die zum Ende der Saison 2011/2012 einen Gesamtschuldenstand von etwa 3 Mrd. Euro und einen durchschnittlichen Personalaufwand pro Team von etwa 102 Mio. Euro verzeichnete.[27] Diese Zahlen zeigen, dass im deutschen und europäischen Fußballsport immens hohe Umsätze und Einnahmen erzielt werden; die Spielergehälter machen einen großen Anteil der Ausgaben aus. Weiterhin ist die Gefahr einer Überschuldung der Fußballclubs erkennbar und teilweise bereits Realität.[28] In der wirtschaftlich recht stabilen deutschen Fußball-Bundesliga konnten in der Saison 2015/2016 allerdings 16 von 18 Bundesligisten einen Gewinn verzeichnen.[29]

Wie bereits ausgeführt, bestehen innerhalb der Fußballligen Europas gravierende Unterschiede bezüglich der Wirtschaftskraft der teilnehmenden Clubs. Diese zeigen sich in der deutschen Bundesliga wie folgt: Die ersten sechs Clubs in der Tabelle der Bundesliga nahmen in der Saison 2015/2016 im Durchschnitt 293,48 Mio. Euro ein (der Personalaufwand betrug im Durchschnitt 93,86 Mio. Euro), die Clubs von Platz 7 bis 12 nahmen durchschnittlich 142,24 Mio. Euro ein (bei einem Personalaufwand von durchschnittlich 45,84 Mio. Euro), die Clubs des letzten Drittels erwirtschafteten durchschnittlich 104,99 Mio. Euro (bei einem Personalaufwand von 36,76 Mio. Euro).[30] Es wird also deutlich, dass die finanziellen Mittel der Bundesligaclubs sehr ungleich verteilt sind. Insbesondere im oberen Drittel gibt es eine starke Konzentration des Kapitals und es werden – nicht zuletzt aufgrund regelmäßiger Teilnahmen an den lukrativen europäischen Wettbewerben[31] – deutlich höhere Umsätze erzielt als vom Rest der Ligateilnehmer.[32] Das finanzielle Ungleichgewicht innerhalb der Fußballligen hat auch deutliche Auswirkungen auf den sportlichen Wettbewerb. In den letzten Jahrzehnten sind

25 „Schulden der Fußballklubs auf Rekordhoch, Spielergehälter auch" auf www.handelsblatt.com vom 4.2.2013 (zuletzt abgerufen am 16.2.2013).

26 UEFA Benchmarking-Bericht zur Klublizenzierung für das Finanzjahr 2012.

27 *Deutschmeyer*, Financial Fairplay, Auswirkungen auf den deutschen und europäischen Spitzenfußball, 30.

28 „Die dunkle Seite der Bundesliga" auf www.manager-magazin.de vom 2.9.2013 (zuletzt abgerufen am 18.7.2014).

29 DFL-Report 2017 – Die wirtschaftliche Situation im Lizenzfußball, 11 f.

30 DFL-Report 2017 – Die wirtschaftliche Situation im Lizenzfußball, 31.

31 Die beiden deutschen Finalteilnehmer der Champions League in der Saison 2012/2013, Bayern München und Borussia Dortmund, verdienten in diesem Wettbewerb beide über 50 Mio. Euro.

32 Vgl. zu den Auswirkungen auf den Wettbewerb: „Die Großen fressen die Kleinen" auf www.fr-online.de vom 25.3.2013 (zuletzt aufgerufen am 29.3.2013).

es in den Topligen Europas[33] in der Regel immer die gleichen finanzstarken Clubs, die den Gewinn der Meisterschaft und die Teilnahme an den internationalen Wettbewerben unter sich ausmachen.[34] Ähnlich wie in den europäischen Fußballligen besteht auch in den amerikanischen *major leagues* ein deutlich messbarer Zusammenhang zwischen Finanzkraft und sportlichem Erfolg der Clubs.[35]

Diese Feststellung sowie der Unterschied zwischen den in kommerziellen Profiligen konkurrierenden Clubs und traditionellen Wirtschaftsunternehmen könnten es rechtfertigen oder sogar notwendig machen, steuernd einzugreifen, um den Wettbewerb in den Profiligen offener zu gestalten. Neben einer Umverteilung der Einnahmen oder allgemeinen Ausgabenbeschränkungen könnte etwa auch die Einführung von Gehaltsobergrenzen nach US-amerikanischem Vorbild ein probates Mittel sein. Zumindest die Fußballfans in Deutschland scheinen dies nicht für völlig abwegig zu halten. Bei einer Umfrage des Sportmagazins kicker, an der sich 32.197 Leser beteiligten, sprachen sich 55,72 % der Befragten für die Einführung eines *salary caps*, also einer Gehaltskostendeckelung der Bundesligavereine aus.[36] Eine Umfrage von *Deutschmeyer* zum UEFA Financial Fairplay-Reglement unter Fußballfans und Spielerberatern ergab, dass etwa 33 % der Fußballfans und 19 % der Berater eine europäische Gehaltsobergrenze für notwendig halten; allerdings sprach sich auch nur etwa jeder fünfte der Befragten explizit gegen eine zusätzliche[37] Beschränkung der Spielerlöhne aus.[38] Auch Funktionäre, Vertreter der Clubs und Ökonomen haben sich im letzten Jahrzehnt immer wieder mit der Einführung von Gehaltsobergrenzen beschäftigt.[39] Fraglich ist jedenfalls, ob ein solcher Eingriff auf lange Sicht nicht im wirtschaftlichen und/oder sportlichen Interesse einer Mehrzahl der Clubs läge. Zum einen könnte durch Gehaltsobergrenzen dem stetigen Ansteigen der Spielergehälter und der daraus folgenden Überschuldung der Clubs (*overspending*) entgegen getreten und zum anderen die wirtschaftliche und sportliche Chancengleichheit (*competitive balance*) der Wettbewerber gesteigert werden.

In Deutschland soll es in neuerer Zeit lediglich im Eishockey Gehaltsobergrenzen gegeben haben. Für die Saison 1999/2000 hatten sich die Clubs – alle-

---

33 Zu diesen werden in der Regel die deutsche Bundesliga, die spanische Primera Division, die englische Premiere League und die italienische Seria A gezählt.

34 *Randerath*, Legal Requirements and Problems to Create a Financial Balance between Professional Sports Clubs in the German Bundesliga, 12.

35 *Randerath*, Legal Requirements and Problems to Create a Financial Balance between Professional Sports Clubs in the German Bundesliga, 15.

36 Leserumfrage im kicker Sportmagazin, Ausgabe Nr. 3/1. Woche vom 6. Januar 2011.

37 Zusätzlich zum UEFA Financial Fairplay-Reglement.

38 *Deutschmeyer*, Financial Fairplay, Auswirkungen auf den deutschen und europäischen Spitzenfußball, 148.

39 Vgl. z.B. Interview mit dem Präsident der European Club Association (ECA), Karl-Heinz Rummenigge, „Wir brauchen mehr Geld“ auf www.faz.net.de vom 28.1.2011 (zuletzt abgerufen am 8.3.2012).

samt GmbHs – als Gesellschafter der Eishockey Profiliga DEL auf eine Begrenzung der Spielergehälter geeinigt.[40] Außerdem war zu Beginn der Fußball-Bundesliga in der Spielzeit 1963/1964 die nicht zu überschreitende Gehaltsspanne der Spieler durch den Deutschen Fußball Bund (DFB) auf zwischen 250 DM und 1.200 DM pro Monat festgelegt.[41] Daneben durften in Ausnahmefällen mit Sondergenehmigung des Bundesligaausschusses Grundgehälter bis maximal 2.500 DM pro Monat ausgezahlt werden, außerdem waren Leistungszulagen bis zu 250 DM pro Monat und Sonderprämien für Meisterschaft (3.000 DM) und Pokalsieg (1.000 DM) zulässig.[42] Grundlage dieser Gehaltsbeschränkungen war ein Abschlussbescheid des Bundesfinanzministeriums, der den Vereinen ermöglichen sollte, ihre Gemeinnützigkeit und damit verbundene Steuervergünstigungen zu behalten.[43] Folge der Gehaltsbeschränkungen waren jedoch zahlreiche Umgehungsmodelle durch „Schwarzzuwendungen" an die Spieler.[44] Schließlich wurden die Gehaltsbeschränkungen im Zuge der fortschreitenden Kommerzialisierung des Profifußballs – jedoch auch als Reaktion des DFB auf den großen Bestechungsskandal 1970/1971 – im Jahr 1972 abgeschafft.[45] Dies führte bereits damals sofort zu drastischen Steigerungen der Spielergehälter und Ablösesummen.[46]

Aktuell gibt es im deutschen und europäischen Fußball, ebenso wie in den meisten professionell in Europa betriebenen Mannschaftssportarten keine Gehaltsobergrenzen, wie sie im US-amerikanischen Sport angewandt werden.[47] Allerdings gibt es z. B. im deutschen Profifußball auf nationaler Ebene andere wirtschaftliche

40 *Merkel*, Sport im kollektiven Arbeitsrecht, 111; „Bundestrainer kritisiert Sparzwang im deutschen Eishockey" auf www.welt.de vom 10.9.1999 (zuletzt abgerufen am 7.2.2012); *Rüth*, SpuRt 2003, 137, 139; *Klose/Zimmermann*, Tarifvertrag als Regelungsinstrument, 170; *Fikentscher*, Der Salary Cap im Sport, in: Vieweg (Hrsg.), Spektrum des Sports (2003), 188, merkt an, dass es unklar sei, ob die Regelung je praktiziert wurde.

41 *Hübl/Swieter*, Fußball-Bundesliga, 26, die allerdings anmerken, dass erst mit Einführung der Fußball-Bundesliga überhaupt die Beschäftigung von Berufsfußballern erlaubt wurde, während der DFB zuvor nur Amateur-Spieler zuließ, die zwingend einen Beruf neben der Tätigkeit als Fußballspieler ausüben mussten; siehe auch: *Hilpert*, RdA 1997, 92, 94.

42 *Schilhaneck*, Vom Fußballverein zum Fußballunternehmen, 38.

43 *Schilhaneck*, Vom Fußballverein zum Fußballunternehmen, 38.

44 *Schilhaneck*, Vom Fußballverein zum Fußballunternehmen, 39.

45 *Schilhaneck*, Vom Fußballverein zum Fußballunternehmen, 48.

46 *Schilhaneck*, Vom Fußballverein zum Fußballunternehmen, 48.

47 Eine Ausnahme stellen die Rugby Ligen English Super League (2,34 Mio. Euro), English Premiership (5,3 Mio. Euro), French Top 14 (10 Mio. Euro) und Welsh Rugby Union (4.1 Mio. Euro) dar, in denen es teambezogene *salary caps*, die die Ausgaben für den Spielerkader begrenzen, gibt. Dies gilt auch für die Kontinental Hockey League im Eishockey, an der Clubs aus Weißrussland, Kasachstan, Lettland, Slowakei, Ukraine, Kroatien und Russland teilnehmen (27 Mio. Euro).

Vorgaben des DFB bzw. durch die DFL[48], an welche die Bundesligaclubs als Voraussetzung für die Lizenzerteilung zur Teilnahme am Ligawettbewerb gebunden sind.[49] Auch diese Vorgaben wirken sich letztlich auf die Ausgaben der Clubs für ihre Spielerkader und damit auch auf das Gehaltsvolumen der einzelnen Spieler aus. Sie werden von der DFL als maßgeblicher Grund für den wirtschaftlichen Erfolg der Fußball-Bundesliga bezeichnet.[50] Des Weiteren finden zur Unterstützung eines gerechteren Wettbewerbs eine Zentralvermarktung der nationalen Fernsehgelder und die Verteilung an alle Clubs nach einem bestimmten Schlüssel durch die DFL statt.[51] Die Einnahmen der Clubs aus dem Tagesgeschäft, Sponsoring und vor allem auch aus den internationalen Wettbewerben bleiben hierbei jedoch unberücksichtigt.

Deutlich verschärfte wirtschaftliche Vorgaben für die Zulassung der europäischen Fußballclubs zu den europäischen Clubwettbewerben, der UEFA Champions League und UEFA Europa League (UEFA-Clubwettbewerbe), hat inzwischen der Europäische Fußballverband (UEFA) mit seinem UEFA-Reglement zur Clublizenzierung und zum Financial Fairplay (Financial Fairplay-Reglement) vom 27. Mai 2011 verabschiedet.[52] Darin wird den Clubs vorgeschrieben, innerhalb im UEFA Financial Fairplay-Reglement festgelegter *Monitoring*-Perioden nicht wesentlich mehr auszugeben, als sie im operativen (Fußball-)Geschäft erwirtschaften – sogenanntes *break-even*-Prinzip.[53] Diese Ausgabenbeschränkung umfasst ausdrücklich auch die Ausgaben für die Spielerkader der Clubs, weshalb darin teilweise relative Gehaltsobergrenzen für die europäischen Fußballclubs gesehen werden.[54] Durch Beschluss der UEFA wurden bereits einige Vereine, u. a. der FC Málaga, Hajduk Split, NK Osijek, Partizan Belgrad, Rapid und Dinamo Bukarest wegen Verstößen gegen das Financial Fairplay-Reglement mit Sperren bzw. Sperren auf Bewährung für die internationalen Clubwettbewerbe in der Saison 2013/2014 belegt.[55] Der FC Málaga zog gegen den Ausschluss vor die Sportgerichtsbarkeit und unterlag vor

---

48 Die DFL (Deutsche Fußball Liga) besteht rechtlich aus dem DFL Deutsche Fußball Liga e. V. und seiner 100 %igen Tochtergesellschaft DFL Deutsche Fußball Liga GmbH.

49 Das Lizenzierungsverfahren des deutschen Berufsfußballs ist geregelt in der Lizenzierungsordnung des DFL e. V. (LO); dazu ausführlich: *Eggerstedt*, Probleme der Lizenz- und Schiedsgerichtsverträge im deutschen Berufsfußball.

50 Bundesliga Report 2013 – Die wirtschaftliche Situation im Lizenzfußball.

51 *Stopper*, Mehr sportlicher Wettbewerb durch begrenzte Umverteilung, in: Zieschang/Klimmer (Hrsg.), Unternehmensführung im Profifußball, 143, 145.

52 Das UEFA Financial Fairplay-Reglement ist abrufbar unter: http://de.uefa.com/MultimediaFiles/Download/uefaorg/Clublicensing/01/50/09/24/1500924_DOWNLOAD.pdf.

53 Die *Break-Even*-Vorschrift ist geregelt in Art. 58 bis 63 UEFA Financial Fairplay-Reglement.

54 *Lindholm*, Texas Law Review of Entertainment & Sports Law 6/1995, 189.

55 „Ein Jahr Europapokal-Sperre für den FC Málaga“ auf www.welt.de vom 21.12.2012 (zuletzt abgerufen am 12.10.2015).

dem internationalen Sportgerichtshof CAS, der den Ausschluss bestätigte.[56] Laut Medienberichten soll die UEFA die durch arabische Scheichs finanziell geförderten Clubs Manchester City und Paris St. Germain zu Strafzahlungen in Höhe von jeweils 60 Mio. Euro wegen Verstößen gegen das UEFA Financial Fairplay-Reglement verpflichtet haben.[57] In den Fällen von Manchester City und Paris St. Germain, die vor der UEFA Finanzkontrollkammer (FKKK) verhandelt wurden, haben die Parteien letztlich Vergleiche geschlossen, was aufgrund einer zum 1.4.2014 erlassenen Verfahrensregel möglich war.[58]

Der Spielerberater Daniel Striani hat offiziell Beschwerde bei der Europäischen Kommission gegen das Financial Fairplay-Reglement eingelegt, weil er darin eine rechtswidrige Einschränkung der Verdienstmöglichkeiten von Spielern und Spielervermittlern sieht.[59] Nachdem die Beschwerde Strianis von der Kommission zurückgewiesen wurde, hat dieser zusammen mit anderen vor einem nationalen Gericht in Brüssel geklagt, welches das Verfahren am 29.5.2015 ausgesetzt und dem EuGH zur Vorabentscheidung vorgelegt hat.[60] Der EuGH hat die Klage Strianis mit Beschluss vom 16.7.2015 wegen offensichtlicher Unzulässigkeit zurückgewiesen.[61]

Bislang werden Gehaltsobergrenzen – teilweise auch mit vergleichendem Blick auf die Praxis der *salary caps* in den US-Profiligen – in der deutschen juristischen Literatur eher am Rande thematisiert. Dies geschieht zumeist im Zusammenhang mit der Diskussion, ob im deutschen Profisport überhaupt die Voraussetzungen bestehen, Tarifverträge zwischen Spielergewerkschaften und Clubs und/oder Ligagesellschaften bzw. Sportverbänden abzuschließen und was möglicher Inhalt solcher tariflichen Vereinbarungen sein könnte.[62] Noch weniger diskutiert wird bislang die Frage, ob Gehaltsobergrenzen auch durch Verbandsregelungen[63] (z. B. im Rahmen des Lizenzverfahrens der DFL oder des UEFA Financial Fairplay-Reglements) oder durch Betriebsvereinbarungen zwischen Betriebsrat und Club eingeführt werden könnten. Diese Fragen sollen im Rahmen der vorliegenden Arbeit einer grundsätzlichen und umfassenden Prüfung unterzogen werden.

---

56 CAS 2013/A/3067 Málaga CF SAD v. UEFA; in diesem Verfahren ging es allerdings um ausbleibende Gehaltszahlungen bzw. nicht erfolgte Zahlungen an andere Clubs und Finanzbehörden und nicht um Ausgabenüberschreitungen.

57 „Millionenstrafe für Manchester City und Paris" auf www.sueddeutsche.de vom 6.5.2013 (zuletzt aufgerufen am 6.7.2014).

58 *Heermann*, CaS 2015, 2, 4.

59 „Platinis Revolution: Streichliste der Stars" auf www.kicker.de vom 30.1.2014 (zuletzt aufgerufen am 31.3.2014).

60 „Break-Even wird Investorenfreundlicher", in www.lto.de vom 8.7.2015.

61 EuGH, C-299/15, BeckRS 2015, 81799.

62 Hierzu ausführlich: *Merkel*, Sport im kollektiven Arbeitsrecht; *Fikentscher*, Mitbestimmung im Sport; *Klose/Zimmermann*, Tarifvertrag als Regelungsinstrument; *Rüth*, Kollektives Arbeitsrecht im Lizenzsport; *Walker*, SpuRt 2012, 222.

63 Vgl. hierzu: *Hannamann*, Kartellverbot und Verhaltenskoordination; *Bahners*, SpuRt 2003, 142; *Heermann*, NZKart 2015, 128.

C. Gang der Untersuchung

Im Anschluss an die Einleitung werden in § 2 die Grundlagen von Gehaltsobergrenzen und anderen Ausgleichsmechanismen nach US-amerikanischem Recht und ihre tatsächliche Handhabung in den vier großen Profiligen (NFL, NBA, NHL und MLB) erläutert. Untersucht werden die Rechtsgrundlagen, welche in der Regel Tarifverträge (*collective bargaining agreements*) zwischen der Liga (*league*) und der jeweils zuständigen Spielergewerkschaft (*players union*) sind.

In § 3 werden Gestaltungsvarianten, Ziele und mögliche Rechtsgrundlagen von Gehaltsobergrenzen im europäischen Profisport erläutert. Denkbar sind sowohl individuelle als auch teambezogene Gehaltsobergrenzen. Daneben kommen sowohl absolute als auch relative Gehaltsobergrenzen, innerhalb derer dann noch zwischen einem sogenannten *hard* und *soft salary cap* unterschieden werden kann, infrage. Auch ein alternatives Modell, das sich an der sogenannten *luxury tax* im US-amerikanischen Baseball orientiert, wird dargestellt. Alle möglichen Modelle werden beispielhaft erläutert. Als Zweck von Gehaltsobergrenzen werden einerseits die Gewährleistung der wirtschaftlichen Handlungsfähigkeit der Clubs und damit der Erhalt der europäischen Profiligen als solche einschließlich der Arbeitsverhältnisse der Sportler, Trainer und weiterer Vereinsangestellter genannt. Andererseits könnten Gehaltsobergrenzen auch die Angleichung von Wettbewerbsbedingungen bezwecken, um den sportlichen Wettkampf dauerhaft spannend und ausgewogen zu gestalten. Als Rechtsgrundlage von Gehaltsobergrenzen könnten gesetzliche Regelungen, das interne Recht der autonomen Sportverbände selbst, vertragliche Vereinbarungen zwischen Verbänden, Clubs und Sportlern (z. B. in Form von Lizenzvereinbarungen) sowie kollektivrechtliche Vereinbarungen (Tarifverträge oder Betriebsvereinbarungen) dienen.

In § 4 wird das Verbandsrecht als Grundlage von selbst geschaffenen Regeln innerhalb des Profisports am Beispiel der Regeln des Weltfußballverbands (FIFA) und des Europäischen Fußballverbands (UEFA) und ihrer Umsetzung durch den Deutschen Fußball Bund (DFB) bzw. die DFL Deutsche Fußball Liga (DFL) erläutert. In diesem Zusammenhang wird das sogenannte Ein-Platz-Prinzip dargestellt, welches identische Regeln für Weltverband, Europäischen Verband, nationalen Verband, Vereine und Spieler sowie die Zulassung von jeweils nur einem Verband pro Verbandsebene vorsieht. Überdies soll das Dreiecksverhältnis zwischen Profisportler, Verband und Verein rechtlich eingeordnet werden. Es besteht insofern eine Besonderheit des professionellen Mannschaftssports, als der Sportler sowohl an die Verbandsregeln (durch Abschluss eines Lizenzvertrags) als auch an den Einzelarbeitsvertrag mit dem Verein gebunden ist, was auch Fragen bezüglich des Arbeitgebers aufwirft.

In § 5 wird geprüft, ob Gehaltsobergrenzen im Mannschaftssport mit deutschem Recht vereinbar sind. Diskutiert werden eine Einführung von Gehaltsobergrenzen durch eine Verpflichtung der Clubs in den Verbandsregeln und eine entsprechende Regelung in den Lizenzverträgen zwischen Verband/Liga auf der einen sowie Spielern und Clubs auf der anderen Seite. Überdies wird geprüft, ob Gehaltsobergrenzen möglicherweise durch Tarifverträge eingeführt werden können. Im Bereich des

Tarifrechts ist zunächst zu untersuchen, wer überhaupt die Parteien eines Tarifvertrags zur Festlegung von Gehaltsobergrenzen sein könnten (möglicherweise die existierenden Spielervereinigungen und die Clubs oder auch die Sportverbände oder Ligagesellschaften). Darüber hinaus ist zu erörtern, ob deutsches Recht der Vereinbarung tariflicher Gehaltsobergrenzen generell entgegensteht. Ebenfalls erörtert wird die Möglichkeit einer Einführung von Gehaltsobergrenzen durch betriebsverfassungsrechtliche Vereinbarungen.

In § 6 wird eine Vereinbarkeit von Gehaltsobergrenzen mit europäischem Recht überprüft. Dabei stehen arbeitsrechtliche Fragen im Vordergrund, z. B. ob die Europäischen Grundfreiheiten der Arbeitnehmer einer Einführung von Gehaltsobergrenzen entgegenstehen können. Daneben werden auch Fragen des europäischen Wettbewerbsrechts geprüft. Ebenfalls thematisiert werden im Rahmen eines Exkurses ausgewählte Vorschriften des UEFA Financial Fairplay-Reglements zur Begrenzung der Ausgaben der Fußballclubs für Spielergehälter.

Der Rechts- und Tatsachenvergleich in § 7 soll zuletzt weiteren Aufschluss darüber bringen, ob Gehaltsobergrenzen nach amerikanischem Beispiel auch im europäischen Profisport Anwendung finden könnten. Hierzu soll ein Vergleich zwischen den tatsächlichen Gegebenheiten im Profisport in Deutschland und den USA und zwischen den Rechtssystemen beider Länder angestellt werden. Da in Deutschland – im Gegensatz zu den USA – bislang keine Gehaltsobergrenzen im Sport existieren, kann der Rechtsvergleich nur auf der hypothetischen Einführung von Gehaltsobergrenzen im deutschen Sport sowie auf einem Vergleich des Tarifvertragsrechts beider Länder beruhen.

§ 8 enthält die Zusammenfassung der rechtlichen Untersuchung über die Möglichkeit zur Einführung von Gehaltsobergrenzen im deutschen und europäischen Profisport sowie eine eigene Einschätzung des Verfassers, ob diese aus sportlicher und wirtschaftlicher Sicht sinnvoll wären.

§ 2 Gehaltsobergrenzen (*salary caps*) in US-amerikanischen Profiligen (*major leagues*) und Rechtsgrundlagen

In drei der vier großen amerikanischen Profiligen – nämlich in der National Football League (NFL), der National Basketball Association (NBA) und in der National Hockey League (NHL) – sind Gehaltsobergrenzen seit Langem fest etabliert.[64] Geregelt werden diese sogenannten *salary caps* in Tarifverträgen (*collective bargaining agreements*), deren Verhandlungspartner aufseiten der Profisportler die Spielergewerkschaften (*players unions*) und auf Arbeitgeberseite die jeweilige Liga (*league*) selbst als Vertretung der Clubeigentümer (*club owners*) sind. Die Ligen sind darüber hinaus auch für die Verwaltung und Regelung des Spielbetriebs und für die Gewährleistung einheitlicher Wettbewerbsbedingungen der *clubs*[65] und deren Spieler (*players*) zuständig.[66] Rechtlich besteht dabei ein Konflikt zwischen dem kollektiven Arbeitsrecht (*labor law*), das den Abschluss von Tarifverträgen und die Festlegung von Gehaltsobergrenzen ermöglicht, und dem Kartellrecht (*antitrust law*), das einen freien Markt gewährleisten und Einschränkungen der Marktteilnehmer verhindern soll. Tatsächlich ermöglichen erst gesetzliche und durch Rechtsprechung bzw. Richterrecht (*case law*) entwickelte Privilegierungen des kollektiven Arbeitsrechts (*statutory and non-statutory labor exemption*) die Festlegung von Gehaltsobergrenzen in Tarifverträgen, ohne dass ein Verstoß gegen kartellrechtliche Vorschriften vorliegt.

Im Folgenden wird zunächst kurz das US-amerikanische Ligawesen im professionellen Sport beschrieben. Es folgt ein Überblick der aktuell existierenden Vereinbarungen über *salary caps* in den amerikanischen *major leagues.* Danach werden die Rechtsgrundlagen dieser Vereinbarungen, also arbeits- und kartellrechtliche Regelungen erläutert und im Anschluss wird die Rechtmäßigkeit von Gehaltsobergrenzen nach US-amerikanischem Recht überprüft.

---

64 Von den vier US-amerikanischen *major leagues* gibt es bislang einzig in der Major League Baseball (MLB) keine Gehaltsobergrenzen, sondern lediglich eine sogenannte Luxussteuer (*luxury tax*) sowie eine Umverteilung der Einnahmen (*revenue sharing*) zwischen den Clubs (näher dazu unten bei § 2 C IV).

65 Die Teilnehmer an den US-amerikanischen *major leagues* werden als *clubs, teams* oder *franchises* bezeichnet. Letzteres liegt daran, dass die Mitgliedschaftsrechte zur Teilnahme einer Liga im Wege eines *franchise-systems* vergeben werden. Der Begriff *team* wird eher im sportlichen Sinne verwendet, während *club* die gesamte Rechtsperson meint.

66 *Fikentscher*, Mitbestimmung im Sport, 219.

A. Das Ligasystem im US-amerikanischen Profisport

In den USA existieren – zumindest im professionellen Mannschaftssport – keine mit dem europäischen Mannschaftssport vergleichbaren übergeordneten Fachsportverbände.[67] Deren Rolle wird durch die professionellen Sportligen[68] selbst übernommen. Die Eigentümer der am Ligabetrieb der vier großen Sportarten teilnehmenden Clubs – zumeist sehr vermögende und bereits in anderen Wirtschaftszweigen erfolgreiche natürliche oder juristische Personen bzw. Gesellschaften – organisieren den wirtschaftlichen und sportlichen Wettbewerb weitgehend selbst bzw. durch Angestellte der Liga.[69] Das oberste Gremium der Liga setzt sich aus jeweils einem Repräsentanten aller am Wettbewerb teilnehmenden Clubs zusammen und entscheidet z. B. über Satzungsänderungen und die Aufnahme neuer Mitglieder.[70] In der NFL ist dies das *executive committee*, in der NBA und der NHL das sogenannte *board of governors*. Diese Führungsgremien wiederum beschäftigen Fachausschüsse und Mitarbeiter zur Bewältigung ihrer Aufgaben. Sie wählen und entlassen überdies den Ligapräsidenten (*commissioner*), welcher als Angestellter der jeweiligen Liga eine Art Geschäftsführer ist und sehr umfassende organisatorische und disziplinarische Kompetenzen besitzt, per Mehrheitsbeschluss.[71] Die Clubs erkennen die Regeln der Liga, die jeweils in einem umfassenden Ligavertrag (*constitution and by-laws*) festgelegt sind, als verbindlich an. Die *constitution and by-laws* umfassen insbesondere die Rechtsbeziehungen zwischen den Clubs, u. a. den Wettkampfmodus und die Regeln, die Verteilung der Einnahmen sowie die Kompetenzen der Ligagremien.[72] Die Clubs unterwerfen sich sowohl den zwingenden Vorschriften der *constitution and by-laws* als auch der Disziplinargewalt von *league* und *commissioner*, welcher insbesondere legitimiert ist, bei Verstößen Geldstrafen und andere Sanktionen wie z. B. Spielsperren zu verhängen.[73]

Die Liga selbst ist nicht auf wirtschaftliche Gewinnerzielung ausgerichtet, sondern ein reines Werkzeug ihrer Mitglieder, an welche sie die erwirtschafteten Gewinne direkt weitergibt.[74] Sie hat die Rechtsform einer *unincorporated non-profit association* (im deutschen Recht etwa ein nichtrechtsfähiger gemeinnütziger Verein)

67 Siehe eingehend zum deutschen und europäischen Sportverbandssystem unter § 4.

68 *Mitten/Davis/Smith/Berry*, Sports Law and Regulation, 402, definieren eine Sportliga als Gruppe von Teameigentümern, die sich in einer formalen Organisation zusammenschließen, um ihr Produkt – den organisierten sportlichen Wettkampf – herzustellen, zu vermarkten und zu verkaufen.

69 *Klingmüller*, Rechtliche Struktur der US-amerikanischen Berufssportligen, 135.

70 *Lentze*, Marq. Sports L.J. 6/1995, 65, 68 f.

71 *Klingmüller*, Rechtliche Struktur der US-amerikanischen Berufssportligen, 135.

72 *Trommer*, Transferregelungen im Profisport, 102.

73 *Klingmüller*, SpuRt 1998, 177, 179.

74 *Klingmüller*, SpuRt 1998, 177, 178.

und die Unternehmensform eines *joint ventures.*[75] Bei den Mitgliederclubs handelt es sich um Unternehmen verschiedener Gesellschaftsformen, die dagegen durchaus gewinnorientiert sind. Ein Unterscheidungsmerkmal zu den meisten deutschen und europäischen Profiligen ist, dass die US-amerikanischen Profiligen einen geschlossenen Kreis ohne Auf- und Abstieg bilden; die Mitgliedschaftsrechte (*franchise*) in einer Liga sind Rechtspositionen der einzelnen Mitglieder.[76] Jedes Ligamitglied betreibt ein Team, das am Spielbetrieb teilnimmt und den Namen der Stadt und einen Namenszusatz trägt (z.B. im Football die *San Diego Chargers, New York Giants* oder *Green Bay Packers*).[77] Die Erweiterung einer Liga wird durch die Mitglieder beschlossen und ein neues Mitglied hat eine Lizenzgebühr zu entrichten.[78] Die rein sportliche Qualifikation eines Teams für die Liga – z.B. durch Aufstieg aus einer unterklassigen Liga[79] – ist nicht möglich.

Die Nachwuchsspieler für den Ligabetrieb (*rookies*) werden an den Schulen (*high schools*) und Universitäten (*colleges*) ausgebildet. In allen *major leagues* gibt es ein sogenanntes *draft system*, bei dem die Clubs diese Spieler nach einer zuvor festgelegten Reihenfolge verpflichten können, was eine gerechte Verteilung der größten Talente auf die verschiedenen Clubs gewährleisten soll.[80] Diese Spieler sind dann, wenn es zum Abschluss eines Vertrages kommt, automatisch für eine bestimmte Zeit an den Club, der sie ausgewählt hat, gebunden, bevor sie zunächst zu sogenannten *restricted free agents*[81] und später zu *unrestricted free agents*[82] werden.

Darüber hinaus existiert auch kein ligaübergreifender Wettbewerb wie z.B. die europäischen Clubwettbewerbe, in denen die erfolgreichsten Mannschaften der nationalen Ligen gegeneinander antreten. Es wird einzig und allein innerhalb der Liga der nationale Meister ermittelt. Die Clubs konkurrieren folglich sportlich und bei der Verpflichtung der besten Spieler und Trainer faktisch kaum mit Clubs aus

---

75 *Trommer*, Transferregelungen im Profisport, 101, mit Verweis auf die Definition von *Staudohar*, Harv. L. Rev. 1958, 1531, 1536.

76 *Klingmüller*, Rechtliche Struktur der US-amerikanischen Berufssportligen, 135; ähnlich im Deutschen Eishockey, wo es ebenfalls keinen automatischen Aufstieg aus der zweiten Bundesliga in die DEL und umgekehrt gibt.

77 *Klingmüller*, Rechtliche Struktur der US-amerikanischen Berufssportligen, 11.

78 *Trommer*, Transferregelungen im Profisport, 102.

79 Auch in den USA gibt es neben den *major leagues* noch unterklassige Ligen, wie z.B. im Baseball die sogenannten *minor leagues*, im Eishockey die *Western States Hockey League* oder im Football die *Arena Football League.*

80 Hier dürfen die Clubs nach einer zuvor – abhängig vom Abschneiden in der Vorsaison – festgelegten Reihenfolge die am *draft* teilnehmenden Spieler auswählen. Die Parteien können dann unter Berücksichtigung der Vorgaben des *salary caps* die Vertragsdetails grundsätzlich frei aushandeln, jedoch darf der Spieler ohne Zustimmung des *clubs*, der ihn im *draft* ausgewählt hat, nicht für einen anderen *club* spielen, falls es zu keiner Einigung kommt.

81 Diese dürfen den Club wechseln, wobei der erste Club unter gewissen im Tarifvertrag geregelten Voraussetzungen immer noch ein erstes Zugriffsrecht besitzt.

82 Diese dürfen den Club ohne weitere Einschränkungen wechseln.

anderen Ligen oder Ländern, sondern nur untereinander. Daneben existiert ein wirtschaftlicher Wettbewerb des Gesamtprodukts einer Liga gegen die Produkte der anderen US-amerikanischen *major leagues,* z.B. um Zuschauerinteresse, TV-Marktanteile und Werbeeinnahmen.[83] Die Maximierung des Profits dieses gemeinsamen Produkts hängt von der wirtschaftlichen Stabilität und Ausgewogenheit sämtlicher Ligaclubs ab.[84] Obwohl die Clubs die sportlichen und wirtschaftlichen Entscheidungen ihres *„day-to-day business"* eigenständig treffen, hängt der Erfolg der Liga von gemeinsamen, leitenden Entscheidungen ab, wie z.B. einer umfassenden Einnahmenverteilung sowie festen Regeln zur Verteilung des sogenannten *talent pools* zwischen den Clubs.[85] Trotzdem ist ein entscheidender Erfolgsfaktor der Liga die Eigenständigkeit der Clubs sowie ein fairer und qualitativ hochwertiger sportlicher Wettkampf.[86]

Die Spieler sind – wie im europäischen Mannschaftssport[87] – Arbeitnehmer der Clubs. Sie schließen standardisierte Arbeitsverträge (*„standard player contracts"*) mit den Clubs ab, zu deren Verwendung sich die Clubs tarifvertraglich verpflichten.[88] Ein Großteil der Arbeitsbedingungen der amerikanischen Profisportler in den *major leagues* – auch der *standard player contract* – sind in Tarifverträgen geregelt, die zwischen der Liga und den Spielergewerkschaften ausgehandelt werden. Neben den im Standardarbeitsvertrag und im Tarifvertrag verbindlich festgelegten Regeln gibt es einige Vertragsinhalte, die zwischen Club und Spieler frei ausgehandelt werden können, wie vor allem auch die individuellen Gehälter, dies allerdings immer nur im Rahmen der tarifvertraglich festgelegten *salary caps.*[89]

B. Tarifpartner in den US-amerikanischen Profiligen

In den vier großen US-amerikanischen Profiligen gibt es jeweils eine Spielergewerkschaft, die sämtliche Profispieler der jeweiligen Liga vertritt. In der NFL ist dies die National Football League Players Association (NFLPA), in der NBA die National Basketball Players Association (NBPA), in der MLB die Major League Baseball Players Association (MLBPA) und in der NHL die National Hockey League Players Association (NHLPA). Sozialer Gegenspieler und damit Verhandlungspartner der Spielergewerkschaft ist die jeweilige Liga, welche für alle am Ligabetrieb teilnehmenden Teams bindende Tarifverträge abschließen kann. Die amerikanischen Spielergewerkschaften sind in § 2 des *National Labor Relations Act – NLRA* gesetzlich anerkannt.[90] Auch die *major leagues* selbst haben die Spielergewerkschaften aus-

83 *Trommer,* Transferregelungen im Profisport, 105.
84 *Trommer,* Transferregelungen im Profisport, 105.
85 *Berry/Gould IV/Staudohar,* Labor Relations, 6 f.
86 *Klingmüller,* Rechtliche Struktur der US-amerikanischen Berufssportligen, 13.
87 Siehe dazu unten § 4 C.
88 *Trommer,* Transferregelungen im Profisport, 110.
89 *Trommer,* Transferregelungen im Profisport, 111.
90 *Pröpper,* NZA 2001, 1346, 1347.

drücklich anerkannt, um auf diesem Weg unter die Ausnahme vom amerikanischen Kartellrecht (*non-statutory labor exemption*) zu fallen.[91] Als zentrale Punkte der Tarifverhandlungen (*collective bargaining*) in den großen Sportligen werden zum einen die Verteilung der Einnahmen zwischen Clubeigentümern und Spielern, zum anderen die Sicherstellung einer Chancengleichheit zwischen den Wettbewerbern (*competitive balance*) zur Wahrung der generellen Wirtschaftlichkeit der Ligen und ihrer Marktposition gesehen.[92]

C. Existierende *salary caps* und andere Ausgleichsmechanismen in den US-amerikanischen *major leagues*

I. American Football

In der NFL existiert seit dem Jahr 1956 die Spielergewerkschaft NFLPA, welche die Football-Profis vertritt. Der erste Tarifvertrag zwischen der NFL – vertreten durch den National Football League Management Council (NFLMC) und handelnd für alle 32 Clubs – und der NFLPA wurde im Jahr 1968 abgeschlossen. Seit 1993 enthalten die Tarifverträge der NFL regelmäßig einen sogenannten teambezogenen *hard salary cap*.[93] Dabei handelt es sich um ein komplexes Regelwerk, das im Ergebnis das Wachstum der Gehälter kontrollieren und die Chancengleichheit (*competitive balance*) zwischen den Clubs fördern soll.[94] Neben dem *salary cap* gibt es als weitere Einschränkung der Gehälter noch ein sogenanntes *rookie wage scale*, in dem die Gehälter der neu in die Liga gekommenen Spieler abhängig von der Runde, in der sie im *draft* ausgewählt wurden, festgelegt werden.[95] Jeder Club darf hier die gleichen Mittel aus einem *total rookie compensation pool* (in der Saison 2011/2012 ausgestattet mit 847 Mio. US-Dollar) für seine *rookies* aufwenden. Die *rookies* erhalten 4-Jahres-Verträge von den Clubs.

Der aktuelle Tarifvertrag der NFL wurde kurz vor Beginn der Spielzeit 2011/2012 nach etwa fünfmonatigen zähen Verhandlungen – aufgrund eines *lockouts* der Spieler durch die Clubeigentümer fielen im Rahmen der Saisonvorbereitung sogar die obligatorischen *mini training camps* und ein *pre-season game* aus – abgeschlossen. Darin haben sich Liga und Spielergewerkschaft auf ein neues *collective bargaining agreement* mit zehnjähriger Laufzeit geeinigt, welches für die Spielzeit 2011/2012 eine Gehaltsobergrenze pro Team in Höhe von etwa 120,4 Mio. US-Dollar plus noch einmal etwa 22 Mio. US-Dollar Spielerboni, also insgesamt 142,4 Mio. US-Dollar

---

91 So *Klingmüller*, SpuRt 1998, 177, 181 am Beispiel der NBA.

92 *Yasser/McCurdy/Goplerud/Weston*, Sports Law, 397.

93 Siehe dazu ausführlich unten § 3 A IV 1.

94 *Randerath*, Legal Requirements and Problems to Create a Financial Balance between Professional Sports Clubs in the German Bundesliga, 25.

95 CBA NFL, Art. 7.

vorsah.[96] Die Obergrenze der Ausgaben für den Spielerkader errechnet sich aus einer tarifvertraglich festgelegten Prozentzahl eines ebenfalls im Tarifvertrag definierten nach einem bestimmten Schlüssel errechneten Einnahmedurchschnitts (*all revenues*)[97]. In die *all revenues* fließen unter anderem Ticketeinnahmen, Einnahmen aus Logen und *business seats*, Einnahmen aus lokalen und landesweiten Medienübertragungen (TV/Radio/Internet), Konzessionen, Parkgebühren, Einnahmen aus lokaler Werbung, Stadionmiete und Merchandisingerlöse.[98] In den Jahren 2012–2014 sollte der *player cost amount/salary cap* nicht mehr als 48 % der *all revenues* betragen, in den Jahren 2015 bis 2020 höchstens 48,5 %. In den Jahren 2013 bis 2016 und 2017–2020 beträgt die teambezogene Gehaltsuntergrenze (*minimum team cash spending*) 89 % des *salary caps.*[99]

Zu den Gesamtausgaben, die für den *salary cap* relevant sind, zählen: das Grundgehalt (*base salary*), ein etwaiges Handgeld (*signing bonus)* und sonstige Gehaltsbestandteile (*incentives*) der Spieler. Ein wichtiger individual-rechtlicher Unterschied zu den europäischen, aber auch zu anderen amerikanischen Ligen besteht darin, dass die Clubs die Spieler jederzeit während der Laufzeit eines Vertrages entlassen können, ohne dass weitere Gehaltszahlungen fällig werden.[100] Dies erhöht einerseits die Flexibilität der Clubs, sich finanziellen Spielraum für neue Investitionen zu schaffen, andererseits führt es dazu, dass die Spieler versuchen, höhere Handgelder oder garantierte Gehaltssummen auszuhandeln. Es handelt sich bei dem hier beschriebenen Regelwerk um einen *hard salary cap*, dessen absolute Gehaltsobergrenze für jeden Club gleich hoch ist und der von keinem Club überschritten werden darf.[101] Verletzungen des *salary caps* können mit Strafen von bis zu 500.000 US-Dollar gegen einen Spieler und bis zu 6,5 Mio. US-Dollar gegen den Club sowie mit dem Entzug von bis zu zwei *draft picks* geahndet werden.[102]

II. Basketball

Die Spielergewerkschaft NBPA im Basketballsport, gegründet im Jahr 1952, vereinbarte das erste *collective bargaining agreement* mit der NBA im Jahr 1967. Der erste

---

96 „Schulterpolster statt Jacket" auf www.spiegel.de vom 26.7.2011 (zuletzt abgerufen am 7.3.2012); CBA NFL Art. 12 Sec. 6(b).

97 CBA NFL, Art. 12, Sec. 6 (c)(i): die sogenannten *All Revenues*, bestehend aus *League Media All Revenues, NFL Ventures/Postseason All Revenues* und *Local All Revenues*, werden addiert und durch die Anzahl der Teams geteilt, um zum teambezogenen *All Revenue* zu kommen.

98 *Randerath*, Legal Requirements and Problems to Create a Financial Balance between Professional Sports Clubs in the German Bundesliga, 26.

99 CBA NFL, Art. 12 Sec. 8.

100 *Randerath*, Legal Requirements and Problems to Create a Financial Balance between Professional Sports Clubs in the German Bundesliga, 25 f.

101 CBA NFL, Art. 13 Sec. 1, 2.

102 CBA NFL, Art. 13 Sec. 6.

salary cap in der NBA und überhaupt im US-amerikanischen Profisport wurde im *collective bargaining agreement* aus dem Jahr 1983 vereinbart.[103] Als sogenannter *soft salary cap* enthielt die Regelung jedoch stets eine Reihe Ausnahmen, nach denen die Clubs die Gehaltsobergrenze umgehen konnten.[104] Dies waren z. B. die Ausnahmen sogenannter *free agents*, die bereits seit drei Jahren bei einem Club beschäftigt sind, sowie von Einjahresverträgen zum tarifvertraglich festgelegten Mindestgehalt vom *salary cap.*[105] Neben dem *soft salary cap* gibt es in der NBA jedoch auch eine sogenannte Luxussteuer (*luxury tax*), bei der die Clubs bei Überschreitung bestimmter Gehaltsgrenzen Strafzahlungen leisten müssen, die dann gleichmäßig unter den 30 NBA-Clubs verteilt werden.

In den Tarifverhandlungen für die Spielzeit 2011/2012 wollten die Clubeigentümer aufgrund der in den letzten Jahren erlittenen Verluste einiger Teams signifikante Einsparungen durchsetzen.[106] Infolge eines über 100 Tage andauernden *lockouts* der Spieler durch die Clubeigentümer und einer fehlenden Einigung über ein neues *collective bargaining agreement* wurde der Beginn der regulären Spielzeit 2011/2012 weit nach hinten verschoben.[107] Erst im November 2011 konnte nach zähem Ringen eine Einigung zwischen Liga und Spielergewerkschaft gefunden werden, und so fand erst am 25.12.2011 – in der Regel beginnt die Spielzeit im Oktober – das erste Spiel der regulären NBA-Saison statt. Die Saison 2011/2012 umfasste wegen des *lockouts* der Spieler nur 66 statt 82 Vorrundenspiele jedes Clubs.

Das letztlich abgeschlossene *collective bargaining agreement* enthält für die Spielzeit 2011/2012 eine absolute Gehaltsobergrenze in Höhe von 58,04 Mio. US-Dollar (bei einem *minimum team salary* von 46,4 Mio. US-Dollar) pro Team.[108] Ab der Saison 2012/2013 erhalten die Spieler zwischen 49 und 51 % des *basketball related income (BRI)*, abhängig davon, ob das prognostizierte *BRI* erreicht wird oder nicht.[109] Auch in den kommenden Spielzeiten gibt es ein *minimum team salary* in Höhe von 90 % des *salary caps.*[110] Das *BRI* umfasst Einnahmen aus Ticketverkäufen, Fernsehverträgen, Konzessionen, Parken und Werbemaßnahmen im Stadion.[111] Es handelt

---

103 *Weiler/Roberts/Abrams/Ross*, Sports and the Law, 257.

104 *Weiler/Roberts/Abrams/Ross*, Sports and the Law, 257.

105 *Fikentscher*, Der Salary Cap im Sport, in: Vieweg (Hrsg.), Spektrum des Sports, 190.

106 FAZ vom 1.6.2011, Nr. 127, 27.

107 "NBA cancels first two weeks of the season" auf www.espn.go.com vom 11.10.2011 (zuletzt abgerufen am 24.5.2012).

108 "NBA Board of Governors ratify 10-year CBA" auf www.nba.com vom 8.12.2011 (zuletzt abgerufen am 8.3.2012).

109 "NBA Board of Governors ratify 10-year CBA" auf www.nba.com vom 8.12.2011 (zuletzt abgerufen am 8.3.2012).

110 "Highlights of the 2011 CBA between the NBA and the NBPA" auf www.nba.com vom 1.9.2012 (zuletzt abgerufen am 7.7.2014).

111 *Randerath*, Legal Requirements and Problems to Create a Financial Balance between Professional Sports Clubs in the German Bundesliga, 25 f.

sich dabei wie zuvor um einen *soft salary cap*, da der Tarifvertrag detaillierte Ausnahmeregelungen beinhaltet, nach denen von der Gehaltsobergrenze abgewichen werden kann bzw. die jeweiligen Spieler trotz Überschreitung des *salary caps* zu den ausgehandelten Konditionen verpflichtet werden dürfen. Dies sind z. B. die:[112]

- *Larry Bird Exception*: ein *free agent*[113], der drei Jahre für einen Club gespielt hat, darf für das tarifvertraglich vorgesehene Maximalgehalt wiederverpflichtet werden,
- *Early Bird Exception*: ein *free agent*, der zwei Jahre für einen Club gespielt hat, darf für 175 % seines bisherigen Gehalts oder 108 % des Durchschnittsgehalts in der NBA weiterverpflichtet werden,
- *Non Bird Exemption*: ein *free agent*, der nicht unter eine andere *Bird-rule* fällt, kann für 120 % seines letzten Gehalts oder für 120 % des Mindestgehalts verpflichtet werden,
- *Non-Taxpayer Midlevel Salary Exception*: Es dürfen ein oder mehr Spieler mit *first-year salary* (für maximal 4 Jahre) verpflichtet werden, deren Gesamtkosten 5 Mio. US-Dollar nicht übersteigen,
- *Taxpayer Mid-level Salary Exception*: Es dürfen ein oder mehr Spieler mit *first-year salary* (für maximal 3 Jahre) verpflichtet werden, deren Gesamtkosten 3,08 Mio. US-Dollar nicht übersteigen,
- *Room-team Mid-level Salary Exception*: Es dürfen ein oder mehr Spieler mit *first-year salary* (für maximal 2 Jahre) verpflichtet werden, deren Gesamtkosten 2,575 Mio. US-Dollar nicht übersteigen,
- *Rookie Exception*: Der *first round draft pick* darf für 120 % des *rookie salary scales* verpflichtet werden und die
- *Traded Player Exception*: Clubs, die den *tax level* der *luxury tax* nicht überschreiten, dürfen 150 % des Gehalts der getauschten Spieler oder 5 Mio. US-Dollar mehr ausgeben. Übersteigt das Gehalt der getauschten Spieler insgesamt 20 Mio. US-Dollar, darf der Club 125 % des alten Gehalts plus 100.000 US-Dollar ausgeben; dies gilt auch für Clubs, die den *tax level* überschreiten.

Daneben gibt es auch eine absolute Gehaltsobergrenze für individuelle Spielergehälter, die sich nach der Anzahl der gespielten Jahre in der NBA und nach der Gehaltsobergrenze des Clubs richtet:[114]

- Spieler, die weniger als 7 Jahre in der NBA absolviert haben, erhalten maximal 105 % des Gehalts aus der letzten Saison oder 25 % des *salary caps*,

---

112 "Highlights of the 2011 CBA between the NBA and the NBPA" auf www.nba.com vom 1.9.2012 (zuletzt abgerufen am 7.7.2014).

113 Spieler, der seine Zeit als *rookie* absolviert hat und sich grundsätzlich seinen Club frei aussuchen darf.

114 "Highlights of the 2011 CBA between the NBA and the NBPA" auf www.nba.com vom 1.9.2012 (zuletzt abgerufen am 7.7.2014).

- Spieler, die mindestens 7 aber weniger als 10 Jahre in der NBA sind, erhalten maximal 105 % des Gehalts aus der Vorsaison oder 30 % des *salary caps* und
- Spieler, die 10 oder mehr Jahre in der NBA sind, erhalten maximal 105 % des Gehalts aus der Vorsaison oder 35 % des *salary caps.*

Die Gehälter der *rookies* sind ebenfalls in einem festgelegten *rookie wage scale* geregelt. Die Vertragslaufzeit beträgt drei Jahre mit Verlängerungsoptionen für ein viertes und fünftes Jahr.[115]

Schließlich enthält das *collective bargaining agreement* eine sogenannte *luxury tax*, welche die Clubs zahlen müssen, wenn sie das sogenannte *tax level* (70,3 Mio. US-Dollar) überschreiten. Diese betrug in den Spielzeiten 2011/2012 und 2012/2013 1 US-Dollar für jeden US-Dollar, den der Club oberhalb des *tax levels* ausgibt. Ab der Spielzeit 2013/2014 stiegen diese Summen wie folgt: 0–5 Mio. US-Dollar über dem *tax level* – 1,50 pro US-Dollar, 5–10 Mio. US-Dollar über dem *tax level* – 1,75 pro US-Dollar, 10–15 Mio. US-Dollar über dem *tax level* – 2,50 pro US-Dollar und 15–20 Mio. US-Dollar über dem *tax level* – 3,25 pro US-Dollar.[116]

III. Eishockey

In der National Hockey League (NHL) existiert seit dem Jahr 1957 die Spielergewerkschaft NHLPA. Der erste Tarifvertrag mit der Liga wurde im Jahr 1975 abgeschlossen, einen *salary cap* gibt es seit der Spielzeit 2005/2006. Die Spielzeit 2004/2005 fiel komplett einem 302 Tage dauernden *lockout* der Spieler durch die Clubeigentümer zum Opfer, da sich die Parteien damals noch nicht über die Einführung eines *salary caps* einigen konnten.[117] Im *collective bargaining agreement* der NHL aus dem Jahr 2005 wurde ein *hard salary cap* vereinbart. Dieser begrenzte die Ausgaben für Spielergehälter der Clubs in der Spielzeit 2005/2006 auf 39 Mio. US-Dollar, jedoch war über mehrere Jahre ein Anstieg dieser Grenze vorgesehen. In der Spielzeit 2010/2011 betrug der absolute *salary cap* pro Team bereits 59,4 Mio. US-Dollar.[118] Daneben darf der Verdienst eines einzelnen Spielers nicht mehr als 20 % der gesamten Ausgaben des Clubs für die Spielergehälter betragen. Ebenfalls wurden in diesem Tarifvertrag ein *payroll minimum* pro Club eingeführt und die individuellen Mindestgehälter deutlich (von 175.000 US-Dollar auf 450.000 US-Dollar) erhöht.

Der Tarifvertrag endete mit Ablauf der Saison 2011/2012, weshalb im Jahr 2012 in der NHL ebenfalls Tarifverhandlungen anstanden. Diese führten erst am 6.1.2013

---

115 "Highlights of the 2011 CBA between the NBA and the NBPA" auf www.nba.com vom 1.9.2012 (zuletzt abgerufen am 7.7.2014).

116 "NBA Board of Governors ratify 10-year CBA" auf www.nba.com vom 8.12.2011 (zuletzt abgerufen am 8.3.2012).

117 Lockout over salary caps shuts down NHL, www.sports.espn.go.com vom 16.2.2005.

118 *Dietl/Duschl/Lang*, Gehaltsobergrenzen und Luxussteuern (Working Paper No. 136), 5.

zum Erfolg, nämlich dem Abschluss eines neuen Tarifvertrags mit einer Laufzeit von 2012 bis 2022; zuvor fand ab dem 15.9.2012 eine Aussperrung der Spieler durch die Clubbesitzer statt (Tag des geplanten Saisonstarts war der 15.10.2012). Aufgrund dieser Aussperrung fanden in der Spielzeit 2012/2013 lediglich 48 von 82 Spielen der regulären Saison statt. Für die Saison 2013/2014 betrug der teambezogene *hard salary cap* in der NHL 64.3 Mio. US-Dollar pro Club.

IV. Baseball

Die einzige große US-amerikanische Profiliga, in der bislang kein *salary cap* existiert, ist die MLB. Allerdings schließen auch die MLB und die im Jahr 1953 gegründete Spielergewerkschaft MLBPA seit der Saison 1969 Tarifverträge ab. Diese beinhalten jedoch bislang als alternatives Steuerungsinstrument der Ausgaben der Clubs, insbesondere auch für die Spielergehälter, lediglich eine *luxury tax* bzw. *competitive balance tax*. Diese verpflichtet reichere Clubs bei Überschreiten eines bestimmten Gehaltsvolumens ihres Kaders (2012 und 2013 waren dies 178 Mio. US-Dollar, in den Jahren 2014, 2015 und 2016 lag die Grenze bei 189 Mio. US-Dollar.) dazu, bestimmte Beiträge in einen Gemeinschaftspool zu zahlen.[119] Im Einzelnen werden folgende Beträge fällig:

- 17,5 % auf jeden mehr ausgegebenen Dollar bei Clubs, die den *tax threshold* im vorangegangenen Jahr nicht überschritten haben,
- 30 % auf jeden mehr ausgegebenen Dollar bei Clubs, die im Jahr zuvor eine *competitive balance tax* in Höhe von 17,5 % oder 20 % bezahlen mussten,
- 40 % auf jeden mehr ausgegebenen Dollar bei Clubs, die im Jahr zuvor eine *competitive balance tax* in Höhe von 30 % bezahlen mussten und
- 50 % auf jeden mehr ausgegebenen Dollar bei Clubs, die im Jahr zuvor eine *competitive balance tax* in Höhe von 40 %, 42,5 % oder 50 % bezahlen mussten.[120]

Von diesem Gemeinschaftspool partizipieren maßgeblich die wirtschaftlich schwächeren Teams. Von der Zielrichtung her ähnelt das Modell der *luxury tax* dem der *salary caps*, da auch hier einerseits das Leistungsgefälle zwischen Teams aus größeren und kleineren Märkten konstant gehalten und andererseits Anreize, überhöhte Gehälter zu zahlen, verringert werden sollen.[121] Allerdings ist die Beschränkung der Clubs geringer als beim echten *salary cap*, da es im Endeffekt der freien Entscheidung des Clubs unterliegt, ob sich dieser an den *tax threshold* halten möchte, oder ob er Strafzahlungen in Kauf nimmt, um die gewünschten Summen in seinen Spielerkader zu investieren. Dies wird in der Praxis durch die immens hohen Unterschiede bei den Gehaltsausgaben der MLB Clubs verdeutlicht (in der Saison

119 "Key points of Collective Bargaining Agreement" auf www.mlb.com vom 22.11.2011 (zuletzt abgerufen am 7.7.2014.

120 CBA MLB, Art. XXIII B (3).

121 *Schopf*, Salary Caps vs. Kartellrecht, 19 f.

2014 von 44 Mio. US-Dollar bei den *Houston Astros* bis zu 235 Mio. US-Dollar bei den *Los Angeles Dodgers*).[122]

D. Grundlagen des relevanten US-amerikanischen kollektiven Arbeitsrechts und Kartellrechts

Da die Gehaltsobergrenzen in den amerikanischen *major leagues* auf dem amerikanischen Tarifrecht und damit dem kollektiven Arbeitsrecht basieren, werden nachfolgend dessen Grundlagen dargestellt.

I. Kollektives Arbeitsrecht *(labor law)*

Das kollektive Arbeitsrecht spielt seit mehr als 40 Jahren eine maßgebliche Rolle für die Entwicklung der Rechte von Sportlern im professionellen Mannschaftssport in den USA.[123] Seit dem Ende der sechziger Jahre gibt es *collective bargaining agreements*, in denen die Arbeitsbedingungen der Spieler geregelt werden und deren Verhandlungen in der Vergangenheit immer wieder zu Arbeitskämpfen geführt haben und heute noch führen.[124] Der *National Labor Relations Act* (*NLRA*), 29 U.S.C. §§ 151 bis 169[125] enthält die grundsätzlichen rechtlichen Regeln, die das Verhältnis zwischen Gewerkschaften (*unions*) und Arbeitgebern (*management*) prägen, u. a. das Recht der Arbeitnehmer, Gewerkschaften zu gründen, Tarifverträge abzuschließen und Forderungen durch Maßnahmen des Arbeitskampfs wie Blockaden (*picketing*) und/oder Streiks (*strikes*) durchzusetzen.[126] Des Weiteren enthält der *NLRA* die Verpflichtung beider Tarifvertragsparteien, faire Tarifverträge in bester Absicht zu verhandeln (*duty to bargain in good faith*) und ein Verbot unerlaubter Praktiken (*unfair labor practices*) während des Anerkennungsprozesses einer Gewerkschaft (*certification process*) sowie im Laufe der Tarifverhandlungen und im Arbeitskampf. Die Arbeitgeberseite kann ihrerseits das Kampfmittel der Aussperrung (*lockout*) einsetzen, bei der die Arbeitsverhältnisse der Mitarbeiter vorübergehend suspendiert werden, sodass die Arbeitnehmer nicht arbeiten können und folglich auch kein Arbeitsentgelt erhalten.[127]

---

122 Vgl. die Übersicht "2014 Payrolls and Salaries for every MLB Team" auf www.deadspin.com (zuletzt aufgerufen am 13.9.2014).

123 *Mitten/Davis/Smith/Berry*, Sports Law and Regulation, 483.

124 Vgl. die Streiks in der NFL im Jahr 1987 und in der NBA im Jahr 1998–1999, denen eine gesamte Saison bzw. ein Großteil der regulären Saison zum Opfer fiel und auch die aktuellen Auseinandersetzungen in den *major leagues* bei den Verhandlungen der aktuellen *collective bargaining agreements*.

125 In den USA auch als "*Wagner Act*" bezeichnet.

126 *Mitten/Davis/Smith/Berry/*Sports Law and Regulation, 483.

127 So geschehen während der Tarifverhandlungen im Jahr 2011 für neue Tarifverträge in der NFL und der NBA sowie im Jahr 2012/2013 im Rahmen der Tarifverhandlungen in der NHL.

Die Überwachung und Durchsetzung der Regeln des *NLRA* obliegt dem *National Labor Relations Board* (*NLRB*), einer staatlichen Behörde sowie den Bundesgerichten (*federal courts*).[128] Das *NLRB* ahndet Verstöße gegen Vorschriften des *NLRA*, sogenannte *unfair labor practices*. Es besteht aus fünf *board members* und einem *general counsel*, die durch den Präsidenten der Vereinigten Staaten ernannt werden. Daneben gibt es die *regional directors*, die in Zweigstellen über das Land verteilt sind, sowie die *administrative law judges*.[129] Während der Laufzeit eines *collective bargaining agreements* – im Bereich der *major leagues* beträgt diese regelmäßig zwischen vier und sechs Jahren – ist bei Streitigkeiten über Regelungen des Tarifvertrags ein Beschwerdeverfahren (*grievance procedure*) vorgesehen.[130]

1. *Anwendbarkeit des National Labor Relations Act (*NLRA*)*

Der National Labor Relations Act (*NLRA*) ist anwendbar auf Arbeitnehmer, deren Arbeitsverhältnisse einen Bezug zum bundesstaatenübergreifenden Handel (*interstate commerce*) haben. Nach dem sogenannten *right of control test* besteht ein Arbeitsverhältnis, wenn derjenige, für den die Arbeit ausgeführt wird, bezüglich der Durchführung der Arbeitsleistung weisungsbefugt ist.[131] Die Spieler der *major league teams* sind Arbeitnehmer, da sie gemäß der in den *major leagues* verwendeten Muster-Arbeitsverträge (*uniform player contracts*) der Weisungsbefugnis der Clubs unterliegen.[132]

Dass die Arbeitsverhältnisse im professionellen Mannschaftssport unter den *interstate commerce* fallen, wurde durch das *NLRB* in einer Grundsatzentscheidung aus dem Jahr 1969 für den Baseballsport bejaht. Dies wurde zunächst damit begründet, dass die Clubs in verschiedenen Bundesstaaten der USA ansässig sind.[133] Des Weiteren waren bereits damals die Umsätze der Baseball-Liga und ihrer Clubs so hoch, dass das *NLRB* auch von einer wirtschaftlichen Signifikanz eines möglichen Arbeitskampfes (*labor disputes*) ausging, weshalb es seine Zuständigkeit bejahte.[134] Das oberste Bundesgericht, der US Supreme Court, hat mittlerweile diese Ansicht –

128 *Mitten/Davis/Smith/Berry*, Sports Law and Regulation, 483.

129 Näher zu Aufbau und Aufgaben des NLRB und zu *procedures*: *Leslie*, Labor Law, St. Paul, Minn. 2000, 8 ff.

130 *Fikentscher*, Mitbestimmung im Sport, 214.

131 *Richard A. Lord*, Williston on Contracts, Database updated May 2011, § 54.3.

132 *Fikentscher*, Mitbestimmung im Sport, 214.

133 *American League of Professional Baseball Clubs and Association of National Baseball League Umpires*, 180 NLRB 190, 192 (1969).

134 Gemäß §§ 2(6), 2(7), 14(c)(1) NLRA kann das NLRB seine Zuständigkeit für eine kollektivrechtliche Angelegenheit ablehnen, wenn sie die wirtschaftlichen Auswirkungen der Angelegenheit als zu geringfügig erachtet.

entgegen seiner früheren Rechtsprechung[135] – bestätigt[136]; seit den frühen 70er Jahren gelten alle professionellen Mannschaftssportarten als kommerziell und Staaten übergreifend und unterfallen somit den Regelungen des *NLRA*.[137]

2. *Verhandlungseinheit (*appropriate bargaining unit*) und Parteien des Tarifvertrags (*parties of collective bargaining agreements*)*

Gemäß § 9 (a) *NLRA* wählt die Mehrheit der Arbeitnehmer in einer sogenannten Verhandlungseinheit (*bargaining unit*) ihre Vertreter (*bargaining representatives*)[138], die dann alle Arbeitnehmer dieser Einheit in den Tarifverhandlungen (*collective bargaining*) mit dem Arbeitgeber bezüglich Vergütung, Arbeitszeit oder sonstiger Arbeitsbedingungen vertreten.[139] Diese *bargaining unit* muss jedoch zunächst bestimmt werden, bevor der Anerkennungsprozess (*certification* bzw. *recognition process*)[140] beginnen kann. Gemäß § 9 *NLRA* bestimmt das *NLRB* unter bestmöglicher Berücksichtigung der Arbeitnehmerinteressen, ob ein Unternehmen, eine Berufssparte, ein Betrieb oder ein Betriebsteil die geeignete Verhandlungseinheit darstellt.[141]

Grundsätzlich ist auf Arbeitgeberseite ein einzelner Arbeitgeber Verhandlungspartner der *bargaining representatives* der Arbeitnehmer. Allerdings gibt es auch im amerikanischen *labor law* das sogenannte *multi-employer bargaining*, bei dem mehrere Arbeitgeber als Verhandlungspartner auftreten. Durch *multi-employer bargaining* kann – ähnlich wie beim deutschen Flächentarifvertrag – die Vereinheitlichung der Arbeitsbedingungen bezweckt werden, es kann sich jedoch auch lediglich um den Zusammenschluss mehrerer Arbeitgeber handeln, die ihre Verhandlungsmacht stärken wollen.[142] Sowohl das *NLRB* als auch der US Supreme Court halten das *multi-employer bargaining* für rechtmäßig und vom Gesetzgeber gewollt, obwohl es nicht gesetzlich im *NLRA* verankert ist.[143]

---

135 Im Fall *Federal Baseball Club of Baltimore, Inc., v. National League of Professional Baseball Clubs*, 259 U.S. 200 (1922) entschied der US Supreme Court, dass es sich beim Baseballsport nicht um *interstate commerce* handele.

136 *Flood v. Kuhn*, 407 U.S. 258 (1972), wobei das sogenannte *reserve system* im Baseball – ein System, das die Spieler für einen bestimmten Zeitraum an ihre Clubs bindet und Wechsel verhindert – aufgrund des *case laws* des Supreme Courts weiterhin von der Anwendung des amerikanischen Kartellrechts *(antitrust laws)* ausgeschlossen sein soll (siehe unten bei § 2 B II).

137 *Champion*, Fundamentals of Sports Law, 495.

138 Dabei handelt es sich weit überwiegend um Gewerkschaften, betriebliche gewerkschaftsunabhängige Arbeitnehmervertretungen existieren im amerikanischen Recht nicht.

139 Zur sogenannten *doctrine of exclusivity* näher unten bei 3.

140 Dazu näher unten bei 4.

141 *Fikentscher*, Mitbestimmung im Sport, 218.

142 *Higgins*, Developing Labor Law, Vol. I, 715.

143 *Chester County Beer Distribs. Ass'n*, 133 NLRB 771; 353 U.S. 87.

Im amerikanischen Mannschaftssport ist die Verhandlungseinheit in der Regel die Liga.[144] Begründet wird dies mit der Notwendigkeit des Bestehens einheitlicher Bedingungen für die Clubs und die Spieler, die durch die Liga festgelegt werden, weshalb weder aus Sicht der Liga noch aus Sicht der Gewerkschaften ein Interesse daran besteht, dass die grundsätzlichen Arbeitsbedingungen mit den einzelnen Clubs ausgehandelt werden.[145] Darüber hinaus wird argumentiert, dass die Clubs einer Sportliga keine vollständig voneinander unabhängigen Wettbewerber seien, sondern ihr ökonomisches Überleben von einer gewissen Kooperation abhänge.[146] Das *collective bargaining agreement* enthält im Sport jedoch nur die Rahmenbedingungen für die Arbeitsverhältnisse. Einzelne Arbeitsbedingungen, wie z. B. das individuelle Gehalt, werden zwischen Club und Spieler bzw. dessen Agent ausgehandelt und sind Inhalt des Einzelarbeitsvertrags.

Daneben beruft sich das *NLRB* auch auf eine *joint-employer*-Stellung von Liga und Club, die am besten durch die Festlegung einer einheitlichen *bargaining unit* widergespiegelt werden könne.[147] Während die Liga u. a. das *collective bargaining agreement* verhandelt, die Regeln für das sogenannte *draft system* aufstellt und Richtlinien für die Durchsetzung der *league rules* entwickelt, verhandeln die Clubs die individuellen Spielerverträge, führen Transfers von Spielern von und zu anderen Clubs durch und stellen Trainer und Management ein.[148] Dadurch, dass die Liga mit der Spielergewerkschaft einen Tarifvertrag verhandelt, der für alle am Ligawettbewerb teilnehmenden Clubs bindend ist, handelt es sich um einen Fall des *multi-employer bargaining*.

3. *Exklusivität und Gegnerfreiheit (*doctrine of exclusivity and adversarial principle*)*

Einer *bargaining unit*, sei es ein einzelner Arbeitgeber oder eine Mehrzahl von Arbeitgebern einer Branche, steht immer nur ein einziger *bargaining representative*, der von der Mehrzahl der Arbeitnehmer ausgewählt wurde, als Verhandlungspartner gegenüber (*doctrine of exclusivity*).[149] Im Fall der *major leagues* bilden die zuständigen Spielergewerkschaften die *exclusive bargaining representatives* jeweils aller Spieler einer Liga.[150] Die Spieler müssen nicht Mitglied der Spielergewerkschaft sein, sondern sind automatisch den Regelungen des *collective bargaining agreements*, welches die zuständige Spielergewerkschaft mit der Liga für die Mitgliedsclubs ausgehandelt

144 *Fikentscher*, Mitbestimmung im Sport, 219.
145 *North American Soccer League*, 236 NLRB 1317; bestätigt durch 613 F.2d. 1379.
146 *Brown v. NFL*, 518 U.S. 248.
147 *Professional Baseball Clubs and Association of National Baseball League Umpires*, 180 NLRB 190, 191, 192; siehe auch Problem der Arbeitgeberstellung der Verbände bzw. Ligagesellschaften in Deutschland.
148 *Yasser/McCurdy/Goplerud/Weston*, Sports Law, 400.
149 Vgl. § 9 (a) NLRA.
150 *Mitten/Davis/Smith/Berry*, Sports Law and Regulation, 484.

hat, unterworfen.[151] Folglich sind alle Spieler und alle Clubs der *major leagues* an die Regelungen des zwischen Spielergewerkschaft und Liga ausgehandelten Tarifvertrags gebunden.[152]

Aufgrund des sogenannten *adversarial principle* in § 8 (a) (1) *NLRA* müssen die Gewerkschaften frei von jeglichem Einfluss der Arbeitgeberseite sein. Dies ist im Fall der Spielergewerkschaften unproblematisch, da ausschließlich Spieler dort Mitglieder werden können.[153]

4. *Anerkennung der zuständigen Gewerkschaft (*union certification/recognition*)*

Gemäß § 9 (c) (1) *NLRA* kann eine Gewerkschaft entweder freiwillig durch einen Arbeitgeber anerkannt werden (*recognition*) oder im sogenannten *certification process* durch das *NLRB* als zuständige Vertretung der Arbeitnehmer bestimmt werden. Eine Gewerkschaft, die durch das *National Labor Relations Board* (*NLRB*) für eine bestimmte *bargaining unit* anerkannt wurde, vertritt alle Arbeitnehmer dieser *bargaining unit* exklusiv, und zwar unabhängig davon, ob diese Mitglieder der Gewerkschaft sind oder nicht.[154] Im amerikanischen *labor law* existiert auch – im Gegensatz zum deutschen Tarifrecht – kein Günstigkeitsprinzip, d.h. grundsätzlich können einzelne Arbeitnehmer keine besseren vom Tarifvertrag abweichenden Arbeitsbedingungen mit dem Arbeitgeber vereinbaren, sondern die Regelungen eines Tarifvertrags gehen einer einzelvertraglichen Regelung immer vor.[155]

Ebenso wie im europäischen kann es auch im amerikanischen Sport innerhalb des Spielerkreises unterschiedliche Interessengruppen geben. Eine Interessengruppe im amerikanischen Sport sind beispielsweise die *rookies*, d.h. Spieler, die, gerade vom college oder von der highschool in die major league gewechselt sind und dort ihre erste Saison spielen. Die individuellen Gehaltsobergrenzen dieser Spieler liegen oft deutlich unter denen der langjährigen Ligaspieler (*veterans*). Auf der anderen Seite gibt es die Starspieler, die aufgrund ihres höheren Leistungspotenzials und damit sportlichen Werts für die Clubs deutlich mehr als ihre Teamkollegen verdienen und daher Interesse an einer eigenen Vertretung haben könnten.[156] Nach der Spruchpraxis des *NLRB* rechtfertigt dies jedoch nicht die Bildung einer eigenen *bargaining unit*, sondern es ist Aufgabe und Pflicht der zuständigen Gewerkschaft, die Interessen aller Spieler

151 *Mitten/Davis/Smith/Berry*, Sports Law and Regulation, 484.

152 *Fikentscher*, Mitbestimmung im Sport, 221.

153 Vgl. hierzu exemplarisch: http://www.nbpa.org/about-nbpa.

154 *Mitten/Davis/Smith/Berry*, Sports Law and Regulation, 484.

155 *Weiler/Roberts/Abrams/Ross*, Sports and the Law, 105, mit Verweis auf die Entscheidung des US Supreme Courts: *J.I. Case Co. v. NLRB*, 321 U.S. 332 (1944).

156 Vergleichbar in Deutschland z.B. mit der Luftfahrtbranche, wo sich die Piloten durch die eigene Pilotengewerkschaft Cockpit vertreten lassen oder mit der Ärztegewerkschaft Marburger Bund.

ausgewogen zu vertreten (*duty of fair representation*).[157] Gegenwärtige Praxis ist es, dass alle aktiven Spieler einer Liga zur *bargaining unit* gehören und die meisten von ihnen auch Mitglieder der jeweils zuständigen Spielergewerkschaft sind.[158]

Der oben angesprochene Interessenkonflikt wird gerade am Beispiel der *salary caps* besonders deutlich. Denn diese werden von der Spielergewerkschaft auch um den Preis von Mindestgehältern und anderen Garantien für die Gemeinschaft aller Spieler in Kauf genommen. Insofern schließt die Gewerkschaft eine Regelung ab, die – zumindest teilweise – zulasten der sogenannten „Superstars" der Liga geht, da sie deren Verhandlungsmacht einschränkt, auf der anderen Seite jedoch einer Mehrheit der (durchschnittlichen) Spieler Vorteile bringt und deshalb gerichtlich wohl nicht zu beanstanden ist.[159] Ein weiteres Argument für die Rechtmäßigkeit des *salary caps* ist, dass dieser ein Ergebnis von Verhandlungen ist und von den Clubs durch andere Zugeständnisse „erkauft" wird. Die amerikanischen Gerichte und das *NLRB* betonen überdies, dass die Gewerkschaften nur dann ihre Ziele und die ihrer Mitglieder erreichen können, wenn sie ein umfassendes Verhandlungsmandat für alle Spieler und damit eine entsprechende Mächtigkeit gegenüber der Liga besitzen.[160]

Im Bereich des professionellen Sports wird dieser Konflikt jedoch dadurch entschärft, dass die *collective bargaining agreements* zumeist Öffnungsklauseln enthalten, die für einzelne Regelungsmaterien individuelle Vereinbarungen erlauben.[161] Insbesondere bezüglich der individuellen Vergütung der Spieler sehen die *collective bargaining agreements* im Sport in der Regel nur individuelle Gehaltsuntergrenzen vor und erlauben ansonsten nach oben hin offene Verhandlungen (im Rahmen der Gesamtsumme des *salary caps*).[162] Auf dieser Basis ist es den sogenannten „Starspielern" möglich, im Vergleich zu den Mitspielern eine deutlich höhere Vergütung zu erzielen.[163] Die Spielergewerkschaften und Clubs handeln also Arbeitsbedingungen für alle Spieler aus, lassen jedoch den erforderlichen Freiraum für individuelle Vereinbarungen, die dem Marktwert der Spieler gerecht wird.

5. *Pflicht zu fairen Verhandlungen (*duty to bargain in good faith*) und Inhalte des Tarifvertrags (*mandatory and permissive bargaining subjects*)*

Die Verhandlungspartner sind gemäß § 8 (4) *NLRA* dazu verpflichtet, fair miteinander zu verhandeln. Diese *duty to bargain in good faith* umfasst die Verpflichtung der Parteien, sich zu angemessenen Zeiten zu treffen und fair über Löhne und andere

157 *Fikentscher*, Mitbestimmung im Sport, 220, mit Verweis auf *Leslie*, 29 f., *Berry/Gould IV/Staudohar*, 259.
158 *Yasser/McCurdy/Goplerud/Weston*, Sports Law, 402.
159 *Klingmüller*, Die rechtliche Struktur der US-Berufssportligen, 114.
160 *Weiler/Roberts/Abrams/Ross*, Sports and the Law, 109.
161 *Fikentscher*, Mitbestimmung im Sport, 222.
162 *Weiler/Roberts/Abrams/Ross*, Sports and the Law, 108.
163 *Weiler/Roberts/Abrams/Ross*, Sports and the Law, 108.

Arbeitsbedingungen zu verhandeln. Das bedeutet, dass die Parteien miteinander verhandeln, indem sie sich Vorschläge und Gegenvorschläge unterbreiten und alle sinnvollen und zumutbaren Anstrengungen unternehmen, um eine Einigung zu erzielen.[164] Diese Verhandlungspflicht dauert so lange an, bis die Parteien endgültig feststellen, dass keine Einigung zustande kommt (*impasse*). Eine Verletzung dieser Pflicht bedeutet eine *unfair labor practice* und kann zu Schadensersatzansprüchen der Gegenseite führen. Dies gilt allerdings nur dann, wenn es sich bei dem Verhandlungsgegenstand um einen sogenannten zwingenden Inhalt von Tarifverträgen (*mandatory subject of collective bargaining*) handelt.

Gemäß § 3 *NLRA* gibt es zwingende und nicht zwingende Inhalte von Tarifverträgen bzw. Tarifverhandlungen (*mandatory* und *non-mandatory subjects of collective bargaining*). Die Vergütung, Arbeitszeit und weiteren Arbeitsbedingungen sind gemäß § 8 (d) NLRA *mandatory bargaining subjects.*[165] Auch Gehaltsobergrenzen gehören zu den *mandatory bargaining subjects*, denn sie haben direkten Einfluss auf die Vergütung der Spieler.[166] Bezüglich der *non-mandatory* oder auch *permissive bargaining subjects* – als solche gelten oft die klassischen Unternehmerentscheidungen wie z. B. Umstrukturierungen, Arbeitsplatzabbau oder die Einführung freiwilliger Leistungen – besteht keine Verhandlungspflicht der Parteien und diese können auch nicht durch Streik erzwungen oder abgewehrt werden.

6. *Arbeitskampfmittel*

Wie im deutschen kollektiven Arbeitsrecht stehen auch im US-amerikanischen *labor law* den Tarifparteien Arbeitskampfmittel zur Verfügung, um ihre Forderungen durchzusetzen bzw. ihnen Nachdruck zu verleihen. Aufseiten der Arbeitnehmer sind dies vor allem Streiks (*strikes*) und die Blockade der Arbeitsstelle (*picketing*), auf Arbeitgeberseite die Aussperrung der Arbeitnehmer (*lockout*). Das Recht, diese Arbeitskampfmittel einzusetzen, ist in §§ 7, 13 *NLRA* geregelt. Die Angemessenheit und Verhältnismäßigkeit ihres Einsatzes kann durch das *NLRB* überprüft werden, das bei Verstößen wiederum eine *unfair labor practice* feststellen und sanktionieren kann. Im Bereich des Sports kommen regelmäßig Arbeitskampfmaßnahmen zum Einsatz, was in der Vergangenheit immer wieder zu Spielausfällen geführt hat. Anders als man es aus Deutschland kennt, sind hierfür häufig Aussperrungsmaßnahmen der Arbeitgeber, also der Ligen, verantwortlich.

---

164 *Yasser/McCurdy/Goplerud/Weston*, Sports Law, 402.

165 Eine Übersicht aller *mandatory subjects of collective bargaining* findet sich unter Federal Labor Relations Act, 12 A.L.R. 2d 265.

166 *Mitten/Davis/Smith/Berry*, Sports Law and Regulation, 515.

II. Kartellrecht (*antitrust law*)

Neben dem kollektiven Arbeitsrecht hat das US-amerikanische Kartellrecht entscheidenden Einfluss auf die Rechtmäßigkeit von Gehaltsobergrenzen. Denn deren Festlegung in einem abgeschlossenen Wirtschaftszweig, hier in einer Sportliga, könnte gegen kartellrechtliche Schutzvorschriften zuungunsten der Spieler verstoßen.

1. Regelungen des Sherman Act

Es ist im US-amerikanischen Recht mittlerweile unumstritten, dass das Kartellrecht im Bereich des Sports grundsätzlich anwendbar ist.[167] Die Grundzüge des *antitrust law* sind in den §§ 1 bis 7 des *Sherman Acts* (15 U.S.C.) geregelt. Diese Vorschriften sind anwendbar, wenn zwischen Parteien eine Vereinbarung besteht, die einen Effekt auf den bundesstaatenübergreifenden Handel (*interstate commerce*) hat.[168] Gemäß § 1 *Sherman Act* ist grundsätzlich jede Vereinbarung oder Abmachung, die den bundesstaatenübergreifenden Handel beeinträchtigt, rechtswidrig. § 2 des *Sherman Acts* legt die Strafbarkeit der Errichtung von Kartellen und Monopolen in einem Wirtschaftszweig fest. Eine Verletzung des Kartellrechts liegt nach der von den Gerichten angewendeten *rule of reason* grundsätzlich dann vor, wenn im *Sherman Act* beschriebene Beeinträchtigungen des staatenübergreifenden Handels verursacht werden und unangemessen sind.[169] Unangemessen sind Beeinträchtigungen des Wettbewerbs grundsätzlich dann, wenn sie nicht durch legitime Wirtschaftszwecke gerechtfertigt werden können oder ein milderes Mittel zur Erreichung dieser Zwecke infrage käme.[170] Daneben gibt es auch Vereinbarungen oder Verhaltensweisen, die so offensichtlich kartellrechtswidrig sind, dass sie bereits nach der sogenannten *per se rule* gegen § 1 *Sherman Act* verstoßen und bei denen die Gerichte gar keine Rechtsfertigungsmöglichkeiten mehr prüfen.

Im Fall der professionellen Sportligen kommt in erster Linie die Verletzung des *Sherman Acts* durch rechtswidrige Abmachungen zwischen den Clubs zur Gewährleistung einer ausgeglichenen Liga und zur Sicherung der wirtschaftlichen Existenzgrundlage, wie z. B. auch Gehaltsobergrenzen, infrage.[171] Einer behaupteten Kartellrechtsverletzung kann vonseiten der Liga nicht entgegengehalten werden, es handele sich bei ihr nur um eine einzelne Einheit (*single entity*), da ihre Mitglieder, die Clubs, unterschiedliche Rechtspersonen mit verschiedenen Eigentümern sind und außerdem untereinander im Wettbewerb um Spieler sowie sportlichen aber

---

167 Siehe hierzu exemplarisch *Radovich v. NFL*, 352 U.S. 445, 452 (1957).
168 *Gerba*, Fordham L. Rev. 2383, 2384 (2005).
169 *Gerba*, Fordham L. Rev. 2383, 2384 f. (2005).
170 *Mackey v. National Basketball Association*, 543 F.2d 606, 620 (2d Cir. 1977).
171 *Klingmüller*, Die rechtliche Struktur der US-amerikanischen Berufssportligen, 80.

auch wirtschaftlichen Erfolg stehen.[172] Ein Verstoß von Gehaltsobergrenzen gegen § 1 Sherman Act erscheint durchaus vorstellbar, da sie die Gehaltsverhandlungen von Spielern mit in verschiedenen Bundesstaaten ansässigen Clubs beeinträchtigen und damit in den bundesstaatenübergreifenden Handel eingreifen.

2. *Statutory Labor Exemptions*

Sowohl im Kartellrecht als auch im Arbeitsrecht gibt es gesetzliche Ausnahmetatbestände, die sogenannten *statutory labor exemptions* in §§ 17, 29 des *Clayton Acts* (15 U.S.C.) und §§ 104, 105, 113 des *Norris-LaGuardia Acts* (29 U.S.C.), welche vorsehen, dass die gewerkschaftliche Betätigung von der Anwendung des Kartellrechts ausgenommen ist.[173] Nach diesen *statutory labor exemptions* darf keine Vorschrift des Kartellrechts die Existenz und die Betätigung der Gewerkschaften verhindern und keine dieser Betätigungen verstößt selbst gegen das Kartellrecht. Die Tarifverträge und ihre Inhalte sind jedoch Ergebnis einer bilateralen Vereinbarung und nicht (einseitiger) gewerkschaftlicher Betätigung im engeren Sinne, weshalb sie nicht durch die *statutory labor exemptions* von der Anwendung des Kartellrechts ausgenommen werden.[174] Folglich könnten auch tarifvertraglich festgelegte Gehaltsobergrenzen grundsätzlich gegen das *antitrust law* verstoßen.

3. *Non-Statutory Labor Exemption*

Einem Verstoß von Gehaltsobergrenzen gegen das *antitrust law* könnten jedoch durch Richterrecht entwickelte Ausnahmetatbestände entgegenstehen. Im Baseball gilt seit dem Jahr 1922 unverändert die sogenannte *antitrust exemption*, die diesen Sport generell von der Anwendung des Kartellrechts ausnimmt.[175] Der US Supreme Court entschied damals, dass Baseball nicht wirtschaftlich betrieben werde und kein kommerzielles Gut darstelle, woran er – obwohl sich die wirtschaftlichen Bedingungen genau wie in den anderen Sportarten dramatisch verändert haben – bis heute aufgrund der sogenannten *doctrine of stare decisis*[176] festhält.[177]

---

172 *L.A. Memorial Coliseum* v. *NFL*, 726 Fd. 2d. 1381 (1984); dies ist in der Literatur jedoch nicht unumstritten, siehe Übersicht der Argumente für und gegen die Annahme einer *single entity* bei *Klingmüller*, Die rechtliche Struktur der US-amerikanischen Berufssportligen, 85 ff.; vgl. auch *Jacobs*, 67 Indiana L-J. (1991) 25, der die Profiligen als *joint venture* einstuft.

173 Vgl. hierzu auch *Powell v. National Football League*, 678 F. Supp. 777, 782.

174 *Connell Const. Co. Inc. v. Plumber and Steamfitters Union Local No. 100*, 421 U.S. 616, 622 (1975).

175 *Federal Baseball Club of Baltimore, Inc. v. National League of Professional Baseball Clubs*, 259 U.S. 200, 209 (1922).

176 Diese beschreibt die Bindung des Gerichts an vorangegangen eigene Entscheidungen oder Entscheidungen höherer Gerichte, sogenannte Präzedenzfälle (*precedents*).

177 *Flood v. Kuhn*, 407 U.S. 258 (1972); *Toolson v. New York Yankees*, 346 U.S. 356 (1953).

In allen anderen Sportarten findet das *antitrust law* grundsätzlich Anwendung.[178] Allerdings hat der US Supreme Court in den 70er Jahren die Kartellausnahme der sogenannten *non-statutory labor exemption* entwickelt, nach der alle Vereinbarungen, die Ergebnis eines angemessenen *collective bargaining* sind, gegenüber dem Kartellrecht geschützt sind.[179] Ein Tarifvertrag muss die folgenden Kriterien erfüllen, um unter diese Ausnahme vom Kartellrecht zu fallen: Die Absprache darf nur die Parteien des Tarifvertrags und die von ihnen vertretenen Personen berühren, sie muss einen zwingend tarifvertraglich zu regelnden Gegenstand (*mandatory subject of collective bargaining*) zum Inhalt haben und das Ergebnis von ernsthaften Verhandlungen der Parteien auf Augenhöhe (*bona fide arms'-length bargaining*) sein.[180] Grundsätzlich soll die Fähigkeit der Gewerkschaften, Tarifverträge zu verhandeln und abzuschließen, gegen Angriffe des Kartellrechts geschützt sein.[181] Die *non-statutory labor exemption* gilt im Übrigen auch noch nach Ablauf eines Tarifvertrags, und zwar so lange, bis jegliche Verhandlungs- oder Arbeitskampfmittel inklusive einer Klage vor dem *NLRB* auf Feststellung einer *unfair labor practice* einer der Parteien ausgeschöpft sind.[182] Unter gewissen Voraussetzungen können die Arbeitgeber im Stadium des *impasse*, d. h., wenn die Verhandlungen zum Erliegen kommen, sogar einseitig Regelungen in Form ihres letzten „besten" Angebots verabschieden, die dann von der *non-statutory labor exemption* geschützt und für die Arbeitnehmer bindend sind.[183]

Aus dieser Rechtsprechung folgt, dass die zwischen den Spielergewerkschaften und den Ligen abgeschlossenen Tarifverträge, insbesondere tarifvertraglich vereinbarte *salary caps*, von den Regelungen des Sherman Acts ausgenommen sind, solange sie nach den Grundsätzen der *non-statutory labor exemption* zustande gekommen sind. Wie bereits erläutert, handelt es sich bei Spielergehältern und damit auch bei deren Begrenzung durch die *salary caps* um ein *mandatory bargaining subject.* Die Gehaltsobergrenzen berühren des Weiteren nur die Clubs sowie deren Spieler, nicht aber Dritte, die nicht an den Tarifverhandlungen beteiligt sind. Es ist außerdem davon auszugehen, dass die Gehaltsobergrenzen tatsächlich das Ergebnis von *arm's length collective bargaining* zwischen Spielergewerkschaft und Liga sind. Bei den Spielergewerkschaften handelt es sich um erfahrene Verhandlungspartner; die Verhandlungen ziehen sich nicht selten über Monate hin und haben Aussperrungen oder sogar Absagen von Saisonspielen zur Folge, was auf beiden Seiten zu nicht unerheblichen finanziellen Einbußen führt. An ernsthaften Verhandlungen kann im Sportbereich also grundsätzlich kein Zweifel bestehen. Gerade der *salary*

178 *Radovich v. National Football League*, 352 U.S. 445 (1957); *Haywood v. NBA*, 401 U.S. 1204 (1971).

179 *Champion*, Fundamentals of Sports Law, 510 und grundlegend dazu: *Mackey v. National Football League*, 543 F.2d 606 (8th Cir. 1976).

180 *Powell v. National Football League*, 930 F.2d 1293 (8th Cir. 1989).

181 *Connel Constr. Co. Inc. v. Plumbers & Steamfitters Local Union No. 100*, 421 U.S. 621 (1975).

182 *Powell v. National Football League*, 930 F.2d 1293 (8th Cir. 1989).

183 *Brown. v. Pro Football, Inc.*, 518 U.S. 231 (1996).

cap ist oft eines der umstrittensten und am härtesten verhandelten *bargaining subjects*. Dies zeigt sich auch daran, dass die Regelungen zum *salary cap* im Laufe der Jahre immer komplizierter und ausgefeilter geworden sind.

4. *Union decertification*

Im Rahmen des vor der Football-Saison 2011/2012 zwischen der NFL und der NFLPA entbrannten Arbeitskampfs bezüglich eines neuen *collective bargaining agreements* versuchten die Spieler eine einstweilige Verfügung gegen ihre Aussperrung (*lockout*) durch die Clubs zu erwirken.[184] Sie argumentierten damit, dass die Spielergewerkschaft per Erklärung auf ihr Verhandlungsrecht verzichtet habe und damit in dem Auftreten der Clubs als *multi-employer bargaining unit* eine Kartellrechtsverletzung liege. Diese Vorgehensweise, die sogenannte *union decertification*, haben Spieler und Spielergewerkschaft der NFL auch bereits in der Vergangenheit erfolgreich angewendet, um Druck auf die Arbeitgeberseite auszuüben.[185]

Letztlich kam es jedoch zu keiner Entscheidung in diesem Fall, da sich die Tarifvertragsparteien auf den Abschluss eines neuen *collective bargaining agreements* (inklusive *salary cap*) einigten, bevor der Rechtsstreit entschieden wurde. Der Fall zeigt einerseits, dass die auf der *non-statutory labor exemption* beruhende Tariflandschaft im Sport durchaus fragil ist und davon abhängt, dass die Spieler sich auch tatsächlich von der Gewerkschaft vertreten lassen. Auf der anderen Seite basiert das gesamte wirtschaftliche System der Sportligen auf dem Abschluss von Tarifverträgen, die sowohl Clubs als auch Spielern eine gewisse Grundsicherheit und Struktur bezüglich der Arbeitsverhältnisse und -bedingungen geben. Darüber hinaus haben die Spielergewerkschaften durch ihr Verhandlungsmandat für alle Spieler die soziale Macht, eine erhebliche Beteiligung der Spieler an den Einnahmen der Ligen zu erstreiten. Das beidseitige Vertrauen in das System des *collective bargaining* zeigt sich letztlich auch daran, dass es seit der Gründung der Spielergewerkschaften immer – wenn auch teilweise nach langwierigen Verhandlungen und Arbeitskämpfen – zu Tarifabschlüssen gekommen ist, die dann für mehrere Jahre die Rahmenbedingungen der Arbeitsverhältnisse in der jeweiligen Sportliga vorgeben.

E. Rechtmäßigkeit von Gehaltsobergrenzen

Im Folgenden soll die Rechtsprechung zur Rechtmäßigkeit von Gehaltsobergrenzen dargestellt werden, wobei auch hier der Konflikt zwischen Arbeits- und Kartellrecht eine herausgehobene Rolle spielt. Wie bereits angedeutet, vereinbaren die

---

184 Vgl. hierzu 2011 WL 956159 (D. Minn.), *Tom Brady, et al., v. National Football League*, Memorandum of Law of the NFL and its Member Clubs in Opposition to Plaintiffs' Motion for a Preliminary Injunction Against the Lockout Imposed by the League.

185 *Mitten/Davis/Smith/Berry*, Sports Law and Regulation, 451 f., *McNeil v. NFL*, 1992 WL 315292 (D. Minn. 1992).

Tarifpartner im Sport mit der Festlegung von Gehaltsobergrenzen im Tarifvertrag Regelungen, die einen potenziellen Verstoß gegen die kartellrechtlich garantierte Marktfreiheit beinhalten.

I. Arbeitsrecht

Arbeitsrechtlich bestehen nach US-amerikanischem Recht kaum Bedenken gegen die Rechtmäßigkeit der Vereinbarung von Gehaltsobergrenzen in Tarifverträgen. Wie bereits zuvor aufgezeigt sind Gehälter und somit auch Gehaltsobergrenzen *mandatory collective bargaining subjects*, die grundsätzlich zwischen einem oder mehreren Arbeitgebern (hier der Liga) und einer „zertifizierten" Gewerkschaft in einem Tarifvertrag vereinbart werden können. Inhaltlich finden sich – bis auf wenige Ausnahmen – weder in der Literatur noch in der Rechtsprechung Anhaltspunkte, dass Gehaltsobergrenzen im Sport gegen durch geltendes Arbeitsrecht gesicherte Rechte der Spieler verstoßen könnten. Insbesondere gibt es im amerikanischen Arbeitsrecht kein sogenanntes Günstigkeitsprinzip, wie es im deutschen Recht in § 4 Abs. 3 TVG verankert ist.

Im Fall *Wood v. National Basketball Association* hatte der Basketballspieler Leon Wood gerichtlich geltend gemacht, dass ein tarifvertraglich vereinbarter *salary cap* die Marktfreiheit der Spieler einschränke und, da er nicht unter die *non-statutory labor exemption* falle, rechtswidrig sei.[186] Das Gericht teilte diese Ansicht nicht und wies die Klage Woods ab. Dabei berief es sich allerdings nicht auf die *non-statutory labor exemption*, sondern darauf, dass die Klage bereits den fundamentalen Prinzipien des amerikanischen *labor laws* aus *NLRA* 29 U.S.C. sections 151–169 entgegenstehe.[187] Es entspreche diesen Prinzipien, dass Arbeitnehmer den Wettbewerb untereinander ausschließen könnten, in dem sie mit Mehrheitsbeschluss einen *exclusive bargaining representative* bestimmten, der anstelle des einzelnen Arbeitnehmers die Arbeitsbedingungen mit einem oder mehreren Arbeitgebern für alle Arbeitnehmer aushandele.[188] Es spiele dann keine Rolle mehr, ob ein einzelner Arbeitnehmer bessere Konditionen für sich selbst hätte aushandeln können, denn es läge gerade in der Natur des *collective bargaining*, dass Standardlöhne für Arbeitnehmer mit unterschiedlichen Verantwortlichkeiten und Fähigkeiten festgelegt würden.[189] Das entscheidende Gericht räumte zwar ein, dass die Kombination aus *draft system* und *salary cap* außergewöhnlich

186 *Wood v. National Basketball Association*, 809 F. 2d 954 (2d Cir. 1987).

187 *Wood v. National Basketball Association*, 809 F. 2d 954 (2d Cir. 1987); mit einer ähnlichen Argumentation wurde im Fall *Clarret v. National Football League*, 369 F.3d 124 (2d Cir. 2004) die Klage des Footballspielers Maurice Clarret gegen das sogenannte *draft system* der NFL zurückgewiesen.

188 *Wood v. National Basketball Association*, 809 F. 2d 954 (2d Cir. 1987).

189 *Wood v. National Basketball Association*, 809 F. 2d 954 (2d Cir. 1987); diese Argumentation ist konträr zum deutschen Günstigkeitsprinzip in § 4 Abs. 3 TVG, nach dem eine für den einzelnen Arbeitnehmer günstigere Regelungen immer Vorrang hat.

sei, jedoch gäbe es im Sportbereich auch außergewöhnliche Interessenlagen, wie das Interesse der Ligen an stabilen Gehaltskosten bei gleichzeitiger gerechter Verteilung der Topspieler und Nachwuchstalente zwischen den einzelnen Teams. Darüber hinaus handele es sich bei dem Tarifvertrag um ein Gesamtkonstrukt und nur aufgrund von *salary cap* und *draft model* seien die Ligen und die Clubeigentümer bereit, Zugeständnisse wie individuelle und teambezogene Mindestlöhne, arbeitsvertragliche Nebenleistungen und eine garantierte Einnahmeteilung zwischen Clubs und Spielern zu machen.[190] Letztlich führte das Gericht aus, dass aus seiner Sicht, eine gerichtlich festgestellte Unwirksamkeit des *salary caps* zu einer Destabilisierung des gesamten *collective bargaining agreements* und des Tarifvertragsrechts als solchem führen würde.[191] Dagegen würde die Vertragsfreiheit Arbeitgebern und Gewerkschaft die Möglichkeit eröffnen, die für sie beste Lösung zu verhandeln, und außerdem das Ziel des Friedens zwischen den Tarifparteien fördern.[192]

Die einzige alternative Möglichkeit, gegen Regelungen des Tarifvertrags vorzugehen, wäre eine Klage wegen *breach of duty of fair representation* der Gewerkschaft, was jedoch nicht Gegenstand des Verfahrens war. Einen ähnlichen Gedanken äußert *Klingmüller*, in dem sie die Frage aufwirft, ob ein *salary cap* unter Berücksichtigung der *duty of fair bargaining* vielleicht willkürlich oder bösgläubig gegenüber den „Starspielern" bzw. „Besserverdienern" der Liga sein könnte.[193] Sie verneint dies jedoch letztlich mit dem Argument, dass eine solche Vereinbarung aufgrund der Mindestgehälter und anderer Vergünstigungen wie Altersversorgung und Krankenversicherung insgesamt für die Mehrheit der Spieler vorteilhaft sei.[194] Dies deckt sich mit den Argumenten der Rechtsprechung und des *NLRB*, welche auf dem Standpunkt stehen, dass es gerade Aufgabe der Gewerkschaft als *exclusive bargaining representative* sei, die Interessen aller vertretenen Arbeitnehmer in Einklang zu bringen. Darüber hinaus wird bei den teambezogenen *salary caps* nur das Gesamtbudget der Clubs beschränkt, während die einzelnen Gehälter frei ausgehandelt werden können. Dies führt in der Praxis selbstverständlich dazu, dass es deutliche Unterschiede zwischen den Spielergehältern gibt und die „Starspieler" – im Football sind dies z. B. häufig erfolgreiche Quarterbacks – deutlich mehr verdienen als die „Durchschnittsspieler" auf den übrigen Positionen oder die *rookies*.

II. Kartellrecht

Zur generellen Frage, ob Tarifverträge zwischen Sportligen und Spielergewerkschaften – und damit auch die darin vereinbarten Gehaltsobergrenzen – gegen

190 *Wood v. National Basketball Association*, 809 F. 2d 954 (2d Cir. 1987).
191 *Wood v. National Basketball Association*, 809 F. 2d 954 (2d Cir. 1987), mit Verweis auf *McCourt v. California Sports*, 600 F. 2d 1193, 1197, *Mackey v. National Football League*, 543 F 2d. 606, 614 und *Zimmerman v. National Football League*, 632 F. Supp. 398, 403.
192 *Wood v. National Basketball Association*, 809 F. 2d 954 (2d Cir. 1987).
193 *Klingmüller*, Die rechtliche Struktur der US-amerikanischen Berufssportligen, 114.
194 *Klingmüller*, Die rechtliche Struktur der US-amerikanischen Berufssportligen, 114.

geltendes Kartellrecht verstoßen, gibt es einige Gerichtsentscheidungen und Abhandlungen in der juristischen Literatur.[195]

Im Fall von *salary caps* könnte eine unangemessene Einschränkung des Wettbewerbs der Spieler um die besten Gehälter und der Clubs um die besten Spieler und damit eine Verletzung von § 1 *Sherman Act* infrage kommen. Durch *salary caps* wird die Möglichkeit der Spieler eingeschränkt, nach oben hin offen mit allen Clubs das höchstmögliche Gehalt zu verhandeln, da durch die Budgetvorgaben des jeweiligen *salary caps* wiederum die Clubs im Bieterwettbewerb um die Topspieler eingeschränkt sind. *Klingmüller* geht mit Verweis auf *Foraker* davon aus, dass der *salary cap* wohl grundsätzlich gegen die *rule of reason* und damit gegen geltendes *antitrust law* verstoßen würde, da mildere Mittel wie interne Ausgleichszahlungen der Mitglieder denkbar sind, um die finanzielle Stabilität der Clubs und die Ausgewogenheit der Liga zu gewährleisten.[196] Dieser Auffassung folgt auch *Schopf*, der überdies anmerkt, dass die ursprüngliche Intention tarifvertraglicher Abmachungen, nämlich die Arbeitnehmer zu schützen, in den US-Profiligen ad absurdum geführt werde.[197] Dies wurde jedoch bislang gerichtlich nicht thematisiert, da höchstrichterlich entschieden ist, dass Tarifverträge, welche die Voraussetzungen der *non-statutory labor exemption* erfüllen, von der Anwendung des Kartellrechts ausgenommen sind.[198]

Zwar fällt, wie bereits oben dargestellt, die Betätigung der Sportligen grundsätzlich unter das US-amerikanische Kartellrecht, nämlich unter die Regelungen des *Sherman Acts*.[199] Das kollektive Arbeitsrecht erlaubt es Spielergewerkschaft und Ligen jedoch, Regelungen in Tarifverträgen abzuschließen, die ansonsten eventuell kartellrechtswidrig wären.[200] Dies gilt auch für die Vereinbarung von *salary caps*, die folglich nicht gegen Kartellrecht verstoßen, wenn sie unter Berücksichtigung der *non-statutory labor exemption* tarifvertraglich vereinbart werden. Der Ansicht *Schopfs* ist entgegen zu halten, dass die Spielergewerkschaften viele *benefits* für die Spieler aushandeln und darüber hinaus einen wichtigen Beitrag zur Stabilität und Wirtschaftlichkeit der professionellen Sportligen leisten.[201] Darüber hinaus zeigt die Betrachtung der

195 Siehe Überblick bei *Mitten/Davis/Smith/Berry*, Sports Law and Regulation, 436 ff. und zuletzt bei *Bodansky*, 36 Fordham Int'l L.J. 163, der auch einen Vergleich zwischen *US antitrust law* und europäischem Wettbewerbsrecht vornimmt.

196 *Klingmüller*, Die rechtliche Struktur der US-Berufssportligen, 95; *Foraker*, 59 S. Cal. L. Rev. (1985) 157, 178 ff.; dies wird z.B. im Baseball, wo es nur eine sogenannte *luxury tax* und die Teilung von Zuschauer und Fernseheinnahmen gibt, auch praktiziert.

197 *Schopf*, Salary Caps vs. Kartellrecht, 24.

198 Siehe oben bei § 2 D II 3.

199 Vgl. *Mackey v. National Football League*, 543 F.2d 606 (8th Cir. 1976).

200 *Mitten/Davis/Smith/Berry*, Sports Law and Regulation, 437.

201 Vgl. Argumentation in: *Wood v. National Basketball Association*, 809 F. 2d 954 (2d Cir. 1987).

competitive balance in den US-amerikanischen *major leagues*, dass keine Maßnahme so effektiv ist wie der absolute *hard salary cap* der NFL.[202]

F. Zusammenfassung

Gehaltsobergrenzen *(salary caps)* sind in Form von Beschränkungen der Gesamtausgaben für den Spielerkader im US-amerikanischen Profisport etabliert. Sie verstoßen nicht gegen geltendes US-amerikanisches Arbeits- und Kartellrecht. Dies liegt nach Ansicht der Gerichte zum einen am Wesen des kollektiven Arbeitsrechts und zum anderen sind Tarifverträge mit zulässigem Inhalt aufgrund der *non-statutory labor exemption* von der Anwendung des Kartellrechts ausgenommen. Sinn und Zweck der *salary caps* im US-amerikanischen Sport ist sowohl der Erhalt der Wirtschaftlichkeit der Clubs und Ligen als auch eine Steigerung der Chancengleichheit im sportlichen Wettbewerb.

Ist eine Gewerkschaft von einer Mehrheit der Arbeitnehmer einer Verhandlungseinheit – hier die jeweilige Sportliga – gewählt worden, was zur Zeit in allen amerikanischen *major leagues* der Fall ist, vertritt sie verbindlich sämtliche Arbeitnehmer dieser Verhandlungseinheit. Dies gilt unabhängig davon, ob diese Arbeitnehmer Gewerkschaftsmitglieder sind. Daher sind die grundlegenden Arbeitsbedingungen der Spieler in den *major leagues* jeweils in einem für alle geltenden Tarifvertrag geregelt. Im Gegensatz zum deutschen Günstigkeitsprinzip ist es dem einzelnen Arbeitnehmer nicht gestattet, für sich günstigere Regeln auszuhandeln, die von den Regelungen des Tarifvertrags abweichen. Zwar wird das einzelne Spielergehalt individuell zwischen Club und Spieler ausgehandelt, allerdings vonseiten des Clubs immer unter Berücksichtigung der tarifvertraglich vereinbarten Obergrenzen.

Ein wichtiger praktischer Unterschied zum deutschen und europäischen Sport ist, dass es sich bei den US-amerikanischen Sportligen jeweils um einen geschlossenen Kreis handelt, bei dem es weder einen sportlichen Auf- und Abstieg noch Wettbewerb mit den Clubs anderer Ligen gibt. Obwohl sich die Clubs bzw. deren Eigentümer neben dem sportlichen Erfolg auch am wirtschaftlichen Gewinn orientieren, gibt es neben den *salary caps* noch eine Reihe anderer Ausgleichsmechanismen, die auf eine Angleichung der Wettbewerbsbedingungen abzielen. So hat z. B. im *draft system* der Club, der in der Vorsaison am schlechtesten abgeschnitten hat, den ersten Zugriff auf die talentiertesten College Spieler, die neu in die Liga kommen.[203] Darüber hinaus gibt es ein umfangreiches System des *revenue sharings* und sogenannte *luxury taxes* um die oben genannten Ziele zu fördern. Zentraler Punkt sind jedoch die *salary caps.*

---

202 *Randerath*, Legal Requirements and Problems to Create a Financial Balance between Professional Sport Clubs in the German Bundesliga, 35.

203 Auch dies ist ein elementarer Unterschied zur deutschen Fußball Bundesliga, wo die Fernsehgelder nach dem Leistungsprinzip verteilt werden, sodass die sportlich erfolgreichen Clubs in der nächsten Saison noch mehr finanzielle Mittel für die Zusammenstellung ihres Spielerkaders zur Verfügung haben.

§ 3 Gestaltungsvarianten, Ziele und Rechtsgrundlagen von Gehaltsobergrenzen im europäischen Mannschaftssport

In diesem Kapitel sollen Gestaltungsvarianten, Ziele und mögliche Rechtsgrundlagen von Gehaltsobergrenzen im professionellen Mannschaftssport in Deutschland und Europa dargelegt werden. Zunächst werden die denkbaren Modelle – individuelle und teambezogene Gehaltsobergrenzen, absolute und relative Gehaltsobergrenzen, *hard* und *soft salary caps* sowie eine alternative Luxussteuer-Variante – erläutert.

A. Gestaltungsvarianten von Gehaltsobergrenzen

Unter einem *salary cap* versteht man im US-amerikanischen Rechtskreis grundsätzlich eine Obergrenze für die Summe der Gehälter, die ein Club pro Saison an seine Mannschaft oder an bestimmte einzelne Spieler innerhalb des Mannschaftskaders bezahlen darf.[204] Es gibt verschiedene Varianten der Ausgestaltung von Gehaltsobergrenzen. Im Folgenden werden denkbare oder bereits in den US-amerikanischen Profiligen praktizierte Varianten von *salary caps* bzw. Gehaltsobergrenzen dargestellt.

I. Individuelle oder teambezogene Gehaltsobergrenzen

In einem ersten Schritt kann zwischen individuellen oder teambezogenen Gehaltsobergrenzen unterschieden werden. Individuelle Gehaltsobergrenzen beschränken das Gehalt des einzelnen Spielers nach oben hin, indem sie bezüglich des Jahreseinkommens eine individuelle Höchstgrenze festlegen. Es könnte vorgesehen werden, dass jede Gehaltsvereinbarung, die dem Spieler höhere Einkünfte zusichert, unwirksam bzw. nichtig ist. Die Rechtsfolge daraus wäre zunächst, dass sich die Höhe des Einkommens des Spielers nach § 612 Abs. 2 BGB richtet, also eine üblicherweise zu erwartende Vergütung festzulegen ist. In einem zweiten Schritt könnte der Club ggfs. zu viel gezahltes Gehalt vom Spieler zurückverlangen.

Dagegen sehen teambezogene Gehaltsobergrenzen vor, dass ein Club nicht mehr als ein bestimmtes Gesamtvolumen für den kompletten Mannschaftskader pro Sai-

---

204 *Merkel*, Sport im kollektiven Arbeitsrecht, 110; *Fikentscher*, Mitbestimmung im Sport, 213 ff. und 290 ff., *Hannamann*, Kartellverbot und Verhaltenskoordination, 426 f.; *Klingmüller*, Rechtliche Struktur der US-amerikanischen Profiligen, 123; *Wise/Meyer*, International Sports Law, Vol. 1, 103 ff; siehe auch die Definition der Kommission im Weißbuch zum Sport, KOM (2007), 391: "*measures that limit how much money teams may spend on player salaries*".

son ausgeben darf. Hier müsste die Rechtsfolge bei Überschreiten der Obergrenze direkt in der jeweiligen *salary cap* Regelung verankert werden. Denkbar sind die Nichtigkeit von Verträgen mit Spielern bzw. der darin enthaltenen Gehaltsregelungen, Strafzahlungen des Clubs, Punktabzüge oder sogar der Ausschluss von Wettbewerben.[205]

II. Absolute oder relative Gehaltsobergrenzen

Bei den teambezogenen Gehaltsobergrenzen kann darüber hinaus zwischen absoluten und relativen Gehaltsobergrenzen unterschieden werden.

1. Absolute Gehaltsobergrenzen

Unter absoluten Gehaltsobergrenzen versteht man die Begrenzung der kumulierten Gehälter eines gesamten Spielerkaders auf einen festen Gesamtbetrag pro Saison, der grundsätzlich nach oben hin nicht überschritten werden darf und für alle Teilnehmer am Wettbewerb gleichermaßen gilt.[206] Wird eine solche feste Obergrenze für die kumulierten Spielergehälter festgesetzt, können die Clubs innerhalb des ihnen durch den *salary cap* vorgeschriebenen Rahmens frei über die ihnen zur Verfügung stehenden Finanzmittel verfügen und ohne weitere Einschränkungen mit den einzelnen Spielern über deren individuelles Gehalt verhandeln. Auch wenn der einzelne Spieler sein individuelles Gehalt mit dem Club verhandelt, kann die Beschränkung der Gesamtausgaben eines Clubs für den Spielerkader faktische Auswirkungen auf die individuelle Verhandlungsposition des Spielers mit dem jeweiligen Club haben. Dies liegt daran, dass der Verhandlungsspielraum der Clubs insgesamt beschränkt wird und diese das vorhandene und nach oben begrenzte Volumen auf alle Spieler im Kader aufteilen müssen.

Für die Clubs bedeutet eine absolute Gehaltsobergrenze den größtmöglichen Eingriff in den sportlichen und wirtschaftlichen Wettbewerb untereinander. Denn die festgesetzte absolute Summe, die pro Saison in den Spielerkader investiert werden darf, ist für alle Wettbewerber gleich hoch, unabhängig von ihrer gegebenenfalls unterschiedlichen Wirtschaftskraft.[207] Diese Form des *salary caps* hat mutmaßlich die größte Auswirkung auf die Chancengleichheit, da finanzielle Ressourcen des Clubs und Spielstärke des Kaders nahezu vollständig entkoppelt werden.[208] Die absolute Gehaltsobergrenze kann in einem von vorneherein für alle Clubs fest gelegten Geldbetrag bestehen oder anhand eines bestimmten Prozentsatzes einer für alle Clubs gleichen Kennzahl – z.B. des Ligaumsatzes oder des durchschnittlichen Umsatzes der Ligaclubs – festgelegt werden. Absolute Gehaltsobergrenzen existieren zurzeit in den US-amerikanischen Profiligen NFL, NBA und NHL. Sie

---

205 Vgl. hierzu unten § 3 A V.
206 *Lange*, SpuRt 2010, 234, 234.
207 Kritisch dazu auch: *Bahners*, SpuRt 2003, 142, 142.
208 *Schiera*, Brook. J. Int'l L. Vol. 32:2, 710, 725.

werden allerdings teilweise relativiert durch diverse Ausnahmeregelungen und praktische Umgehungsmöglichkeiten.[209]

2. *Relative Gehaltsobergrenzen*

Unter relativen Gehaltsobergrenzen versteht man, dass die Clubs nur einen bestimmten Prozentsatz einer individuell nur für sie geltenden Summe (z.B. des eigenen Jahresumsatzes oder bestimmter Einnahmen des Clubs) für die Gehälter des gesamten Spielerkaders ausgeben dürfen.[210] Das einzelne Spielergehalt bleibt auch bei den relativen Gehaltsobergrenzen zunächst unberührt, sodass auch hier die Clubs selbst entscheiden, wie sie das ihnen zur Verfügung stehende Gesamtbudget unter den einzelnen Spielern des Kaders verteilen bzw. in die Gehaltsverhandlungen einbringen möchten. Allerdings wirken sich auch relative Gehaltsobergrenzen faktisch auf die Verhandlungsposition des Spielers aus, da das Gesamtbudget des interessierten Clubs, das zwischen allen Spielern im Kader aufgeteilt werden muss, ebenfalls nach oben beschränkt ist.

Wenn in Europa bislang Gehaltsobergrenzen diskutiert wurden, dann standen vor allen Dingen relative Gehaltsobergrenzen im Fokus.[211] Im Gegensatz zu absoluten Gehaltsobergrenzen spiegeln sich bei den relativen Gehaltsobergrenzen die unterschiedlichen wirtschaftlichen Voraussetzungen der Clubs auch bei der Zusammensetzung bzw. Vergütung des Spielerkaders wieder.[212] Dürften z.B. 50 % des Jahresetats eines Clubs in Spielergehälter investiert werden, dann hätte im deutschen Profifußball der Meisterschaftsfavorit und Branchenführer F.C. Bayern München für den Spielerkader der Saison 2011/2012 etwa 150 Mio. Euro[213], der Aufsteiger F.C. Augsburg etwa 15 Mio. Euro[214] ausgeben dürfen. Offensichtlich wäre dies immer noch ein ganz erheblicher Unterschied und somit ein – durch die deutlich höhere Wirtschaftskraft bedingter – Wettbewerbsvorteil des europäischen Spitzenclubs F.C. Bayern München.

---

209 Siehe oben bei § 2 C I–III.

210 *Lange*, SpuRt 2010, 234, 234; *Bahners*, SpuRt 2003, 142, 142.

211 *Bahners*, SpuRt 2003, 142, 142 mit Verweis auf einen Vorschlag der G14 – ehemaliger Zusammenschlusses europäischer Spitzenvereine (heute: ECA) – vom 14.5.2002, nachdem Fußballvereine ab der Spielzeit 2005/2006 maximal 70 % des testierten Jahresumsatzes für Spielergehälter und Transferentschädigungen ausgeben dürfen.

212 *Bahners*, SpuRt 2003, 142, 142.

213 Der Branchenführer FC Bayern München hatte für die Spielzeit 2011/2012 ein geschätztes Jahresbudget von etwa 300 Mio. Euro, davon flossen laut einer Übersicht auf www.abendzeitung-muenchen.de vom 20.7.2011 (zuletzt aufgerufen am 5.6.2012) etwa 100 Mio. Euro in den Spielerkader des Clubs, also knapp ein Drittel.

214 Laut www.sportschau.de vom 10.8.2011 (zuletzt aufgerufen am 5.6.2012) betrug das Jahresbudget des FC Augsburg für die Spielzeit 2011/2012 etwa 30 Mio. Euro; davon flossen laut einer Übersicht auf www.abendzeitung-muenchen.de vom 20.7.2011 (zuletzt aufgerufen am 5.6.2012) tatsächlich etwa 15,5 Mio. Euro in den Spielerkader des Clubs, also etwas mehr als 50 %.

Hierbei sind jedoch zwei Komponenten zu beachten: Bereits die Clubs mit dem dritt-, viert- und fünfthöchsten Jahresumsatz im deutschen Fußball liegen sehr deutlich hinter dem Branchenführer, weshalb die Abstände zwischen diesen und den Clubs aus der unteren Tabellenhälfte kleiner werden. Wenn man nun noch davon ausgeht, dass derzeit einige Clubs – und gerade auch solche aus den oberen Tabellenregionen – mehr Geld ausgeben, als sie einnehmen[215], dann könnte auch eine solche relative Gehaltsobergrenze die Clubs wirtschaftlich und sportlich näher zusammenbringen. Angenommen ein Club hätte 100 Mio. Euro ein anderer 50 Mio. Euro pro Saison zur Verfügung, ergibt dies einen Unterschied von 50 Mio. Euro. Dürften davon z. B. 50 % in den Spielerkader investiert werden, beträgt der Unterschied der Summe, die tatsächlich in Spielergehälter investiert werden darf, nur noch 25 Mio. Euro. Des Weiteren würde bei Abstellen auf den Jahresumsatz bzw. die fußballspezifischen Einnahmen verhindert oder zumindest erschwert, dass die Clubs Geld ausgeben, welches sie gar nicht einnehmen, sondern sich auf anderen Wegen, z. B. durch die Aufnahme von Eigenkapital (Ausgabe neuer Anteile an einer Kapitalgesellschaft z. B. an einen Investor) oder Fremdkapital (z. B. Kredite oder Anleihen) bzw. sonstiger nicht selbst erwirtschafteter Einnahmen (z. B. unverhältnismäßig hohe Zahlungen von Sponsoren oder Investoren), beschaffen.[216] Andererseits manifestiert eine relative Gehaltsobergrenze auch eine gewisse, bereits vorhandene Reihenfolge der Clubs, wenn sie sich an den Umsätzen orientiert und wie zuvor dargestellt externe Investitionen ausschließt oder erschwert.

III. Harte oder weiche Gehaltsobergrenzen (*hard/soft salary cap*)

Innerhalb beider vorbenannten Varianten kann noch zwischen einem *hard salary cap* und einem *soft salary cap*, sprich zwischen harten und weichen Gehaltsobergrenzen, unterschieden werden. Das bedeutet, dass die jeweils pro Spieler oder Club festgelegte Gehaltsobergrenze entweder starr begrenzt sei oder Ausnahmen zugelassen werden können, die unter gewissen Voraussetzungen eine Überschreitung des *salary caps* gestatten.

1. *Hard salary cap*

Beim *hard salary cap* dürfen die vorgegebenen Obergrenzen ausnahmslos nicht überschritten werden. Dies führt im Fall von absoluten Gehaltsobergrenzen – was den Spielerkader und die Möglichkeit, diesen zu vergüten, angeht – zu gleichen finanziellen Wettbewerbsbedingungen innerhalb einer Liga. Dieses Modell wäre

215 Siehe Einleitung, Bundesliga Report – Die wirtschaftliche Situation im Lizenzfußball 2011.

216 Dies ist im übrigens auch ein Mittel des UEFA Financial Fairplay-Reglements, könnte jedoch gerade auch zu einer (ungewollten) Verfestigung der derzeitigen Kräfteverhältnisse führen, vgl. hierzu § 6 D.

grundsätzlich vorzugswürdig, wenn der Fokus der Regelung auf einer strikten Angleichung der Wettbewerbsbedingungen bzw. einer Erhöhung der Chancengleichheit liegt. Clubs mit höheren Einnahmen könnten dann zwar immer noch mehr Geld in Ablösesummen, Scouting, Infrastruktur, Marketing oder Jungendarbeit investieren als ihre finanziell schwächer aufgestellte Konkurrenz, nicht jedoch in die Gehälter ihrer Spieler. Der finanzielle Anreiz für die Spieler, zu bestimmten Clubs zu wechseln, würde dadurch erheblich kleiner.

Im Fall relativer Gehaltsobergrenzen bewirkt ein *hard salary cap* die Festlegung eines bestimmten Verhältnisses der Ausgaben der Clubs für Spielergehälter untereinander, die sich jedoch nach wie vor entsprechend der Wirtschaftskraft der Clubs unterscheiden. Hier läge der Fokus eher auf einer Beschränkung der Ausgaben und somit im Erhalt der Wirtschaftlichkeit der Clubs und der Liga. Auch auf den Wettbewerb könnte eine solche Regelung jedoch insgesamt positive Auswirkungen haben, da – wie oben gezeigt – der Abstand zwischen den möglichen Investitionen in den Spielerkader zwar nicht aufgehoben, aber zumindest verringert wird.

Zu beachten ist, dass den Clubs auch im Fall von *hard salary caps* bestimmte Umgehungsmöglichkeiten verbleiben können, z.B. die Verwendung von Entlohnungsformen, die nicht vom *salary cap* umfasst sind. Im amerikanischen Sport wird häufig das sogenannte *front* oder *back loading* praktiziert, bei dem die Spieler entweder zu Beginn oder zum Ende der Vertragslaufzeit exorbitant mehr Geld im Vergleich zur restlichen Laufzeit erhalten. Auf diese Weise schaffen sich die Clubs dann entweder am Anfang oder Ende der Vertragslaufzeit entsprechend mehr Raum im Gesamtbudget. Des Weiteren könnten den Spielern einmalige Handgelder[217] gezahlt oder andere Entlohnungsformen entwickelt werden, die vom *salary cap* nicht umfasst werden. Ob dies jedoch tatsächlich möglich ist, hängt letztlich von der genauen Ausgestaltung des *salary caps* ab.

2. *Soft salary cap*

Ein *soft salary cap* räumt den Clubs von vorneherein gewisse Ausnahmen von der Einhaltung der vorgegebenen Gehaltsobergrenzen ein, d.h. es werden den Clubs unter bestimmten Voraussetzungen Ausgaben für Spielergehälter auch jenseits des *salary caps* erlaubt.[218] Die bekannteste Ausnahmeregel im amerikanischen Sport, die sogenannte „Larry-Bird-Klausel“, ermöglicht den Basketball-Clubs der NBA, altgediente oder besonders wichtige Spieler an den Club zu binden, indem die Gehälter oder Teile der Gehälter dieser Spieler vom *salary cap* ausgenommen werden.[219] Diese Ausnahmen eröffnen den Clubs – letztlich durch die Vereinbarung dieser Form des *salary caps* gewollte – Umgehungsmöglichkeiten und weichen die wettbewerbs-

---

217 Dies wird im europäischen Fußballsport bereits heute, vor allem bei Vereinswechseln ablösefreier Spieler, häufig praktiziert.

218 Zu den Ausnahmen vom salary cap der NBA siehe oben unter § 2 C II.

219 Die so genannte "Larry Bird Klausel" ist jedoch nur eine von zahlreichen Ausnahmeregelungen vom *salary cap* der NBA, vgl. hierzu oben unter § 2 C II.

angleichende Wirkung der Gehaltsobergrenzen auf.[220] Zumindest eröffnet ein *soft salary cap* wirtschaftlich potenteren und damit zahlungskräftigeren Clubs[221] mehr Gestaltungsmöglichkeiten, da ihnen erlaubt wird, die Obergrenzen zumindest bis zu einem gewissen Grad zu umgehen.

Als denkbare Gestaltungsvariante eines *soft salary caps* könnten auch bestimmte Gehaltsbestandteile, z. B. die Erfolgsprämien, im Sinne von der Anrechnung auf die Gehaltsobergrenze ausgenommen werden. Dadurch könnten Spieler auch bei einer – möglicherweise entstehenden – Angleichung von Grundgehältern trotzdem von potenziell erfolgreicheren Clubs angelockt werden könnten, da sie sich dort eine höhere variable und leistungsbezogene Vergütung erhoffen. Eine stärker erfolgsbasierte Vergütung gäbe den Clubs ohnehin mehr Planungssicherheit, da sie an Grundgehältern sparen könnten und auf sportlichem Erfolg basierende Einnahmen (z. B. höhere Fernseh- und Zuschauereinnahmen, Prämien für hohe Platzierung in der Abschlusstabelle oder für das Erreichen bestimmter Runden im nationalen Pokal oder in den europäischen Wettbewerben) an die Spieler weitergeben könnten.[222]

Wie groß die Abweichungsmöglichkeiten von der Gehaltsobergrenze sind, hängt letztlich davon ab, wie der *salary cap* genau ausgestaltet ist und welche Entgelt- oder Entlohnungsformen er umfasst bzw. welche Ausnahmen er gestattet.

IV. Alternative Gestaltungsmöglichkeiten (Luxussteuer-Variante)

Eine alternative Gestaltungsmöglichkeit zu den traditionell verwendeten oder in Europa vorwiegend diskutierten Formen von *salary caps* könnte eine Kombination mehrerer der vorbenannten Varianten der absoluten und relativen Gehaltsobergrenzen sein, die sich zudem an der im amerikanischen Baseballsport praktizierten Luxussteuer (*luxury tax*) orientiert.[223] Denkbar wäre hierbei eine Regelung, die auf der einen Seite nicht zu – im europäischen Profisport wohl derzeit nur schwer konsensfähigen – gleichen wirtschaftlichen Wettbewerbsbedingen der Clubs führt, andererseits jedoch die Clubs durch eine Deckelung der Ausgaben für ihre Spielerkader vor Überschuldung bewahrt und gleichzeitig zumindest eine gewisse Steigerung der wirtschaftlichen und sportlichen Chancengleichheit zwischen den Clubs unterstützt.

---

220 Vgl. *Fikentscher*, Mitbestimmung im Sport, 213.

221 In den USA sind das häufig die sogenannten *big market franchises*, die in großen Metropolen oder aber Ballungsgebieten angesiedelt sind, z. B. New York, Boston, Philadelphia, Chicago oder Los Angeles.

222 Vgl. hierzu auch der Vorschlag von *Eggerstedt*, Probleme der Lizenz- und Schiedsgerichtsverträge im deutschen Berufsfußball, 95 f., die eine stärker am sportlichen Erfolg der Clubs orientierte Vergütung der Spieler vorschlägt, auch um damit den Clubs eine bessere und konstantere Finanzplanung zu ermöglichen.

223 Vgl. hierzu die Regelung in den *collective bargaining agreements* der NBA und der MLB, § 2 C 2, 4.

Ähnlich wie das UEFA Financial Fairplay-Reglement könnte sich eine relative Gehaltsobergrenze zunächst an den fußballspezifischen Einnahmen der einzelnen Clubs orientieren (also quasi am Jahresetat ohne Zuwendungen von Mäzenen oder Sponsorengeldern, die über ein realistisches wirtschaftliches Maß hinausgehen). Das heißt, es dürfte grundsätzlich nur ein bestimmter Prozentsatz (z.B. 55 %) der fußballspezifischen Einnahmen der Clubs für den Spielerkader verwendet werden (vergleichbar einer relativen teambezogenen Gehaltsobergrenze). Dies würde zu einer Ausgabendeckelung führen, welche die Clubs vor Überschuldung bewahrt, jedoch die wirtschaftlichen Unterschiede zwischen den Clubs berücksichtigt. Des Weiteren könnte eine Beschränkung der Ausgaben für den Spielerkader dazu führen, dass die Clubs mehr Geld in die Jugendförderung, Scouting und Infrastruktur investieren.

Um darüber hinaus jedoch auch die Chancengleichheit zu fördern, müsste noch eine zweite absolute Gehaltsobergrenze eingeführt werden, die unterhalb der höchsten aber oberhalb der niedrigsten relativen Gehaltsobergrenze liegt. Sie könnte sich beispielsweise am Gesamtumsatz der Liga und damit am durchschnittlichen Umsatz der Ligaclubs orientieren. Es wäre dann zunächst der Gesamtumsatz der Liga durch die Anzahl der Clubs zu dividieren – in der Spielzeit 2012/2013 betrug bei einem Gesamtumsatz der Fußball-Bundesliga von knapp über 2 Mia. Euro der daraus errechnete durchschnittliche Umsatz pro Club etwa 112 Mio. Euro – und davon 45 % zu nehmen. Dies ergäbe eine absolute Gehaltsobergrenze für den Spielerkader von 50,4 Mio. Euro pro Club. Bei Überschreiten einer der beiden Obergrenzen müssten die Clubs verpflichtet werden, auf den überschießenden Betrag eine Abgabe in Höhe eines gewissen Prozentsatzes (z.B. 20 %) – vergleichbar der sogenannten *luxury tax* in der US-amerikanischen Baseballliga MLB – in einen Solidarpool der Liga zu zahlen, der dann zu gleichen Teilen wieder an alle Clubs und/oder alle Spieler ausgeschüttet wird.[224]

Jeder Club errechnet folglich zunächst seine teambezogene Gehaltsobergrenze (55 % der fußballspezifischen Einnahmen/des Umsatzes), das wären z.B. bei 30 Mio. Euro Umsatz 16,6 Mio. Euro, bei 50 Mio. Euro Umsatz 27,5 Mio. Euro, bei 75 Mio. Euro Umsatz 41,25 Mio. Euro und bei 90 Mio. Euro Umsatz 49,5 Mio. Euro. Ab einem Umsatz von etwa 92 Mio. Euro gilt dann für alle die absolute Obergrenze von 50,4 Mio. Euro. Das bedeutet, jeder Club mit einem Umsatz von über 92 Mio. Euro müsste auf den Betrag, der 50,4 Mio. Euro übersteigt, 20 % Luxussteuer in den Solidarpool einzahlen. Das wären bei einer Gesamtausgabe für den Spielerkader in Höhe von 100 Mio. Euro, zusätzliche 9,92 Mio. Euro für den Solidarpool. Zahlt der Club mit 75 Mio. Euro Umsatz an seinen Spielerkader insgesamt 45 Mio. Euro (*salary cap* hier: 41,25 Mio. Euro), müsste er 750.000 Euro in den Solidarpool einzahlen. Für einen Club mit 50 Mio. Euro Umsatz würde eine Gehaltsobergrenze von 27,5 Mio. Euro gelten, d.h. bei einem Spielerkader von 30 Mio. Euro müsste er eine Strafzahlung in Höhe von 500.000 Euro aufbringen.

---

224 Ein ähnliches Konzept regt auch *Stopper*, Mehr sportlicher Wettbewerb durch begrenzte Umverteilung, in: Zieschang/Klimmer (Hrsg.), Unternehmensführung im Profifußball, 143, 160, an.

Stopper geht davon aus, dass die finanzstarken Topclubs der Bundesliga, die den fiktiven absoluten *salary cap* regelmäßig überschreiten und deshalb entsprechende Zahlungen in den Solidarpool leisten müssten, dies einfach in ihre Kalkulationen mit einfließen lassen. Die kleineren Clubs würden dagegen zu besserem Wirtschaften angehalten, um das Anfallen einer Luxussteuer möglichst zu vermeiden.[225] Die höheren Zahlungen der Topclubs sowie eine gleichmäßige Verteilung der Gelder aus dem Solidarpool würden einerseits den gewünschten Regulierungseffekt erzielen, andererseits aber auch nicht den Wettbewerb negativ beeinflussen, was der Fall sein könnte, wenn die schwächsten Clubs höhere Summen erhalten würden.[226] Insgesamt ist bei einer Luxussteuer-Variante davon auszugehen, dass die großen Clubs weiterhin einen Wettbewerbsvorteil behalten, da diesen nicht verboten wird, höhere Ausgaben zu tätigen, wovon dann jedoch die kleineren Clubs finanziell profitieren und ggfs. den Abstand verringern können.[227]

V. Instrumente zur Durchsetzung bzw. Sanktionierung

Damit die vorgegebenen Gehaltsobergrenzen auch wirksam sind, müssten natürlich entsprechende Instrumente zur Durchsetzung bzw. Sanktionen im Fall von Verstößen vorgesehen werden. Hier sind mehrere Varianten denkbar, die auch davon abhängen, auf welcher Rechtsgrundlage die Gehaltsobergrenzen beruhten.

Würde eine teambezogene Gehaltsobergrenze durch Regelungen des Verbands oder der Liga installiert werden, müssten solche Regelungen durch die Clubs umgesetzt werden, denn diese handeln die Gehälter mit den Spielern aus und vereinbaren sie im Arbeitsvertrag. Die Clubs könnten folglich gegen die Gehaltsobergrenzen aufbegehren, indem sie diese praktisch nicht anwenden oder durch geschickte Vertragskonstruktionen mit den Spielern umgehen. Zur Durchsetzung der Regeln vonseiten der Verbände oder Ligen könnten in den Satzungen oder Ordnungsvorschriften oder alternativ in den Lizenzverträgen mit den Clubs Geldstrafen, Punktabzüge sowie der Ausschluss von Wettbewerben vorgesehen werden. Eine weitere Möglichkeit wäre die Versagung der Lizenz für Spieler, aufgrund deren Verpflichtung die Gehaltsobergrenze überschritten wurde. Letzteres läge vor allem bei der Überschreitung individueller Gehaltsobergrenzen nahe, wäre aber auch bei Überschreiten einer teambezogenen Gehaltsobergrenze denkbar.

Würden die Gehaltsobergrenzen in Form von Tarifverträgen oder Betriebsvereinbarungen vereinbart, wäre die Durchsetzung Sache der Tarif- bzw. Betriebsparteien, denen dazu entsprechende gesetzliche Mittel zur Seite stehen. Denkbar wäre hier auch die Vereinbarung von Strafzahlungen in einen gemeinsamen Pool, der dann an die Spieler und/oder Wettbewerber ausgeschüttet wird. *Lange*, der die Ein-

225 *Stopper*, Mehr sportlicher Wettbewerb durch begrenzte Umverteilung, in: Zieschang/Klimmer (Hrsg.), Unternehmensführung im Profifußball, 142, 151.

226 *Stopper*, Mehr sportlicher Wettbewerb durch begrenzte Umverteilung, in: Zieschang/Klimmer (Hrsg.), Unternehmensführung im Profifußball, 142, 151 f.

227 Ähnlich: *Schiera*, Brook. J. Int'l L. Vol. 32:2, 710, 726.

führung von Gehaltsobergrenzen durch Tarifvertrag diskutiert, schlägt vor, etwaige Strafzahlungen bei Überschreiten der Obergrenzen direkt an die Spieler zu leisten.[228] Hintergrund dieser Überlegung ist, dass er die Gehaltsobergrenze nur so als tariflich regelbares Ziel im Rahmen des § 1 Abs. 1 TVG betrachtet.[229]

B. Ziele von Gehaltsobergrenzen aus Sicht der Sportverbände, der Clubs und der Ligen

Als Hauptziel der Gehaltsobergrenzen im US-amerikanischen Sport gilt mittlerweile die Förderung eines ausgeglicheneren Wettbewerbs zwischen den Clubs (*competitive balance*).[230] Im europäischen Raum wird im Allgemeinen zunächst der Erhalt der Wirtschaftskraft der Clubs und damit die Sicherung des Fortbestands des Ligabetriebs als Ziel – bspw. der bereits bestehenden Lizenzierungsordnungen der nationalen Ligen und des vor Kurzem eingeführten UEFA Financial Fairplay-Reglements – genannt.[231] Das letztgenannte Ziel könnte vor allem dadurch erreicht werden, dass Gehaltsobergrenzen den finanziellen Überbietungswettbewerb der Clubs um die besten Spieler (*overspending*) bremsen und damit eine fortschreitende Überschuldung der Clubs verhindern. Eine Vergrößerung der Chancengleichheit innerhalb der nationalen Ligen bzw. in den europäischen Clubwettbewerben könnte jedoch im zweiten Schritt ebenfalls der Wirtschaftlichkeit der Clubs dienen, da ein attraktiverer und ausgeglichener Wettbewerb den wirtschaftlichen Erfolg der Ligen und damit aller teilnehmenden Clubs fördern könnte.[232]

Aber auch im US-amerikanischen Sport spielt neben der Chancengleichheit der wirtschaftliche Aspekt eine gewichtige Rolle. Die erste *major league*, die versuchte in den Verhandlungen mit der zuständigen Spielergewerkschaft einen *salary cap* einzuführen, war die NBA im Jahr 1983. Dass die Clubs die Einführung von Gehaltsobergrenzen letztlich durchsetzen konnten, lag an extremen, in erster Linie auf die explodierenden Spielergehälter zurückzuführenden, wirtschaftlichen Schwierigkeiten einer Vielzahl der Basketballclubs.[233] Diese dokumentierten die Clubs durch eine bis dato einmalige Offenlegung ihrer Bilanzen gegenüber der zuständigen Spielergewerkschaft.[234] Daneben gab es jedoch auch das Problem der sportlichen

228 *Lange*, SpuRt 2010, 234, 236.

229 Dazu näher unten § 5 C IV d.

230 *Randerath*, Legal Requirements and Problems to Create a Financial Balance between Professional Sport Clubs in the German Bundesliga, 11.

231 *Lindholm*, Texas Review of Entertainment and Sports Law, Vol 12.2, 196.

232 *Fikentscher*, Mitbestimmung im Sport, 213 f.

233 *Klingmüller*, Rechtliche Struktur der US-amerikanischen Berufsligen, 123 mit Verweisen auf: Rothstein, 11 Ent. & Sports L. Rev. (1994), 251 (251); Foraker, 59 S.Cal.L.Rev. (1985), 157 (158).

234 *Mitten, Davis, Smith, Berry*, Sports Law and Regulation, 2009, 515.

Dominanz der Liga durch einige wenige Mannschaften.[235] Im Zusammenhang mit den Verhandlungen des aktuellen *collective bargaining agreements* der NBA für die Saison 2011/2012 teilte NBA-*commissioner* David Stern mit, dass die Liga seit 2005 einen Verlust von mehr als einer Milliarde US-Dollar zu verzeichnen gehabt habe. Deshalb strebte die NBA in den Tarifverhandlungen an, die Spielergehälter im neuen Tarifvertrag um insgesamt 800 Mio. US-Dollar zu reduzieren, auch mithilfe eines strikteren *salary caps*.[236]

Die NFL führte etwa zehn Jahre nach der NBA – ebenfalls mit dem Ziel, die Profitabilität der Liga entscheidend zu steigern – einen absoluten *salary cap* ein, der keine Ausnahmeregelungen zuließ und welcher der Liga dazu verholfen hat, die weltweit profitabelste Organisation im professionellen Sport zu werden.[237] Daneben hat der *salary cap* jedoch auch zu einer signifikanten Steigerung der Chancengleichheit in der NFL geführt. Gelang es in der Zeit ohne *salary cap* von 1972 bis 1993 nur sieben von 28 *franchises* den Superbowl zu gewinnen (6 *franchises* gewannen zusammen 20 Titel), so haben nach Einführung des *salary caps* in den Jahren von 1993 bis 2006 neun verschiedene *franchises* die 13 Super Bowls gewonnen.[238]

Die NHL versuchte in den Verhandlungen des Tarifvertrags zur Saison 2004/2005 erstmals einen *salary cap* durchzusetzen, nachdem die Spielergehälter in den Jahren zuvor rapide angestiegen waren.[239] Nachdem die gesamte Saison 2004/2005 aufgrund einer Aussperrung (*lockout*) der Spieler durch die Liga ausgefallen war, erreichten die Parteien Mitte 2005 eine Einigung über einen Tarifvertrag, der nunmehr einen *hard salary cap* enthält.

Im US-amerikanischen Sport geht man davon aus, dass sich die Ziele der teilnehmenden Clubs und ihrer Besitzer als Eigentümer der Liga trotz aller sportlichen Rivalität grundsätzlich decken. Dagegen könnte es im deutschen und europäischen Sportsystem durchaus unterschiedliche Zielrichtungen und Interessen von Sportverbänden, Sportclubs und Ligagesellschaften geben, die nachfolgend dargestellt werden sollen.

I. Sportverbände

Hauptzweck der Dachsportverbände im deutschen und europäischen Mannschaftssport ist die Pflege und die Durchführung der jeweiligen Sportart nach den durch die Verbände vorgegebenen Regeln und in den durch die Verbände organisierten Wettbewerben. Um eine fortlaufende Teilnahme der Clubs an den Wettbewerben

---

235 *Fikentscher*, Der Salary Cap im Sport, in: Vieweg, Spektrum des Sports (2003), 188, 189.

236 „Basketball-Profis verklagen die NBA“ auf www.handelsblatt.com vom 16.11.2011 (zuletzt besucht am 7.3.2012).

237 *Mitten/Davis/Smith/Berry*, Sports Law and Regulation, Second Edition, Austin/Boston/et al., 2009, 516.

238 *Schiera*, Brook. J. Int'l L. Vol. 32:2, 710, 724.

239 *Mitten/Davis/Smit/Berry*, Sports Law and Regulation, 516.

der Verbände zu gewährleisten, muss eine übermäßige Überschuldung der Clubs, die letztlich zum Bankrott und damit zum Ausscheiden aus dem Wettbewerb führen könnte, verhindert werden. Weiterhin erscheint es auch legitim, wenn die Verbände eine gewisse Chancengleichheit innerhalb ihrer Wettbewerbe anstreben, um diese sowohl für die Spieler und Clubs als auch für die Zuschauer, Medien und Sponsoren attraktiv zu halten. Voraussetzung für mehr Chancengleichheit könnte wiederum eine größere Ausgeglichenheit der finanziellen Möglichkeiten der Teilnehmer an den Wettbewerben sein.

Der europäische Fußballverband UEFA hat im Jahr 2011 das UEFA Financial Fairplay-Reglement eingeführt, das laut UEFA-Präsident Michel Platini entscheidend zur finanziellen Gesundung der Clubs beitragen soll.[240] Hier stehen also die langfristige finanzielle Stabilität und das Überleben der Clubs im Vordergrund.[241] Zwar sieht das Reglement lediglich eine generelle Begrenzung der Ausgaben – auch für Spielergehälter – der Clubs und eben keine expliziten Gehaltsobergrenzen vor, faktisch handelt es sich dabei jedoch um relative Gehaltsobergrenzen.[242] Der hinter dem Reglement und den in ihm enthaltenen Ausgabenbeschränkungen stehende Zweck deckt sich darüber hinaus – zumindest was die finanzielle Stabilität der Clubs angeht – teilweise mit den Zielen der US-amerikanischen *salary caps*. Ausdrücklich nicht beabsichtigt wird jedoch durch das UEFA Financial Fairplay-Reglement eine Steigerung der Chancengleichheit im europäischen Fußball.

Auch das Lizenzierungsverfahren im deutschen Fußballsport, das ursprünglich auf den Statuten des Dachsportverbands DFB beruhte und nun durch die DFL durchgeführt wird, dient dem Ziel, die finanzielle Stabilität der Clubs zu sichern. Bereits im Jahr 1983 hatte z.B. das LG Frankfurt am Main festgestellt, dass ein Sportverband ein berechtigtes Interesse am Nachweis der wirtschaftlichen Leistungsfähigkeit der Lizenzvereine als Voraussetzung für die Erteilung der Lizenz und damit der Berechtigung zur Teilnahme am Ligawettbewerb hat.[243] Allerdings finden sich sowohl in den Statuten des DFB als auch der DFL keine Regelungen zu Gehaltsobergrenzen, obwohl sich die Ziele der US-amerikanischen *salary caps* und der deutschen Lizenzierungsordnung im Fußball zumindest teilweise überschneiden. Daraus kann gefolgert werden, dass DFB und DFL Gehaltsobergrenzen entweder (noch) nicht als probates Mittel zur Erreichung dieser Ziele ansehen oder zu große Zweifel an der Umsetzbarkeit bzw. Rechtmäßigkeit bestehen.

Aufgrund einer evidenten Verschuldung einiger Clubs trotz steigender Einnahmen, aber vor allem auch der immer weiter auseinandergehenden Schere zwischen wirtschaftlich starken und weniger starken Clubs, erscheint es in Zukunft nicht

---

240 „Platini: Es gibt kein Zurück mehr" auf www.kicker.de vom 11.1.2011 (zuletzt aufgerufen am 23.5.2011).

241 *Müller/Lammert/Hovemann*, International Journal of Sports Finance, 2012, 7, 117.

242 *Lindholm*, Texas Review of Entertainment & Sports Law Vol. 12.2 (2011), 191; a.A. *Heermann*, NZKart 2015, 128, 129.

243 *Eggerstedt*, Probleme der Lizenz- und Schiedsgerichtsverträge im deutschen Berufsfußball, 25, mit Verweis auf LG Frankfurt am Main, NJW 1983, 761, 763.

ausgeschlossen, dass auch die deutschen Sportverbände ihre Einstellung zu Gehaltsobergrenzen ändern. Ein Grund für die Einführung von Gehaltsobergrenzen könnten mithin die immer einseitigeren Ligawettbewerbe und deshalb eine Förderung der Chancengleichheit sein, um die Wettbewerbe für alle Teilnehmer und die Mehrheit der Zuschauer auch in Zukunft attraktiv zu halten. Dies dürfte spätestens dann der Fall sein, wenn das Zuschauerinteresse erstmals seit vielen Jahren wieder rückläufig sein sollte.

II. Clubs

Die Clubs haben grundsätzlich zwei wesentliche Ziele, erstens sportlich erfolgreich zu sein und zweitens den wirtschaftlichen Erfolg als Voraussetzung, um dauerhaft am sportlichen Wettbewerb teilnehmen zu können oder auch Aktionäre bzw. Anteilseigner zu befriedigen.[244] Diese Ziele stehen in gewisser Weise konträr zueinander, da die Chance auf sportlichen Erfolg eines Clubs steigt, je mehr Geld er in die Qualität seines Spielerkaders investiert. Dies kann wiederum zu Überschuldung und damit zu wirtschaftlichen Schwierigkeiten des Clubs führen, vor allem dann, wenn die sportlichen Erfolge und damit zusätzliche Einnahmen ausbleiben. Ohnehin sind vielen Clubs natürliche wirtschaftliche Grenzen gesetzt, die jedoch aufgrund des sportlichen und damit auch wirtschaftlichen Verdrängungswettbewerbs stetig weiter ausgereizt werden. In der Saison 2010/2011 hat sich mit dem TSV 1860 München ein traditionsreicher Fußballclub der 2. Bundesliga erst kurz vor Beginn der neuen Spielzeit vor der Insolvenz gerettet. Nach zähen Verhandlungen hat – zum ersten Mal in der deutschen Fußballgeschichte – ein ausländischer Investor Anteile an einem deutschen Fußballclub übernommen. Um den Club zu retten, erwarb Scheich al Fayed für 13 Mio. Euro 49 % der Clubanteile von 1860 München.[245] In der Spielzeit 2012/2013 standen die Zweitligaclubs VFL Bochum und MSV Duisburg – beide langjährige Erstligisten – kurz vor dem finanziellen Ruin. Zur Spielzeit 2012/2103 wurde mit dem MSV Duisburg zum ersten Mal nach längerer Zeit einem Club

---

244 *Hübl/Swieter*, Fußball-Bundesliga, 32, beschreiben das Bestreben der Clubs aus ökonomischer Sicht mit der Nutzenmaximierungshypothese als Maximierung des sportlichen Erfolgs (Anzahl der Siege) unter Einhaltung des Budgets. Die im europäischen Fußball, vor allem in der englischen Premier League, in den letzten Jahren immer häufiger auftretenden Finanzinvestoren und Sportrechtevermarkter haben selbstverständlich – neben dem Erreichen sportlicher Erfolge und Einhaltung des Budgets – das Ziel, investiertes Geld auch zurück zu bekommen bzw. langfristig Gewinne zu erzielen; *Holzhäuser*, SpuRt 2004, 144, 144, betont zudem die Pflicht kapitalgesellschaftsrechtlich organisierter Clubs, sich nicht nur am sportlichen Erfolg, sondern auch am wirtschaftlichen Gewinn messen zu lassen; ebenfalls ausführlich zu dieser Thematik: *Smilgies*, Erfolgsbeteiligung von Sportlern und Trainern.

245 „Jordanier Ismaik soll 13 Mio. aufbringen" auf www.kicker.de vom 5.4.2011 (zuletzt abgerufen am 7.3.2012).

aus den ersten beiden Ligen die Lizenz verweigert.[246] Auch diverse Clubs der Fußball Bundesliga, darunter sportlich sehr erfolgreiche Mannschaften wie z.B. der Deutsche Meister der Spielzeiten 2010/2011 und 2011/2012, Borussia Dortmund, sowie der deutsche Pokalsieger 2010/2011 und regelmäßige Champions League-Teilnehmer FC Schalke 04 haben oder hatten in der Vergangenheit millionenschwere Verbindlichkeiten.[247]

Besonders auffällig und öffentlichkeitswirksam waren in der Saison 2010/2011 die Finanzprobleme von Fußballclubs der spanischen Primera Division zutage getreten. Medienberichten zufolge hat in den letzten Jahren die Hälfte der spanischen Erstligaclubs Konkurs angemeldet oder stand kurz vor der Insolvenz.[248] Der vielfache schottische Meister und Teilnehmer der Champions League, Glasgow Rangers, musste in der Saison 2011/2012 Konkurs anmelden und wurde in die vierte schottische Liga strafversetzt.[249] Dies zeigt deutlich den teilweise real vorhandenen Gegensatz von sportlichem und wirtschaftlichem Erfolg der Clubs bzw. ist ein Indiz dafür, dass zu großer sportlicher Ehrgeiz dazu führen kann, die Verschuldung eines Clubs und damit letztlich den Verlust der Wettbewerbsfähigkeit zu fördern. Folglich könnte ein legitimes Ziel von Gehaltsobergrenzen aus Sicht der Clubs sein, einen fortschreitenden Überbietungswettbewerb und somit eine Überschuldung zu verhindern. Da jedoch der sportliche Erfolg für die Clubs im Vordergrund steht, spricht vieles dafür, dass die meisten Clubs – wenn überhaupt – möglichst flexible Gehaltsobergrenzen, also relative Begrenzungen und einen *soft salary cap* vorziehen würden.

Aus Sicht kleinerer bzw. wirtschaftlich schwächerer Clubs könnte Ziel eines – ggf. sogar absoluten und harten – *salary caps* neben der Schuldenbremse auch eine Angleichung der Wettbewerbsbedingungen innerhalb der Liga bzw. in den europäischen Wettbewerben sein. Denn in nahezu allen europäischen Ligen gibt es dominante Großclubs, die seit vielen Jahren an der Spitze der Liga stehen und in regelmäßigen Abständen den Meistertitel gewinnen.[250] Dieser Trend wird durch

246 „Keine Lizenz für die Zebras – Sandhausen hofft" auf www.kicker.de vom 29.5.2013 (zuletzt abgerufen am 16.6.2013).

247 Nach einem Artikel in der Ausgabe 2/2011 des Spiegels betrug die Schuldenlast von Borussia Dortmund im Jahr 2005 etwa 122 Mio. Euro – der Club stand kurz vorm Bankrott – und beläuft sich mittlerweile nach einem Sparkurs und sportlichem Aufschwung im Jahr 2011 mit zwei Meistertiteln und Champions League Teilnahmen auf 56 Mio. Euro. Laut www.spox.de vom 13.5.2011 (zuletzt abgerufen am 7.3.2012) betrugen die Verbindlichkeiten des FC Schalke 04 e.V. zum Ende des Geschäftsjahres 2010 155 Mio. Euro, die des Gesamtkonzerns sogar 216 Mio. Euro.

248 „Spanische Pleite-Liga: Hälfte der Vereine zahlungsunfähig" auf www.transfermarkt.de vom 14.6.2011 (zuletzt besucht am 23.6.2011).

249 „Financial Fairplay in der UEFA überfällig", Börsen-Zeitung vom 20.4.2012.

250 In Spanien sind dies Real Madrid und der FC Barcelona, in England Manchester United, Chelsea London und der FC Liverpool (seit Kurzem ist Manchester City dank der enormen Investitionen eines arabischen Scheichs in diese Riege vor-

die enormen Einnahmen, welche die Fußballclubs in den europäischen Clubwettbewerben, insbesondere in der Champions League erzielen können, noch deutlich verstärkt.[251] Die Einführung eines *salary caps* könnte die Wettbewerbschancen kleiner Clubs deutlich erhöhen und damit diesem Trend entgegen treten.

Allerdings haben auch die europäischen Großclubs zumindest ein grundsätzliches Interesse an einer Drosselung ihrer Ausgaben. Zum Beispiel hat der Vorsitzende der Europäischen-Club Vereinigung ECA und Vorstandsvorsitzende des FC Bayern München, Karl-Heinz Rummenigge, die UEFA dazu aufgefordert, die Umsetzung des UEFA-Fairplay-Reglements strikt – notfalls mit entsprechenden Sanktionen – durchzusetzen.[252] Laut einer Aussage von Rummenigge hätten reiche Clubeigentümer wie Silvio Berlusconi, Roman Abramowitsch, Allessandro Moratti und mehrere als Investoren im europäischen Fußball aktive Scheichs aus Abu Dhabi erklärt, sich an die Vorschriften des Reglements halten zu wollen.[253] Wie ernst dies wirklich gemeint ist, und ob diese Clubs auch gewillt wären, Maßnahmen zur Steigerung der Chancengleichheit mitzutragen, ist ungewiss.

III. Ligen

Die Ligagesellschaften als zumeist durch die Verbände und Clubs gegründete Kapitalgesellschaften bzw. im deutschen Fußballsport der „Deutsche Fußball Liga e. V." (DFL e. V.) dienen in gewisser Weise sowohl den Interessen der Sportverbände, deren Wettbewerbe sie durchführen und Regeln sie schützen, als auch der Clubs, deren Vertreter sie sind.

Im deutschen Profifußball ist der DFL e. V. ordentliches Mitglied des Dachverbandes DFB und durch seine eigene Satzung an die Regeln des DFB gebunden. Die für das operative Geschäft der Liga zuständige Gesellschaft „Deutsche Fußball Liga GmbH" (DFL GmbH) ist eine 100 %ige Tochtergesellschaft des DFL e. V. und ebenfalls durch ihre Satzung an die Statuten des DFB gebunden. DFL e. V. und DFL GmbH setzen diese Regeln als Veranstalter der Bundesliga und 2. Bundesliga, die wiederum Vereinseinrichtungen des DFB sind, durch.[254] Die Verbände haben ein natürliches Interesse daran, dass ihre Wettbewerbe reibungslos durchgeführt werden, da dies

gestoßen), in Italien Juventus Turin und die beiden Mailänder Clubs, Inter und AC, in Deutschland der FC Bayern München und Borussia Dortmund (hier konnten innerhalb der letzten 10 Jahren zumindest der VFL Wolfsburg und der VFB Stuttgart jeweils einmal in diese Dominanz einbrechen).

251 Vgl. hierzu: „Bayern und Co. winken hohe Prämien" auf www.fussball.de vom 17.9.2012 (zuletzt abgerufen am 16.2.2013).

252 „Rummenigge appelliert an die UEFA" auf www.kicker.de vom 22.5.2011 (zuletzt abgerufen am 7.3.2012).

253 Interview mit Karl-Heinz Rummenigge in www.faz-net.de vom 28.1.2011 (zuletzt abgerufen am 7.3.2012).

254 Zur genauen Aufgabenverteilung zwischen DFL e. V. und DFL GmbH, siehe *Littkemann/Brast/Stübinger*, WiSt 2003, 415, 416 sowie die Satzungen von DFL e. V. und

einerseits einer der Hauptzwecke der Verbände ist, andererseits daraus Einnahmen generiert werden, die wiederum in die Breitenförderung des Sports investiert werden können und müssen.[255] Die DFL vertritt somit auch die Interessen des DFB.

Andererseits sind die 36 Proficlubs der Fußball-Bundesliga und der 2. Bundesliga allesamt Mitglieder des DFL e. V. und viele wichtige Positionen innerhalb der DFL sind durch Clubvertreter besetzt, weshalb die Interessen der Clubs ein starkes Gewicht haben. Diese Interessen umfassen neben dem sportlichen auch den wirtschaftlichen Erfolg, mithin eine optimale Vermarktung und Positionierung des Produkts Profifußball.[256] In der Präambel des Ligastatuts Lizenzierungsordnung heißt es, „das öffentliche Image und die Vermarktung der Liga wie auch der Lizenznehmer" solle gefördert und gesichert werden, „sodass sie stabile Bestandteile unserer Gesellschaft und zuverlässige Partner des Sports und der Wirtschaft sind". Des Weiteren soll „die Stabilität sowie die Leistungs- und Konkurrenzfähigkeit der Lizenznehmer" gewährleistet werden.[257] § 4 Abs. 1 e) der Satzung des DFL e. V. nennt als Zweck und Aufgabe insbesondere „die sportlichen und wirtschaftlichen Interessen der Mitglieder als Solidargemeinschaft gegenüber Verbänden und sonstigen Dritten wahrzunehmen".

Eigenwirtschaftliche Zwecke verfolgt der DFL e. V. in erster Linie nicht. Dagegen besteht ein augenscheinliches Interesse des DFL e. V. als Interessenvertretung an der wirtschaftlichen Leistungsfähigkeit seiner Mitglieder. Das Lizenzierungsverfahren des DFL e. V. ist derzeit die hauptsächliche Regulierungsmaßnahme, die darauf abzielt, die wirtschaftliche Stabilität der Clubs und damit auch der Liga zu gewährleisten. Daneben wurden die Mindestanforderungen des UEFA Financial Fairplay-Reglements in die Satzung des DFL e. V., der DFL GmbH sowie in das Ligastatut, insbesondere in die Lizenzierungsordnung, aufgenommen.[258] Die Einführung von Gehaltsobergrenzen wäre möglicherweise ein weiterer Schritt, die Clubs zu gesünderem Wirtschaften anzuhalten, aber auch die Chancengleichheit zu steigern.[259]

Folglich setzen sich die möglichen Ziele von Gehaltsobergrenzen aus Sicht der Liga aus den oben genannten Zielen der Verbände und der Clubs zusammen. Ein gemeinsames Interesse ist die wirtschaftliche Leistungsfähigkeit der am Ligabetrieb teilnehmenden Clubs und ein geordneter Ligabetrieb. Durch den starken

---

DFL GmbH; ausführlich zum Aufbau professioneller Sportligen in Deutschland: *Holzhäuser*, SpuRt 2004, 144 ff. und 243 ff.

255 Vgl. hierzu Präambel und § 6 Abs. 3 e) der Satzung des DFL e. V., Grundlagenvertrag zwischen DFL e. V. und DFB sowie Satzung des DFB.

256 So auch: *Holzhäuser*, SpuRt 2004, 144, 145 mit Verweis auf *Straub* in Hübl/Peters/Swieter, Ligasport aus ökonomischer Sicht, 2002, 116.

257 Siehe Präambel der Lizenzierungsordnung (LO).

258 Siehe Präambel der Lizenzierungsordnung (LO).

259 Für eine Installation weiterer Entscheidungs- und Kontrollsystemen in den Vereinen sowie in den Organen des DFB, um so der wirtschaftlichen Bedeutung des Profifußballs gerecht zu werden, plädieren z. B. *Littkemann/Brast/Stübinger*, WiSt 2003, 415, 418.

Einfluss der Clubs auf die Liga dürften jedoch auch die Interessen einzelner Clubs ein stärkeres Gewicht haben. Es ist somit ein Spagat zwischen den Interessen der Gesamtheit der Clubs und der Verbände an einem wirtschaftlich gesunden und ausgeglichenen Wettbewerb und den Interessen wirtschaftlich potenter Großclubs, die ihre Stellung verteidigen oder bestenfalls sogar ausbauen möchten, notwendig. Das erfolgreiche Abschneiden dieser Clubs in den europäischen Wettbewerben dient dem Ansehen der Liga und den Vermarktungsmöglichkeiten. Auf der anderen Seite lebt das Produkt Bundesliga von der Spannung und Ausgeglichenheit des Wettbewerbs selbst. Sogenannte Dritte, gegen die sich die Liga und ihre Clubs behaupten müssen, könnten Verhandlungspartner im wirtschaftlichen- oder im Medienbereich, aber auch andere europäische Ligen und deren Clubs sein.

C. Überblick möglicher Rechtsgrundlagen

Als Rechtsgrundlagen für die oben dargestellten Modelle von Gehaltsobergrenzen kommen aus Sicht des Verfassers in erster Linie Verbands- und/oder Satzungsregeln (und ggfs. darauf beruhende vertragliche Vereinbarungen zwischen Spielern, Clubs und Verbänden/Ligen), Tarifverträge oder Betriebsvereinbarungen infrage.[260]

Kürzlich wurde vom Vorstandsvorsitzenden des FC Bayern München, Karl-Heinz Rummenigge, eine gesetzliche Regelung von Gehaltsobergrenzen durch die EU-Kommission ins Spiel gebracht.[261] Außerhalb des Sports wird von Zeit zu Zeit die gesetzliche Begrenzung von Managergehältern diskutiert und es gibt im Banken- und Versicherungsbereich entsprechende Regeln aus der Zeit der Finanzkrise im Jahr 2009. Insbesondere beschränkt § 10 Abs. 2a Finanzmarktstabilisierungsfondsgesetz (FMStFG) die Vergütung von Organmitgliedern und Mitarbeitern von Unternehmen, die staatliche Stabilisierungsmaßnahmen nach dem Gesetz in Anspruch nehmen, auf 500.000 Euro.[262] Des Weiteren sieht das Kreditwesengesetz (KWG) vor, dass die variable Vergütung von Mitarbeitern oder Geschäftsleitern eines Finanzinstituts 100 % (bzw. 200 %) der fixen Vergütung nicht überschreiten darf. Die Institutsvergütungsverordnung und die Versicherungsvergütungsverordnung sollen ausgewogene Vergütungsstrukturen und eine nachhaltige Finanzpolitik in Finanz- und Versicherungsunternehmen gewährleisten. Der Fokus liegt bei diesen Verordnungen ebenfalls auf dem Verhältnis von fixer und variabler Vergütung und einer Vermeidung negativer Anreize für Geschäftsführer und Führungskräfte.

In der juristischen Literatur werden gesetzliche Gehaltsobergrenzen im Sport bislang nicht ernsthaft diskutiert. Dies liegt vermutlich daran, dass die Bedeutung des Sports für die Allgemeinheit geringer eingeschätzt wird als die des Finanzsektors, der Finanz- bzw. Staatskrisen auslösen und negative Folgen für die Gesamtwirt-

---

260 Siehe dazu ausführlich § 5 dieser Arbeit.

261 „Sind Gehaltsobergrenzen im Sport möglich?" auf www.sportschau.de (zuletzt aufgerufen am 19.8.2017).

262 *Müller-Eising/Brandi/Sinhart/Lorenz/Löw*, BB 2011, 66, 72.

schaft verursachen kann. Der Sportsektor dient dagegen „nur" der Unterhaltung der Menschen, auch wenn seine wirtschaftliche Bedeutung in den vergangenen Jahren deutlich zugenommen hat. Aufgrund der jüngsten Transferexzesse im europäischen Fußball – für den brasilianischen Profi Neymar Jr. bezahlte Paris St. Germain eine Ablösesumme in Höhe von 222 Millionen Euro an den FC Barcelona – könnte die Diskussion über gesetzliche Gehaltsobergrenzen im Sport jedoch an Bedeutung gewinnen. Denn es besteht durchaus ein Interesse der Allgemeinheit, die Eintrittspreise bei Sportveranstaltungen erschwinglich zu gestalten und einer breiten Bevölkerungsgruppe den Zutritt zu ermöglichen. Ungebremst steigende Spielergehälter können dieses Ziel gefährden, da steigende Ausgaben der Club in der Regel auch zu einer Steigerung der Eintrittspreise führen.

Die einzelnen Rechtsgrundlagen werden im Folgenden auf ihre Umsetzbarkeit und Praktikabilität geprüft. Dabei stehen Fragestellungen des deutschen und europäischen Arbeitsrechts, des Verbands- und Vereinsrechts im Vordergrund; kartellrechtliche Aspekte werden ebenfalls behandelt.

Eine Einführung von Gehaltsobergrenzen durch verbandsrechtliche Bestimmungen bzw. Regelungen der Sportligen würde, ebenso wie eine gesetzliche Regelung, eine einseitige Einführung bedeuten, ohne dass Spieler oder Clubs daran direkt beteiligt wären. Um zu verstehen, auf welcher Basis eine solche einseitige Regelung vonseiten der Sportverbände oder Ligen überhaupt getroffen werden könnte, wird im folgenden Kapitel zunächst die Struktur des Verbands- und Ligawesens und seiner Normsetzung erläutert.

Eine Einführung von Gehaltsobergrenzen in Tarifvertrag oder Betriebsvereinbarung könnte dagegen nicht einseitig durch Verband bzw. Liga erfolgen. Beim Tarifvertrag bedürfte es auf Spielerseite einer tariffähigen und zuständigen Gewerkschaft und auf Arbeitgeberseite der Clubs selbst oder eines Arbeitgeberverbands, um diese wirksam zu vereinbaren. Daneben könnten zwischen Clubs und einem Betriebsrat abgeschlossene Betriebsvereinbarungen als Regelungsinstrument infrage kommen. Die Fragen nach der Rechtmäßigkeit und Durchsetzbarkeit von Gehaltsobergrenzen korrespondieren letztlich auch eng mit der Frage der praktischen Ausgestaltung der Regelungen.[263]

Auch würde sich bei einer Einführung von Gehaltsobergrenzen immer die Frage stellen, ob dies in einzelnen Ländern oder nur als europäische Lösung praktikabel und durchsetzbar wäre. Auf Verbandsebene könnte eine entsprechende Regelung – wie im Fall des UEFA Financial Fairplay-Reglements – durch den europäischen Dachsportverband vorgegeben und die Umsetzung den Landesverbänden zur Auflage gemacht werden. Da im europäischen Fußball die europäischen Clubwettbewerbe einen sowohl sportlichen als auch wirtschaftlich überragenden Stellenwert haben, könnte eine europäische Lösung durchaus sinnvoll sein. Im Bereich des Arbeitsrechts wäre dies komplizierter. Zwar sieht der Vertrag zur Arbeitsweise der Europäischen Union (AEUV) in den Art. 152 ff. den sogenannten sozialen Dialog

263 Vgl. dazu auch § 5.

zwischen den Sozialpartnern vor, das Instrument eines europäischen Tarifvertrags steht bislang jedoch nicht zur Verfügung.[264]

D. Zusammenfassung

Es bestehen die folgenden Gestaltungsvarianten für Gehaltsobergrenzen:

- Individuelle Gehaltsobergrenze: Hier wird direkt in das Vertragsverhältnis zwischen Spieler und Club eingegriffen. Möglich sind absolute Oberbeträge oder auch die Begrenzung auf einen bestimmten Prozentsatz der Gesamtkadervergütung. Entgegenstehende einzelvertragliche Regelungen wären nichtig bzw. müssten angepasst werden.
- Absolute teambezogene Gehaltsobergrenze und *hard salary cap*: Führt zu gleichen Wettbewerbsbedingungen für alle Clubs durch feste Grenzen für die Spielergehälter des gesamten Kaders, die nicht überschritten werden dürfen.
- Absolute teambezogene Gehaltsobergrenze und *soft salary cap*: Führt grundsätzlich zu gleiche Wettbewerbsbedingungen und festen Gehaltsobergrenzen. Allerdings sind Ausnahmeregelungen zulässig, wodurch bestimmte Spieler oder Gehaltsformen vom Cap ausgenommen werden können.
- Relative teambezogene Gehaltsobergrenze und *hard salary cap*: Es findet eine gewisse Angleichung der Wettbewerbsbedingungen statt, aber es existieren immer noch Vorteile der wirtschaftlich potenteren Clubs, da die Obergrenze sich an den wirtschaftlichen Verhältnissen orientiert. Von der einmal bestimmten Obergrenze für den gesamten Spielerkader werden jedoch keine Ausnahmen zugelassen.
- Relative teambezogene Gehaltsobergrenze und *soft salary cap*: Die Gehaltsobergrenzen orientieren sich prozentual an der Wirtschaftskraft einzelner Clubs und zusätzlich werden noch Ausnahmen für einzelne Spieler oder Gehaltsformen zugelassen. Dies wäre die am wenigsten einschneidende, jedoch auch die Variante mit den geringsten Auswirkungen auf Wirtschaftlichkeit und Chancengleichheit der Clubs.
- Alternative teambezogene Luxussteuer-Variante: Enthält eine relative Gehaltsobergrenze aber sieht zusätzlich Ausgleichszahlungen bei Überschreiten einer zweiten, absoluten Grenze (also zwei Obergrenzen) vor. Ggfs. könnte auch hier noch eine *soft salary cap*-Komponente in Form der Ausnahme von bestimmten Erfolgsprämien von der Obergrenze mit einbezogen werden.

Das vorwiegende Ziel der Sportverbände ist ein reibungsloser Ablauf ihrer Wettbewerbe, was nicht zuletzt auch die wirtschaftliche Leistungsfähigkeit der Clubs voraussetzt. Die Clubs wiederum wollen in erster Linie sportlich erfolgreich sein, was ebenfalls mit gewissen wirtschaftlichen Voraussetzungen korrespondiert. In

264 Vgl. hierzu ausführlich *Klose*, Sektoraler Dialog im Sport, in: Vieweg (Hrsg.) Spektrum des Sports, 207, 222.

einem Ligamodell wie der Bundesliga unter Führung der DFL e.V. im deutschen Profifußball kommt es zu einer Überschneidung der Ziele von Clubs und Verband, wobei die Clubs einerseits ein größeres Mitspracherecht haben, andererseits jedoch selbst an die Satzung des Dachsportverbandes gebunden sind. Die Liga steht ebenfalls im Wettbewerb mit anderen europäischen Ligen bzw. deren Clubs sowie mit Ligen anderer Sportarten um Zuschauergunst und Sponsoren.

Es besteht wohl eine grundsätzliche Deckungsgleichheit zwischen den Zielen der europäischen Sportverbände, Ligen und Clubs, was die wirtschaftliche Leistungsfähigkeit angeht, und teilweise auch mit den Zielen, welche die US-amerikanischen Ligen mit *salary caps* verfolgen. Das Ziel der Chancengleichheit könnten die Verbände anführen, jedoch bis zu einem gewissen Grad auch die Liga und ein Großteil ihrer Clubs, die ein gemeinsames Produkt vermarkten, das unter anderem auch von der Spannung des Wettbewerbs lebt.

Als mögliche Rechtsgrundlagen kommen grundsätzlich Verbandsregelungen, Tarifverträge oder Betriebsvereinbarungen in Betracht. Verbandsregeln könnten deutschland- oder europaweit aufgestellt werden, bedürften aber immer einer arbeitsvertraglichen Umsetzung durch die Clubs. Aus Sicht von Verbänden und Ligen könnte es sich deshalb anbieten, die Gehaltsobergrenzen in den Lizenzvereinbarungen mit Clubs und Spielern zu verankern. Gesetzliche Regelungen, z.B. auf nationaler oder EU Ebene werden bislang eher am Rande diskutiert. Wie bestehende Regelungen im Finanz- und Versicherungssektor zeigen, wäre eine gesetzliche Regelung zumindest nicht gänzlich ausgeschlossen.

§ 4 Rechtsverhältnis zwischen Sportverbänden bzw. Sportligen, Mannschaftssportlern und Clubs

Eine mögliche Rechtsgrundlage von Gehaltsobergrenzen im professionellen Mannschaftssport in Deutschland könnten Regelungen oder Vorgaben der Sportverbände bzw. der – heutzutage im Profisport üblichen – operativen Ligagesellschaften[265] sein. Aus diesem Grund soll zunächst ein Überblick über die Organisation der Sportverbände nach dem sogenannten Ein-Platz-Prinzip (oder auch Ein-Verbands-Prinzip), über das selbst geschaffene autonome Recht der Sportverbände und dessen Rechtsgrundlagen gegeben werden. Ebenfalls ist kurz darzustellen, wie sich dieses Recht zum materiellen Recht der Einzelstaaten und der Europäischen Union verhält. Danach ist zu prüfen, welchen Einfluss das Recht der Sportverbände und Ligagesellschaften auf die Beziehung zwischen den Clubs und den für sie tätigen Sportlern haben kann. Letztlich ist auch zu ermitteln, in welcher rechtlichen Beziehung Sportler und Verbände bzw. Ligagesellschaften zueinanderstehen.

A. Selbst geschaffenes Recht der Sportverbände und staatliches Recht als Säulen des sogenannten Sportrechts

Die zunehmende Professionalisierung und Kommerzialisierung des Sports hat zu einer zunehmenden Verrechtlichung sowohl auf nationaler als auch auf internationaler Ebene geführt.[266] Die rechtlichen Rahmenbedingungen des Sports bestehen dabei aus der Gesamtheit aller Regelungen aus verschiedenen Rechtsgebieten, die in Zusammenhang mit der Materie Sport stehen.[267] Zum einen ist dies das interne Recht der autonomen Sportverbände, welches in Deutschland reines Privatrecht – d. h. es beruht auf Regelungen und Vereinbarungen von und zwischen Privatrechtssubjekten –, in einigen anderen europäischen Ländern jedoch teilweise auch in

265 Diese Ligagesellschaften führen als Vertreter der Clubs das operative Geschäft der Lizenzligen und sind wirtschaftlich und organisatorisch selbstständig, allerdings sind sie in der Regel in die Verbandspyramide eingeordnet und durch Satzungsbestimmungen und/oder Verträge an das Regelwerk der Verbände gebunden, siehe dazu ausführlicher unten bei § 4 B I, II, sowie: *Schäfer*, Sportkapitalgesellschaften, in Scherrer (Hrsg.), Sportkapitalgesellschaften, 17 ff. und *Holzhäuser*, SpuRt 2004, 143 ff. und 244 ff.

266 *Kronberg*, Bindung von Sportverbänden an die Europäischen Grundfreiheiten, 16.

267 *Butte*, Das selbstgeschaffene Recht des Sports, 27.

eigenen (Sport-)Gesetzen geregelt ist.[268] Die Sportverbände schaffen häufig umfangreiche Regelwerke (vgl. z. B. im Fußballsport die Statuten von FIFA, UEFA und DFB), die eine Durchführung des Sports und die Organisation von Wettkämpfen einer bestimmten Sportart gewährleisten und ihre Mitglieder und Dritte grundsätzlich unabhängig von staatlicher Einflussnahme verpflichten sollen.[269] Einheitliche, länderübergreifende Vorschriften in einer Sportart sind vor allem im Bereich der Spielregeln notwendig und werden grundsätzlich auch von Staaten und Gerichten akzeptiert.[270]

Daneben kommt das materielle Recht der einzelnen Mitgliedstaaten und der Europäischen Union im Bereich des Sports vor allem dort zur Anwendung, wo es wirtschaftliche Interessen der Akteure zu sichern gilt.[271] Zwischen dem Recht der autonomen Sportverbände und dem einzelstaatlichen und europäischen Recht kann es durchaus zu Spannungen kommen.[272] Insbesondere muss abgewogen werden, ob das Verbandsrecht nicht in unzulässiger Weise in einfachgesetzlich oder verfassungsrechtlich geregelte Rechte der Sportler oder der am Wettbewerb teilnehmenden Clubs eingreift. Zunächst werden jedoch das Wesen und die Grundlagen sportverbandlicher Rechtsetzung genauer beleuchtet.

B. Ein-Platz-Prinzip und Organisation der professionellen Sportligen

Die Regelungsmacht der Sportverbände wird von diesen durch das sogenannte Ein-Platz-Prinzip (oder Ein-Verbands-Prinzip) abgesichert. Hierunter versteht man die weltweite hierarchische und monopolistische Organisation einer Sportart.[273] Das Ein-Platz-Prinzip sieht in der Regel pro Sportart nur einen Weltverband vor, der wiederum nur jeweils einen nationalen Verband pro Land und einen kontinentalen

---

268 Siehe hierzu *Butte*, Das selbstgeschaffene Recht des Sports, 74, Fn. 219, der zufolge sich die Sportförderung als Verfassungsgut in den Verfassungen von Portugal, Spanien und Griechenland befindet. Des Weiteren existiert laut *Nolte*, Sport und Recht, 19, in Frankreich, Griechenland, Italien und Spanien jeweils ein staatliches Sportgesetz.

269 Vgl. *Sasdi*, Verbandsautonomie der Sportverbände im Korsett des Gemeinschaftsrechts, 118, in: Sander/Sasdi (Hrsg.) Sport im Spannungsfeld von Recht, Wirtschaft und europäischen Grundfreiheiten; ausführlich (mit Verweisen auf Urteile): *Zinger*, Diskriminierungsverbote und Sportautonomie, 57 ff. (zu Art. 9 Abs. 1 GG) und 62 ff. (zu §§ 21 ff. BGB); *Hilpert*, Fußballstrafrecht, 2 f.

270 *Butte*, Das selbstgeschaffene Recht des Sports, 84 f.

271 Fritzweiler/Pfister/Summerer/*Pfister*, PHB Sportrecht, 10.

272 Siehe exemplarisch das sogenannte „Bosman-Urteil" des EuGH, Rs. C-415/93, Slg. 1995, S. I-4921 ff. (Bosman) = NJW 1996, 505 ff., in dem der EuGH einen Verstoß der UEFA-Regelungen zu Spielertransfers sowie von Ausländerklauseln gegen europarechtlich garantiere, Grundfreiheiten feststellte.

273 Fritzweiler/Pfister/Summerer/*Pfister*, PHB Sportrecht, 16.

Verband für jeden Kontinent aufnimmt.[274] Die Satzungen der Sportverbände regeln im Normalfall die Bindung an das Ein-Platz-Prinzip und damit auch an die internen Vorschriften des jeweils nächsthöheren Verbands.[275]

Grundsätzlich wird ein Regelwerk für eine Sportart vorgegeben, an das alle Verbände, Clubs und Spieler gebunden sind. Neben dem ordnungsgemäßen Ablauf der sportlichen Wettbewerbe ist heutzutage aufgrund der zunehmenden Kommerzialisierung und des gestiegenen gesellschaftlichen Stellenwerts des Sports die Vermarktung der Wettbewerbe als zentrale (unternehmerische) Aufgabe der Sportverbände hinzugekommen.[276] Die professionellen Sportligen, in welchen die Sportart auf höchster Ebene ausgeübt wird, sind mittlerweile häufig in eigene Gesellschaften oder Vereine ausgegliedert.[277] Als praktisches Beispiel für den Aufbau einer solchen Verbands- und Ligastruktur nach dem Ein-Platz-Prinzip soll im Folgenden der Fußballsport herangezogen werden.

I. Verbands- und Ligastruktur im Profifußball

Im Fußballsport steht an der Spitze der Verbandspyramide der Weltfachverband FIFA, der den Fußballsport international organisiert und für alle ihm beigetretenen Verbände die Spielregeln verbindlich vorgibt. Festgelegt ist dies in den Statuten der FIFA, die vorsehen, dass die durch sie vorgegebenen Regeln jeweils vom Verband an seine Mitglieder – also von oben nach unten – weitergegeben werden müssen.[278]

Derzeit hat der Fußballweltverband FIFA 211 nationale Fußballverbände als Mitglieder.[279] Der europäische Fußballverband UEFA ist – genau wie die anderen sogenannten kontinentalen Konföderationen[280] – kein Mitglied der FIFA, sondern steht in Europa an der Spitze der Pyramide des Ein-Platz-Prinzips.[281] Auch die konföderalen Verbände verpflichten sich jedoch in ihren Statuten, die Regularien der FIFA einzuhalten, und schreiben dies auch ihren Mitgliedern vor.

---

274 *Butte*, Das selbstgeschaffene Recht des Sports, 75.

275 Fritzweiler/Pfister/Summerer/*Pfister*, PHB Sportrecht, 16.

276 *Butte*, Das selbstgeschaffene Recht des Sports, 76; diese wird jedoch vielfach an sogenannte Ligagesellschaften weiterdelegiert, vgl. dazu § 4 B II.

277 Vgl. hierzu zusammenfassend *Holzhäuser*, SpuRt 2004, 243 ff.

278 Art. 2 der Fifa Statuten nennt als Ziel, jeden Fußballverband zu kontrollieren, indem geeignete Maßnahmen ergriffen werden, die eine Verletzung der Statuten, Regelungen und Entscheidungen der Fifa sowie der Spielregeln verhindern; Art. 10 der Fifa Statuten regelt die Aufnahme von Fußballverbänden in die Fifa, wobei festgelegt ist, dass nur ein Verband pro Land aufgenommen werden kann, und verweist für das genaue Aufnahmeprozedere wiederum auf separate Aufnahmeregeln.

279 http://www.fifa.com/about-fifa/who-we-are/index.html (zuletzt besucht am 31.8.2017).

280 CAF (Afrika), AFC (Asien), CONMEBOL (Südamerika), CONCACAF (Nord- und Zentralamerika, Karibik) und OFC (Ozeanien).

281 *Butte*, Das selbstgeschaffene Recht des Sports, 77.

Im Bereich der Clublizenzierung hat die UEFA allerdings kürzlich – anders als im Bereich von Spielertransfers[282] – mit ihrem UEFA Financial Fairplay-Reglement ein eigenes, von den Regularien der FIFA unabhängiges Regelwerk zur Steuerung der wirtschaftlichen Aktivitäten der europäischen Fußballclubs geschaffen. Als Veranstalter der europäischen Clubwettbewerbe, UEFA Champions League und UEFA Europa League, entscheidet die UEFA letztlich auch über die Voraussetzungen der Zulassung der europäischen Clubs zu diesen Wettbewerben. In Zukunft soll die Zulassung auch von der Einhaltung des UEFA Financial Fairplay-Reglements abhängen.[283]

Im deutschen Profifußball steht der DFB, der wiederum ordentliches Mitglied der UEFA und der FIFA ist[284], an der Spitze der (nationalen) Pyramide. Ordentliche Mitglieder des DFB sind die fünf Regionalverbände, die 21 Landesverbände sowie der DFL e. V.[285] Der DFB ist ein eingetragener Verein bürgerlichen Rechts gemäß § 21 BGB mit Sitz in Frankfurt am Main.[286] Alle ordentlichen Mitglieder des DFB sowie deren Mitglieder sind bis hinunter in die Kreis- und Bezirksverbände in Deutschland an die Satzung sowie an die Vereinsordnungen des DFB gebunden.[287]

Gegenüber den deutschen Profifußballern, die in der Regel nicht Mitglieder der Clubs, sondern deren Angestellte sind, wird die Einhaltung der DFB-Regeln und -Statuten durch den Abschluss einzelvertraglicher Lizenzvereinbarungen zwischen dem DFL e. V. und den Spielern abgesichert.[288] Seit der Reform des DFB vom 30.9.2000 handelt es sich bei dem Verband um einen sogenannten föderalistischen Zusammenschluss seiner Mitgliedsverbände, die ihre Angelegenheiten unter Berücksichtigung der DFB-Regularien grundsätzlich frei regeln können.[289]

II. DFL Deutsche Fußball Liga (DFL e. V. und DFL GmbH)

Ebenfalls im Rahmen der Reform des DFB im Jahr 2000 wurde die Gründung des Ligaverbands beschlossen, eines Zusammenschlusses aller 36 lizenzierten Vereine und Kapitalgesellschaften der Bundesliga und 2. Bundesliga[290], dessen Aufgabe u. a. der Betrieb sowie eine effizientere Verwaltung und Vermarktung der ersten beiden

282 Diese richten sich derzeit auch im europäischen Fußball nach dem FIFA-Reglement bezüglich Status und Transfer von Fußballspielern in der ab dem 1.7.2005 geltenden Fassung, die auch der DFB in seinen Statuten umgesetzt hat.

283 Vgl. hierzu ausführlich unter § 6 D.

284 Vgl. § 3 Abs. 1, 2 DFB Satzung.

285 Vgl. § 7 Nr. 2 DFB Satzung, in dem alle Mitglieder einzeln aufgeführt sind.

286 § 1 DFB Satzung.

287 § 6 Abs. 5 DFB Satzung.

288 Siehe dazu ausführlich unten bei § 4 D II 3, 4.

289 *Butte,* Das selbstgeschaffene Recht des Sports, 78; So bestimmt z. B. der ebenfalls im Zuge der Reform gegründete DFL e. V. autonom über die Organisation der Bundesliga und 2. Bundesliga.

290 § 1 Abs. 1 Satzung des DFL e. V.

Fußball-Bundesligen ist.[291] Bei den Fußball-Bundesligen selbst handelt es sich zwar um sogenannte Vereinseinrichtungen des DFB, der Kraft seiner grundgesetzlich geschützten Verbandsautonomie zur einseitigen Regelung und Aufstellung von Nutzungsvorschriften dieser Vereinseinrichtungen berechtigt ist.[292] Die Nutzungsrechte der Vereinseinrichtungen Bundesliga und 2. Bundesliga hat der DFB jedoch gegen ein nicht unerhebliches Entgelt an den Ligaverband verpachtet.[293] Der Ligaverband wurde im Rahmen der Generalversammlung der 36 Proficlubs in „DFL Deutsche Fußball Liga e. V." (DFL e. V.) umbenannt.

Das operative Geschäft der Bundesligen, insbesondere die verantwortliche Leitung des Spielbetriebs, die Durchführung der Ligawettbewerbe sowie die exklusive Vermarktung der Vereinseinrichtungen Bundesliga und 2. Bundesliga wird durch die DFL GmbH geführt, deren einziger Gesellschafter der DFL e. V. ist.[294] Gemäß Präambel der DFL-Satzung ist die DFL wiederum bei der Erfüllung ihrer Aufgaben an die Satzung des DFB, den Grundlagenvertrag zwischen dem DFB und dem DFL e. V. sowie an die Satzung des DFL e. V. gebunden. DFL e. V. und DFL GmbH unterliegen der Sportgerichtsbarkeit des DFB.[295] Die Clubs sind ordentliche Mitglieder des DFL e. V. und unterwerfen sich zusätzlich durch Abschluss eines Lizenzvertrags der Vereinsgewalt des DFL e. V. und des DFB.

Die DFL repräsentiert gegenüber den Spielern und weiteren Dritten, wie z. B. Fernsehanstalten, Sponsoren usw. die Interessen der Clubs. Obwohl der DFB nach wie vor der nationale Spitzenverband im Fußball ist und damit an der Spitze der deutschen Verbandspyramide steht, nimmt de facto die DFL diese Position im deutschen Profifußball ein. Gleichzeitig ist der Einfluss der Clubs im DFB selbst deutlich gestiegen, da ihr Vertreter, der DFL e. V., über einen nicht unmaßgeblichen Stimmenanteil im DFB-Bundestag verfügt und überdies wichtige Positionen in Organen, Ausschüssen und Gremien des DFB besetzt.[296] Es liegt also eine enge, auch rechtliche Verknüpfung zwischen der Ligagesellschaft DFL und dem Dachsportverband DFB im deutschen Fußball vor.

---

291 *Butte*, Das selbstgeschaffene Recht des Sports, 8; der komplette Katalog der Aufgaben des DFL e. V. findet sich in § 4 der Satzung des DFL e. V.; zur Verbandsstruktur des deutschen Profifußballs der nach der Ligareform umfassend *Littkemann/Brast/Stübinger*, WiSt 2003, 415 ff.

292 *Eggerstedt*, Probleme der Lizenz- und Schiedsgerichtsverträge im deutschen Berufsfußball, 24 und ausführlich unten unter § 4 C.

293 Vgl. hierzu § 6 Abs. 1 des Grundlagenvertrags zwischen DFB und DFL e. V.; § 6 Abs. 3 der DFB Satzung, demzufolge der DFB berechtigt ist, seine Rechte ganz oder teilweise auf einen Mitgliedsverband zu übertragen.

294 Vgl. hierzu die Satzung der DFL Deutsche Fußball Liga GmbH und *Butte*, Das selbstgeschaffene Recht des Sports, 82.

295 Vgl. § 3 Satzung des DFL e. V.; Präambel DFL Satzung.

296 *Butte*, Das selbstgeschaffene Recht des Sports, 82.

III. Organisation und Ligagesellschaften weiterer professionell betriebener Mannschaftssportarten in Deutschland

Auch andere Mannschaftssportarten in Deutschland wie Basketball, Eishockey oder Handball sind grundsätzlich nach dem Ein-Platz-Prinzip organisiert. Es existiert national nur ein Dachsportverband, der seine Regeln bis in die untersten Spielklassen vorgibt und die nationalen Verbände sind Teil der internationalen Verbandsstruktur, die hierarchisch organisiert ist. Wie im Fußballsport sind allerdings auch im Handball, Basketball und Eishockey nicht mehr die nationalen Dachsportverbände Organisatoren der professionellen Wettbewerbe bzw. der Lizenzligen, sondern aus der Verbandspyramide ausgegliederte Ligagesellschaften. Diese sind im Handball die Handball-Bundesliga GmbH (HBL GmbH), im Basketball die Basketball-Bundesliga GmbH (BBL GmbH) und im Eishockey die DEL Betriebsgesellschaft mbH (DEL GmbH).

Die Ausgliederung der 1. und 2. Handball-Bundesliga aus dem Deutschen Handball-Bund e. V. (DHB) orientiert sich sehr stark am Vorbild des Fußballs.[297] Auch im Handball gibt es einen DFL e. V., den Handball-Bundesliga e. V., der mit der HBL GmbH eine 100 %ige Tochtergesellschaft gegründet hat, welche u. a. die Durchführung des Spielbetriebs sowie die Vermarktung der Liga übernimmt. Die Clubs der 1. und 2. Bundesliga in Form von Vereinen oder Kapitalgesellschaften sind Mitglieder des DFL e. V. s. Das Verhältnis zwischen Liga und DHB ist in den Satzungen und in einem Grundlagenvertrag geregelt.

Im Basketball sind die Clubs der 1. Bundesliga allesamt Mitglieder der Arbeitsgemeinschaft der 1. Basketball-Bundesliga der Herren e. V. (AG BL), die wiederum 74 % der Anteile an der BBL GmbH hält. Weitere 26 % an der BBL GmbH und damit eine Sperrminorität hält der Deutsche Basketball Bund (DBB). Im Gegensatz zum Fußball und Handball ist im Basketball der Dachsportverband in die Leitungs-GmbH eingegliedert und nicht umgekehrt.[298] Da der Leitungs-GmbH und nicht der Zusammenschlussgesellschaft der Clubs außerdem jegliche Nutzungsrechte an der Basketball-Bundesliga übertragen sind, ist die Verselbstständigung des professionellen Sports im Basketball stärker als im Fußball und im Handball ausgeprägt.[299]

Im deutschen Eishockey ist die Profiliga in Form einer GmbH organisiert, an der die am Ligabetrieb teilnehmenden Clubs, die allesamt die Rechtsform einer GmbH haben[300], direkt beteiligt sind.[301] Im Gegensatz zu den vorgenannten Sportarten besteht kein gesellschaftsrechtliches Verhältnis zwischen dem Dachsportverband, dem Deutschen Eishockey Bund (DEB) und der Liga (DEL), sondern es existiert

297 Vgl. *Holzhäuser*, SpuRt 2004, 243 f.
298 *Holzhäuser*, SpuRt 2004, 144, 148.
299 *Holzhäuser*, SpuRt 2004, 144, 148.
300 Gemäß § 7 Abs. 1 des Gesellschaftsvertrags der DEL GmbH sind andere Rechtsformen möglich.
301 Dazu näher: *Holzhäuser*, SpuRt 2004, 243, 246.

lediglich ein Kooperationsvertrag.[302] In diesem ist jedoch eine enge Zusammenarbeit zwischen DEB und DEL geregelt. Insbesondere enthält der Kooperationsvertrag eine Gesamtvergütung des DEB durch die DEL und im Gegenzug Verbandsleistungen des DEB für die DEL wie Schiedsrichterausbildung und -stellung, Repräsentation gegenüber anderen Verbänden und Organisation der Eishockey Nationalmannschaft als wichtiges „Zugpferd" auch für die Liga.[303]

Zusammenfassend kann gesagt werden, dass der Handball sehr stark der Organisationsform des Fußballs folgt: Es gibt eine Zusammenschlussgesellschaft der Ligateilnehmer in Form eines nichtwirtschaftlichen Vereins und eine Leitungsgesellschaft in Form der GmbH. Auch im Basketball gibt es diese beiden Gesellschaften, mit dem Unterschied, dass im Basketball die Leitungsgesellschaft die tragende Rolle spielt und der Verband (Minderheits-)Gesellschafter der Leitungsgesellschaft ist. Am selbstständigsten – im Verhältnis zum Dachsportverband – ist die DEL, die alle Funktionen in sich vereint und lediglich vertraglich mit dem Dachsportverband verflochten ist.[304]

Schäfer sieht in Sportkapitalgesellschaften, bei denen sich die gewinnorientierte Ausrichtung durchsetzt, sowie in der Schaffung eines „Liga-Goodwill", d.h. der Vermarktung der Liga als gemeinsames Teamprodukt der Clubs, die Möglichkeit, dem ineffizient hohen Niveau des Ressourceneinsatzes der Clubs im Meisterschaftsrennen („Hyperaktivität") entgegenzuwirken.[305] Im Schrifttum wird darüber hinaus teilweise vertreten, dass nicht die einzelnen Fußballclubs selbst, sondern die Liga als eigentliches Unternehmen anzusehen sei, welches eine gemeinsame Gewinnmaximierung aller beteiligten Clubs bezwecke.[306] Dafür spricht die Tatsache, dass kein Club alleine sein „Produkt", nämlich den sportlichen Wettkampf mit anderen Clubs, anbieten könnte und dass erst durch die Kooperation aller Clubs das Gemeinschaftsprodukt einer „Ligameisterschaft" marktfähig wird.[307] Letztlich ist diese Ansicht aber abzulehnen, da die Clubs – trotz starken Einflusses

302 *Schäfer,* Sportkapitalgesellschaften, 32, in Scherrer (Hrsg.), Sportkapitalgesellschaften.

303 *Holzhäuser,* SpuRt 2004, 243, 246.

304 *Holzhäuser,* SpuRt 2004, 243, 247.

305 *Schäfer,* Sportkapitalgesellschaften, 36 ff. in Scherrer (Hrsg.), Sportkapitalgesellschaften; als konkrete Maßnahmen schlägt er Kostendämpfung im Mannschaftsbereich, eine sachgerechte Umverteilung der gemeinsam erzielten Erträge sowie die Stärkung des gewinnorientierten Handelns vor.

306 *Butte,* Das selbstgeschaffene Recht des Sports, 80; *Flory,* Der Fall Bosman, 25; *Pfister,* SpuRt 2002, 45, 48, plädiert für die Annahme einer rechtlichen Sonderverbindung i.S.d. § 311 Abs. 3 BGB zwischen den Clubs an, da deren Beziehung auf einer engen, regelgebundenen Zusammenarbeit zur Herstellung eines vermarktbaren Produkts aufgrund einheitlicher Verträge, die nur aus Gründen der Vereinfachung vertikal (Sportunternehmen – Sportverband) abgeschlossen würden.

307 *Flory,* Der Fall Bosman, 25; *Swieter,* Ökonomische Analyse, 16.

der Liga – rechtlich selbstständig sind und eigene wirtschaftliche und sportliche Entscheidungen treffen.[308]

C. Legitimation und Kontrolle der Verbandsgewalt

In der sportrechtlichen Literatur gibt es verschiedene Ansätze, um den autonomen Bereich der Sportverbände, welcher der staatlichen Gesetzgebung und Rechtsprechung größtenteils entzogen sein soll, zu definieren.[309] Grundlage der sogenannten Verbandsautonomie, auf der das oben beschriebene und autonom gesetzte Recht der Sportverbände in Deutschland beruht, könnte entweder das deutsche Verfassungsrecht oder einfaches Gesetzesrecht in Form des Vereinsrechts sein. Sobald die Grundlagen ermittelt sind, ist festzustellen, welcher staatlichen und gerichtlichen Kontrolle diese Rechtsnormen unterliegen.

I. Verfassungsrecht

Zunächst könnten die Sportverbände durch Art. 9 Abs. 1 GG dazu legitimiert sein, eigenes Recht zu schaffen. In Art. 9 Abs. 1 GG ist das Recht aller Deutschen verankert, Vereine und Verbände zu bilden. Geschützt wird die Freiheit, sich zu einer freiheitlich-privaten Zweckgemeinschaft zusammenzuschließen.[310] Unter einem Verein im Sinne des Art. 9 Abs. 1 GG versteht man jede Vereinigung, zu der sich eine Mehrheit natürlicher oder juristischer Personen für längere Zeit zu einem gemeinsamen Zweck freiwillig zusammengeschlossen und einer organisierten Willensbildung unterworfen hat.[311] Gemäß Art. 19 Abs. 3 GG finden die Grundrechte auch Anwendung auf juristische Personen des Privatrechts, weshalb sich auch mehrere juristische Personen zu einem Verband zusammenschließen können.[312]

Bei den Sportverbänden handelt es sich nach h.M. um Vereinigungen i.S.d. Art. 9 Abs. 1 GG, deren Zweck in der Organisation und Durchführung ihres Sports auf nationaler und/oder internationaler Ebene besteht.[313] Zwar besteht aufgrund der Monopolstellung der Sportverbände und des Ein-Verbands-Prinzips im professionel-

---

308 Selbst bezüglich der amerikanischen Profiliga NFL, die in sich sehr viel geschlossener ist und in der eine viel stärkere Umverteilung der Ressourcen und eine zentralere Steuerung der Ligaaktivitäten vorliegt, hat ein US-amerikanisches Gericht die Annahme einer *single entity* letztlich abgelehnt, *L.A. Memorial Coliseum* v. *NFL*, 726 Fd. 2d. 1381 (1984).

309 Zusammenfassend: *Zinger*, Diskriminierungsverbote und Sportautonomie, 60 ff.; *Heermann*, CaS 2006, 345, 353 ff.

310 Maunz/Dürig/*Scholz*, GG, Art. 9 Rn. 38.

311 *Zinger*, Diskriminierungsverbote und Sportautonomie, 57 f., mit Verweis auf die gemeinsame Definition von § 2 Abs. 1 VereinsG und Art. 9 Abs. 1 und 2 GG; Maunz/Dürig/*Scholz*, GG, Art. 9 Rn. 57.

312 Maunz/Dürig/*Scholz*, GG, Art. 9 Rn. 43.

313 Allgemein für Verbände: Maunz/Dürig/*Scholz*, GG, Art. 9 Rn. 54.

len Sport ein gewisser faktischer Zwang für die Clubs, dem Verband beizutreten, um an den Wettbewerben teilnehmen zu können, was der Freiwilligkeit entgegenstehen könnte. Es gibt jedoch keinen gesetzlichen oder satzungsrechtlichen Zwang zur Mitgliedschaft im Verband oder der Teilnahme an dessen Ligen, d.h. die Sportclubs könnten durchaus eine eigene Liga gründen, die nicht den Regelungen des Dachsportverbands unterfällt.[314] Die Sportverbände fördern außerdem in hohem Maße die Interessen der Clubs, Sportler und der Sportart, indem diesen die Möglichkeit zur organisierten Ausübung der Sportart geboten wird. Damit ermöglicht der Verband auch eine kommerzielle Nutzung durch Sportler und Clubs, was einen Verbandsbeitritt bzw. die Unterwerfung unter die Verbandsregeln auch sinnvoll macht.[315] Ebenfalls gibt es ein Bedürfnis der Sportler und Clubs nach einem weltweit geltenden Regelwerk, um ihren Sport in einem weltweiten Leistungsvergleich ausüben zu können, weshalb die Verbandsautonomie aus Art. 9 Abs. 1 GG wiederum direkt der Selbstentfaltung der Persönlichkeit der Sportler dient.[316] Deshalb ist letztlich das Grundrecht der Vereinigungsfreiheit auf die Sportverbände und Ligagesellschaften im professionellen Mannschaftssport anzuwenden.

Das Grundrecht der Vereinigungsfreiheit in Art. 9 Abs. 1 GG konstituiert nach h.M. sowohl das Recht des Einzelnen, einer Vereinigung beizutreten, als auch das Recht der Vereinigung auf eine funktionsgerechte Betätigung.[317] Dies umfasst die Berechtigung, das Vereinsleben autonom zu gestalten, oder mit den Worten des BVerfG gesagt, „die Selbstbestimmung über die eigene Organisation, das Verfahren ihrer Willensbildung und die Führung ihrer Geschäfte."[318]

Grundsätzlich soll den Verbänden durch Art. 9 Abs. 1 GG das Recht garantiert sein, ihre eigenen Angelegenheiten frei vom Einfluss des Staates zu regeln, es sei denn, eine Beeinträchtigung der Rechte Dritter oder der Allgemeinheit kann nur durch eine staatliche Regelung verhindert werden.[319] Zur Erfüllung ihrer sat-

---

314 So geschehen im Jahr 1997 als die deutschen Eishockey Clubs sich von Deutschen Eishockey Bund (DEB) abkoppelten und die Deutsche Eishockey Liga (DEB) gründeten. Vgl. hierzu die Ausführungen von *Zinger*, Diskriminierungsverbote, 28 f. und *Butte*, Das selbstgeschaffene Recht des Sports, 79; Letzte nennt als internationales Beispiel dafür den australischen Milliardär Murdoch, der im Australian Football erfolgreich eine Konkurrenzliga zur etablierten Football League gründete, räumt allerdings als entscheidenden Unterschied zum europäischen Fußball ein, dass es im Australian Football weder länderübergreifende Clubwettbewerbe (wie die UEFA Champions League) oder Turniere der Nationalmannschaften (wie die UEFA Europameisterschaft) gibt, von denen die Clubs und Spieler eines Konkurrenzverbandes dann ausgeschlossen wären.

315 *Zinger*, Diskriminierungsverbote und Sportautonomie, 58.

316 *Pfister*, FS Lorenz, 171, 180 f.

317 Maunz/Dürig/*Scholz*, GG, Art. 9 Rn. 43; BVerfGE, 30, 227, 241; 50, 290, 354; 80, 244, 253.

318 BVerfGE, 80, 244, 253; v. Münch/Kunig/*Löwer*, GG Kommentar, Art. 9 Rn. 26.

319 Stopper/Lentze/*Breucker/Wüterich*, Handbuch Fußball-Recht, Kap. 8 Rn. 12.

zungsgemäßen Aufgaben dürfen die Sportverbände also neben der Satzung als „Verbandsverfassung" weitere Regelungen, sogenannte Nebenordnungen erlassen, die letztlich Ausdruck einer eigenen Werteordnung des jeweiligen Sports sind.[320] Einfachgesetzliche Regelungen, welche die Ausübung der Vereinigungsfreiheit einschränken, hätten sich am Schutzgut des Art. 9 Abs. 1 GG zu orientieren und die Belange sonstiger schutzbedürftiger Dritter zu berücksichtigen.[321] Im Schutzbereich des Art. 9 Abs. 1 GG sei eine Vorschrift nur dann verfassungsgemäß, wenn die Interessen des Gemeinwohls, die der Staat zum Schutz anderer Rechtsgüter wahrnimmt, der Intensität des Eingriffs in die Vereinsfreiheit entsprechen.[322]

II. Vereinsrecht

Das einfachgesetzliche Vereinsrecht ist in den §§ 21 ff. BGB geregelt. Die Vereinsautonomie wird diesen Vorschriften zwar nicht ausdrücklich genannt, wird jedoch aus dem rechtlichen Grundsatz der Privatautonomie abgeleitet und ist stillschweigend in §§ 21 ff. BGB enthalten.[323] *Zinger* vertritt eine Einordnung der Vereinsautonomie ins Privatrecht, weshalb auch die Grenzen der Vereinsautonomie im Privatrecht zu sehen seien, verfassungsrechtliche Wertungen jedoch mit einfließen könnten.[324] Sie vertritt gleichzeitig die Position, dass bei der Anwendung zivilrechtlicher Normen den Besonderheiten des Sports Rechnung getragen werden müsse, um dem berechtigten Interesse der nationalen und internationalen Sportverbände an einem einheitlichen Regelwerk und dessen Durchsetzbarkeit zu entsprechen.[325] *Monheim* verweist auf die in § 25 BGB angesprochene Befugnis des Vereins, die mitgliedschaftlichen Verhältnisse zwischen Verein und Mitgliedern zu regeln und die Befugnis eines nichtstaatlichen Verbands, sich selbst objektives Recht zu setzen.[326] Im Hinblick auf den größtmöglichen Schutz der Vereine und deren Mitglieder befürwortet er jedoch eine Herleitung der Vereinsautonomie über Art. 9 Abs. 1 GG i.V.m. Art. 19 Abs. 3 GG.[327] Ähnlich argumentiert auch *Vieweg*, der herausstellt, dass die

320 *Wüterich/Breucker*, Arbeitsrecht im Sport, Rn. 39.

321 BVerfGE 50, 227, 355; zustimmend: v. Münch/Kunig/*Löwer*, GG Kommentar, Art. 9 Rn. 31.

322 BVerfGE 84, 372, 378; laut von v. Münch/Kunig/*Löwer*, GG Kommentar, Art. 8 Rn. 34, stellt sich der Ausgleich zwischen Freiheitsinteressen des Vereins gegenüber einzelnen Mitgliedern und umgekehrt als gesetzgeberisches oder richterrechtlich zu lösendes Problem der Inhaltsbestimmung.

323 *Nicklisch*, Inhaltskontrolle von Verbandsnormen, 24; *Singbartl/Dziwis*, JA 2014, 407, 409.

324 *Zinger*, Diskriminierungsverbote und Sportautonomie, 63.

325 *Zinger*, Diskriminierungsverbote und Sportautonomie, 68.

326 *Monheim*, Sportlerrechte und Sportgerichte im Lichte des Rechtsstaatsprinzips, 10; so auch Sauter/Schweyer/Waldner/Waldner, Der eingetragene Verein, Rn. 39a; *Hilpert*, Fußballstrafrecht, 2.

327 *Monheim*, Sportlerrechte und Sportgerichte im Lichte des Rechtsstaatsprinzips, 10, 14; ähnlich: Sauter/Schweyer/Waldner/Waldner, Der eingetragene Verein, Rn. 39c,

Regelungen der §§ 21 ff. BGB unzureichend für eine Konkretisierung der Verbandsautonomie seien und daher einer verfassungsmäßigen Konkretisierung bedürften.[328]

III. Stellungnahme

Nach der Rechtsprechung des Bundesverfassungsgerichts sind die Vereine und Verbände zur eigenen Rechtsetzung, insbesondere durch die Aufstellung von Satzungen und Nebenordnungen, sowie zur Anwendung und Durchsetzung dieses selbst geschaffenen Rechts befugt.[329] Übertragen auf die Sportverbände hieße dies, dass die Satzungs- und interne Organisationshoheit direkt auf dem Grundrecht des Art. 9 Abs. 1 GG beruht. Sobald die Verbände jedoch extern tätig werden oder ihre Regelungen externe Dritte betreffen, müssen sie sich am einfachen Gesetzesrecht messen lassen. In diesem Sinne geht auch *Scholz* davon aus, dass Vereine zumindest dann den allgemeinen Gesetzen unterworfen sind, wenn sie nach außen hin tätig werden.[330]

IV. Verbandsautonomie von Ligagesellschaften

Im professionellen deutschen Fußball ist weiterhin zu beachten, dass sich neben dem DFB auch der DFL e. V. auf die Verbandsautonomie berufen kann.[331] Die Clubs der Bundesliga und 2. Bundesliga sind Mitglieder im DFL e. V. und haben sich zum Zweck der Durchführung und Vermarktung der Ligawettbewerbe zusammengeschlossen. Auf die Rechtsform des Zusammenschlusses kommt es nicht an.[332] Dem steht auch nicht die Unterwerfung unter die Statuten und die Sportsgerichtsbarkeit des DFB entgegen. In seinem „Bahá'í"-Beschluss betonte das BVerfG, dass die Vereinsautonomie auch das Recht umfasse, das eigene Selbstverwaltungsrecht satzungsgemäß zu beschränken und sich einem fremden Willen zu unterwerfen, sofern noch eigenständig Aufgaben wahrgenommen werden.[333] So soll es Vereinigungen freistehen, übergeordneten Vereinigungen beizutreten und sich deren Regelungen

---

der jedoch anmerkt, in den letzten Jahren habe es mehrere Entscheidungen des BVerfG gegeben, in denen dieses eine Verletzung der Berufsfreiheit (Art. 12 GG) oder der Eigentumsfreiheit (Art. 14 GG) durch Entscheidungen von Vereinigungen angenommen habe.

328 *Vieweg*, Normsetzung und -anwendung deutscher und internationaler Verbände, 154.

329 *Zinger*, Diskriminierungsverbote und Sportautonomie, 63, Fritzweiler/Pfister/Summerer/*Summerer*, PBH Sportrecht, 128, mit dem Hinweis, dass die Verbandsautonomie nicht im eigenen Interesse, sondern im Interesse der Gesamtheit der Sportler gewährt wird; *Steinbeck*, Vereinsautonomie und Dritteinfluss, 20.

330 Maunz/Dürig/*Scholz*, GG, Art. 9 Rn. 87 unter Bezugnahme auf BVerfGE 50, 290, 353.

331 *Holzhäuser*, SpuRt 2004, 144, 147.

332 Maunz/Dürig/*Scholz*, GG, Art. 9 Rn. 57.

333 BVerfGE 83, 341, 359.

zu unterwerfen.[334] Übertragen auf Sportverbände und Ligen bedeutet dies, dass es von der Vereinsautonomie umfasst ist, wenn sich der z. B. DFL e. V. bestimmten Regelungen des DFB oder der DFB wiederum Regelungen der UEFA oder der FIFA unterwerfen. Dass DFB und DFL e. V. trotz dessen immer noch eigene, originäre Aufgaben wahrnehmen, steht außer Frage.

Diese Überlegungen lassen sich zumindest auch auf den professionellen Handballsport in Deutschland und den Handball-Bundesliga-Vereinigung Männer e. V. (Männer DHL e. V.) übertragen. Im Basketball fungiert jedoch die BBL GmbH als alleinige Organisations- und Leitungsgesellschaft der Liga – die Arbeitsgemeinschaft der 1. Basketball-Bundesliga der Herren e. V. (AG BL) hat lediglich die Funktion einer Holding – und schließt Teilnahmerechtsverträge mit den Clubs.[335] Sie dürfte damit grundsätzlich keine klassische Verbandsautonomie ausüben, kann jedoch die Bindung der Clubs an ihre Satzung und Nebenordnungen vertraglich regeln. Im Eishockeysport besteht zwischen der DEL GmbH und den Clubs, die ihre Gesellschafter sind, ohnehin ein rein gesellschaftsrechtliches Verhältnis.

V. Rechtliche Überprüfbarkeit der Verbandsnormen

Die Verbandsautonomie und somit auch die Verbandsnormen stehen unter dem Vorbehalt der Konkretisierung durch Gesetzgeber und Gerichte.[336] Aus dem Rechtsstaatsprinzip ergibt sich, dass die Anwendung der Verbandsnormen einem staatlichen Kontroll- und Korrekturvorbehalt unterliegt.[337] Die in Art. 9 Abs. 1 GG verankerte Verbandsautonomie garantiert dem Verband mindestens den Bestand der organisatorischen Funktionsfähigkeit und Selbstbestimmung, findet ihre Grenze jedoch in den grundgesetzlich geschützten Rechtspositionen der Mitglieder und außenstehender Dritter.[338] Die dem Verbandsrecht innewohnende Grundrechtskollision zwischen Verband und Mitgliedern muss nach den Grundsätzen der praktischen Konkordanz aufgelöst werden.[339]

Darüber hinaus können, wie oben gezeigt, unter Umständen auch einfachgesetzliche Schranken bestehen, d. h. Satzungsregelungen oder Nebenordnungen

---

334 *Zinger*, Diskriminierungsverbote und Sportautonomie, 59.

335 *Holzhäuser*, SpuRt 2004, 144, 148.

336 *Vieweg/Röthel*, ZHR 166 (2002), 7, 12.

337 *Vieweg*, Normsetzung und -anwendung deutscher und internationaler Verbände, 162 f.; a.A. wohl MüKoBGB/*Reuter*, Band 1, vor § 21 Rn. 94, der von einem grundsätzlichen Vorrang der Satzungsregelungen und Vereinsordnungen ausgeht, da deren Richtigkeitsgewähr aufgrund des Mehrheitsprinzips – anders als der schuldrechtliche Vertrag – von vorneherein nicht von der Zustimmung des einzelnen Mitglieds abhängen könne.

338 *Vieweg/Röthel*, ZHR 166 (2002), 7, 12 f; *Steinbeck*, Vereinsautonomie und Dritteinfluß, 22 f.

339 *Vieweg*, Normsetzung und -anwendung deutscher und internationaler Verbände, 189 ff.

können unwirksam sein, wenn sie gegen ein gesetzliches Verbot gemäß § 134 BGB oder gegen die guten Sitten gemäß § 138 BGB verstoßen.[340] Außerdem kann eine Inhaltskontrolle der Satzungs- oder anderer Vereinsbestimmungen nach § 242 BGB stattfinden, zumindest wenn der Verein oder Verband eine Monopolstellung oder eine überragende Machtstellung innehat.[341] Dies ist bei den großen Sportverbänden bzw. Ligagesellschaften im Bereich des Mannschaftssports unzweifelhaft zu bejahen. Diese Grenzen der Vereinsautonomie werden vor allem durch die Rechtsprechung, welche die Vereinssatzungen und Nebenordnungen einer Inhaltskontrolle unterzieht, gesetzt.[342]

Die Gerichte sind befugt, die einer Verbandsentscheidung zugrunde liegenden Tatsachen in vollem Umfang zu überprüfen.[343] Zu beachten sind überdies die verbandsinterne Schranke der vereinsrechtlichen Förderungspflicht[344] sowie Gesichtspunkte von Treu und Glauben, nach denen die Verbandsnormen wirtschaftlich mächtiger Verbände einen ausgewogenen Interessenausgleich aller Beteiligten darstellen müssen.[345] Dies gilt im Übrigen auch im Verhältnis zu Nichtmitgliedern, die sich per Vertrag den Satzungsregelungen und Verbandsordnungen unterwerfen, denn von einer Partei vorgegebene Vertragsinhalte sind grundsätzlich nur im Fall ihrer Vereinbarkeit mit Treu und Glauben als verbindlich anzusehen.[346]

Jedoch hat der BGH in seinem als „*Reitsport-Entscheidung*" bekannt gewordenen Urteil auch daran festgehalten, die zivilrechtlichen Normen im Lichte sportrechtlicher Besonderheiten zu sehen und deshalb nur eine eingeschränkte Kontrolle vorzunehmen.[347] So betonte der Senat, dass sich die Ordnungen der Verbände aus der Eigenart des Sports im Allgemeinen und der betreffenden Sportart im Besonderen heraus entwickelt hätten und dass diese Regeln u. a. der Herstellung gleicher Start- und Wettkampfbedingungen sowie der Sicherstellung der organisatorischen Durchführung eines geregelten Sport- und Wettkampfbetriebs dienten.[348] Dafür, dass den

340 *Steinbeck*, Vereinsautonomie und Dritteinfluß, 26.

341 BGH NJW 1989, 1724, 1726 (*Reitsport*); *Steinbeck*, Vereinsautonomie und Dritteinfluß, 27.

342 BGH NJW 1989, 1724, 1726 (*Reitsport*).

343 BGH NJW 1984, 918, 919; *Vieweg* in FS-Lukes, 809, 809.

344 *Hannamann*, Kartellverbot und Abstimmung auf den Spielermärkten, in: Vieweg (Hrsg.), Spektrum des Sports, 85, 87 ff.

345 BGH NJW 1989, 1724, 1726 (*Reitsport*).

346 MüKoBGB/*Reuter*, Band 1, vor § 21 Rn. 136; *Steinbeck*, Vereinsautonomie und Dritteinfluß, 219 f.; *Heermann*, ZHR 174, 250, 284 f., der im Einzelfall für die Vornahme einer AGB-Kontrolle gemäß §§ 305 ff. BGB plädiert. Allerdings ergebe sich aufgrund der inhaltlichen Nähe von § 242 zu § 307 BGB keine eklatanter Bewertungsunterschied. Entscheidend sei, dass sämtliche Athleten, sowohl Vereinsmitglieder als auch Dritte, gleich behandelt würden.

347 BGH NJW 1995, 583, siehe dazu auch die Anmerkung von *Pfister* in JZ 1995, 464 ff und *Vieweg* in FS-Lukes, 809, 809.

348 BGH NJW 1995, 583, 584.

Verbänden bzw. Vereinen bezüglich verbandsinterner Entscheidungen grundsätzlich ein weiter Ermessensspielraum zuzugestehen sei und Gerichte bei der Überprüfung solcher Entscheidungen Zurückhaltung zu üben haben, plädiert auch *Hilpert.*[349]

Bezüglich des Innenrechts der Sportverbände ist also festzuhalten, dass staatliche Gesetze und insbesondere auch die Grundrechte der Mitglieder oder Dritter Anwendung auf die selbst geschaffenen Regelwerke der Sportverbände finden. Die Angemessenheit des Inhalts dieser Regeln ist anhand des geltenden – grundrechtsgeprägten – Rechts durch die Gerichte überprüfbar.[350] Auf der anderen Seite ist die Autonomie und Eigenständigkeit der Sportverbände verfassungsrechtlich und einfachgesetzlich verbürgt und es gibt gute Gründe dafür, bei der Anwendung staatlichen Gesetzesrechts die Besonderheiten und Bedürfnisse des Sports zu beachten.

D. Dreiecksverhältnis im Mannschaftssport zwischen Lizenzspieler, Verband bzw. Liga und Club

I. Profisportler als Arbeitnehmer

Es ist mittlerweile in Rechtsprechung und Literatur nahezu unumstritten, dass professionelle Mannschaftssportler, insbesondere Fußball-, Eishockey-, Basketball- oder Handballspieler, in der Regel als Arbeitnehmer der Clubs, für die sie spielen, gelten.[351] Dieser Ansicht ist zu folgen. Gemäß § 611a BGB wird der Arbeitnehmer durch den Arbeitsvertrag im Dienste eines anderen zur Leistung weisungsgebundener, fremdbestimmter Arbeit in persönlicher Abhängigkeit verpflichtet. Das Weisungsrecht kann Inhalt, Durchführung, Zeit und Ort der Tätigkeit betreffen.

---

349 *Hilpert*, Fußballstrafrecht, 3; so auch: OLG Frankfurt, SpuRt 2001, 28.

350 *Steiner*, Die Autonomie des Sports, 17, so auch *Butte*, Das selbstgeschaffene Recht des Sports, 246, mit Verweis auf die durch das Ein-Platz-Prinzip ausgewiesene Monopolstellung der Sportverbände.

351 BAG NJW 1971, 855, 856; BAG NJW 1980, 470, 470; BAG AP Nr. 51 zu § 611 BGB Abhängigkeit; EuGH, Rs. C-415/93, Slg. 1995 (Bosman); *Buchner*, RdA 1982, 1, 4; *Buchner*, NJW 1976, 2242, 2242; *Giesen*, MünchHBArbR, § 337, Rn. 2; *Imping*, Die arbeitsrechtliche Stellung des Fußballspielers, 60; *Füllgraf*, Der Lizenzfußball, 18 f.; *Butte*, Das selbstgeschaffene Recht des Sports, 102; *Eggerstedt*, Probleme der Lizenz- und Schiedsgerichtsverträge im deutschen Berufsfußball, 84 f.; *Malatos*, Berufsfußball, 90; *Klose/Zimmermann*, Tarifvertrag als Regelungsinstrument, 141 in: Bepler (Hrsg.) Sportler, Arbeit und Statuten; a.A. *Fischer*, FA 2003, 136, 137 f., der Spitzensportler vor allem aufgrund ihrer eigenständigen Wertschöpfung in Form der Persönlichkeitsvermarktung als freie Unternehmer ansieht; BAG AP Nr. 10 zu § 11 BUrlG; *Schimke/Menke*, SpuRt 2007, 183, plädieren für eine Möglichkeit der Selbstqualifizierung von Club und Spieler; *Weber*, Rechtliche Strukturen im Fußballsport, 186 ff. sieht ein atypisches Arbeitsverhältnis und plädiert dafür, de lege ferenda nur Arbeitsrecht mit gesundheitlichem Schutzzweck (z. B. ArbSchG, ArbZG, BUrlG) nicht jedoch mit wirtschaftlichem Schutzzweck (z. B. EntgfZG, KSchG, TzBfG) anzuwenden.

Weisungsgebunden ist, wer nicht im Wesentlichen frei seine Tätigkeit gestalten und seine Arbeitszeit bestimmen kann. Die Spieler begeben sich aufgrund vertraglicher Verpflichtungen in einer persönlichen Abhängigkeit zum jeweiligen Club, was entscheidend für den Status als Arbeitnehmer spricht. Die Mannschaftssportler unterliegen sowohl bezüglich der Arbeitszeit und des Arbeitsorts – Verpflichtung zur Teilnahme an Training und Spiel – als auch bezüglich der Art ihrer Arbeitsleistung – verbindliche Trainingsgestaltung, Aufstellung und taktische Ausrichtung des Trainers – dem Direktionsrecht des Clubs bzw. dessen leitenden Angestellten.[352] Darüber hinaus sind die Spieler zumeist durch ihren Arbeitsvertrag für eine nicht unerhebliche Zeit an einen Club gebunden und dürfen in dieser Zeit keine Spiele für einen anderen Club bestreiten.[353] Auch etwaige Urlaubszeiten und teilweise auch die Freizeitgestaltung sind mit dem Club und dessen Saisonplanung abzustimmen. Folglich sind die Profispieler in den oben genannten Mannschaftssportarten als Arbeitnehmer ihrer Clubs gemäß § 611a BGB anzusehen.

II. Verbandsrechtliche Regelungen bzw. Verträge am Beispiel des Profifußballs

Neben der (arbeits-)vertraglichen Beziehung zwischen Profisportler und Club stellt der jeweils zuständige Sportverband oder die für den Spielbetrieb zuständige Liga vereinsübergreifende Regeln auf, um einen reibungslosen Ablauf sowie gewisse gleiche Wettbewerbsbedingungen innerhalb des Ligasystems zu gewährleisten, z. B. über die Zulassung von Spielern zum Ligabetrieb, Werbung, Ablösesummen und die Verwendung von Einnahmen.[354] Es ist hierbei zu unterscheiden zwischen Regelungen, die im Verhältnis Verband bzw. Liga zu den am Ligabetrieb teilnehmenden Clubs gelten, und Regelungen, die Verband bzw. Liga gegenüber den für die Clubs tätigen Spielern aufstellen. Diese Regelungen sollen für den Bereich des Fußballs im Folgenden kurz exemplarisch dargestellt werden.

1. Satzungen und Nebenordnungen

a. DFB-Satzung

In § 4 seiner Satzung, dem höchsten verbandsseitigen Regelwerk, verpflichtet sich der DFB u. a. den Spielbetrieb und die Entwicklung des Fußballs zu fördern sowie Regelungen für die einheitliche Ausübung des Fußballs in Deutschland aufzustellen.[355] Dabei schreibt § 3 der Satzung die vereinsrechtliche Bindung des DFB an die Vorschriften der FIFA, deren Mitglied er ist, und der UEFA vor. Seine Mitglieder

352 Ähnlich: *Hilpert*, RdA 1997, 92, 95.
353 HWK/Thüsing, vor § 611 BGB, Rn. 75.
354 *Fikentscher*, Mitbestimmung im Sport, 77, 141.
355 *Hilpert*, Fußballstrafrecht, 7, 13; abrufbar unter: http://www.dfb.de/fileadmin/_dfbdam/2014124_02_Satzung.pdf (zuletzt aufgerufen am 31.8.2017).

verpflichtet der DFB in § 14 Nr. 1 c.) der Satzung, sich der Satzung, den Ordnungen und Entscheidungen des DFB zu unterwerfen und auch ihre Mitglieder dazu verpflichten. Des Weiteren werden die Mitglieder verpflichtet, ihre eigene und die ihnen von ihren Mitgliedern überlassene Vereinsstrafengewalt auf den DFB zu übertragen.[356] Insbesondere dem DFL e. V. schreibt die DFB-Satzung in § 16 die Beachtung der DFB-Satzung sowie der Reglements von FIFA und UEFA bei der Aufstellung seiner eigenen Regelungen vor. § 7 der DFB-Satzung sieht als ordentliche Mitglieder alle Landes- und Regionalverbände sowie den DFL e. V. vor. In § 16a DFB Satzung ist geregelt, dass der DFL e. V. die Bundesliga und 2. Bundesliga des DFB durchführt und vermarktet.

b. Satzung und Nebenordnungen des DFL e. V. (Ligastatut)

Auch der DFL e. V. hat seine eigene Satzung[357], der zufolge er u. a. für das Betreiben der Bundesliga und 2. Bundesliga, die Vergabe von Lizenzen an Vereine und Kapitalgesellschaften, die Wahrnehmung der sportlichen und wirtschaftlichen Interessen der Solidargemeinschaft der Clubs, die Nachwuchsförderung sowie die Abstellung der Spieler für die Auswahlteams des DFB verantwortlich ist.[358] § 3 der Satzung des DFL e. V. legt fest, dass der DFL e. V. als ordentliches Mitglied an die Satzungen und Ordnungen des DFB in ihrer jeweiligen Fassung gebunden ist. Des Weiteren werden auch die Regeln von FIFA und UEFA in ihrer jeweiligen Fassung als bindend bezeichnet.

Überdies verpflichtet der DFL e. V. in § 11a der Satzung auch seine Mitglieder, die Clubs der Bundesliga und 2. Bundesliga, neben den eigenen auch die Regelungen und die Beschlüsse der Organe des DFB zu befolgen. § 11b sieht vor, dass die Mitglieder auch ihre Spieler entsprechend verpflichten müssen. In § 11c ist die Übertragung der Vereinsstrafengewalt der Mitglieder an DFL e. V. und DFB zur Ausübung durch deren Rechtsorgane geregelt.

Gemäß § 5 der Satzung erlässt der DFL e. V. das Ligastatut[359], welches u. a. die Lizenzierungsordnung (LO), die Lizenzordnung Spieler (LOS) und die Spielordnung des DFL e. V. (SpOL) umfasst. In der LO werden verbindliche Regeln für die Lizenzvergabe an die Clubs der Bundesliga und 2. Bundesliga aufgestellt. Diese sind sowohl Voraussetzung für die – auf Grundlage der LO und der Satzung des DFL e. V. vermittelte – Mitgliedschaft der Clubs im DFL e. V. als auch für den Abschluss des Lizenzvertrags zwischen Club und DFL e. V.[360] Die LOS legt Voraussetzungen für

---

356 § 14 Abs. 1. d) DFB Satzung.

357 Abrufbar unter: https://www.dfl.de/dfl/files/statuten/Satzungen-von-DFL-und-DFB/Satzung-DFL-Deutsche-Fussball-Liga-e-V.pdf (zuletzt aufgerufen am 31.8.2017).

358 Präambel und § 4 der Satzung des DFL e. V.

359 Abrufbar unter: http://www.bundesliga.de/de/dfl/statuten/ (zuletzt aufgerufen am 21.9.2014).

360 Zum Lizenzierungsverfahren siehe unten unter 2.

die Erteilung der Lizenz an die Spieler der Clubs fest.[361] Darüber hinaus enthält die LOS auch Regelungen zu Spielberechtigung und Spielertransfers.

c. *Satzung der DFL GmbH*

Die DFL GmbH ist laut ihrer Satzung[362] für die Führung des operativen Geschäfts des DFL e. V., die Leitung und Durchführung der Wettbewerbe des DFL e. V. und für die Vermarktung dieser Wettbewerbe verantwortlich ist.[363]

2. *Clublizenz*

Der DFL e. V. führt vor jeder Spielzeit das Lizenzierungsverfahren durch, welches für die Clubs zwingende Voraussetzung für die Teilnahme am Spielbetrieb der Bundesliga oder 2. Bundesliga ist und auf dessen Basis die Clublizenzen gemäß § 1 Abs. 1 Nr. 3 LO vergeben werden.[364] Die Erteilung der Clublizenz ist an die Erfüllung bestimmter sportlicher, rechtlicher, personeller, administrativer und finanzieller Voraussetzungen geknüpft, die in der LO geregelt sind.[365]

Nach erfolgreichem Abschluss des Lizenzierungsverfahrens schließen Club und DFL e. V. einen sogenannten Lizenzvertrag ab, in dem sich der Club den vom DFL e. V. und DFB aufgestellten Benutzungsordnungen unterwirft und im Gegenzug die ordentliche Mitgliedschaft im DFL e. V. erhält.[366] Gemäß § 6 des Lizenzvertrags kann der DFL e. V. im Fall von Verstößen gegen Vorschriften des Lizenzvertrags Vertragsstrafen gegen die Clubs verhängen.[367] Es findet also eine Doppelbindung der Clubs an die Vorschriften des DFL e. V. und des DFB statt, zum Ersten durch die Verpflichtung, die Regelwerke in der eigenen Satzung anzuerkennen und zum Zweiten aufgrund des Lizenzvertrags mit dem DFL e. V. Daher besteht eine untrennbare Verbindung zwischen vertraglichem Lizenzverhältnis und vereinsrechtlichem Mitgliedschaftsverhältnis der Clubs.[368]

---

361 Zur Spielerlizenz siehe unten unter 3.

362 Abrufbar unter: https://www.dfl.de/dfl/files/statuten/Satzungen-von-DFL-und-DFB/Satzung-DFL-Deutsche-Fussball-Liga-GmbH.pdf (zuletzt abgerufen am 31.8.2017).

363 § 2 der DFL-Satzung.

364 *Eggerstedt*, Probleme der Lizenz- und Schiedsgerichtsverträge im deutschen Berufsfußball, 24.

365 Vgl. Lizenzierungsordnung (LO) – Stand 6.12.2013, abrufbar unter: https://www.dfl.de/dfl/files/statuten/Ligastatut/Lizenzierungsordnung-LO.pdf (zuletzt abgerufen am 31.8.2017).

366 § 8 Nr. 1 Satzung des DFL e. V.; §§ 2, 5 des Musterlizenzvertrags in Anhang 1 zur LO, abrufbar unter: https://www.dfl.de/dfl/files/statuten/Ligastatut/Anhang-I-Lizenzvertrag.pdf (zuletzt abgerufen am 31.8.2017).

367 *Eggerstedt*, Probleme der Lizenz- und Schiedsgerichtsverträge im deutschen Berufsfußball, 27.

368 *Butte*, Das selbstgeschaffene Recht des Sport, 109.

Der Lizenzvertrag ist nach wohl herrschender, aber nicht unumstrittener Ansicht nicht als gegenseitiger Vertrag, sondern als Vertrag „sui generis" anzusehen, da die Pflichten der Clubs eher denen von Gesellschaftern entsprächen und gemeinsamen Zwecken von Verband und Clubs dienten.[369] Konkret seien die den Clubs im Lizenzvertrag auferlegten Pflichten nicht als Gegenleistung für die Erteilung der Lizenz zu sehen, sondern dienten dem gemeinsamen Zweck, in einem geordneten sportlichen Wettbewerb der Lizenzligen den Deutschen Meister und die Teilnehmer an den europäischen Wettbewerben zu ermitteln.[370] Der Lizenzvertrag sei weiterhin aufgrund der weitgehenden Rechte und Pflichten von Verband und Club als vereinsrechtliche Beitrittsvereinbarung zu sehen, die neben der Mitgliedschaft ein weiteres juristisches Bindeglied zwischen Verband und dem jeweiligen Club konstituiere.[371] Es handelt sich also wohl nicht um einen schuldrechtlichen Vertrag, der dem Club konstitutiv die Teilnahme am Spielbetrieb der Bundesligen zusichert, sondern vielmehr um eine Bestätigung, dass der Club die satzungsmäßigen Voraussetzungen für die Teilnahme erfüllt.[372]

3. *Spielerlizenz*

Den Fußballspielern der Clubs erteilt der DFL e. V. unter bestimmten Voraussetzungen eine unbefristete Spielerlizenz, die in der LOS[373] geregelt ist und zur Teilnahme am Spielbetrieb der Bundesliga oder 2. Bundesliga berechtigt. Die Lizenzerteilung

---

369 *Eggerstedt*, Probleme der Lizenz- und Schiedsgerichtsverträge im deutschen Berufsfußball, 30; *Haas*, NZI 2003, 177, 182; *Walker*, KTS 2003, 169, 176; *Reimann*, Lizenz- und Athletenvereinbarungen, 82, der den Lizenzvertrag als mitgliedschaftsähnliches Rechtsverhältnis bezeichnet, soweit der Schwerpunkt auf der Regelanerkennung liegt und die Nebenabreden lediglich wechselseitige Treuepflichten konkretisieren; zuletzt zur dogmatischen Einordnung: *Orth*, Vereins- und Verbandsstrafen, 185 f.; a.A. wohl *Butte*, Das selbstgeschaffene Recht des Sports, 111, die feststellt, dass ein Austauschvertrag vorliege, da durch sich die Vereine den Bestimmungen des Lizenzvertrags unterwerfen, um Zugang zum „Arbeitsplatz" Bundesliga zu erhalten, allerdings betonend, 115, dass ein Benutzungsrecht als notwendiger Inhalt der Mitgliedschaft zu sehen sei, weshalb etwaige Diskrepanzen zwischen Mitgliedschaftsstellung und Lizenzvertrag zugunsten der Mitgliedschaft aufzulösen seien.

370 *Walker*, KTS 2003, 169, 176, mit Verweis auf § 16a Nr. 1–3 Satzung DFB, § 4 Nr. 1 Satzung-DFL e. V., § 1 Lizenzvertrag.

371 *Eggerstedt*, Probleme der Lizenz- und Schiedsgerichtsverträge im deutschen Berufsfußball, 31 f.; *Trommer*, Transferregelungen im Profisport, 34; *Maier*, Organisation und Autonomie im Verbands- und Berufssport, 81.

372 *Eggerstedt*, Probleme der Lizenz- und Schiedsgerichtsverträge im deutschen Berufsfußball, 25; *Baumann*, Die Vereinsstrafengewalt des Deutschen Fußball-Bundes, 24.

373 Abrufbar unter: https://www.dfl.de/dfl/files/statuten/Satzungen-von-DFL-und-DFB/Lizenzordnung-Spieler-LOS-2016-06-10-Stand_Anhang-3-Update-161229.pdf (zuletzt abgerufen am 31.8.2017).

erfolgt durch den Abschluss eines Lizenzvertrags zwischen DFL e.V. und Spieler. Er regelt „die Rechte und Pflichten des Spielers als Lizenzspieler und seine Unterwerfung unter die Satzungen, das Ligastatut, die Ordnungen und Durchführungsbestimmungen des DFL e.V. und des DFB sowie die Entscheidungen der Organe des DFL e.V. und der DFL GmbH sowie des DFB."[374]

Ein Arbeitsverhältnis zwischen DFL e.V. und Spieler soll gemäß § 1 Nr. 1 S. 1 LOS durch den Abschluss des Lizenzvertrags nicht begründet werden. Voraussetzung der Lizenzerteilung gemäß § 2 Nr. 2 LOS ist die Vorlage eines unter dem Vorbehalt der Lizenzerteilung abgeschlossenen Arbeitsvertrags zwischen dem Spieler und einem Club der Lizenzligen. Darüber hinaus regelt § 2 Nr. 5 LOS, dass die Lizenz nur erteilt wird, wenn bestehende Verpflichtungen gegenüber DFL e.V., DFB, seinen Mitgliedsverbänden und Vereinen erfüllt sind.[375] Der DFL e.V. kann die Spielerlizenz entziehen, wenn eine Voraussetzung für ihre Erteilung weggefallen ist (§ 3 Abs. 2a LOS), oder der Spieler gegen seine Pflichten als Lizenzspieler schuldhaft verstoßen hat (§ 3 Abs. 2b LOS).

Der Lizenzvertrag ist grundsätzlich Produkt der Privatautonomie der Parteien und nicht der Vereinsautonomie, da kein Mitgliedschaftsverhältnis zwischen Spieler und Verband besteht.[376] Da die Regelungen dieses Vertrags dem Spieler einseitig durch den DFL e.V. vorgegeben werden, folgert *Butte*, dass seine Regelungen wie Allgemeine Geschäftsbedingungen (AGB) zu behandeln und voll gerichtlich überprüfbar seien.[377] Dagegen bezeichnet *Pfister* den Lizenzvertrag aufgrund der fehlenden gegenseitigen Leistungsverpflichtungen als „Regelanerkennungsvertrag", auf den – anders als bei Austauschverträgen, bei denen sich meist die Interessen der stärkeren Partei durchsetzten – die AGB-Regeln nicht anzuwenden seien.[378] *Haas* qualifiziert diesen Unterwerfungsvertrag und das daraus entstehende Rechtsverhältnis zwischen Verband und Sportler mit Verweis auf die „Reitsport-Entscheidung" des BGH als „mitgliedschaftsähnlich" und lehnt deshalb die Anwendung der auf Austauschverträge zugeschnittenen AGB-Regeln ab.[379] Dies entspricht der Ansicht des BGH, der jedoch trotzdem eine Inhaltskontrolle der Regelungen nach den Grundsätzen von Treu und Glaube vornimmt.[380] Ob darüber hinaus auch arbeitsrechtliche Maßstäbe bei der Überprüfung der Regelungen des Lizenzvertrags bzw. im Verhältnis zwischen Verband und Spieler angelegt werden müssen, wird im Folgenden überprüft.[381]

---

374 Vgl. § 1 LOS.

375 Kritisch dazu *Butte*, Das selbstgeschaffene Recht des Sports, 117, mit Verweis auf OLG Frankfurt a.M., SpuRt 2001, 28 ff. und LG Dortmund SpuRt 2001, 24 ff.

376 OLG Frankfurt a.M., NJW 1973, 2208; *Butte*, Das selbstgeschaffene Recht des Sports, 117.

377 *Butte*, Das selbstgeschaffene Recht des Sports, 117.

378 *Pfister*, FS-Lorenz, 185.

379 *Haas*, Akademieschrift Nr. 49, 58, 62.

380 BGHZ 128, 93 ff. = NJW 1995, 583 ff.

381 Vgl. unter § 4 D III.

4. *Disziplinargewalt des DFB und des DFL e. V.*

Es soll an dieser Stelle kurz darauf eingegangen werden, inwiefern Sportverbände rechtlich in der Lage sind, ihre verbandsrechtlichen Regelungen und die Regelungen aus den Lizenzverträgen gegenüber ihren Mitgliedern aber auch gegenüber lediglich vertraglich Gebundenen, nämlich den Sportlern, tatsächlich durchzusetzen. Der DFB versucht dies durch gleichlautende Satzungsbestimmungen in allen ihm unterstehenden Verbänden, die auch für die Satzungen der Clubs empfohlen werden, und in denen sich der Satzung und der Strafgewalt des DFB unterworfen wird.[382] Gleichzeitig werden durch den DFL e. V. sowohl mit den Spielern als auch mit den Clubs vertragliche Lizenzvereinbarungen getroffen, in denen sich diese dem Regelwerk sowie der Disziplinargewalt der des DFB, der FIFA und der UEFA unterwerfen.

a. *Disziplinargewalt gegenüber den Sportlern*

Weder DFB noch DFL e. V. können die Spieler aufgrund ihrer Satzung einseitig einer Straf- und Disziplinargewalt unterwerfen, da die Spieler keine Mitglieder der vorbenannten Institutionen sind. Deshalb kommt nur eine Vertragslösung infrage. In seiner grundlegenden „Reitsport-Entscheidung" vom 28.11.1994 hat der BGH entschieden, dass Sportverbände die Möglichkeit haben sollen, Sportler, die nicht bereits mitgliedschaftlich verpflichtet sind, durch entsprechende vertragliche Vereinbarungen ihrem Regelwerk und damit auch ihrer Disziplinargewalt zu unterstellen.[383]

In § 2 Abs. 3 des Lizenzvertrags ist geregelt, dass DFB und DFL e. V. durch ihre Organe und Beauftragten im Rahmen ihrer Kontrollfunktion Strafsanktionen gegen den Spieler bis hin zum Ausschluss aufgrund von Verstößen gegen die Benutzungsregelungen verhängen können. Dabei ist der DFB berechtigt, die in § 44 der DFB-Satzung genannten Vereinsstrafen, nämlich Verwarnung, Verweis, Geldstrafen, Sperren auf Zeit oder Dauer sowie Lizenzentzug zu verhängen. Des Weiteren ist in § 3 des Lizenzvertrags vorgesehen, dass der DFL e. V. bei Verstößen des Spielers gegen Vertragspflichten anstelle von Vereinsstrafen auch Vertragsstrafen gemäß § 315 BGB aussprechen darf, und zwar in Form von Verwarnung, Verweis, Geldstrafen bis zu 100.000 Euro, Sperren auf Zeit oder Dauer sowie Lizenzentzug.

Auch im Musterarbeitsvertrag des DFL e. V., der von diesem als Grundlage für Arbeitsverhältnisse zwischen Lizenzspieler und Fußballclubs empfohlen wird, unterwirft sich der Spieler sowohl der Vereinsgewalt des anstellenden Clubs als auch des DFL e. V., des DFB sowie der Regional- und Landesverbände und erkennt deren Satzungen und Ordnungen sowie die Entscheidung ihrer Organe und Rechtsorgane als für ihn verbindlich an.[384] Dies umfasst wiederum Strafen gemäß § 44 DFB-Satzung.

---

382 *Hilpert,* Fußballstrafrecht, 4 f.

383 BGHZ 128, 93 ff. = NJW 1995, 583 ff.; siehe hierzu auch ausführlich *Hilpert,* Fußballstrafrecht, 3 ff. m.w.N.

384 § 1 des Musterarbeitsvertrags des DFL e. V. für Lizenzspieler (Stand 2005).

b. Disziplinargewalt gegenüber den Clubs

In § 3 seiner Satzung unterwirft sich der DFL e. V. der Satzung und den Ordnungen des DFB inklusive dessen Rechts- und Verfahrensordnung. § 11 c) der Satzung des DFL e. V. sieht vor, dass die Mitglieder – also die Clubs – verpflichtet sind, ihre eigene und die von ihren Einzelmitgliedern überlassene Vereinsstrafengewalt dem DFL e. V. bzw. dem DFB zur Ausübung durch seine Rechtsorgane im Rahmen seiner Zuständigkeit zu übertragen. Der DFL e. V. stellt weiterhin in § 20 seiner Satzung klar, dass die Sportrechtsprechung des DFL e. V. „den Rechtsorganen des DFB unter Mitwirkung des Kontrollausschusses des DFB gemäß §§ 4j), 16a) Abs. 1 Nr. 1, 38–44 und 50 der DFB-Satzung in Verbindung mit den Bestimmungen der Rechts- und Verfahrensordnung" obliegt.

Daneben darf ein Club nach der LO des DFL e. V. nur dann am Ligabetrieb der Bundesliga oder 2. Bundesliga teilnehmen, wenn er eine Lizenz in Form eines Lizenzvertrags mit dem DFL e. V. erhalten hat, in dem sich der Club ausdrücklich der Vereinsgewalt des DFL e. V. und des DFB unterwirft.[385] § 9 Abs. 4 LO sieht vor, dass der DFL e. V. im von ihm durchgeführten Lizenzverfahren über die Einhaltung von Auflagen entscheidet und bei Nichteinhaltung Vertragsstrafen gemäß dem Lizenzvertrag festsetzen kann. Nach § 6 des Lizenzvertrags kann auch die vom DFL e. V. gegründete DFL GmbH bei wesentlichen Verletzungen der Verpflichtungen aus dem Lizenzvertrag Vertragsstrafen aussprechen.

5. Zwischenergebnis

DFB und DFL e. V. sorgen mit verschiedenen rechtlichen Instrumenten für eine Bindung von Spielern und Clubs an ihre Regelwerke und Strafgewalt. Gegenüber den Clubs der Bundesliga und 2. Bundesliga, die Mitglieder des DFL e. V. nicht aber des DFB sind, sind dies gleichlautende Satzungsregelungen sowie vertragliche Regelungen im Lizenzvertrag zwischen Club und DFL e. V. Gegenüber den Spielern, die weder Mitglieder der Clubs noch der Verbände sind, wird die Verpflichtung durch Regelungen im Lizenzvertrag sowie im – zur Verwendung durch den DFL e. V. empfohlenen – Musterarbeitsvertrag abgesichert.

Die Strafgewalt wird grundsätzlich gegenüber Clubs und Spielern durch den DFB ausgeübt, dem diese aufgrund Satzungsregelungen und durch vertragliche Regelungen übertragen wird. Die einzige Ausnahme stellt das Lizenzierungsverfahren nach der LO dar, in dem DFL e. V. und DFL GmbH die Sanktionsgewalt gegenüber den Clubs selbst ausüben. Wie diese Regelungen nach staatlichem Recht bzw. im Gerichtsverfahren überprüft werden können, ist umstritten. Es gibt Auffassungen, die eine AGB-rechtliche Prüfung nahelegen; andererseits wird vertreten, dass aufgrund des sehr stark mitgliedschaftlich geprägten Verhältnisses nur nach allgemeinen Grundsätzen überprüft werden könne, also wegen Verstößen gegen die §§ 134, 138 oder 242 BGB. Schließlich wird auch eine arbeitsrechtliche

385 *Hilpert*, Fußballstrafrecht, 6.

Prüfung einseitig durch den DFL e. V. erlassener Regelungen vertreten, soweit diese direkten Einfluss auf das Arbeitsverhältnis der Spieler haben.

III. Verband bzw. Liga als Arbeitgeber der Spieler

Profisportler in Mannschaftssportarten schließen in der Regel Arbeitsverträge mit dem Club, für den sie ihre Spiele bestreiten, ab, und stehen aufgrund ihrer vertraglichen Verpflichtungen in einer persönlichen Abhängigkeit zu dem Club.[386] Darüber hinaus üben in einigen Sportarten die Fachverbände oder Ligagesellschaften in bestimmten Fragen nicht unmaßgeblichen Einfluss auf die Arbeitsverhältnisse der Sportler mit den Clubs aus.[387] Andererseits verbleiben die wesentlichen Arbeitgeberrechte gegenüber den Spielern bei den Clubs und die Verbände bzw. Ligagesellschaften entscheiden – anders als beim sogenannten *draft model* der US-amerikanischen *major leagues*[388] – auch nicht über die Zuordnung der Spieler zu den am Ligabetrieb teilnehmenden Clubs.

Die rechtliche Qualität der Beziehung zwischen Sportler und Verband bzw. Liga soll im Folgenden am Beispiel des deutschen Profifußballs näher untersucht werden. Im vorliegenden Kontext ist dies insbesondere deswegen interessant, da Verband bzw. Liga als Arbeitgeber selbst Parteien möglicher Kollektivvereinbarungen über Gehaltsobergrenzen sein könnten. Ebenfalls könnte eine mögliche Arbeitgeberstellung des Verbands oder der Liga Einfluss darauf haben, ob die Einführung von Gehaltsobergrenzen durch Verbandsregeln und/oder Lizenzverträge möglich ist oder aber unrechtmäßigerweise einseitig in das Arbeitsverhältnis der Spieler eingreift.

1. Einfluss des DFB bzw. des DFL e. V. auf die Arbeitsverhältnisse deutscher Profifußballer

a. DFB

Im deutschen Profifußball ist seit der Saison 2001/2002 der DFL e. V. sowohl für die Lizenzvergabe an die Clubs der Bundesliga und 2. Bundesliga als auch für den Abschluss der Lizenzverträge mit Clubs und Spielern zuständig. Der DFB hat diese ursprüngliche satzungsmäßige eigene Verantwortung an den DFL e. V. delegiert, wozu er gemäß § 6 Abs. 3 seiner Satzung berechtigt ist.

---

386 Siehe oben unter § 4 D I.

387 Viele Arbeitsverhältnisse der Fußballprofis der Bundesliga und 2. Bundesliga beruhen z. B. auf dem Mustervertrag der DFL. Des Weiteren gibt der DFL e. V. im Fußball bestimmte Dinge wie Zeit und Anzahl der Spiele etc. vor und die LOS enthält Vorgaben für die Arbeitsverträge der Spieler. Letztlich hängt die Berechtigung, überhaupt Spiele für einen Bundesligaclub bestreiten zu dürfen, von der Erteilung einer Lizenz an den Spieler durch den DFL e. V. ab und der Spieler unterwirft sich der Strafgewalt von DFB und DFL e. V., siehe dazu ausführlich oben bei § 4 D II.

388 Siehe hierzu oben bei § 2 A.

In der Vergangenheit unterwarfen sich die deutschen Fußballprofis durch Abschluss eines Lizenzspielervertrags mit dem DFB nach Maßgabe des Lizenzspielerstatuts dessen Vereinsgewalt.[389] Arbeitsverträge durften nur unter dem Vorbehalt der Lizenzerteilung des DFB geschlossen werden und waren dem DFB vorzulegen.[390] Das Lizenzspielerstatut des DFB sah in den §§ 21 ff. sogar zwingende Inhalte der Arbeitsverträge zwischen Clubs und Spielern vor. Sämtliche diesbezügliche Regelungen befinden sich jedoch nunmehr im Ligastatut des DFL e. V., insbesondere in der LOS.

Aufgrund dieser mittlerweile bestehenden Konstellation übt der DFB als nationaler Fußballverband – abgesehen von der Verhängung von Vereinsstrafen durch die Sportgerichtsbarkeit, die noch immer in seiner Verantwortung liegt – keinen direkten Einfluss (mehr) auf die arbeitsrechtliche Situation der Spieler aus.[391] Er scheidet somit als Arbeitgeber der Spieler aus.

b. DFL e. V.

Die Möglichkeit einer teilweise direkten Einflussnahme auf die Arbeitsverhältnisse der Lizenzspieler ist nunmehr auf den DFL e. V. übertragen worden. Der DFL e. V. erteilt und entzieht den Spielern der Bundesliga und 2. Bundesliga die Spielerlizenz. Durch den Entzug einer Spielerlizenz gemäß § 3 LOS wird auch dem Arbeitsverhältnis zwischen Club und Spieler die Grundlage entzogen, da der Spieler nicht mehr in den Wettbewerben des DFL e. V. eingesetzt werden kann. Der Arbeitsvertrag zwischen Spieler und Club bleibt zwar zunächst davon unberührt, denn die Kündigung des Arbeitsverhältnisses selbst kann nur durch den Club ausgesprochen werden.

Ob die faktische Wirkung eines Lizenzentzugs – nämlich ein Berufsverbot des Spielers in Deutschland – dennoch zur Anwendung von Kündigungsschutzvorschriften führen muss, ist umstritten wie insgesamt die Anwendbarkeit arbeitsrechtlicher Vorschriften zwischen Verband und Spieler.[392] Dafür spräche, dass ein Lizenzentzug eines Spielers die Fortsetzung des Vertragsverhältnisses für den Club unzumutbar machen und damit – abhängig von den Umständen des Einzelfalls – eine außerordentliche Kündigung rechtfertigen kann.[393] Gegen eine solche Entscheidung, die direkten Einfluss auf den Fortbestand des Arbeitsverhältnisses des Spielers hat, müsste der Gang vor ein Arbeitsgericht möglich sein, auch weil eine anderslautende Schiedsgerichtsvereinbarung im Sinne der §§ 1025 ff. ZPO nach § 101 ArbGG unwirksam wäre.[394]

---

389 *Imping*, Die arbeitsrechtliche Stellung des Fußballspielers, 198; *Pröpper*, NZA 2001, 1346, 1350; § 11 Nr. 3 S. 2 LSt. (alt).

390 *Pröpper*, NZA 2001, 1346, 1350; § 10 und § 11 Nr. 3 S. 2 LSt. (alt), § 12a LSt (alt).

391 *Merkel*, Der Sport im kollektiven Arbeitsrecht, 60.

392 Dafür: *Klatt*, Die arbeitsrechtliche Stellung des Berufsfußballers, 62; *Buchner*, NJW 1976, 2242, 2245, *Westermann*, JA 1984, 394, 397; dagegen: *Eggerstedt*, Probleme der Lizenz- und Schiedsgerichtsverträge im deutschen Berufsfußball, 91.

393 *Borchard*, Musterverträge im Lizenzfußball, 172.

394 *Westermann*, JA 1984, 394, 397.

In § 4 der LOS stellt der DFL e. V. Regelungen auf, nach denen Spieler den Verein wechseln dürfen (Transferliste). Dass daran ein Vereinswechsel bzw. das Zustandekommen eines Arbeitsverhältnisses scheitern kann, zeigt der Fall des Spielers Choupo-Moting, dessen Wechsel vom Hamburger SV zum 1. FC Köln in der Spielzeit 2010/2011 an einem zu spät bei der DFL eingegangenen Fax scheiterte.[395]

In § 6 LOS finden sich umfassende Regelungen bezüglich der Form und des Inhalts von Verträgen zwischen Clubs und Lizenzspielern. So darf keine Regelung im Arbeitsvertrag gegen die Satzung, das Ligastatut und die Ordnungen des DFL e. V. bzw. gegen die Satzung und die Ordnungen des DFB und der Regional- und Landesverbände verstoßen. Des Weiteren wird der Inhalt einer Optionsklausel vorgegeben, nach der Spieler oder Club bis zum 30.4. einer Spielzeit erklären können, dass der Vertrag für mindestens ein Jahr nach den bisherigen Bedingungen fortgesetzt wird. Nach § 6 Abs. 4 LOS muss der Vertrag eine Klausel enthalten, nach der der Spieler dem Club die Verwertung seiner Persönlichkeitsrechte überträgt.

§ 8 LOS enthält Regelungen zur außerordentlichen Kündigung von Spielerverträgen und deren Auswirkung auf den Abschluss neuer Verträge bzw. die Erteilung einer Spielerlaubnis. Regelungen zur Vergütung von Lizenzspielern enthält § 10 LOS, nämlich in Abs. 1 eine Gehaltsuntergrenze. Demnach muss das mit einem Spieler vertraglich vereinbarte Bruttogrundgehalt mindestens 50 % (in der 2. Bundesliga 30 %) der Beitragsbemessungsgrenze für die gesetzliche Rentenversicherung betragen (§ 10 Abs. 1 LOS).

Diesen Regelungen und die sich daraus ergebende beeinflussende Stellung des DFL e. V. auf die Arbeitsverhältnisse der Lizenzspieler könnten durchaus auf eine Arbeitgeberstellung des DFL e. V. hindeuten. Deshalb soll dieser Frage im Folgenden vertieft nachgegangen werden.

2. Meinungsstand

a. Rechtsprechung

Das Arbeitsgericht Gelsenkirchen hat in einer Entscheidung vom 22.6.1976 festgestellt, dass der DFB aufgrund der von ihm geschaffenen Satzungs- und Vertragsbestimmungen gegenüber einem Lizenzspieler partiell in die Arbeitgeberstellung einrückt.[396] Als Begründung führte das Gericht an, dass der Bestand der Arbeitsverträge der Lizenzfußballer von der dem DFB vorbehaltenen Maßnahme des Lizenzentzugs abhängig sei.[397] Der Entzug der Spielerlizenz bewirke die sofortige

395 „Choupo-Moting und das verflixte Fax" auf www.kicker.de vom 3.2.2011 (zuletzt abgerufen am 25.4.2012).

396 ArbG Gelsenkirchen vom 22.6.1976, NJW 1977, 598, 598 für einen Fall, in dem der DFB mehreren Spielern des FC Schalke 04 im Rahmen des so genannten „Bundesligaskandals" nach einer strafrechtlichen Verurteilung wegen Meineids für eine Dauer von neun Monaten die Spielerlizenz entzog, was zu einer Auflösung der Arbeitsverhältnisse mit dem Club führte.

397 ArbG Gelsenkirchen vom 22.6.1976, NJW 1977, 598, 598.

Auflösung des Arbeitsvertrags zwischen Spieler und Club, ohne dass die Arbeitsvertragsparteien dies beeinflussen könnten.[398] Allerdings beinhaltete in diesem speziellen Fall der zugrunde liegende Arbeitsvertrag in § 7 Abs. 4 eine entsprechende – vom Gericht letztlich für unwirksam gehaltene – Klausel.

In einem anderen Fall war nach Ansicht des BAG der DFB, der gegenüber einem Lizenzspieler der zweiten Bundesliga eine sechsmonatige Spielsperre verhängt hatte, in Bezug auf das Arbeitsverhältnis zwischen Spieler und Verein nicht als Arbeitgeber, sondern als Dritter im Sinne des § 317 BGB zu sehen.[399] Aufgrund einer vertraglichen Vereinbarung mit dem Spieler konnte der DFB eine Vertragsstrafe in Form einer Spielsperre verhängen, die letztlich Einfluss auf das Arbeitsverhältnis zwischen Spieler und Verein hatte, da der Spieler über einen längeren Zeitraum hinweg einen Teil seiner Arbeitsleistung nicht erbringen konnte.[400] Das BAG äußerte durchaus Bedenken gegenüber dieser Vertragskonstruktion. Es hielt jedoch den Streit darüber, ob der DFB partiell in einer Arbeitgeberstellung einrücke, nicht für entscheidungserheblich, da das Gericht lediglich über die Verteilung der wirtschaftlichen Folgen aus der durch den DFB verhängten Sperre zu entscheiden hatte.[401]

b. Literatur

Auch in der Literatur gibt es unterschiedliche Ansichten zur Arbeitgeberstellung des DFB bzw. heute des DFL e. V., die nachfolgend dargestellt werden.[402]

(1.) Pro Arbeitgeberstellung

Walker führte vor der Gründung von DFL GmbH und DFL e. V. an, dass der DFB partiell eine Rechtsstellung bekleide, die typischerweise einem Arbeitgeber zustehe, da er z. B. durch den Spielplan Vorgaben für Zeit und Ort der Arbeitsleistung mache, durch Lizenzentzug und -erteilung Einfluss auf den leistungsbezogenen Teil der Vergütung nehme und durch den Musterarbeitsvertrag auch allgemeine Arbeitsbedingungen vorgebe.[403]

---

398 ArbG Gelsenkirchen vom 22.6.1976, NJW 1977, 598, 598.

399 BAG NJW 1980, 470, 471 = BAG AP zu § 611 BGB – Berufssport Nr. 2 (mit Anmerkung von *Reuter*).

400 BAG NJW 1980, 470, 471.

401 BAG NJW 1980, 470, 471.

402 Die meisten Ansichten stammen noch aus der Zeit vor der Gründung des DFL e. V. und teilweise vertreten die Autoren heute andere Auffassungen zur Arbeitgeberstellung des DFB bzw. DFL e. V. Aus Sicht des Verfassers lassen sich jedoch viele Argumente auch auf das Verhältnis zwischen Spielern und DFL e. V. übertragen.

403 *Walker*, Arbeitsrechtliche Mitbestimmung im professionellen Mannschaftssport, in: Walker, Mitbestimmung im Sport, 11, 21; anders allerdings zur jetzigen Rechtslage: *Walker*, SpuRt 2012, 222, 224.

Buchner ging davon aus, dass es sich beim DFB aufgrund von abgespaltenen Kompetenzen um einen mittelbaren Arbeitgeber handelte und dass Streitigkeiten bezüglich der Ausübung dieser Kompetenzen durch den DFB – insbesondere bei personellen Maßnahmen wie einem Lizenzentzug – vor den Arbeitsgerichten geführt werden müssen.[404] Die Einbeziehung des Lizenzierungssystems des DFB in das Arbeitsverhältnis zwischen Spieler und Club dürfe insofern nicht zu einer Verkürzung des arbeitsrechtlichen Schutzes des Spielers führen.[405]

Füllgraf befürwortete eine Anwendbarkeit des Arbeitsrechts in den Fällen, in denen der DFB direkt auf das Arbeitsverhältnis der Spieler mit den Vereinen einwirke, insbesondere im Fall arbeitsrechtlicher Sanktionen.[406] Der DFB übernehme einerseits Funktionen, die typischerweise allein einem Arbeitgeber oblägen, andererseits habe er entscheidenden Einfluss auf das Zustandekommen eines Arbeitsverhältnisses, da die Lizenzerteilung durch den DFB – zumindest nach DFB-Mustervertrag – Voraussetzung für die Wirksamkeit des Arbeitsvertrags sei.[407]

Westermann lässt die Qualifikation des Lizenzvertrags als Arbeitsvertrag offen, betrachtet es jedoch als unzweifelhaft, dass der Verband, der Beginn und Inhalt des Arbeitsverhältnisses bestimme, durch Sperren zeitweilig den Einsatz der Spieler verhindere und die Freistellung der Spieler für internationale Spiele durchsetzen könne, mithin „Arbeit gebe und nehme".[408]

Auch *Imping* sah eine arbeitsrechtliche Beziehung zwischen dem DFB und den Lizenzspielern und begründete seine Auffassung zum einen mit den schutzwürdigen Interessen der Lizenzspieler und zum anderen mit der Wahrnehmung einer (Teil-) Arbeitgeberstellung des DFB gegenüber den Lizenzspielern.[409]

Klatt vertritt die Ansicht, dass sich Verband und Verein die Arbeitgeberfunktionen aufteilen und somit in einem – wie er es nennt – „Doppelarbeitsverhältnis" beide Arbeitgeber des Spielers sind.[410] Er qualifiziert den Lizenzvertrag zwischen Spieler und Verband als arbeitsrechtlichen Kontrollvertrag, der allgemeine Arbeitsbedingungen des Profifußballers enthalte.[411]

Merkel ging (vor Gründung des DFL e. V.) davon aus, dass die Arbeitgeberbefugnisse zwischen Vereinen bzw. Kapitalgesellschaften und DFB aufgeteilt waren und somit auch im Verhältnis zwischen Verband und dem einzelnen Sportler Arbeitsrecht zur Anwendung kommen musste.[412] Er führte an, dass der DFB gegenüber

---

404 *Buchner*, NJW 1976, 2242, 2245.
405 *Buchner*, NJW 1976, 2242, 2245.
406 *Füllgraf*, Der Lizenzfußball, 31.
407 *Füllgraf*, Der Lizenzfußball, 31.
408 *Westermann*, JA 1984, 394, 397.
409 *Imping*, Arbeitsrechtliche Stellung des Fußballspielers, 206.
410 *Klatt*, Arbeitsrechtliche Stellung des Berufsfußballspielers, 43.
411 *Klatt*, Arbeitsrechtliche Stellung des Berufsfußballspielers, 44.
412 *Merkel*, Der Sport im kollektiven Arbeitsrecht, 73, 83 ff.; Bei *Merkel*, 64 ff. findet sich auch eine Übersicht des Meinungsstands bezüglich der Arbeitgeberstellung des DFB vor der Gründung des DFL e. V.

den Arbeitsvertragsparteien nicht Dritter gewesen sei, sondern sein eigenes Regelwerk habe durchsetzen wollen, weshalb die Rechtsbeziehung zwischen Verband und Sportler auch dem Arbeitsrecht unterworfen werden müsse.[413] Nichts anderes könne dadurch gelten, dass der Ligabetrieb der höchsten Spielklassen teilweise nicht mehr durch die Dachsportverbände, sondern durch Ligaverbände oder Ligagesellschaften organisiert werde, solange diese den gleichen Einfluss auf die Arbeitsverhältnisse der Sportler hätten und die gleichen partiellen Arbeitgeberfunktionen wahrnähmen.[414]

(2.) Contra Arbeitgeberstellung

Rüth nimmt die entgegengesetzte Position ein und argumentiert, dass sich Verband und Sportler auf rein schuldrechtlicher Basis begegnen, da der Einfluss des Verbands auf das Arbeitsverhältnis nicht ausreiche, um eine Arbeitgeberstellung zu begründen.[415] Zum einen fehle es an einem zwingend notwendigen arbeitsrechtlichen Austauschverhältnis, zum anderen sei der professionelle Mannschaftssportler nicht schutzbedürftig, sondern vielmehr sozial und gesellschaftlich privilegiert.[416]

Auch *Eggerstedt* sieht in den Sportverbänden keine Arbeitgeber, sondern betrachtet diese als berufsständische Organisationen, die allgemeine Regelungen erlassen können, ohne dadurch zum Arbeitgeber zu werden.[417] Sie begründet dies damit, dass ein möglicher Lizenzentzug des Spielers durch den DFL e.V. das Arbeitsverhältnis an sich unberührt lasse. Auch schulde der Spieler dem Verband keinerlei Arbeitsleistung. Letztlich hätten die Sanktionen des Verbands lediglich Vertragsstrafen-, jedoch keinen Vereinsstrafencharakter, weshalb es auch zu keiner wirklichen Aufspaltung der einem Arbeitgeber vorbehaltenen Sanktionsbefugnis komme.[418]

Nach Ansicht von *Haas* handelt es sich beim Verhältnis zwischen Sportler und Verband um ein mitgliedschaftsähnliches Verhältnis, da es einen Gleichlauf der Interessen, u.a. die Festlegung der Spielregeln, die Gewährleistung der körperlichen Integrität der Teilnehmer, die Herstellung gleicher Start- und Wettkampfbedingungen und die Sicherstellung der organisatorischen Durchführung eines geregelten Sport- und Wettkampfbetriebes gebe.[419] Dagegen fehle es sowohl an der

413 *Merkel*, Der Sport im kollektiven Arbeitsrecht, 73.

414 *Merkel*, Der Sport im kollektiven Arbeitsrecht, 76; ähnlich auch *Fikentscher*, Mitbestimmung im Sport, 145.

415 *Rüth*, Kollektives Arbeitsrecht im Lizenzsport, 117.

416 *Rüth*, Kollektives Arbeitsrecht im Lizenzsport, 83 ff.; *Rüth*, SpuRt 2003, 137, 138.

417 *Eggerstedt*, Probleme der Lizenz- und Schiedsgerichtsverträge im deutschen Berufsfußball, 88.

418 Dies ist allerdings nicht unumstritten und auch LOS und Lizenzvertrag gehen davon aus, dass DFL e.V. und DFB sowohl Vereins- als auch Vertragsstrafen aussprechen dürfen.

419 *Haas*, Akademieschrift Nr. 49, 58, 74.

Arbeitgeberposition des Verbands als auch an der Arbeitnehmereigenschaft des Sportlers, der keine Arbeitsleistung zugunsten des Verbands erbringe.[420]

Adolphsen verneint die Arbeitgeberstellung des Verbands, da ein Arbeitsverhältnis nicht künstlich zwischen Verein und Verband aufgespalten werden könne.[421] Darüber hinaus hätten Sportler und Verband mit der Durchführung, Ausübung und Organisation des Leistungssports einen gemeinsamen Zweck. Die Ausgabe jährlicher Lizenzen sei eher mit dem Austrittsrecht aus dem Verein vergleichbar.[422]

Hilpert sieht in der vertraglichen Beziehung zwischen Lizenzspieler und Verband ein mitgliedschaftsähnliches Verhältnis.[423] An anderer Stelle führt er eher praktische Argumente gegen eine Arbeitgeberstellung des Verbands an. So sei trotz 20 Jahre dauernder Diskussion über das Dreiecksverhältnis im Lizenzfußball keine obergerichtliche Entscheidung dazu erstritten worden.[424] Auf der anderen Seite habe es in den letzten 20 Jahren keinen Lizenzentzug eines Spielers durch den DFB und auch keine Sperre von mehr als 3 Monaten gegeben.[425]

Schulz merkt schließlich an, dass bei einer Qualifizierung des Rechtsverhältnisses zwischen Verband und Lizenzspieler als Arbeitsverhältnis wegen § 101 ArbGG die Schiedsgerichtsbarkeit des Verbands quasi ausgeschlossen wäre.[426]

Walker lehnt seit der Ligareform im Jahr 2001 eine (partielle) Arbeitgeberstellung des DFL e. V. gegenüber den Spielern ab.[427] Er begründet dies damit, dass sich der DFL e. V. laut seiner Satzung selbst nicht als Arbeitgeber, sondern als Arbeitgeberverband sieht und auch keine Arbeitsverträge mit den Spielern abschließt.[428] Daher

---

420 *Haas*, Akademieschrift Nr. 49, 58, 74.

421 *Adolphsen*, IPRax 2000, 81, 82.

422 *Adolphsen*, IPRax 2000, 81, 82.

423 *Hilpert*, Fußballstrafrecht, 7; mit Verweis auf DFB-Bundesgericht vom 2.12.2005, SpuRt 2006, 128, 131, welches betont, dass Sinn und Zweck des Regelanerkennungsvertrags sei, dem Sportler eine der Mitgliedschaft sehr angenäherte Stellung zu verleihen.

424 *Hilpert*, RdA 1997, 92, 96.

425 *Hilpert*, RdA 1997, 92, 96; dies hat sich allerdings jüngst geändert, gegen den Spieler Levan Kobiashvili von Hertha BSC Berlin wurde wegen eines Angriffs auf Schiedsrichter Wolfgang Stark eine Sperre von 7,5 Monaten verhängt, die der Spieler akzeptiert hat, vgl. „Kobiashvilis Rekordstrafe – gut, aber inkonsequent" auf www.welt.de (zuletzt aufgerufen am 6.8.2012).

426 *Schulz*, Grundrechtskollisionen im Berufssport, 13, so auch: *Hilpert*, RdA 1997, 92, 96, der betont, dass nur die Schiedsgerichtsbarkeit des DFB eine im Sport nicht hinnehmbar lange Wartezeit auf gerichtliche Entscheidungen verhindern könne; *Weber*, Rechtliche Strukturen im Fußballsport, 218, 221, der jedoch lediglich zu dem Ergebnis kommt, dass der bestehende Schiedsgerichtsvertrag zwischen DFL e. V., DFL und DFB und dem Lizenzspieler nicht die Voraussetzungen einer Schiedsvereinbarung des § 101 Abs. 2 ArbGG erfüllt und damit den Rechtsweg zu den Arbeitsgerichten nicht ausschließe.

427 *Walker*, SpuRt 2012, 22, 226.

428 *Walker*, SpuRt 2012, 22, 226.

fehle es auch an den ein Arbeitsverhältnis kennzeichnenden gegenseitigen Hauptleistungspflichten zwischen DFL e.V. und den Spielern.[429]

(3.) Vermittelnde Ansichten

Fikentscher betont zunächst, dass das Dreiecksverhältnis im deutschen Profifußball grundsätzlich als aliud zum sogenannten *single-entity-model* zu sehen ist, in dem die gesamte Organisations- sowie Personalhoheit in der Hand des Verbands liegt.[430] Die genaue inhaltliche Ausgestaltung der Arbeitsverhältnisse unterliege im Dreiecksverhältnis den Clubs und Spielern bzw. ihren Vertretern, z. B. Spielergewerkschaften oder Betriebsräten. Der Verband gäbe allerdings gewisse Rahmenbedingungen vor, wie Spielregeln, Wechselfristen, Transferregelungen, Sanktionen bei bestimmten Regelverstößen, Zulassung von Vereinen und Spielern sowie Erstellung der Spielpläne und Spielansetzungen, die teilweise direkten Einfluss auf die Arbeitsverhältnisse der Spieler haben könnten. Die Verbände hätten aber nur die Möglichkeit, diese Arbeitsbedingungen verbindlich gegenüber den Sportlern zu regeln, weil ihnen dieses Recht durch die Clubs als Arbeitgeber übertragen werde.[431] Nach Ansicht von *Fikentscher* muss die Schutzfunktion des Arbeitsrechts, insbesondere auch im kollektiven Bereich, und der darin begründete Anspruch der Arbeitnehmer auf Mitbestimmung bei der Festlegung dieser Regeln gewahrt werden.[432] Übertrage also der Verein einzelne – grundsätzlich ihm selbst zustehende – Entscheidungsbefugnisse über Arbeitsbedingungen auf den Verband, so müsse im Verhältnis zwischen Spieler und Verband der Schutz des (kollektiven) Arbeitsrechts zur Anwendung kommen.[433]

Weber verneint zwar grundsätzlich die Begründung eines Arbeitsverhältnisses zwischen DFB bzw. DFL e.V. und Lizenzspieler. Allerdings plädiert er dafür, die Vorschriften des Arbeitsrechts wegen der Wahrnehmung typischer Arbeitgeberfunktionen durch DFB bzw. DFL e.V. analog anzuwenden.[434] Der Gesetzgeber habe bei der Regelung des Arbeitsrechts lediglich ein Zweipersonenverhältnis im Auge gehabt und planwidrig die besondere Problematik der Einflussmöglichkeiten der Verbände im Sport übersehen.[435] Letztlich sei der Lizenzspieler im Verhältnis zum DFL e.V. bzw. DFB ähnlich schutzbedürftig wie ein Arbeitnehmer.[436]

---

429 *Walker*, SpuRt 2012, 22, 226.

430 *Fikentscher*, Mitbestimmung im Sport, 142, der als Beispiel für das *single-entity-model*, bei dem jegliche Entscheidungsgewalt über die Liga in der Hand des Verbands liegt, die WNBA im US-Frauenbasketball und MLS im US-Fußball nennt.

431 *Fikentscher*, Mitbestimmung im Sport, 140 f., so auch: *Windbichler*, Arbeitsrecht im Konzern, 80 und *Weber*, Das aufgespaltene Arbeitsverhältnis, 328.

432 *Fikentscher*, Mitbestimmung im Sport, 144.

433 *Fikentscher*, Mitbestimmung im Sport, 145.

434 *Weber*, Rechtliche Strukturen im Fußballsport, 198.

435 *Weber*, Rechtliche Strukturen im Fußballsport, 196.

436 *Weber*, Rechtliche Strukturen im Fußballsport, 197.

3. *Stellungnahme*

Die Rechtsbeziehung zwischen Spieler und DFL e.V. ist nicht als Arbeitsverhältnis zu qualifizieren, da kein gegenseitiges Austauschverhältnis von Leistung und Gegenleistung vorliegt. Die DFL e.V. selbst hat keinerlei Anspruch auf die Erbringung der Arbeitsleistung durch die Spieler, sondern allein der Club als Partner des Arbeitsvertrags. Mithin kann der DFL e.V. zumindest nicht als Arbeitgeber Partei eines Tarifvertrags sein.

Zwar besteht im verbandsrechtlichen Dreiecksverhältnis ein durchaus starkes Abhängigkeitsverhältnis der Clubs und Spieler von der Liga. Der DFL e.V. stellt auch einseitig verbindliche Regeln in Satzungen und Vereinsordnungen auf, die Einfluss auf das Arbeitsverhältnis zwischen Spielern und Clubs haben.[437] Allerdings sind diese Regelungen als rechtliche Rahmenbedingungen zu sehen, die der DFL e.V. aufgrund seiner verbandsrechtlichen Normsetzungskompetenz den Parteien des Arbeitsvertrages in seinem Einflussbereich vorgibt. Diese sind nach den zuvor dargestellten Grundsätzen rechtlich und gerichtlich voll überprüfbar.

Der DFL e.V. bezeichnet sich darüber hinaus in seiner eigenen Satzung als Arbeitgeberverband und den Abschluss von Tarifverträgen als eine seiner Aufgaben. Sollte er einseitige Regelungen erlassen, die auf die Arbeitsverhältnisse einer Mehrzahl von Spielern einwirken, könnten die Spielergewerkschaften ggfs. gerichtlich (vgl. § 2 Abs. 1 Nr. 2 ArbGG) oder mit Arbeitskampfmitteln gegen solche Regelungen vorgehen bzw. den Abschluss eines entsprechenden Tarifvertrags einfordern. Insofern bestünde der von *Fikentscher* und *Weber* geforderte Schutz des kollektiven Arbeitsrechts.

Der DFB greift direkt nur noch in die Arbeitsverhältnisse der Spieler ein, indem er im Rahmen seiner Disziplinargewalt Strafen ausspricht, die sich jedoch – z.B. im Fall einer Spielsperre – auch direkt auf die Arbeitsleistung der Spieler auswirken können. Er fungiert hier allerdings ersichtlich als dritte Partei, die eindeutig außerhalb des Arbeitsverhältnisses steht.

E. Zusammenfassung

Die nationalen und internationalen Sportverbände sind nach dem sogenannten Ein-Platz-Prinzip organisiert. D.h. es gibt pro Sportart auf jeder Ebene (Welt, Europa, Deutschland, Bundesländer) nur einen maßgeblichen Verband und ein einheitliches Regelwerk, das von oben nach unten durchgegeben wird. In vielen Mannschaftssportarten wird der professionell betriebene nationale Ligawettbewerb durch ausgegliederte Ligagesellschaften organisiert, die diese Aufgabe von den Dachsportverbänden übernommen haben. Im deutschen Fußballsport sind diese der DFL e.V. und die DFL GmbH.

437 Vgl. z.B. Entzug der Spielerlizenz in § 3 LOS, Vorgaben für Arbeitsverträge in § 6 LOS oder Mindestgehälter für Lizenzspieler in § 10 LOS.

Sportverbände und auch Ligagesellschaften in Deutschland sind durch Art. 9 GG und das Vereinsrecht in §§ 21 ff. BGB dazu legitimiert, autonome Regelungen zu erlassen, um die Organisation des Verbands und der Sportart zu regeln. Auch auf der Ebene der Europäischen Union gibt es entsprechende Regelungen, die eine autonome Regelungsmacht der Sportverbände ermöglichen. Diese Verbandsrechtsnormen sind daraufhin gerichtlich überprüfbar, ob sie in bestimmte, schützenswerte Rechtspositionen von Sportlern oder Clubs eingreifen. Es gilt allerdings ein eingeschränkter Überprüfungsmaßstab bzw. die Grundrechte der Verbände und Ligen sind ebenfalls zu beachten und können Eingriffe ggfs. rechtfertigen.

Zwischen Verbänden/Ligen, Clubs und Spielern besteht ein rechtliches Dreiecksverhältnis. Der DFL e. V. im Fußball ist nicht als Arbeitgeber der Spieler zu sehen, sondern schafft rechtliche Rahmenbedingungen aufgrund seiner Stellung als Organisator des professionellen Fußballsports. Zwar können diese Regelungen mitunter direkten Einfluss auf Zustandekommen, Beendigung und bestimmte Inhalte der Arbeitsverhältnisse der Lizenzspieler haben. Der Verband bzw. die Ligagesellschaft übt jedoch keine arbeitgeberseitige Weisungsbefugnis gegenüber den Spielern aus und haben auch kein Recht auf die Arbeitsleistung. Eine Überprüfung der Normen kann ggfs. inzident im Rahmen arbeitsrechtlicher Streitigkeiten zwischen Club und Spieler erfolgen.

Eine Verankerung von Gehaltsobergrenzen in den Ordnungen und Statuten des DFL e. V. als zwingende Vorgabe für die Arbeitsverhältnisse zwischen Spielern und Clubs bzw. die Lizenzverträge zwischen Spielern und DFL e. V. könnte die Spielergewerkschaften als Tarifpartner auf den Plan rufen.

§ 5 Vereinbarkeit von Gehaltsobergrenzen mit deutschem Recht

In diesem Abschnitt, der zusammen mit § 6 den zentralen Teil der Arbeit bildet, wird erörtert, ob eine Einführung von Gehaltsobergrenzen im Sport nach deutschem Recht möglich ist.

Diskutiert wird – nach einem allgemeinen Überblick über die bestehende Rechtslage bzw. die Meinungslandschaft in der juristischen Literatur – zunächst eine Einführung von Gehaltsobergrenzen durch eine Verpflichtung der Clubs in den Verbandsregeln des Dachsportverbands bzw. der Sportliga. Des Weiteren werden auch entsprechende Regelungen in Lizenzverträgen zwischen Clubs oder Spielern und der Ligagesellschaft erörtert.

Danach wird die Möglichkeit der Einführung von Gehaltsobergrenzen in Tarifverträgen geprüft. Dabei liegt ein Schwerpunkt der Prüfung darauf festzustellen, wer überhaupt die Tarifparteien eines solchen Tarifvertrags zur Festlegung von Gehaltsobergrenzen sein können. Darauf aufbauend wird geprüft, ob und in welcher Form Gehaltsobergrenzen Inhalt von (Sport-)Tarifverträgen sein können. Abschließend soll untersucht werden, ob die Einführung von Gehaltsobergrenzen alternativ auch durch Vereinbarungen auf Betriebsebene möglich wäre.

In allen Fällen wird geprüft, ob etwa deutsches Verfassungsrecht oder einfach gesetzliche Regelungen der Festlegung oder Vereinbarung von Gehaltsobergrenzen entgegenstehen. Ebenfalls werden praktische Fragen im Zusammenhang mit einer möglichen Einführung von Gehaltsobergrenzen erörtert.

A. Rechtliche Ausgangslage

Zunächst soll aufgezeigt werden, welche Positionen bislang in der deutschen Rechtsprechung und Literatur zur Rechtmäßigkeit von Gehaltsobergrenzen vertreten werden.

I. Rechtsprechung

Bislang ist in Deutschland nahezu keine Rechtsprechung zum Thema Gehaltsobergrenzen vorhanden.[438] Dies ist nicht verwunderlich, da es bis zum heutigen Tag

438 Das LAG Düsseldorf beschäftigte sich in seinem Beschluss vom 30.1.2013 (12 TV TaBV 107/12, BeckRS 2013, 68316) mit der Frage, ob sich aus einer GBV eine absolute Gehaltsobergrenze entnehmen lasse, kam jedoch zu einem negativen Ergebnis.

ersichtlich kaum Gehaltsobergrenzen in nennenswertem Umfang gibt.[439] Im Sportbereich gab es einige Entscheidungen zur Rechtmäßigkeit von Transferregelungen der Sportverbände (im Fußball und Eishockey), die – wenn auch nicht mit direkter Auswirkung auf die Vergütung – ähnlich wie Gehaltsobergrenzen in geschützte Rechtspositionen der Sportler eingreifen können.[440] Des Weiteren könnten Entscheidungen des BAG zum Thema Günstigkeitsprinzip und Sachgruppenvergleich relevant werden, in denen diskutiert wurde, ob Gehaltsabsenkungen im Tarifvertrag mit dem Verzicht auf Kündigungen gerechtfertigt werden können.[441] Das Thema Höchstarbeitsbedingungen im Allgemeinen wird ersichtlich ebenfalls nur in der arbeitsrechtlichen Literatur – meist im Zusammenhang mit § 4 Abs. 3 TVG – diskutiert; einschlägige Rechtsprechung gibt es dazu nicht.

II. Meinungsstand in der Literatur

In der juristischen Literatur wird das Thema Gehaltsobergrenzen dagegen von Zeit zu Zeit diskutiert. Dabei gibt es einige Vorschläge zur Ausgestaltung und Einführung von Gehaltsobergrenzen, insbesondere durch Verbandsregelungen oder durch Tarifvertrag. Außerdem werden verschiedene Rechte von Sportlern bzw. Clubs angeführt, die einer Einführung von Gehaltsobergrenzen entgegenstehen könnten, insbesondere das Günstigkeitsprinzip aus § 4 Abs. 3 TVG, die Berufsfreiheit der Arbeitnehmer aus Art. 12 GG und wettbewerbsrechtliche Regelungen des GWB. Es folgt ein Überblick über das bestehende Meinungsspektrum in der juristischen Literatur zum Thema Gehaltsobergrenzen.

1. Contra Rechtmäßigkeit von Gehaltsobergrenzen

Gegen eine Rechtmäßigkeit bzw. die Durchsetzbarkeit von Gehaltsobergrenzen sprechen sich *Merkel*[442], *Klose/Zimmermann*[443], *Rüth*[444] und *Hannamann*[445] aus.

Merkel hält die Vereinbarung von Gehaltsobergrenzen in Sporttarifverträgen zwar grundsätzlich für denkbar, geht aber aufgrund des Günstigkeitsprinzips in § 4 Abs. 3 TVG und der sogenannten „Burda-Rechtsprechung" des BAG davon

---

439 Vgl. aber bei § 1 B Gehaltsobergrenzen bei Einführung der Fußball Bundesliga im Jahr 1965/66 und bei § 3 C gesetzliche Regelungen im Finanz- und Versicherungsbereich, u. a. zur Begrenzung der Vergütung von Organen und Angestellten eines mit Staatshilfen nach dem FMStFG ausgestatteten Unternehmens gemäß § 2a bis 2c FmStFG, Übersicht bei *Müller-Eising/Brandi/Sinhart/Lorenz/Löw*, BB 2011, 66, 72.

440 Siehe EuGH NZA 1996, 191 (*Bosman*); NJW 1997, 2065 (*Kienass*).

441 Siehe z. B. die so genannte „Burda-Entscheidung" des NJW 1999, 3281.

442 *Merkel*, Sport im kollektiven Arbeitsrecht.

443 *Klose/Zimmermann*, Tarifvertrag als Regelungsinstrument: Perspektive für den deutschen Sport, in: Bepler (Hrsg.), Sportler, Arbeit und Statuten, FS-Fenn (2000), 137.

444 *Rüth*, SpuRt 2003, 137.

445 *Hannamann*, Kartellverbot und Verhaltenskoordination.

aus, dass diese in der Praxis nicht durchgesetzt werden könnten.[446] So wäre es nach *Merkels* Auffassung einzelnen Spielern und Clubs jederzeit möglich, sich über tarifvertraglich vereinbarte Gehaltsobergrenzen hinweg zu setzen, indem sie eine für den Spieler günstigere individualvertragliche Lösung vereinbarten. Bezüglich einer grundsätzlichen Möglichkeit zur Einführung von Gehaltsobergrenzen verweist *Merkel* auf die Schlussanträge des Generalanwalts *Lenz* in der Rechtssache Bosman.[447] Dieser erwähnt die Möglichkeit tarifvertraglicher Gehaltsobergrenzen zwar als milderes Mittel gegenüber Transferentschädigungen, geht dann aber im Folgenden nicht näher darauf ein, da er offensichtlich eine anderweitige Umverteilung von Einnahmen als sinnvoller und legitimer erachtet.[448]

In ähnlicher Art und Weise argumentieren *Klose/Zimmermann*, die letztlich ebenfalls aufgrund des Günstigkeitsprinzips in § 4 Abs. 3 TVG und der „Burda-Rechtsprechung" des BAG zu dem Ergebnis kommen, dass ein *salary cap* zum Erhalt der Funktionsfähigkeit der Ligen wohl nicht gerechtfertigt sein könne.[449]

Auch *Rüth* vertritt die Ansicht, dass Gehaltsobergrenzen in Tarifverträgen infolge des Günstigkeitsprinzips nicht rechtmäßig bzw. nicht durchsetzbar seien. Da aufgrund der Regelung in § 4 Abs. 3 TVG stets die für den Arbeitnehmer günstigere Regelung Vorrang habe, werde eine tarifvertragliche Normierung einer Gehaltsobergrenze faktisch unterlaufen, sofern der Individualarbeitsvertrag eine für den Lizenzspieler günstigere Lösung enthalte.[450] Dies ändere sich auch dann nicht, wenn die Einführung einer Gehaltsobergrenze darauf abziele, langfristig die Arbeitsplätze der Spieler durch den Fortbestand der Liga zu sichern. Denn nach der Rechtsprechung des BAG, der *Rüth* folgt, seien die Höhe des Arbeitsentgelts und eine betriebliche Arbeitsplatzgarantie einem Günstigkeitsvergleich nicht zugänglich, da sie einer gemeinsamen Grundlage entbehrten.[451] Letztlich bezweifelt er, dass die Einführung einer Gehaltsobergrenze überhaupt der Funktionsfähigkeit der Liga dienen solle, sondern bezeichnet sie als „willkommenes Instrument der Vereine, die gestiegenen Personalkosten einzudämmen".[452] Außerdem gäbe es zahlreiche Umgehungsmöglichkeiten der Clubs, um sich die Dienste der umworbenen Spieler zu sichern, wie

446 *Merkel*, Sport im kollektiven Arbeitsrecht, 111.

447 Schlussanträge von GA *Lenz*, in der Rs. C-415/93 (Bosman), EuGRZ 1995, 459, Rn. 226.

448 Schlussanträge von GA *Lenz*, in der Rs. C-415/93 (Bosman), EuGRZ 1995, 459, Rn. 227 ff.

449 *Klose/Zimmermann*, Tarifvertrag als Regelungsinstrument: Perspektive für den deutschen Sport, in: Bepler (Hrsg.), Sportler, Arbeit und Statuten, FS-Fenn (2000), 137, 171.

450 *Rüth*, SpuRt 2003, 137, 140.

451 *Rüth*, SpuRt 2003, 137, 141; kritisch zur „Burda-Rechtsprechung": *Trappehl/Lambrich*, NJW 1999, 3217, 3221 und *Kempen*, Die beschäftigungspolitische Zuständigkeit der Tarifvertragsparteien, in FS Hanau, 529, 532.

452 *Rüth*, SpuRt 2003, 137, 141.

z.B. die Zahlung sogenannter Handgelder oder anderweitiger Zuwendungen, die nicht zum Gehalt im engeren Sinne zählten.[453]

Hannamann, die in erster Linie eine Vereinbarkeit von Gehaltsobergrenzen mit kartellrechtlichen Vorschriften prüft, räumt zunächst ein, dass eine tarifvertragliche oder verbandsrechtliche Beschränkung der Ausgaben der Clubs für die Spielergehälter auf einen Höchstbetrag pro Saison eine Konzentration der besten Spieler bei den reichsten Clubs verhindern könne.[454] Dies würde gegebenenfalls auch einem zu starken sportlichen Ungleichgewicht der Clubs entgegen wirken, die Ungewissheit des Spielausgangs erhöhen und somit die Qualität und Attraktivität des Spiels steigern und den Nachwuchs fördern.[455] Allerdings seien Gehaltsobergrenzen mit den Förderpflichten der Vereine und Verbände unvereinbar, weil sie die Spieler einseitig belasteten; sie könnten darüber hinaus auch nicht vom Kartellverbot des GWB ausgenommen werden, da sie für den Bestand der Liga nicht zwingend notwendig seien.[456] Die Möglichkeit der Freistellung eines Tarifvertrags mit Gehaltsobergrenzen vom gesetzlichen Kartellverbot im GWB scheitert nach Ansicht von *Hannamann* an der Angemessenheit einer *salary cap*-Regelung.[457]

2. Pro Rechtmäßigkeit von Gehaltsobergrenzen

Sowohl *Fikentscher*[458] als auch *Lange*[459] und im Ergebnis auch *Bahners*[460] halten die Einführung von Gehaltsobergrenzen durch Tarifverträge grundsätzlich für möglich. Dies gilt ebenfalls – allerdings mit gewissen Bedenken bezüglich der praktischen Umsetzbarkeit – für *Trommer*[461] und *Poth*[462]. *Stopper*[463] regt eine alternative Lösung auf Basis von Verbandsregelungen, die Strafzahlungen der Clubs vorsehen bzw. sich am US-amerikanischen Model der *luxury tax* orientieren, an. *Heermann* geht von einer Rechtmäßigkeit des UEFA Financial Fairplay-Reglements aus, das er – trotz teilweise ähnlicher Auswirkungen wie beim *salary cap* – nicht als *salary cap* im engeren Sinne einstuft, weil die Zielrichtung eine andere sei.[464]

Aus Sicht von *Bahners* sprechen zwar grundsätzlich wettbewerbsrechtliche Grundsätze gegen die Einführung von Gehaltsobergrenzen. Allerdings geht er da-

453 *Rüth*, Kollektives Arbeitsrecht im Lizenzsport, 193.
454 *Hannamann*, Kartellverbot und Verhaltenskoordination, 426.
455 *Hannamann*, Kartellverbot und Verhaltenskoordination, 426.
456 *Hannamann*, Kartellverbot und Verhaltenskoordination, 426 f.
457 *Hannamann*, Kartellverbot und Verhaltenskoordination, 446.
458 *Fikentscher*, Mitbestimmung im Sport, 297.
459 *Lange*, SpuRt 2010, 234.
460 *Bahners*, SpuRt 2003, 142 ff.
461 *Trommer*, Transferregelungen im Profisport, 221.
462 *Poth*, Grenzen des Arbeitsrechts aus kartellrechtlicher Sicht.
463 *Stopper*, Sportlicher Wettbewerb durch begrenzte Umverteilung, in: Zieschang/Klimmer (Hrsg.), Unternehmensführung im Profifußball, 143.
464 *Heermann*, NZKart 2015, 128, 130.

von aus, dass eine Regelung, die mit Zustimmung der Arbeitnehmer getroffen würde und sich auf die Gestaltung der Arbeitsverhältnisse beschränke, vom Kartellverbot ausgenommen und somit rechtmäßig wäre.[465]

Diese Auffassung vertritt auch *Poth*, der davon ausgeht, dass die Festsetzung des Arbeitsentgelts – auch wenn sie Lohnobergrenzen zum Inhalt hat – als rein arbeitsrechtliche Maßnahme zum grundsätzlich unantastbaren Kernbereich arbeitsrechtlicher Zuständigkeit der Tarifvertragsparteien zähle.[466] Da der Zweck einer solchen Vereinbarung nur auf einen arbeitsrechtlichen Erfolg gerichtet, und damit zur Wahrung und Förderung der Arbeitsbedingungen notwendig sei, seien auch etwaige Rückwirkungen auf den Markterfolg der Unternehmen von Art. 9 Abs. 3 GG gedeckt.[467] Bei der dadurch auftretenden Beschränkung des Wettbewerbs um Spitzenkräfte handele es sich um bloße Folgewirkungen einer arbeitsrechtlich zulässigen Maßnahme, die, ähnlich wie Abwerbeverbote, kartellrechtlich unbeachtlich sei.[468]

Trommer ist der Auffassung, dass tarifvertraglich festgelegte Obergrenzen in Kombination mit einer umfassenden Einnahmeumverteilung nach amerikanischem Vorbild den ruinösen Kampf der Clubs um die besten Spieler und damit eine fortschreitende Überschuldung der Clubs verhindern könnten.[469] Bei grundsätzlich gleichem Budget sei es den Vereinen jedoch aufgrund des Günstigkeitsprinzips aus § 4 Abs. 3 TVG möglich, dem einen oder anderen Starspieler ein höheres Gehalt als tarifvertraglich vereinbart zu bezahlen.

Fikentscher hält eine tarifvertragliche Einführung von *salary caps* zur Sicherstellung der wirtschaftlichen Stabilität der Liga und der Gewährleistung des wirtschaftlichen und sportlichen Wettbewerbs zwischen den Clubs für möglich und sieht darin weder einen Verstoß gegen das Günstigkeitsprinzip noch gegen das Kartellverbot.[470] Die Tarifautonomie diene nicht nur dem Arbeitnehmerschutz, sondern auch der Ordnung der Arbeits- und Wirtschaftsbedingungen.[471] In Einzelfällen, in denen eine einheitliche Regelung der Tarifparteien zur Arbeitsplatzsicherung oder Herstellung der wirtschaftlichen Stabilität einer Branche erforderlich sei, könne § 4 Abs. 3 TVG gegen die Tarifautonomie verstoßen und sei daher in diesen Fällen teleo-

---

465 *Bahners*, SpuRt 2003, 142, 144, so auch: *Hannamann*, Kartellverbot und Verhaltenskoordination im Sport, 342 und *Trommer*, Transferreglungen im Profisport, 232.

466 *Poth*, Grenzen des Arbeitsrechts aus kartellrechtlicher Sicht, 54 f.

467 *Poth*, Grenzen des Arbeitsrechts aus kartellrechtlicher Sicht, 54 f.

468 *Poth*, Grenzen des Arbeitsrechts aus kartellrechtlicher Sicht, 126, mit Verweis auf BKartA WuW/E BKartA 502 (506) „Gagenstoppabkommen" = BB 1962, 978, 978; so auch: Immenga/Mestmäcker/*Zimmer*, Wettbewerbsrecht: GWB, § 1 Rn. 165; Loewenheim/Meesen/Riesenkampf/*Grave/Nyberg*, Art. 101 Abs. 1 AEUV Rn. 356, die allerdings eine sehr restriktive Anwendung der Kartellausnahme vertreten.

469 *Trommer*, Transferreglungen im Profisport, 221.

470 *Fikentscher*, Mitbestimmung im Sport, 297.

471 *Fikentscher*, Mitbestimmung im Sport, 290.

logisch zu reduzieren.[472] Bei der prozentualen Festlegung der Gesamtpersonalkosten innerhalb eines bestimmten Rahmens bedeute die Begrenzung des Spielraums beim Aushandeln der Gehälter zwar eine Beeinträchtigung der Arbeitnehmer.[473] Diese sei jedoch beim *soft salary cap* begrenzt, da die Spieler durch die Nutzung bestimmter Ausnahmeregelungen (z.B. Vereinbarung vom *salary cap* nicht erfasster Entgeltformen, Ausnahme von altgedienten Spielern vom *salary cap*, überdurchschnittliche Gehaltserhöhungen im Laufe des Vertrages, Erfolgsprämien) individuell günstigere Vergütungsregelungen vereinbaren könnten als vom *cap* eigentlich vorgesehen.[474]

Ein *soft salary cap* und damit eine zumindest in bestimmten Fällen gerechtfertigte Erschwerung günstigerer Einzelabreden könnte folglich unter den im konkreten Einzelfall zu prüfenden Voraussetzungen der Geeignetheit und Erforderlichkeit mit dem Günstigkeitsprinzip vereinbar sein.[475] Kritischer sieht *Fikentscher* die Einführung eines *hard salary caps*, da dieser aufgrund einer viel stärkeren Einschränkung der Verhandlungsmöglichkeiten über das Arbeitsentgelt einer unmittelbaren Festlegung von Höchstarbeitsgrenzen gleichkäme und damit gegen § 4 Abs. 3 TVG verstieße.[476] Allerdings könne auch ein solcher Verstoß gerechtfertigt sein, wenn die Einführung eines *hard salary caps* zur Sicherung des sportlichen Wettbewerbs und wirtschaftlichen Gleichgewichts erforderlich wäre und sich ein *soft salary cap* als nicht ausreichend erweisen würde, um dieses Ziel zu erreichen.[477]

Nach Ansicht von *Lange* steht das Günstigkeitsprinzip aus § 4 Abs. 3 TVG einer Vereinbarung von Gehaltsobergrenzen als rechtshemmende bzw. rechtsvernichtende Regelung nicht grundsätzlich entgegen.[478] Am Beispiel von Kurzarbeit und tarifvertraglichen Ausschlussfristen sei erkennbar, dass nicht jede tarifvertragliche Regelung, die in Rechtspositionen der Arbeitnehmer eingreift, gegen das Günstigkeitsprinzip verstoße.[479] Durch eine tarifvertragliche Regelung zur Kurzarbeit werde die Arbeitszeit und das Arbeitsentgelt der Arbeitnehmer verringert, ohne dass sich aufgrund des Günstigkeitsprinzips die vorteilhafte arbeitsvertragliche Regelung durchsetze.[480] Dasselbe gelte für einseitige tarifvertragliche Ausschlussfristen, die ebenfalls die arbeitsvertraglichen Rechte der Arbeitnehmer beschnitten. Aus dieser Beobachtung folgert *Lange*, dass das Günstigkeitsprinzip nur bei einem Vergleich von zwei für den Arbeitnehmer günstigen Regelungen (z.B. Höhe des Gehalts und Anzahl von Urlaubstagen) zur Anwendung kommen könne. Bei Regelungen, die – wie z.B. Gehaltsobergrenzen oder auch tarifliche Ausschlussfristen – dagegen weder

---

472 *Fikentscher*, Mitbestimmung im Sport, 290; ähnlich auch: Wiedemann/*Wank*, TVG, § 4 Rn. 401.
473 *Fikentscher*, Mitbestimmung im Sport, 291.
474 *Fikentscher*, Mitbestimmung im Sport, 291.
475 *Fikentscher*, Mitbestimmung im Sport, 291 f.
476 *Fikentscher*, Mitbestimmung im Sport, 291.
477 *Fikentscher*, Mitbestimmung im Sport, 291 f.
478 *Lange*, SpuRt 2010, 234, 235.
479 *Lange*, SpuRt 2010, 234, 235.
480 *Lange*, SpuRt 2010, 234, 235.

günstig für den Arbeitnehmer sein sollen noch Mindestarbeitsbedingungen festlegen, solle dies nicht der Fall sein.[481] Hier sei dann vielmehr eine teleologische Reduktion des § 4 Abs. 3 Alt. 2 TVG geboten, die eine tarifvertragliche Gehaltsobergrenze als rechtsvernichtende oder rechtshemmende Regelung zulasse.

Für dieses Ergebnis spreche auch der Schutz der Tarifautonomie, die gewährleiste, dass die Parteien im Zuge der Verhandlungen für sie jeweils günstigere Regelungen gegeneinander austauschen könnten.[482] *Lange* sieht allerdings – wie auch einige andere Autoren – entscheidende Schwächen in der rechtlichen und tatsächlichen Durchsetzbarkeit von klassischen Gehaltsobergrenzen, da die Clubs kein Interesse an einer Durchsetzung dieser Regelungen hätten und sich ihnen überdies zu viele Umgehungsmöglichkeiten böten. Deshalb regt er alternative Gestaltungsmöglichkeiten von Gehaltsobergrenzen in Form von tarifvertraglich vereinbarten Strafzahlungen der Clubs bei Nichtbeachtung einer bestimmten Gesamtobergrenze an, wobei diese Gelder dann wiederum direkt an (alle) Spieler ausgeschüttet werden sollen.[483]

Stopper vertritt die Auffassung, dass eine modifizierte Form von Gehaltsobergrenzen, die sich an der im amerikanischen Baseballsport praktizierten *luxury tax* orientiert, rechtmäßig sein könnte.[484] Die Clubs sollten nach seinem Vorschlag eine Steuer auf den Teil der Gehälter zahlen, der eine bestimmte zuvor festgelegte Obergrenze übersteigt. Diese Steuereinnahmen – *Stopper* schlägt vor, sie durch die Liga einsammeln zu lassen – sollten dann in gleichen Teilen wieder an die Clubs verteilt werden.[485] *Stopper* bezweifelt im Übrigen, dass eine tarifvertraglich vereinbarte Gehaltsobergrenze in Form einer *luxury tax* von der Anwendung des Kartellrechts ausgenommen werden könnte, da nur eine mittelbare Verknüpfung zwischen den Zielen von Gehaltsobergrenzen – Verbesserung der sportlichen Wettbewerbsbedingungen und dadurch der Wirtschaftlichkeit des gesamten Produkts – und einer Verbesserung der Arbeits- und Wirtschaftsbedingungen bestehe, weshalb sie nicht unter den Schutzzweck des Tarifrechts falle.[486] Allerdings kommt aus seiner Sicht eine Ausnahme vom Kartellverbot gemäß § 101 Abs. 3 AEUV[487] infrage, da das wesentliche Ziel der Besteuerung von Spielergehältern und deren Umverteilung der Verbesserung der Warenerzeugung, nämlich des Produkts „Liga-Fußball“ diene.[488]

481 *Lange*, SpuRt 2010, 234, 235.
482 *Lange*, SpuRt 2010, 234, 235.
483 *Lange*, SpuRt 2010, 234, 235, siehe dazu auch unten bei § 5 C IV 1 d.
484 *Stopper*, Sportlicher Wettbewerb durch begrenzte Umverteilung, in: Zieschang/Klimmer (Hrsg.), Unternehmensführung im Profifußball, 143, 161.
485 *Stopper*, Sportlicher Wettbewerb durch begrenzte Umverteilung, in: Zieschang/Klimmer (Hrsg.), Unternehmensführung im Profifußball, 143, 151.
486 *Stopper*, Sportlicher Wettbewerb durch begrenzte Umverteilung, in: Zieschang/Klimmer (Hrsg.), Unternehmensführung im Profifußball, 143, 157.
487 Zum Verhältnis des deutschen und europäischen Kartellrechts vgl. § 5 B.
488 *Stopper*, Sportlicher Wettbewerb durch begrenzte Umverteilung, in: Zieschang/Klimmer (Hrsg.), Unternehmensführung im Profifußball, 143, 160.

Ein solches System müsse schließlich – bezogen auf den europäischen Fußball – einheitlich in Europa installiert, durchgeführt und kontrolliert werden, um in der gewünschten Weise zu funktionieren.[489]

Auch in der freien Wirtschaft ist die Begrenzung von Managergehältern ein Thema, das vor allem in Wahlkampfzeiten immer wieder diskutiert wird. Gemäß § 87 AktG hat der Aufsichtsrat eine Aktiengesellschaft bei der Festsetzung der Gesamtbezüge des einzelnen Vorstandsmitglieds dafür zu sorgen, dass diese in einem angemessenen Verhältnis zu den Aufgaben und Leistungen des Vorstandsmitglieds sowie zur Lage der Gesellschaft stehen und die übliche Vergütung nicht ohne besondere Gründe übersteigen. Bei der Angemessenheit handelt es sich um einen unbestimmten Rechtsbegriff, welcher im Einzelfall einer näheren Konkretisierung durch die Gerichte oder den Gesetzgeber bedarf.[490] Die Befürworter einer strikteren Begrenzung von Managergehältern argumentieren vor allem damit, dass jegliches Verhältnis zwischen dem Verdienst durchschnittlicher Arbeitnehmer und Topmanagern verloren gegangen sei (nach aktuellen Erhebungen durchschnittlich 1:83).[491] Sie zweifeln also die Gerechtigkeit und Angemessenheit der Vergütung von Topmanagern an. Die SPD Fraktion hat kürzlich einen Gesetzentwurf vorgelegt, nach dem unter anderem auf Vorschlag des Aufsichtsrates ein festes Verhältnis zwischen der Gesamtvergütung der einzelnen Vorstandsmitglieder und dem Durchschnittsgehalt der Arbeitnehmerinnen und Arbeitnehmer festgelegt werden soll.[492] Aktionärsvertreter halten eine Obergrenze von 10 Mio. Euro pro Jahr für angemessen. Andernfalls sehen sie auf Dauer den sozialen Frieden gefährdet.[493]

Auch die Gehälter der Spitzenspieler stehen in einem deutlichen Missverhältnis zum Durchschnittsgehalt sowohl der Verwaltungsangestellten der Clubs als auch der Zuschauer, sodass man die oben genannten Argumente durchaus übertragen kann. Schließlich sind die Spieler und Clubs letztlich von der Gunst der Zuschauer abhängig, um weiterhin hohe Einnahmen generieren und Spitzengehälter verdienen zu können. Ähnliches gilt für Unternehmen und Topmanager im Verhältnis zu ihren Arbeitnehmern. Der deutsche Gesetzgeber hat bislang einzig hinsichtlich Finanzinstituten, die staatliche Stabilisierungsmaßnahmen nach dem FMStFG in Anspruch nehmen, also in einem engen Rahmen echte Gehaltsobergrenzen für Organmitglieder und Mitarbeiter als notwendig erachtet. Der Grund hierfür war jedoch nicht die Angemessenheit der Gehälter, sondern die finanzielle Konsolidierung der Unternehmen.

---

489 *Stopper*, Sportlicher Wettbewerb durch begrenzte Umverteilung, in: Zieschang/Klimmer (Hrsg.), Unternehmensführung im Profifußball, 143, 160.

490 *Lücke*, NZG 2005, 692, 693.

491 „Die Managergehälter sind unverhältnismäßig hoch" auf www.causa.tagesspiegel.de (zuletzt aufgerufen am 19.8.2017).

492 „Die Managergehälter sind unverhältnismäßig hoch" auf www.causa.tagesspiegel.de (zuletzt aufgerufen am 19.8.2017).

493 „Aktionärsvertreter befürworten Obergrenze" auf www.faz.net (zuletzt aufgerufen am 19.8.2017).

III. Stellungnahme

Die oben dargestellten Meinungen diskutieren zwar die Rechtmäßigkeit von Gehaltsobergrenzen auf der Basis von Tarifverträgen bzw. Verbandsregelungen. Allerdings bleiben sie zumeist sowohl bei der Beschreibung der möglichen Modelle als auch bei ihrer rechtlichen Einordnung zu unbestimmt. Auf dieser eher abstrakten Ebene lässt sich die Frage nach der Rechtmäßigkeit von Gehaltsobergrenzen jedoch nicht beantworten, denn es kommt ganz entscheidend sowohl auf das rechtliche Instrument der Einführung als auch auf die konkrete Ausgestaltung der Gehaltsobergrenzen an. Daher werden im Folgenden die verschiedenen rechtlichen Instrumentarien und Gestaltungsvarianten einer vertieften rechtlichen Prüfung unterzogen. Dabei wird in der Diskussion über die Rechtmäßigkeit auch auf die oben vertretenen Meinungen und Argumente zurückgegriffen.

B. Einführung von Gehaltsobergrenzen durch Regelungen in Verbandsvorschriften oder Lizenzverträgen

Zunächst soll untersucht werden, ob Gehaltsobergrenzen durch Regelungen von Sportverbänden bzw. -ligen oder darauf beruhenden vertraglichen Regelungen zwischen Spielern und Verband bzw. Liga oder Club und Verband bzw. Liga (z.B. die Lizenzverträge im deutschen Profifußball) eingeführt werden können. Nationale Dachsportverbände oder Ligagesellschaften könnten in Erwägung ziehen, Gehaltsobergrenzen für die Clubs und/oder Spieler nach einem der oben dargestellten Modelle in ihrer Satzung oder einer Nebenregelung zu verankern. So diskutiert beispielsweise *Bahners* im Bereich des Profifußballs in Deutschland die Möglichkeit, teambezogene Gehaltsobergrenzen als Teil des Lizenzierungsverfahrens des DFL e.V. einzuführen. Er sieht dies als einzig praktikablen Weg, da nur der DFL e.V. alle Proficlubs – mittels Abschlusses einer entsprechenden Vereinbarung – zur Einhaltung einer solchen Regelung verpflichten könne.[494]

Eine Bindungswirkung von Verbandsregelungen für die Clubs kommt grundsätzlich aufgrund eines mitgliedschaftlichen Verhältnisses zu Liga oder Verband und durchgängig gleichlautende Satzungsregelungen (sogenannte Satzungslösung) oder durch schuldrechtliche Vereinbarung (sogenannte Vertragslösung) – z.B. im Lizenzfußball durch den Abschluss von Lizenzverträgen – in Betracht. Die Spieler selbst könnten z.B. im Fußballsport darüber hinaus individuell durch Regelungen in den auf der LOS beruhenden Lizenzverträgen mit der Liga oder auch in den Musterarbeitsverträgen mit den Clubs verpflichtet werden.

Um eine Prüfung der Rechtmäßigkeit von Gehaltsobergrenzen auf der Basis von Verbandsregelungen bzw. schuldrechtlichen Vereinbarungen vornehmen zu können, ist zunächst festzustellen, wer Adressat der Regelung ist und welchen genauen Inhalt die Regelung hat. Danach ist zu prüfen, ob die konkrete Regelung

494 *Bahners*, SpuRt 2003, 142, 142.

und das rechtliche Mittel die Betroffenen in ihren Rechten verletzen. Betroffene könnten neben den Clubs und den Spielern auch die Gewerkschaften sein, denn die kollektive Regelung von Löhnen und Gehältern in Tarifverträgen gehört zu ihren originären Aufgaben, der Regelung von Arbeits- und Wirtschaftsbedingungen gemäß Art. 9 Abs. 3 GG.

I. Regelungsbefugnis der Verbände oder Eingriff in die Rechte der Gewerkschaften aus Art. 9 Abs. 3 GG

Zunächst ist deshalb zu prüfen, ob die Sportverbände bzw. Sportligen überhaupt eine Regelungsbefugnis bezüglich individueller oder teambezogener Gehaltsobergrenzen haben können.

1. Eingriff in Art. 9 Abs. 3 GG

Die Regelung von Gehaltsobergrenzen durch Verbandsvorschriften könnte in die Tarifautonomie eingreifen und damit die Rechte der Tarifparteien verletzen. Gemäß Art. 9 Abs. 3 GG obliegt es exklusiv den Tarifparteien, also den Gewerkschaften, Arbeitgebern und Arbeitgeberverbänden, Vereinbarungen zur kollektiven Regelung der Arbeits- und Wirtschaftsbedingungen zu schließen. Darunter fallen insbesondere auch Regelungen zur Höhe des Arbeitsentgelts. Eine Begrenzung der Gehälter nach oben (oder auch nach unten) durch Regelungen eines Sportverbandes würde den Verhandlungsspielraum der Tarifparteien, mithin die Tarifautonomie, einschränken und könnte deshalb gemäß Art. 9 Abs. 3 S. 2 GG nichtig sein.

Eine solche Einschränkung der Verhandlungsfreiheit der Tarifparteien beinhalten zwar grundsätzlich auch die im Arbeitnehmerentsendegesetz gesetzlich festgelegten Mindestlöhne, was jedoch durch das Sozialstaatsprinzip in Art. 20 Abs. 1 GG gerechtfertigt ist.[495] Des Weiteren können für allgemein verbindlich erklärte Tarifverträge gemäß § 5 TVG die Regelungsmacht der Tarifparteien einschränken. Allerdings basieren diese Regelungen auf durch Tarifparteien selbst geschlossenen Tarifverträgen, welche dann durch den Staat anerkannt und auf ganze Branchen (also auch auf nichtorgansierte Arbeitgeber und Arbeitnehmer) ausgedehnt werden.[496]

Nach ständiger Rechtsprechung des BVerfG sind die Koalitionen selbst Träger des Grundrechts aus Art. 9 Abs. 3 GG, welches ihren Bestand sowie ihre orga-

---

495 V. Mangoldt/Klein/Stark/*Gerrit Manssen*, GG Kommentar, Art 12 Abs. 1 Rn. 216; siehe dazu auch *Thüsing/Lembke*, ZfA 2007, 87, 113; BVerfG NZA 2000, 948, 949, das den Mindestlohn im Baugewerbe durch die Ausdehnung des AEntG per Rechtsverordnung gemäß § 1 Abs. 3a AEntG für vereinbar mit der positiven und negativen Koalitionsfreiheit erklärt hat.

496 Zur Vereinbarkeit der Allgemeinverbindlicherklärung von Tarifverträgen gemäß § 5 TVG mit der negativen und positiven Koalitionsfreiheit des Art. 9 Abs. 3 GG: BVerfG NJW 1981, 215.

nisatorische Ausgestaltung und Betätigung schützt, solange diese der Förderung der Arbeits- und Wirtschaftsbedingungen dienen.[497] In der Rechtsprechung und im Schrifttum ist überdies anerkannt, dass sich die ausdrücklich in Art. 9 Abs. 3 GG enthaltene individuelle Koalitionsfreiheit in einem ungeschriebenen Freiheitsgrundrecht fortsetzt, welches die Koalitionen in ihrem Bestand und ihrer koalitionsspezifischen Betätigung (einschließlich der tariflichen Normsetzungsbefugnis) schützt.[498] Demnach sei z. B. eine vertragliche Einheitsregelung zwischen einem Arbeitgeber und einer größeren Anzahl von Arbeitnehmern, die das Ziel verfolge, normativ geltende Tarifbestimmungen zu verdrängen, geeignet, die Tarifvertragsparteien in ihrer kollektiven Koalitionsfreiheit im Sinne des Art. 9 Abs. 3 GG zu verletzen.[499]

Nach der Rechtsprechung des BVerfG soll sich der Staat im Bereich der Tarifverträge grundsätzlich einer Einflussnahme enthalten und die erforderlichen Regelungen der Arbeits- und Wirtschaftsbedingungen zum großen Teil den Koalitionen, die diese autonom durch Vereinbarungen treffen, überlassen.[500] Allerdings kann die in Art. 9 Abs. 3 GG garantierte Koalitionsfreiheit, obwohl sie ohne Gesetzesvorbehalt gewährleistet ist, jedenfalls zum Schutz von Gemeinwohlbelangen eingeschränkt werden.[501] Der Gesetzgeber bleibt aufgrund Art. 74 Abs. 1 Nr. 12 GG trotz des Normsetzungsrechts der Koalitionen befugt, das Arbeitsrecht zu regeln, was auch Fragen umfasst, die Gegenstand von Tarifverträgen sein können.[502]

Fraglich ist, ob die Verbände bzw. Ligagesellschaften, ähnlich einem Gesetzgeber, solche die Koalitionsfreiheit beeinträchtigende Regelungen treffen können. Hier könnten gegebenenfalls die Grundrechte der aus Art. 9 Abs. 1 GG abgeleiteten Verbandsautonomie und der in Art. 9 Abs. 3 GG garantierten Tarifautonomie gegeneinander abzuwägen sein. Dass Art. 9 Abs. 1 GG bzw. §§ 21 ff. BGB den Sportverbänden und auch den Sportligen das Recht einräumen, ihre innere Ordnung durch Satzung und Verbandsordnungen grundsätzlich selbstständig zu regeln, wurde bereits festgestellt.[503] Es könnte folglich zu einer Kollision zwischen der Tarifautonomie und der Verbandsautonomie kommen, die im Wege der praktischen Konkordanz aufzulösen ist.

---

497 *Höfling/Burkiczak*, NJW 2005, 469, 473; BVerfG NZA 2001, 777, 778.

498 *Trappehl/Lambrich*, NJW 1999, 3217, 3218; Wiedemann/*Wiedemann*, TVG, Einleitung Rn. 75 ff; BVerfG NZA 2001, 777, 778.

499 NJW 1999, 3281, 3281, zuletzt bestätigt in NJW 2012, 250, 252.

500 BVerfG NZA 2001, 777, 778.

501 BVerfG NZA 2001, 777, 778; ausführlich auch zum Eingriffsrecht des staatlichen Gesetzgebers in die Tarifautonomie (Konkurrenzschutz): Wiedemann/*Wiedemann*, TVG, Einleitung Rn. 104 ff.; Löwisch/Rieble, TVG, Grundl., Rn. 121 ff.

502 BVerfG NZA 2001, 777, 779.

503 § 4 C 4.

2. *Verletzung von Art. 9 Abs. 3 S. 2 GG und Unterlassungsanspruch der Gewerkschaften gemäß § 823 BGB i.V.m. § 1004 BGB*

Gemäß Art. 9 Abs. 3 S. 2 GG sind Abreden, die das Recht der Koalitionsfreiheit einschränken oder zu behindern suchen, nichtig, darauf gerichtete Maßnahmen rechtswidrig. Eine betroffene Gewerkschaft kann darüber hinaus nach Ansicht des BAG im Wege des Unterlassungsanspruchs gemäß § 1004 BGB verlangen, dass ein Arbeitgeber die Durchführung einer gegen Art. 9 Abs. 3 GG verstoßenden vertraglichen Regelung unterlässt.[504] Dies gelte sowohl bezüglich einer den tariflichen Regelungen entgegenlaufenden Betriebsvereinbarung als auch bezüglich auf einer Regelungsabrede zwischen Arbeitgeber und Betriebsrat beruhenden einzelvertraglichen Vereinbarungen zwischen Arbeitgeber und Arbeitnehmern.[505] Fraglich ist jedoch einerseits, ob sich diese Grundsätze auch auf eine einseitige verbandsrechtliche Regelung übertragen lassen. Andererseits ist zu prüfen, ob sich eine Gewerkschaft auch gegen eine solche Regelung wenden kann, wenn noch kein Tarifvertrag abgeschlossen ist und sich die zu beanstandende Regelung lediglich im Zuständigkeitsbereich der Tarifparteien – hier Regelungen bezüglich der Gehälter der Spieler – bewegt.

Das BAG entnimmt der Tatsache, dass nach allgemeiner Auffassung der in § 1004 Abs. 1 S. 2 BGB geregelte Unterlassungsanspruch zur Abwehr von Eingriffen in alle nach § 823 BGB geschützten Rechte, Lebensgüter und Interessen herangezogen kann, eine Befugnis der Koalitionen, sich gegen rechtswidrige Eingriffe in ihre durch Art. 9 Abs. 3 GG gewährleistete Koalitionsfreiheit mithilfe einer Unterlassungsklage zu wehren.[506] Da das Recht auf gewerkschaftliche Betätigung zum Schutzbereich des § 823 Abs. 1 BGB i.V.m. Art. 9 Abs. 3 GG gehöre und der Grundrechtsschutz gemäß Art. 9 Abs. 3 S. 2 GG auch Drittwirkung habe, seien Abreden, welche darauf abzielen, die Koalitionsfreiheit zu beschränken, nichtig.[507] Unter sonstigen Maßnahmen, die in die Koalitionsfreiheit eingreifen und daher gemäß Art 9 Abs. 3 S. 2 GG rechtswidrig sind, versteht man z. B. die Behinderung der geschützten Tätigkeit durch das Ausüben erheblichen Drucks durch den Arbeitgeber.[508]

Der Schutzbereich des Art. 9 Abs. 3 GG erstrecke sich dabei nicht nur auf den Kernbereich, sondern auf alle koalitionsspezifischen Verhaltensweisen, insbesondere den Abschluss von Tarifverträgen zur Regelung von Arbeits- und Wirtschaftsbedingungen.[509] Allerdings seien nicht jegliche tarifwidrige Vereinbarungen in Einzelverträgen oder Anschlussregelungen zu betrieblichen Absprachen als Einschränkung der Koalitionsfreiheit zu werten. Dies sei erst dann der Fall, wenn Regelungen erkennbar darauf abzielen, eine Tarifnorm als kollektive Ordnung zu

504 NJW 1999, 3281, 3281, zuletzt bestätigt durch NJW 2012, 250, 252.
505 NJW 1999, 3281, 3283.
506 NJW 1999, 3281, 3284.
507 NJW 1999, 3281, 3284.
508 Jarass/Pieroth, GG, Art. 9 Rn. 50.
509 NJW 1999, 3281, 3285.

verdrängen.[510] Außerdem müsse der betreffende Tarifvertrag im Anwendungsbereich der fraglichen betrieblichen Regelung normativ gelten.[511]

Im jüngsten Urteil des BAG zum Unterlassungsanspruch aus §§ 1004 Abs. 1 Nr. 1, 823 Abs. 1 BGB i.V.m. Art. 9 Abs. 3 GG hatte der 1. Senat entschieden, dass die Beeinträchtigung durch eine tarifwidrige Betriebsvereinbarung in dem Moment endete, als das beklagte Unternehmen aufgrund einer Verschmelzung nicht mehr tarifgebunden war.[512] Das bedeutet im Umkehrschluss, dass eine Rechtsverletzung nur vorliegen kann, wenn tatsächlich eine Tarifbindung besteht. Folglich verstoßen Verbandsregelungen über Gehaltsobergrenzen nicht generell gegen die Koalitionsfreiheit der Spielergewerkschaften, solange diese noch keine Tarifverträge abgeschlossen haben, die als kollektive Ordnung unterlaufen werden können.[513] Darüber hinaus wäre jedoch auch die genaue Ausgestaltung und Rechtsnatur der Gehaltsobergrenze dahin gehend zu untersuchen, ob diese nicht gegebenenfalls bestehende tarifliche Regelungen nur ergänzt bzw. näher ausgestaltet. Würden überdies im Fußballsport die Clubs oder der DFL e.V. Tarifverträge über Gehälter mit einem Sozialpartner schließen, wäre es eher unwahrscheinlich, dass der DFL e.V. diese durch einseitig eingeführte Gehaltsobergrenzen konterkarieren würden.

Käme es allerdings zu einer Kollision zwischen tariflichen und verbandsrechtlich festgelegten Regelungen, sprächen aus Sicht des Verfassers einige Argumente dafür, diese Kollision zugunsten der Tarifverträge aufzulösen. Zum einen wird das Grundrecht der Koalitionsfreiheit in Art. 9 Abs. 3 GG schrankenlos gewährt und zum anderen ist die Regelung von Arbeits- und Wirtschaftsbedingungen, insbesondere der Vergütung, originäre Aufgabe der Tarifvertragsparteien. Darüber hinaus stellt die Koalitionsfreiheit gegenüber der Vereinigungsfreiheit das speziellere Grundrecht dar.[514] Der Stellenwert der Koalitionsfreiheit nimmt in besonderem Maße zu, in dem eine Materie am besten von den Tarifparteien geregelt werden kann.[515] Dies ist im Fall von Arbeitsbedingungen, insbesondere von Gehältern grundsätzlich der Fall.

Dem könnte man zwar entgegenhalten, dass sich die Tarifmacht der Tarifparteien nur auf ihre Mitglieder erstreckt, während die Regelungen der Sportverbände durch die Lizenzverträge sämtliche Clubs und Spieler, die am Ligabetrieb teilnehmen, erreichen würden. Auch im tarifvertraglichen Bereich gibt es jedoch in Form von Betriebsnormen, schuldrechtlichen Vereinbarungen oder arbeitsvertraglichen Bezugnahmeklauseln durchaus Möglichkeiten, mit den tarifvertraglichen Regelungen auch Nichtgewerkschaftsmitglieder zu erreichen. Eine Tarifflucht der Arbeitgeber wäre nur in geringem Umfang zu befürchten, da die Clubs ordentliche Mitglieder des DFL e.V. sein müssen, um dessen Wettbewerben teilnehmen zu dürfen.[516] Au-

510 NJW 1999, 3281, 3285.
511 NJW 1999, 3281, 3286.
512 NJW 2012, 250, 252.
513 So auch: *Seel*, in öAT, 183, 186.
514 *Hümmerich/Boecken/Düwell*, Arbeitsrecht, Art. 9 Rn. 34.
515 Jarass/Pieroth, GG, Art. 9 GG Rn. 54.
516 Zur Frage der Tariffähigkeit des DFL e.V. vgl. unter § 5 C II 2 b.

ßerdem müssen alle Mitglieder des DFL e. V. einstimmig über den Abschluss von Tarifverträgen entscheiden. Überdies bleiben Verbandsmitglieder auch nach ihrem Verbandsaustritt gemäß § 3 Abs. 3 TVG an Tarifverträge gebunden bis diese enden und unterfallen dann der Nachwirkung gemäß § 4 Abs. 5 TVG.[517]

3. Zwischenergebnis

Nach dem Vorgesagten ist eine Kollision zwischen Verbandsregelungen über Gehaltsobergrenzen und Tarifverträgen, die Gehälter und gegebenenfalls auch Gehaltsobergrenzen regeln, grundsätzlich denkbar, mit einer möglichen Auflösung zugunsten der tariflichen Regelungen. Solange es jedoch keine Tarifbindung im Bereich des Sports gibt, verstoßen verbandsrechtlich festgelegte Gehaltsobergrenzen auch nicht gegen die Tarifautonomie der Gewerkschaften aus Art. 9 Abs. 3 GG.

II. Eingriff in die Rechte der Spieler

Die Festlegung von Gehaltsobergrenzen durch Verbandsregelungen bzw. eine entsprechende vertragliche Vereinbarung zwischen Verbänden bzw. Ligen und Clubs könnte aber in geschützte Rechtspositionen der Profispieler eingreifen, indem sie deren Verdienstmöglichkeiten bzw. die Möglichkeit, den Verdienst frei auszuhandeln, einschränkt. Wie bereits zuvor festgestellt wurde, unterliegen Verbandsregelungen sozial mächtiger Verbände der vollen gerichtlichen Kontrolle, insbesondere wenn sie in geschützte Rechtspositionen der Verbandsmitglieder eingreifen.[518] Die gerichtliche Kontrolle von Verbandsvorschriften umfasst auch Regelungen, die ihre Wirkung gegenüber Sportlern nur deshalb entfalten, weil sich die Sportler ihnen durch vertragliche Vereinbarung, wie z. B. im Fußballsport die Lizenzverträge, unterworfen haben.[519]

1. Berufsfreiheit der Spieler gemäß Art. 12 Abs. 1 GG

Eine Begrenzung der individuellen Spielergehälter bzw. der teambezogenen Ausgaben der Clubs für ihre Spielerkader auf der Basis von Verbandsregeln, denkbar z. B. im Fußballsport durch Festlegung in der Lizenzordnung des DFL e. V. oder im Lizenzvertrag zwischen DFL e. V. und Club, könnte die durch Art. 12 Abs. 1 GG garantierte Berufsfreiheit der Spieler verletzen.[520]

a. Mittelbare Drittwirkung der Berufsfreiheit

Zwar besteht grundsätzlich keine unmittelbare Grundrechtsbindung zwischen Privaten – und hier handelt es sich um eine Privatrechtsbeziehung zwischen Verband

517 Däubler/Hjort/Schubert/Wolmerath/*Hensche*, Arbeitsrecht, Art. 9 GG Rn. 88.
518 § 4 C 3.
519 BGH NJW 1995, 583, 585.
520 *Steiner* in FS-Röhricht, 1236.

bzw. Liga und den Spielern –, da gemäß Art. 1 Abs. 3 GG nur staatliche Funktionsträger an die Grundrechte gebunden sind.[521] Allerdings darf aus Gründen des effektiven Grundrechtsschutzes das (hier durch Sportverbände oder Ligen geschaffene) Privatrecht nicht im Widerspruch zum Wertesystem des Grundgesetzes stehen.[522] Die Grundrechte stellen neben ihrer Funktion als Abwehrrechte des Bürgers gegen den Staat auch eine objektive Wertordnung für alle Bereiche des Rechts dar.[523] Deshalb finden sie nach ganz h.M. über zivilrechtliche Generalklauseln, wie z. B. §§ 134, 138 oder 242 BGB, mittelbare Anwendung auch zwischen Privaten.[524] Folglich sind bei der rechtlichen Überprüfung der internen Regelungen eines Sportverbands oder einer privatrechtlichen Ligaorganisation wie dem DFL e. V. im Fußball als Verband mit erheblicher sozialer und wirtschaftlicher Macht die widerstreitenden Grundrechte der Spieler zu berücksichtigen.[525]

b. Eröffnung des Schutzbereichs der Berufsfreiheit

Damit eine Grundrechtsverletzung vorliegt, müsste zunächst der Schutzbereich der Berufsfreiheit des Art. 12 Abs. 1 GG eröffnet sein. Dieser umfasst und gewährleistet in Satz 1 die freie Wahl des Berufes, des Arbeitsplatzes und der Ausbildungsstelle sowie in Satz 2 die freie Berufsausübung. Das Bundverfassungsgericht legt Art. 12 Abs. 1 GG trotz dieser verschiedenen Schutzrichtungen entgegen dem Wortlaut als einheitliches Grundrecht der Berufsfreiheit aus.[526] Dabei ist als Beruf jede Tätigkeit anzusehen, die auf Dauer angelegt ist und in ideeller wie materieller Hinsicht der Schaffung und Unterhaltung einer Lebensgrundlage dient.[527] Professionelle Mannschaftssportler in Sportarten wie Fußball, Handball, Eishockey und Basketball fallen unstreitig in den Schutzbereich des Art. 12 Abs. 1 GG.[528] Denn der Berufssport wird grundsätzlich in einer gewissen Regelmäßigkeit ausgeübt und dient auch zur Schaffung und Erhaltung einer Lebensgrundlage.[529] Geschützt ist der Einzelne in seinem Entschluss, eine konkrete Beschäftigungsmöglichkeit in einem gewählten

---

521 *Nolte/Horst*, Handbuch Sportrecht, 21.
522 *Schulz*, Grundrechtskollisionen im Berufssport, 32.
523 v. Münch/Kunig/*von Münch*, GG, Vorb. Art. 1–19, Rn. 28.
524 *Nolte/Horst*, Handbuch Sportrecht, 21.
525 *Nolte/Polzin*, NZG 2001, 838, 839, BGH NJW 1999, 3552, 3352.
526 BVerfGE 95, 193, 214.
527 *Krogmann*, Grundrechte im Sport, 34; Adolphsen/Nolte/Lehner/Gerlinger/*Nolte*, Sportrecht in der Praxis, Rn. 32.
528 Dies gilt im Übrigen auch für sogenannte Leistungssport-Amateure, die einen Großteil ihrer Zeit in den Sport investieren, um ihre Leistung perspektivisch kommerziell zu verwerten, vgl. hierzu: *Hertel*, Athletenrechte im Verhältnis zur Verbandsautonomie, 108 f., sowie für sogenannte Vertragsamateure im Fußballsport, die „das Fußballspiel mit vertraglicher Bindung gegen Entgelt" ausüben und damit Einkommen für den Lebensunterhalt verdienen, vgl. auch BGH NJW 1999, 3552, 3552.
529 Adolphsen/Nolte/Lehner/Gerlinger/*Nolte*, Sportrecht in der Praxis, Rn. 32.

Beruf zu ergreifen, beizubehalten und auch wieder aufzugeben.[530] Die Gehaltsverhandlungen bzw. die Vergütung sind ein wichtiger Aspekt bei der Entscheidung, den Beruf des Lizenzspielers bei einem Club, der den Spieler verpflichten möchte, auszuüben. Der Schutzbereich des Art. 12 GG ist folglich eröffnet.

c. *„Deutschen-Grundrecht"*

Die Berufsfreiheit des Art. 12 Abs. 1 GG schützt nach dem Gesetzeswortlaut nur Deutsche im Sinne des Art. 116 Abs. 1 GG. Es wird jedoch vertreten, dass aufgrund europarechtskonformer Auslegung – unter Berücksichtigung des Diskriminierungsverbots in Art. 18 AEUV (ex-Art. 12 EG) – auch alle Unionsbürger, die professionellen Sport in Deutschland betreiben, dem Schutzbereich zu unterstellen sind.[531] Da es sich bei der Berufsfreiheit nicht um eine nationale, sondern um eine supranationale, unionsweit geregelte Angelegenheit handele, wäre hier eine Differenzierung zwischen Deutschen und EU-Ausländern nicht gerechtfertigt.[532]

Dagegen spricht jedoch der eindeutige Wortlaut des Art. 12 GG, der nach traditioneller Ansicht eine Ausdehnung des Grundrechts der Berufsfreiheit auf EU-Sportler verhindert.[533] Es entstünden dadurch auch keine Schutzlücken, da sich EU-Sportler regelmäßig auf die Grundfreiheit der Arbeitnehmerfreizügigkeit aus Art. 45 AEUV (ex-Art. 39 EG) berufen könnten und der EuGH die Berufsfreiheit inzwischen als allgemeinen Grundsatz des Europarechts anerkannt habe.[534] Eine Gleichstellung von EU-Bürgern in Bezug auf die Berufsfreiheit könne somit auch über die Anwendung des Art. 2 Abs. 1 GG erfolgen, ohne dass diese zu Grundrechtsträgern des Art. 12 GG gemacht würden.[535]

Bezogen auf die Unwirksamkeit von Transferentschädigungen betont *Pfister*, dass jeder EU-Angehörige innerhalb der EU und jeder Deutsche innerhalb Deutschlands ohne künstlich errichtete Schranken oder Erschwernisse seinen Arbeitsplatz suchen und wechseln können soll, wobei es keine Rolle spiele, ob die Schranken vom Staat oder von (privaten) Verbänden errichtet würden.[536] Demnach wären sowohl deutsche als auch europäische Profisportler durch Art. 12 GG geschützt und können durch verbandsrechtlich festgelegte Gehaltsobergrenzen in ihren Rechten verletzt werden.

---

530 NZA 1997, 647, 651.

531 *Nolte/Horst*, Handbuch Sportrecht, 18; Isensee/Kirchhof/*Breuer*, Handbuch des Staatsrechts, Band VIII, § 170 Rn. 43.

532 Isensee/Kirchhof/*Breuer*, Handbuch des Staatsrechts, Band VIII, § 170 Rn. 43.

533 Adolphsen/Nolte/Lehner/Gerlinger/*Nolte*, Sportrecht in der Praxis, Rn. 36; v. Mangoldt/Klein/Starck/*Manssen*, GG Kommentar, Band 1, Art. 12 Rn. 267; Ipsen, Staatsrecht II, 13, Auflage 2010, Rn. 633; *Riese/Noll*, NVwZ 2007, 516, 520.

534 Adolphsen/Nolte/Lehner/Gerlinger/*Nolte*, Sportrecht in der Praxis, Rn. 36.

535 v. Mangoldt/Klein/Starck/*Manssen*, GG Kommentar, Band 1, Art. 12 Rn. 267.

536 *Pfister* in Tokarski (Hrsg.), EU-Recht und Sport, 159.

Der Meinungsstreit kann vorliegend unentschieden bleiben, da europäische Mannschaftssportler über die europäischen Grundfreiheiten, insbesondere die Arbeitnehmerfreizügigkeit, ähnlich intensiv geschützt sind wie durch das Grundrecht der Berufsfreiheit und das Schutzniveau somit ähnlich stark ist.[537] Dies führt außerdem auch über Art. 2 Abs. 1 GG zu einer vergleichbaren Rechtsstellung in Deutschland.[538]

d. Eingriff in die Berufsfreiheit

Fraglich ist, ob eine Regelung, die das Gehalt der einzelnen Spieler oder die Ausgaben der Clubs für den gesamten Spielerkader beschränkt, in die Berufsfreiheit der Spieler gemäß Art. 12 Abs. 1 GG eingreifen würde.

Sowohl das BAG als auch der BGH haben bezüglich verbandsrechtlicher Transferregelungen im Fußball- und im Eishockeysport, die trotz beendetem Vertragsverhältnis bei Clubwechseln eine Verpflichtung des aufnehmenden Clubs zur Zahlung einer Ablöse bzw. einer sogenannten Aus- oder Weiterbildungsentschädigung an den alten Club vorsahen, festgestellt, dass diese gemäß § 138 BGB sittenwidrig – weil nicht mit dem Grundrecht der Berufsfreiheit gemäß Art. 12 Abs. 1 GG vereinbar – sind.[539] Die Gerichte sahen in der Transferregelung einen Eingriff in Art. 12 Abs. 1 GG in Form einer objektiven Zulassungsschranke, welcher nicht zur Aufrechterhaltung des Spielbetriebs durch einen finanziellen Ausgleich zwischen den Vereinen gerechtfertigt werden könne, da dieses Ziel kein wichtiges Gemeingut darstelle.[540] Der Berufssportler werde durch die vorgesehene Aus- und Weiterbildungsentschädigung übermäßig in seiner Wahl eines neuen Arbeitgebers eingeschränkt; ein durch die Transferregelungen angestrebter Finanzausgleich zwischen ungleich starken Vereinen in einem kartellierten Ligen-Spielbetrieb könne auch anders organisiert werden.[541]

Da individuelle oder teambezogene Gehaltsobergrenzen einerseits die Verdienstmöglichkeiten der Profispieler in ihrem Beruf einschränken und andererseits auch die Auswahl des Arbeitgebers beeinflussen könnten, ist eine Verkürzung des Schutzbereichs von Art. 12 GG und damit ähnlich wie bei den Transferregelungen ein Eingriff in die Berufsfreiheit der Spieler möglich.

(1.) Individuelle Gehaltsobergrenze

Eine in Verbandsvorschriften festgelegte individuelle Gehaltsobergrenze schränkt die Verdienstmöglichkeiten der Spieler direkt ein, da diese eine bestimmte Ge-

---

537 Zur Verletzung der europäischen Grundfreiheit durch verbandsseitig festgelegte Gehaltsobergrenzen, siehe unten bei § 6.

538 ErfK/*Schmidt*, Art. 12 GG Rn. 12.

539 NJW 1997, 2065 ff. (*Kienass*); BGHZ 142, 304 = NJW 1999, 3552; zur gesamten Thematik auch eingehend: *Pfister* in Tokarski, EU-Recht und Sport, 158 ff.

540 NZA 1997, 647, 651; BGH NJW 1999, 3552, 3553.

541 NZA 1997, 647, 651.

haltshöhe nicht übertreffen können. Die Möglichkeit, das Gehalt für die berufliche Leistung frei mit potenziellen Arbeitgebern aushandeln zu können, gehört zum Schutzbereich des Art. 12 Abs. 1 GG.[542] Denn die Berufsfreiheit zielt auf eine möglichst unreglementierte berufliche Betätigung des Rechtsinhabers ab.[543] In einer festen Gehaltsobergrenze, die ein Spieler – egal bei welchem Club innerhalb der Liga – nicht überschreiten kann und die folglich von außen zwingend die Arbeitsvertragsgestaltung beeinflusst, muss folglich ein Eingriff in die Berufsfreiheit des Arbeitnehmers vonseiten des Verbandes oder der Liga gesehen werden.

(2.) Teambezogene Gehaltsobergrenze

Die verbandsrechtliche Festlegung einer absoluten oder relativen teambezogenen Gehaltsobergrenze in der Verbandssatzung oder einer Nebenordnung, nach der die Clubs pro Saison nicht mehr als eine bestimmte Summe für den gesamten Spielerkader ausgeben dürften, beträfe zunächst nur die Clubs, nicht jedoch direkt die Spieler. Diese könnten ihr Gehalt frei und in der Höhe lediglich mittelbar beschränkt durch die Gesamtobergrenze für den gesamten Kader mit dem jeweiligen Club aushandeln.

Damit würde eine solche Regelung zwar lediglich das finanzielle Gesamtbudget der Clubs, das für die Gehaltsverhandlungen mit allen Spielern zu Verfügung stünde, einschränken. Auch im Fall einer Obergrenze für den gesamten Kader könnten die einzelnen Spieler jedoch daran gehindert sein, in Gehaltsverhandlungen das für sie bestmögliche Resultat zu erzielen und müssten dadurch gegebenenfalls auch persönliche Gehaltseinbußen hinnehmen. Sie wären folglich mittelbar durch die Regelung betroffen, was wiederum die Entscheidung, einen Arbeitsvertrag mit einem Club abzuschließen, negativ beeinflussen könnte. Nach der Rechtsprechung des BVerfG steht fest, dass auch faktische Beeinträchtigungen von Grundrechten Eingriffsqualität haben können.[544] Folglich greift auch die Festlegung von teambezogenen Gehaltsobergrenzen – und zwar unabhängig, ob es sich um eine relative oder absolute Obergrenze handelt – durch Verbandsregeln in den Schutzbereich der Berufsfreiheit der Spieler gemäß Art. 12 Art. 1 GG ein, da es zu einer Beeinträchtigung der freien Verhandlungen über das Gehalt in Form einer Limitierung des Gesamtbudgets der Clubs kommt.

---

542 Hümmerich/Boecken/Düwell/*Willms*, Arbeitsrecht, Art. 12 GG Rn. 23; BVerfG NJW 2007, 979 zur Verfassungswidrigkeit des uneingeschränkten Verbots anwaltlicher Erfolgshonorare wegen Unvereinbarkeit mit Art. 12 Abs. 1 GG; Däubler/Hjort/Schubert/Wolmerath/*Lakies*, Arbeitsrecht, § 12 Rn. 79; BVerfG NJW 2681, 2681.

543 Hümmerich/Boecken/Düwell/*Willms*, Arbeitsrecht, 2. Auflage 2010, Art. 12 GG Rn. 6; Maunz/Dürig/*Scholz*, GG-Kommentar, Art. 12, Rn. 301.

544 V. Münch/Kunig/*v. Münch*, GG, Vorb. Art. 1–19, Rn. 51, mit Verweis auf BVerwGE 87, 37, 42 – Glykol-Wein; BVerwGE 71, 183, 191 – Arzneimittel-Transparenzliste; BVerwGE 90, 112, 121 – Osho.

(3.) Alternative Gestaltungsmöglichkeit (Luxussteuer-Variante)

Zuletzt kommt noch die Einführung von Gehaltsobergrenzen in Form einer alternativen Gestaltungsform, die an das im amerikanischen Baseballsport praktizierte System einer Luxussteuer angelehnt ist, infrage. Auch hier könnte aufgrund der oben genannten Argumente zumindest ein mittelbarer Eingriff in die Berufsfreiheit der Spieler vorliegen. Die Aussicht, bei Überschreiten einer Gehaltsobergrenze für den Kader Mehrkosten in Form von Strafzahlungen bzw. der Entrichtung einer Luxussteuer zu haben und damit neben einer Belastung des eigenen Budgets – je nach Ausgestaltung der Luxussteuer – gegebenenfalls auch die Konkurrenten finanziell zu stärken, könnte Clubs davon abhalten, bestimmte Gehaltssummen an einen Spieler zu bezahlen. Insofern ist auch hier die Möglichkeit, die Vergütung frei auszuhandeln, zumindest mittelbar betroffen, was zu einem Eingriff in den Schutzbereich der Berufsfreiheit der Spieler führt.

e. Rechtfertigung des Eingriffs

Der Eingriff in die Berufsfreiheit der Spieler durch eine oder mehrere der oben dargestellten Formen von Gehaltsobergrenzen könnte jedoch gerechtfertigt sein. Ein Eingriff in die Berufsfreiheit kann gemäß Art. 12 Abs. 1 S. 2 GG „durch Gesetz oder aufgrund eines Gesetzes" erfolgen, sodass es für eine Rechtfertigung also grundsätzlich einer formell-gesetzlichen Grundlage bedarf.[545] Ob die Satzungen oder Nebenordnungen von Sportverbänden oder Sportligen selbst Gesetzesqualität erreichen, ist trotz der bereits erläuterten Verbandsautonomie als Ausfluss des Art. 9 Abs. 1 GG zumindest fraglich. Das Bundesverfassungsgericht hat dies für einen Berufsverband und die Regelung berufsrechtlicher Fragen grundsätzlich bejaht.[546] Diese Regelungshoheit wird jedoch durch die Wesentlichkeitstheorie eingeschränkt, die besagt, dass Regelungen, die in die Berufsfreiheit von Nichtmitgliedern des Verbands eingreifen, vom Gesetzgeber selbst getroffen werden müssen.[547] Im professionellen Mannschaftssport sind die Lizenzspieler zwar keine Mitglieder der Verbände bzw. Sportligen, sie unterwerfen sich jedoch durch vertragliche Regelungen deren Satzungen und Nebenordnungen und sind folglich wie Mitglieder zu behandeln.[548]

Die Berufsfreiheit unterliegt darüber hinaus auch sogenannten grundrechtsimmanenten Schranken, d. h. sie findet ihre Grenzen auch in den Grundrechten Dritter, falls die Berufsfreiheit mit einem anderen Grundrecht kollidiert.[549] Im Bereich des Sports werden die Rechte der Sportler häufig nicht durch staatliche Regelungen, sondern durch Bestimmungen sportverbandlicher Regelwerke eingeschränkt.[550] Die Grundrechte der Verbände bzw. Ligagesellschaften könnten daher unter Umständen

545 *Krogmann*, Grundrechte im Sport, 45.
546 BVerfG NJW 1972, 1504.
547 Maunz/Dürig/*Scholz*, GG-Kommentar, Art. 12 Rn. 327.
548 BGH NJW 1995, 583.
549 Maunz/Dürig/*Scholz*, GG-Kommentar, Art. 12, Rn. 306.
550 Adolphsen/Nolte/Lehner/Gerlinger/*Nolte*, Sportrecht in der Praxis, Rn. 40.

zur Rechtfertigung herangezogen werden, wobei das vom Verband gesetzte Recht wiederum mit dem Grundgesetz – also auch mit Art. 12 Abs. 1 GG – in Übereinstimmung stehen muss.

(1.) Grundrechte der Verbände oder Ligen

Dem Grundrecht der Berufsfreiheit der Sportler könnte also zunächst das durch Art. 9 Abs. 1 GG geschützte Recht der Sportverbände oder Ligagesellschaften, den Sport nach ihren Vorstellungen zu organisieren und Regelungen zu schaffen, die ihre Existenz und Funktionsfähigkeit und die des Sports gewährleisten, gegenüberstehen.[551] Sowohl die großen deutschen Sportverbände als auch die Ligagesellschaften wie der DFL e. V. im Fußball oder die DEL im Eishockey unterliegen dem Schutzbereich des Art. 9 Abs. 1 GG. Denn nach Auffassung des Bundesverfassungsgerichts gewährt Art. 9 Abs. 1 GG explizit nicht nur dem einzelnen Staatsbürger das Recht, sich in Vereinen und Vereinigungen zusammenzuschließen, sondern er schützt auch die Vereinigungen selbst.[552] Diese Vereinigungen haben die Befugnis, zur Erreichung der selbst gesetzten Ziele und Wertvorstellungen und zur Schaffung und Aufrechterhaltung der inneren Verbandsordnung verbindliche abstrakt-generelle Regelungen für ihre Mitglieder aufzustellen.[553] Die Regelung von Gehaltsobergrenzen in einer der oben dargestellten Formen in solchen Verbandsvorschriften würde dann auch dem Schutz des Art. 9 Abs. 1 GG unterfallen. Es ständen sich hier also die Berufsfreiheit der Spieler und die Koalitionsfreiheit des Sportverbands bzw. der Ligagesellschaft gegenüber. Hierbei ist allerdings zu beachten, dass die Koalitionsfreiheit der Verbände nicht als Selbstzweck gewährt wird, sondern den Mitgliedern zu größtmöglichem Rechtsschutz verhelfen soll.[554] Andererseits nehmen die Sportverbände und Ligen eine ganz besondere Stellung unter den Verbänden ein, da ihre Regelungen den Wettbewerb zwischen den Mitgliedern erst ermöglichen und diese in besonderem Maße von den Verbänden und Ligen abhängig sind.

(2.) Grundrechte der Clubs

Des Weiteren könnten auch die Grundrechte der Clubs einem Eingriff in die Berufsfreiheit der Spieler entgegenstehen. Infrage kommen sowohl die Vereinigungsfreiheit der Clubs aus Art. 9 Abs. 1 GG, als auch deren Berufs- bzw. Unternehmerfreiheit aus Art. 12 Abs. 1 GG.

Die Clubs könnten, wie oben dargestellt, ein Interesse an der Begrenzung ihrer Gehaltskosten durch eine Einschränkung des kostentreibenden Wettbewerbs mit den anderen Clubs und damit letztlich am Erhalt ihrer wirtschaftlichen Leis-

---

551 *Steiner* in FS-Röhricht, 1236; allgemeiner: Maunz/Dürig/*Scholz*, GG-Kommentar, Art. 9 Rn. 81.

552 BVerfGE 30, 227, 24; BVerfGE 50, 290, 354.

553 *Krogmann*, Grundrechte im Sport, 58, *Reichert*, Vereins- und Verbandsrecht, 82 ff.

554 Vgl. oben unter § 4 C I, III.

tungsfähigkeit haben.[555] Darüber hinaus haben alle Clubs auch ein Interesse an der Wettbewerbsfähigkeit ihrer Konkurrenten und zumindest an einem gewissen finanziellen Gleichgewicht innerhalb der Liga, auch um deren Attraktivität sicherzustellen.[556] Allerdings könnte dem entgegengehalten werden, dass die Erreichung eines finanziellen Ausgleichs zwischen den Clubs und damit die bezweckte Aufrechterhaltung des Spielbetriebs „kein überragend wichtiges Sportsgut“ darstelle, sondern „primär das wirtschaftliche Interesse der Clubs befriedige.[557]

Wie die Verbände unterliegen grundsätzlich auch die Clubs als Vereinigungen dem Schutz des Art. 9 Abs. 1 GG.[558] Die Vereinigungsfreiheit könnte im Fall von Gehaltsobergrenzen auch deshalb betroffen sein, weil diese direkt die Existenz der Clubs und damit den internen Kernbereich des Grundrechts schützen sollen und weil es sich bei der Vergütung der Spieler um eine interne Betätigung der Clubs, nämlich die Erfüllung ihrer vertraglichen Hauptleistungspflichten gegenüber ihren Arbeitnehmern handelt.

In Bezug auf Transferentschädigungen hält *Schulz* dieser Argumentation entgegen, dass es sich um ein rein wirtschaftlich motiviertes und damit externes Verhalten der Clubs handele, das somit nicht dem Grundrechtsschutz des Art. 9 Abs. 1 GG unterfalle, sondern den Schutzbereich der Berufsfreiheit der Clubs beträfe.[559] Auch der BGH hat letztlich einen Grundrechtsschutz nach Art. 9 Abs. 1 GG für Fälle abgelehnt, in denen eine Vereinigung wie jedermann am Rechtsverkehr teilnimmt.[560] Im Fall der Umsetzung von Gehaltsobergrenzen gegenüber den Spielern handeln die Clubs im Rahmen von Vertrags- und Gehaltsverhandlungen einerseits wirtschaftlich, andererseits auch wie ein regulärer Arbeitgeber im Rechtsverkehr. Der Schutzbereich des Art. 9 Abs. 1 GG der Clubs ist mithin nicht betroffen.[561]

Aber auch die Berufsfreiheit des Art. 12 GG steht gemäß Art. 19 Abs. 3 GG (inländischen) juristischen Personen, wie Vereinen oder Kapitalgesellschaften, zur Seite. Die Tätigkeit von Vereinen soll jedoch nur durch Art. 12 GG geschützt sein, wenn die Führung des Geschäftsbetriebs zu seinen satzungsmäßigen Zwecken gehört.[562] Zumindest bei denjenigen Sportclubs, die noch in der Rechtsform von Idealvereinen geführt werden, könnte dies problematisch sein. Jedoch auch bezüglich der Sportkapitalgesellschaften ist eine Betroffenheit des Schutzbereichs des Art. 12 Abs. 1 GG letztlich abzulehnen. Denn die Clubs als Arbeitgeber können kein Recht auf

555 *Hertel*, Athletenrechte im Verhältnis zur Verbandsautonomie, 164.
556 *Hertel*, Athletenrechte im Verhältnis zur Verbandsautonomie, 164.
557 *Hertel*, Athletenrechte im Verhältnis zur Verbandsautonomie, 164.
558 BGH NJW 1999, 3552, 3553.
559 *Schulz*, Grundrechtskollisionen im Berufssport, 86 f.; so auch Adolphsen/Nolte/Lehner/Gerlinger/*Nolte*, Sportrecht in der Praxis, Rn. 36.
560 BGH NJW 1999, 3552, 3554.
561 Beachte aber, dass die Clubs gegebenenfalls als Mitglieder eines Sportverbands oder eine Liga durch Art. 9 Abs. 1 GG geschützt werden könnten.
562 BGH NJW 1999, 3552, 3554.

(einseitige) Beschränkung ihrer Hauptleistungspflichten aus dem Arbeitsverhältnis in Form von Gehaltsobergrenzen aus der Berufsfreiheit ableiten.

Nicht näher eingegangen werden soll an dieser Stelle auf die Tatsache, dass einige Clubs aus ihrer Unternehmerfreiheit auch einen Grundrechtsschutz *gegen* die Einführung von Gehaltsobergrenzen ableiten könnten.[563]

f. Auflösung im Wege der praktischen Konkordanz

Es besteht ein Grundrechtskonflikt zwischen der Berufsfreiheit der Spieler aus Art. 12 GG und der Verbandsautonomie des Sportverbands bzw. der Ligagesellschaft aus Art. 9 Abs. 1 GG. Auch wenn vorstehend eine direkte Grundrechtsbetroffenheit der Clubs abgelehnt wurde, so ist doch zu beachten, dass zumindest der DFL e. V. in diesem Konflikt (auch) Vertreter der Clubs ist, da die Vereinigungsfreiheit keinen reinen Selbstzweck erfüllt.

Die Auflösung eines solchen Grundrechtskonflikts erfolgt nach herrschender Auffassung im Wege der sogenannten praktischen Konkordanz durch eine sorgfältige Abwägung der gegenläufigen Interessen.[564] Dabei ist darauf zu achten bzw. zu versuchen, jedem der kollidierenden Grundrechte zur größtmöglichen Wirksamkeit zu verhelfen.[565] Es ist also das grundgesetzlich geschützte Interesse der Sportverbände und der Sportligen, die Belange des Sports und die Funktionsfähigkeit der Sportligen inklusive der Gewährleistung einer gewissen Chancengleichheit und der wirtschaftlichen Stabilität der Clubs durch die Regelung von Gehaltsobergrenzen zu gewährleisten, mit dem Interesse der Sportler an einer freien Berufsausübung – vorliegend die Möglichkeit, die Gehälter frei und ohne Begrenzung nach oben auszuhandeln – in Einklang zu bringen.

Die tangierten Grundrechte der Spieler entfalten dabei eine stärkere Wirkung, je schwieriger diese ohne erhebliche Beeinträchtigung aus dem Verband bzw. der Liga austreten bzw. sich deren Regeln entziehen können und je mehr sie zur Berufsausübung auf die Mitgliedschaft im Verband bzw. die Unterwerfung unter die Regelungen des Verbands bzw. der Liga angewiesen sind.[566] Ebenfalls ist die Intensität des Eingriffs in das jeweilige Grundrecht zu berücksichtigen, sprich je intensiver der Eingriff, desto schwerwiegender müssen die Rechtfertigungsgründe sein.[567] Die Wesensgehaltsgarantie des Art. 19 Abs. 2 GG legt dabei fest, dass die Grundrechte nur bis zu einem gewissen Maß begrenzt werden dürfen.[568] Gelingt es nicht, einen

---

563 Dazu ausführlich unten: § 5 B III.

564 *Maurer,* Staatsrecht, § 9 Rn. 60.

565 *Schulz,* Grundrechtskollisionen im Sport, 47; *Hertel,* Athletenrechte im Verhältnis zur Verbandsautonomie, 170 f.; *Stern,* Staatsrecht III/2, § 82, 625 ff. und BVerfG und Rechtsprechung.

566 *Schimke,* Sportrecht, 112, Palandt/*Ellenberger,* BGB, § 25 Rn. 9.

567 *Schulz,* Grundrechtskollisionen im Berufssport, 52, mit Verweis auf *Stern,* Staatsrecht III/2, § 82, 679.

568 *Schulz,* Grundrechtskollisionen im Berufssport, 54.

Ausgleich zwischen den sich gegenüberstehenden Grundrechten zu erreichen, muss entschieden werden, welches Interesse im konkreten Fall zurückzustehen hat.[569] Dies geschieht wieder anhand einer Verhältnismäßigkeitsprüfung, wobei festgestellt wird, ob das eingreifende Grundrecht den Grundsatz der Verhältnismäßigkeit wahrt.[570] Der Eingriff der Verbände bzw. Sportligen, nämlich die Festlegung von Gehaltsobergrenzen, gestützt auf das Grundrecht der Verbandsautonomie aus Art. 9 Abs. 1 GG, in die Berufsfreiheit der Sportler müsste folglich verhältnismäßig sein.

Krogmann vertritt die Auffassung, die Freiheit der Berufsausübung könne nur durch Verbandsregelungen beschränkt werden, soweit vernünftige Erwägungen des Gemeinwohls dies zweckmäßig erscheinen ließen.[571] *Monheim* geht davon aus, dass für eine zulässige Beschränkung des Grundrechts eines Sportlers aus Art. 12 GG in erster Linie die legitimer Weise verfolgten Aufgaben und Interessen des Verbands infrage kommen.[572] Richtig erscheint es, auf die durch das Bundesverfassungsgericht entwickelte Schrankensystematik des Art. 12 Abs. 1 GG zurückzugreifen, um festzustellen, ob die Ziele verbandsrechtsrechtlicher Gehaltsobergrenzen einen Eingriff in die Berufsfreiheit der Lizenzspieler rechtfertigen können.

Danach kommt es auf die Qualität und Intensität des auf den Verbandsregeln beruhenden Eingriffs an und ob dieser noch zur Erreichung der dahinterstehenden Ziele verhältnismäßig ist. Der Verhältnismäßigkeitsgrundsatz wird im Rahmen des Art. 12 Abs. 1 GG durch die sogenannte Dreistufentheorie konkretisiert.[573] Es kommt hierbei zunächst darauf an, ob der Eingriff in Form einer Gehaltsobergrenze als subjektive oder objektive Zulassungsschranke oder als reine Berufsausübungsregel zu werten ist.[574] Im ersten Fall wären Gehaltsobergrenzen nur zur Abwehr nachweisbarer oder höchstwahrscheinlicher schwerer Gefahren für das Gemeinwohl bzw. hier für das Verbands- oder Ligawesen zulässig. Im letzteren Fall müssten lediglich vernünftige Erwägungen des Gemeinwohls eine Einschränkung zweckmäßig erscheinen lassen.[575] Aus Sicht des Verbands und in Abwägung mit dessen Interessen müsste eine Gehaltsobergrenze dann lediglich geeignet, erforderlich und angemessen sein, um das gewünschte Ziel zu erreichen.[576]

Gehaltsobergrenzen haben nicht die Wirkung einer objektiven oder subjektiven Zulassungsschranke. Die Spieler haben auch in einem wie auch immer ausgestalteten System von Gehaltsobergrenzen stets Zugang zum Beruf und Markt des Lizenzspielers. Da den Spielern durch Gehaltsobergrenzen weder die Aufnahme noch die

569 *Nolte/Polzin,* NZG 2001, 838, 839.

570 *Hesse*, Grundzüge des Verfassungsrechts, Rn. 318.

571 *Krogmann*, Grundrechte im Sport, 45.

572 *Monheim*, Sportlerrechte, 54, mit Verweis auf OLG Dresden in SpuRt 2004, 75, 78.

573 BVerfGE 7, 377, 401, 403 und 405 (Apotheker-Urteil) = BVerfG NJW 1958, 1035.

574 *Krogmann*, Grundrechte im Sport, 45; BVerfGE 7, 377, 404.

575 *Maunz/Düring*/Scholz, GG-Kommentar, Art. 12 Rn. 335.

576 *Breucker/Wüterich* in Stopper/Lentz, Handbuch Fußball Recht, Kap. 8 Rn. 35, 39; *Hannamann*, Kartellverbot und Verhaltenskoordination 283 f., *Haas/Haug*/Reschke, Teil B, 2. Kapitel, Rn. 63.

Ausübung des Berufs des Profisportlers verwehrt wird, sondern sie lediglich Einschränkungen bei der Möglichkeit, ihre Vergütung auszuhandeln, erfahren, handelt es sich bei Gehaltsobergrenzen um Berufsausübungsregeln.[577] Ein entscheidender Unterschied zur Verpflichtung eines Clubs, eine Ablöse zu zahlen, die von BAG und BGH als objektive Zulassungsschränke qualifiziert wurde, liegt darin, dass der Spieler bei dieser keinen Einfluss auf die Verhandlungen zwischen dem abgebenden und dem aufnehmenden Club hat. Der abgebende Club kann den Clubwechsel durch eine überhöhte Ablöseforderung praktisch verhindern. Im Fall von teambezogenen Gehaltsobergrenzen oder auch Luxussteuern verhandelt der Spieler selbst mit dem interessierten Club, der lediglich in der Höhe seines Gehaltsangebots beschränkt sein kann, wenn seine Gesamtausgaben für den Kader bereits zu hoch sind. Auch *Schroeder* betont dementsprechend, dass es sich zumindest bei teambezogenen Gehaltsobergrenzen, die lediglich eine an die Lizenzierung des Vereins geknüpfte Budgetgrenze für Personalausgaben vorsehen, wegen der nur mittelbaren Auswirkung auf die Spieler nicht um eine objektive Zulassungsschranke handele.[578] Erst Recht gelte dies für reine Strafzahlungen bzw. Luxussteuern, die die Clubs für Überschreitungen der Obergrenze leisten müssen.[579] Dem ist zu folgen, ansonsten müsste man ggfs. auch in Vorstandsbeschlüssen von Unternehmen oder in Tarifabschlüssen, die bestimmte Gehaltsgefüge innerhalb von Unternehmen und Branchen vorsehen, Zulassungsbeschränkungen im Sinne des Art. 12 Abs. 1 GG sehen.

Es ist bei der Abwägung der kollidierenden Grundrechte folglich zu erörtern, ob die konkrete, der Beschränkung der Gehaltsausgaben zugrunde liegende Regelung eines Verbands bzw. einer Ligagesellschaft zur Erreichung eines legitimen Zwecks geeignet, erforderlich und angemessen ist.[580] Darüber hinaus müssten Eingriffszweck und Eingriffsintensität in einem angemessenen Verhältnis stehen.[581]

(1.) Legitimer Zweck

Zunächst müsste der Verband bzw. die Liga mit der Einführung von Gehaltsobergrenzen einen legitimen Zweck verfolgen. Wie oben dargelegt, kann das Ziel von Verbänden und Ligen zum einen darin liegen, die Wirtschaftlichkeit der Clubs zu erhalten und damit den Bestand der Ligen zu sichern, und zum anderen in der Gewährleistung einer größeren Chancengleichheit zwischen den Clubs, um die Wettbewerbe spannend und interessant zu gestalten.

Stopper vertritt zwar die Auffassung, dass im Bereich des Profifußballs mit der Einführung von *salary caps* lediglich die wirtschaftliche und sportliche Ausgeglichenheit innerhalb der Ligen bezweckt werden könne, da die Haushaltsdisziplin und Wirtschaftlichkeit der Clubs bereits durch das deutsche und europäische Lizenzie-

577 Vgl. hierzu auch BVerfG NJW 2007, 979, 983.
578 *Schroeder* JZ 1996, 254, 256.
579 *Schroeder* JZ 1996, 254, 256.
580 *Breucker/Wüterich* in Stopper/Lentz, Handbuch Fußball Recht, Kap. 8 Rn. 35.
581 BVerfG, NJW 2007, 979, 980.

rungsverfahren ausreichend gefördert werde.[582] Dem lässt sich jedoch entgegenhalten, dass trotz der vorhandenen Lizenzierungsverfahren reale Überschuldung und Finanzprobleme von Clubs existieren und die Lizenzierungsverfahren mithin nicht ausreichend sind. Darüber hinaus besteht im Bereich des Mannschaftssports aufgrund des immensen Drucks, sportliche Ziele wie den Gewinn einer Meisterschaft oder die Teilnahme an internationalen Wettbewerben zu erreichen bzw. Abstiege in unterklassige Ligen zu vermeiden, zu einem finanziellen Überbietungswettbewerb, der teilweise die wirtschaftliche Vernunft in den Hintergrund drängt (*overspending*). *Lindholm* führt aus, dass es überdies aufgrund der Besonderheit des Sportsektors – Spieler und Clubs haben im Gegensatz zu anderen Branchen ein starkes Interesse an der wirtschaftlichen Konkurrenzfähigkeit ihrer Wettbewerber – ein legitimes Ziel der Ligen sei, die Wirtschaftlichkeit der Clubs zu erhalten.[583]

Dem ist letztlich zu folgen. Die Sportverbände und Ligen haben als Organisatoren und Veranstalter der sportlichen Wettkämpfe ein ureigenstes und berechtigtes Interesse an der Ausgeglichenheit der Wettkämpfe sowie an der wirtschaftlichen Überlebensfähigkeit der Teilnehmer. Deshalb handelt es sich sowohl bei der wirtschaftlichen und sportlichen Chancengleichheit als auch beim Erhalt der Wirtschaftlichkeit von Clubs und Liga um legitime Zwecke der Verbände bzw. Sportligen, die grundsätzlich von der Verbandsautonomie gedeckt sind.

(2.) Geeignetes Mittel

Ein geeignetes Mittel könnte einerseits vorliegen, wenn die Einführung von Gehaltsobergrenzen eine wirtschaftliche und sportliche Ausgeglichenheit zwischen den Clubs in erheblichem Maße fördern würde.[584] Des Weiteren könnten Gehaltsobergrenzen daran gemessen werden, ob sie entscheidend zur wirtschaftlichen Stabilität der Clubs und somit der Ligen insgesamt beitragen.

Die erhobenen Daten im deutschen und europäischen Fußball zeigen zwei Dinge deutlich: Erstens haben einige Clubs mit Liquiditätsproblemen zu kämpfen oder müssen stetig auf finanzkräftige Investoren oder Mäzene zurückgreifen, um im Bieterkampf um die besten Spieler mithalten zu können.[585] Dies gilt zwar in höherem Maße für die spanische und englische Liga, aber auch in der Bundesliga kämpfen viele Clubs trotz durchschnittlich erwirtschafteter Gewinne mit Verbindlichkeiten und finanziellen Sorgen, was teilweise zu gewagten Finanz- und Bilanzpraktiken führt.[586]

---

582 *Stopper*, Mehr Sportlicher Wettbewerb durch begrenzte Umverteilung, in: Zieschang/Klimmer (Hrsg.), Unternehmensführung im Profifußball, 149.

583 *Lindholm*, Texas Review of Entertainment & Sports Law, Vol 12.2. (2011), 204.

584 Vgl. *Schulz*, Grundrechte im Sport, 100, allerdings bezüglich Transferentschädigungen.

585 *Dietl/Lang/Rathke*, The B.E. Journal of Economic Analysis & Policy, Vol. 9 (2009), Issue 1, Art, 17, 2.

586 „Die dunkle Seite der Bundesliga“ auf www.manager-magazin.de vom 2.9.2013 (zuletzt abgerufen am 18.7.2014).

Zweitens bestehen signifikante Unterschiede bei den Einnahmen bzw. zur Verfügung stehenden finanziellen Mitteln der Clubs sowie ein deutlich messbarer Zusammenhang zwischen wirtschaftlicher Überlegenheit und sportlichem Erfolg der Clubs, was zu einer starken sportlichen Unausgewogenheit im europäischen Fußball führt.

Im amerikanischen Sport führt die Begrenzung der Ausgaben für Spielergehälter dazu, dass die Clubs ihre Ausgaben unter Kontrolle haben und finanziell tragfähig bleiben.[587] Daneben führen Gehaltsobergrenzen zu einer Angleichung der Spielergehälter der Clubs und im Allgemeinen auch zu sportlich ausgeglicheneren Ligen.[588] Ein *hard salary cap*, wie er in der NFL praktiziert wird, führt dabei zu einer deutlich größeren sportlichen Ausgeglichenheit als ein in der NBA praktizierter *soft salary cap*, der diverse Ausnahmeregelungen zulässt.[589] In der NFL hat sich laut *Randerath* seit der Einführung des *hard salary caps* die *competitive balance* der Liga – gemessen an der Prozentzahl der Clubs insgesamt und der Top 3 Clubs, die den Superbowl gewonnen haben – deutlich gesteigert.[590] *Stopper* betrachtet die Einführung eines *salary caps* als legitimes und geeignetes Mittel zur Schaffung von mehr materieller Wettbewerbsgerechtigkeit im europäischen Fußball.[591] Die Regulierung der Gehaltszahlungen führe dazu, dass es finanzstarken Clubs nicht mehr so einfach möglich sei, die besten Spieler der kleineren Clubs zu verpflichten und damit neben wirtschaftlicher auch zu mehr sportlicher Ausgeglichenheit innerhalb einer Liga.[592]

Luxussteuern subventionieren wirtschaftlich schwächere Clubs, führen jedoch nicht notwendigerweise zu deutlich höherer sportlicher und wirtschaftlicher Ausgeglichenheit, da die finanzstärkeren Clubs immer noch mehr in ihren Spielerkader investieren können, es wird nur teurer für sie.[593] Werden die abzuführenden Steuern jedoch gleichmäßig unter allen Clubs einer Liga verteilt, erhöht dies zumindest den finanziellen Spielraum finanzschwächerer Clubs und die Möglichkeit, den einen oder anderen „Starspieler" zu verpflichten.[594]

Laut *Randerath* zeigen jedoch Statistiken, dass die Einführung einer *luxury tax* allein in der MLB die *competitive balance* eher verschlechtert habe, in der NBA habe

---

587 *Dietl/Duschl/Lang*, Gehaltsobergrenzen und Luxussteuern (Working Paper No. 136), 7.

588 *Dietl/Duschl/Lang*, Gehaltsobergrenzen und Luxussteuern (Working Paper No. 136), 9; *Dietl/Lang/Rathke*, The B.E. Journal of Economic Analysis & Policy, Vol. 9 (2009), Issue 1, Art, 17, 14.

589 *Dietl/Duschl/Lang*, Gehaltsobergrenzen und Luxussteuern (Working Paper No. 136), 11.

590 *Randerath*, Legal Requirements and Problems to Create a Financial Balance between Professional Sport Clubs in the German Bundesliga, 34.

591 *Stopper*, SpuRt 2013, 2, 7.

592 *Stopper*, SpuRt 2013, 2, 7.

593 *Dietl/Duschl/Lang*, Gehaltsobergrenzen und Luxussteuern (Working Paper No. 136), 10.

594 *Randerath*, Legal Requirements and Problems to Create a Financial Balance between Professional Sport Clubs in the German Bundesliga, 31.

sich durch Einführung einer Kombination aus *soft salary cap* und *luxury tax* nichts entscheidend verändert.[595] Allerdings muss man auch in diese Erwägungen mit einbeziehen, dass die amerikanischen Sportarten durch Fernseh- und Sponsorengelder insgesamt viel größere Einnahmen generieren und dies sich letztlich am ehesten zugunsten der sogenannten *big market clubs* auswirkt. Des Weiteren handelt es sich bei den Clubeigentümern oft um reiche Einzelpersonen, deren Interesse am kurzfristigen sportlichen Erfolg größer ist, als ein wirtschaftlich vernünftiger Umgang mit den vorhandenen Finanzmitteln.[596] Im europäischen und deutschen Markt rührt die Vormachtstellung einiger weniger Clubs größtenteils aus den stetigen Champions-League Einnahmen oder den Zuwendungen von Mäzen oder Großsponsoren. Die bestehenden Lizenzierungssysteme garantieren zumindest eine gewisse Kontrolle, dass eine Art wirtschaftlicher Vernunft eingehalten wird. Es ist daher in europäischen Ligen davon auszugehen, dass eine Stärkung der finanziellen Mittel der „kleineren" Clubs durch eine Luxussteuer, kombiniert mit einer teambezogenen Gehaltsobergrenze, sowohl die sportliche als auch die wirtschaftliche Ausgeglichenheit fördern würde.

Es wurde nachgewiesen, dass sich die Ausgaben der Clubs für Spielergehälter durch Gehaltsobergrenzen reduzieren lassen, weil ihnen feste Grenzen gesetzt sind. Zumindest ein *hard salary cap* führt in der Regel auch zu einer Erhöhung der Chancengleichheit der Clubs. Dies sollte, wenn auch in unterschiedlicher Intensität, sowohl bei teambezogenen Gehaltsobergrenzen als auch bei einer Kombination zwischen Gehaltsobergrenze und Luxussteuer der Fall sein. Individuelle Gehaltsobergrenzen wären allenfalls in Ergänzung von teambezogenen Gehaltsobergrenzen geeignet, da sie alleine nicht zu größerer Chancengleichheit führen. Deshalb handelt es sich bei den dargestellten Varianten von Gehaltsobergrenzen um geeignete Mittel, um die gewünschten Ziele, nämlich die Steigerung der Wirtschaftlichkeit der Clubs und der Chancengleichheit, zu erhöhen. Eine Geeignetheit ist mithin zu bejahen.

(3.) Erforderlichkeit

Die geplanten Gehaltsobergrenzen müssten auch erforderlich sein, d.h. es dürfte kein milderes Mittel zur Erreichung der gewünschten Ziele geben.

(a.) Relativer *salary cap*/Financial Fairplay-Reglement

Als milderes Mittel gegenüber der Einführung der genannten *salary cap* Varianten (*hard salary cap* und Luxussteuer-Variante) könnte ein relativer teambezogener *salary cap* nach dem Vorbild des Financial Fairplay-Reglements infrage kommen. Dieser verfolgt allerdings nicht unbedingt dasselbe Ziel wie absolute Gehaltsober-

595 *Randerath*, Legal Requirements and Problems to Create a Financial Balance between Professional Sport Clubs in the German Bundesliga, 34.

596 Insofern ähnelt die Eigentümerstruktur im amerikanischen Sport eher der in der englischen Premier League.

grenzen oder Luxussteuern. Beim Financial Fairplay-Reglement geht es nach Aussage der UEFA einzig um den Erhalt der Wirtschaftlichkeit der Clubs, nicht jedoch um die Erhöhung der Chancengleichheit.[597] Von der Eingriffsintensität her ist das Financial Fairplay-Reglement wohl niedriger einzuschätzen als ein absoluter *salary cap* oder Luxussteuern.[598] Ob jedoch die gleiche oder eine ähnliche Wirkung erzielt werden kann, erscheint zweifelhaft. Denn die Ausgabenbegrenzungen orientieren sich an den (erlaubten) Einnahmen, was den finanzstarken Clubs noch immer einen deutlichen Wettbewerbsvorteil belässt. Darüber hinaus sind bislang nur die Zuzahlungen von verbundenen Unternehmen begrenzt, während außenstehende Sponsoren weiterhin Gelder in die Clubs pumpen können, die weit über deren fußballspezifische Einnahmen hinausgehen.[599] Dies lässt sogar an der Wirksamkeit der Regelungen bezüglich des beabsichtigten Ziels einer finanziellen Stabilisierung der Clubs zweifeln.

(b.) Umverteilung der Einnahmen (*revenue sharing*)

Paefgen nennt als milderes Mittel gegenüber Gehaltsobergrenzen die Einrichtung eines Einnahmeverbunds.[600] Die Möglichkeit der gerechteren Verteilung der Einnahmen erwähnt auch Generalanwalt *Lenz* in seinen Schlussanträgen im „Bosman-Verfahren".[601] Sowohl die Einnahmen aus den Heimspielen als auch aus der Vergabe der Fernsehübertragungsrechte könnten zwischen allen Clubs aufgeteilt werden, was in wirtschaftlicher Hinsicht legitim und sinnvoll erscheine.[602] Nach den damaligen Beobachtungen von *Lenz* finde auf der Ebene der UEFA bereits eine gewisse Verteilung der Einnahmen aus der Vermarktung von Fernseh- und Werberechten der Champions League statt und solle diese Methode auch auf die nationalen Verbände übertragen werden.[603]

Dem ist allerdings Folgendes entgegen zu halten: Eine gleichmäßigere Verteilung der Einnahmen (*revenue sharing*) löst letztlich weder das Problem des *overspendings* der Clubs, noch leistet es einen entscheidenden Beitrag zur Chancengleichheit.[604]

---

597 Vgl. hierzu *Heermann*, NZKart 2015, 128, 129, der das Financial Fairplay-Reglement jedoch aufgrund dieser fehlenden Zielsetzung gar nicht als relativen *salary cap* ansieht.

598 A.A. *Stopper*, SpuRt 2013, 2, 7, der einen *salary cap* als verhältnismäßiger und angemessener ansieht, da diese direkt bei den Clubs ansetzten, während das Financial Fairplay-Reglement die Zahlungen von verbundenen Unternehmen untersagten.

599 Vgl. § 6 D; *Stopper*, SpuRt 2013, 2, 4 f.

600 *Paefgen*, EWiR 1995, 987, 988.

601 Schlussanträge des GA Lenz im Fall EuGH, Rs. C-415/93 (Bosman), Rn. 226 ff.

602 Schlussanträge des GA Lenz im Fall EuGH, Rs. C-415/93 (Bosman), Rn. 226 f.

603 Schlussanträge des GA Lenz im Fall EuGH, Rs. C-415/93 (Bosman), Rn. 231 f.

604 In den amerikanischen *major leagues* wird *revenue sharing* in verschiedenen Formen praktiziert, allerdings immer nur flankierend zu *salary caps* und *luxury taxes*, vgl. hierzu *Dietl/Lang/Rathke*, Combined Effect of Salary Restrictions and Revenue Sharing, (Working Paper No. 102), 2 ff.

Denn neben den Einnahmen aus dem Ligageschäft speisen sich die möglichen Ausgaben der Clubs heutzutage ganz entscheidend aus der Unterstützung durch Sponsoren bzw. Werbung und Investoren.[605] Auf der europäischen Ebene ist zu beachten, dass eine gerechtere Verteilung der Einnahmen aus den europäischen Wettbewerben auf alle Clubs zwar eine gewisse Unterstützung der wirtschaftlich schwächeren Clubs bedeuten würde; zurzeit erhalten z. B. im Fußballsport nur die Teilnehmer an den internationalen Wettbewerben, der UEFA Champions League (im Jahr 2012/2013 insgesamt etwa 500 Mio. Euro) und der UEFA Europa League (in der Saison 2012/2013 etwa 200 Mio. Euro) TV-Gelder, die durch die UEFA verteilt werden.[606] Auf der anderen Seite sind – abgesehen von den Einnahmen durch Sponsoren und Investoren – die Einnahmen der Clubs durch die Fernsehgelder in den verschiedenen Ländern enorm unterschiedlich und auch die jeweilige Verteilung der Fernsehgelder zwischen den nationalen Clubs divergiert stark. In Deutschland erhalten die Clubs der Bundesliga 80 %, die Clubs der 2. Bundesliga 20 % der nationalen Fernsehgelder, die für die Saison 2014/2015 insgesamt 642 Mio. Euro betrugen.[607] Die genaue Verteilung richtet sich nach dem Tabellenplatz der vorangegangen 5 Spielzeiten und divergiert in der Spielzeit 2014/2015 in der Bundesliga zwischen 37,6 Mio. Euro (FC Bayern München[608]) und 18,6 Mio. Euro (SC Paderborn).[609]

In England betrugen die TV-Einnahmen der 20 Erstligaclubs in der Spielzeit 2013/2014 erstaunliche 1,9 Mia. Euro. Dort erhalten alle Clubs der der Premier League 50 % der TV-Einnahmen, 25 % werden auf Basis der Platzierung der vorangegangenen Saison verteilt und 25 % auf Basis der Häufigkeit, in der die Clubs im TV gezeigt werden.[610] Der FC Liverpool als Spitzenreiter erhielt in der Spielzeit 2013/2014 etwa 119,7 Mio. Euro, während selbst der letzte der TV-Tabelle, der Absteiger Cardiff City, noch etwa 72,2 Mio. Euro verdiente.[611] In Spanien erhalten die beiden Topclubs Real Madrid und FC Barcelona derzeit etwa 50 % der gesamten TV-Einnahmen, jeweils etwa 150 Mio. Euro, den Rest müssen sich die anderen

605 Stopper/Lentz/*Stopper*, Handbuch: Fußball-Recht, 312; Zur Einnahmeverteilung der Bundeligaclubs: Bundesliga-Report 2014 – Die wirtschaftliche Situation im Lizenzfußball, 8 ff. (20,6 % Spieleinnahmen, 26,6 % Werbung, 28,5 % Mediale Verwertung, 7,1 % Transfereinnahmen, 5,5 % Merchandising und 10,5 % sonstiges).

606 *Randerath*, Legal Requirements and Problems to Create a Financial Balance between Professional Sport Clubs in the German Bundesliga, 19, 20.

607 „50.000!“ in kicker Sportmagazin vom 24.7.2014, dazu kommen noch 67,5 Mio. Euro an internationalen Erlösen, die jedoch an die 14 Clubs verteilt werden, die seit 2009/2010 mindestens ein Spiel im Europacup absolviert haben.

608 Der Club erhält zusätzlich noch 10,3 Mio. Euro aus der internationalen Vermarktung.

609 „50.000!“ in kicker Sportmagazin vom 24.7.2014.

610 *Randerath*, Legal Requirements and Problems to Create a Financial Balance between Professional Sport Clubs in the German Bundesliga, 20.

611 „Einnahmen Fernsehgelder in der Premier League 2013/2013“ auf www.fussballgeld.de vom 20.5.2014 (zuletzt abgerufen am 18.7.2014).

Clubs teilen; allerdings wird derzeit an einer neuen Regelung gearbeitet, nach der die beiden Clubs nur noch höchstens viermal so viel wir der Letzte des TV-Ranking erhalten sollen.[612]

Aus dieser ohnehin vorhandenen Ungleichheit lässt sich entnehmen, dass eine reine Umverteilung der Einnahmen der deutschen bzw. europäischen Clubs nicht zu einer entscheidenden Erhöhung der Chancengleichheit und auch nicht zu einer signifikanten Reduzierung der Ausgaben der Clubs für Spielergehälter führen würde. Da vorliegend jedoch kein Erfahrungsmaterial zur Wirksamkeit von Umverteilungsmaßnahmen zur Verfügung steht und außerdem die Verbände bzw. Sportligen als Normgeber auch eine gewisse Einschätzungsprärogative besitzen[613], sind Umverteilungsmaßnahmen nicht als milderes Mittel zur Einführung von Gehaltsobergrenzen anzusehen.

(c.) Reduzierung der Einnahmen aus den europäischen Clubwettbewerben

Ebenfalls nicht Erfolg versprechend wäre eine schlichte Reduzierung der Einnahmen aus den europäischen Clubwettbewerben[614], denn diese machen wie oben dargelegt nur einen – wenn auch im Fall der UEFA Champions League nicht ganz unerheblichen – Teil der Einnahmen der teilnehmenden Clubs aus. Eine Reduzierung dürfte jedoch weder den Bieterkampf um die besten Spieler noch die Chancengleichheit entscheidend beeinflussen. Auch ohne diese vergleichsweise hohen Einnahmemöglichkeiten streben die Clubs nach sportlichem Erfolg, wozu im europäischen System neben dem Gewinn der nationalen Meisterschaft eben auch die Teilnahme an den europäischen Wettbewerben und die Chance, einen weiteren Titel erringen zu können, gehört.

Es besteht folglich kein milderes Mittel gegenüber den dargestellten Varianten von Gehaltsobergrenzen, weshalb auch von einer Erforderlichkeit auszugehen ist.

(4.) Verhältnismäßigkeit im engeren Sinne/Angemessenheit

Letztlich müsste das Mittel der Gehaltsobergrenzen verhältnismäßig im engeren Sinne, d.h. die Einführung von Gehaltsobergrenzen müsste im Verhältnis zur Beschneidung der Rechte der Spieler auch angemessen sein. Das Interesse der Verbände bzw. Ligen an der Einführung von Gehaltsobergrenzen müsste so stark sein, dass es einen Eingriff in die Berufsfreiheit der Spieler in Form einer Berufsausübungsregel rechtfertigt. Nach der Stufentheorie des BVerfG müssten vernünftige

612 „TV-Geld für Barca und Real soll begrenzt werden“ auf www.fussballeuropa.com vom 13.2.2014 (zuletzt aufgerufen am 17.7.2014).

613 Vgl. hierzu BVerfG NJW 2007, 979, 983.

614 So aber: *Randerath*, Legal Requirements and Problems to Create a Financial Balance between Professional Sport Clubs in the German Bundesliga, 50, und *Lindholm*, Texas Review of Entertainment & Sports Law, Vol. 12.2 (2011), 209, die eine zu starke Verbindung zwischen sportlichem Erfolg und Einnahmemöglichkeiten im europäischen Fußball ausmachen.

Erwägungen des Gemeinwohls die eingeführten Gehaltsobergrenzen zweckmäßig erscheinen lassen, und sie dürften keine übermäßig belastenden und nicht zumutbaren Auflagen enthalten.[615]

Der Eingriff in die Berufsfreiheit der Spieler könnte durch das Ziel, sportlich und finanziell ausgeglichene Lizenzligen zu erreichen gerechtfertigt sein.[616] Der EuGH hat bereits in seiner „Bosman-Entscheidung“ Folgendes ausgeführt: „Angesichts der beträchtlichen sozialen Bedeutung, die der sportlichen Betätigung und insbesondere dem Fußball in der Gemeinschaft zukommt, ist anzuerkennen, dass die Zwecke berechtigt sind, die darin bestehen, die Aufrechterhaltung eines Gleichgewichts zwischen den Vereinen unter Wahrung einer bestimmten Chancengleichheit und Ungewissheit der Ergebnisse zu gewährleisten.“[617] Gehaltsobergrenzen in der Form eines absoluten *salary caps* oder einer Luxussteuer-Variante könnten die übermäßige Dominanz einiger weniger finanzstarker Clubs einschränken und zumindest eine gewisse Chancengleichheit und Ungewissheit des Ausgangs der Spiele aufrechterhalten.[618] Es wurde bereits ausführlich dargelegt, dass es sowohl in der Fußball-Bundeliga als auch in den europäischen Fußballligen signifikante Unterschiede bezüglich der wirtschaftlichen und der sportlichen Leistungsfähigkeit der Clubs gibt.[619] Diese Unterschiede sind in den letzten beiden Jahrzehnten deutlich angestiegen und die europäischen Ligen drohen, zumindest was die Titelvergabe und die Teilnahme an der UEFA Champions League angeht, zu recht einseitigen Veranstaltungen zu werden.

Dies zeigt sich deutlich an folgenden Beobachtungen: In den vier großen europäischen Fußballigen, Deutschland, England, Spanien und Italien sind in den vergangenen 20 Jahren mit Ausnahme von Deutschland (hier waren es sechs Clubs) jeweils nur fünf Clubs Meister geworden und auch unter diesen Topclubs gibt es in Deutschland, Italien und England einen klar dominierenden Club, in Spanien zwei. In Deutschland gewannen im Zeitraum von 1994/95 bis 2013/2014 folgende Clubs den Meistertitel: 11x FC Bayern München, 5x Borussia Dortmund, jeweils einmal Werder Bremen, VFB Stuttgart, VFL Wolfsburg und der 1. FC Kaiserslautern. Englische Meister waren im gleichen Zeitraum: 11x Manchester United, 3x Arsenal London, 3x Chelsea London, 2x Manchester City und 1x Blackburn Rovers. In Spanien errangen von 1994/95 bis 2013/2014 folgende Clubs den Meistertitel: 8x FC Barcelona, 7x Real Madrid, 2x Atlético Madrid, 2x FC Valencia und einmal Deportivo La Coruña. Italienischer Meister in den vergangenen 20 Jahren wurden: 9x Juventus Turin (davon wurde ein Titel wegen Spielmanipulationen aberkannt), 5x Inter Mailand, 4x AC Mailand und je einmal Lazio Rom und AS Rom.

---

615 *Maunz/Dürig*, GG-Kommentar, Art. 12 Rn. 335.

616 *Schulz*, Grundrechte im Sport, 100.

617 EuGH NZA 1996, 191, 197 (Bosman).

618 *Schulz*, Grundrechte im Sport, 100, für Ablösesummen.

619 Vgl. § 1 B.

Ein ähnlich einseitiges Bild zeigt sich bei den Teilnehmern an der Champions League am Beispiel Deutschland (ab 1997/1998 gab es jeweils zwei feste deutsche Teilnehmer und einen Qualifikant, seit der Saison 2012/2013 gibt es drei feste Teilnehmer aus der Bundesliga und einen Qualifikant). Neben den oben genannten sechs Titelträgern haben in den vergangenen 20 Jahren noch vier weitere Clubs an der Hauptrunde teilgenommen (Schalke 04 und Bayer 04 Leverkusen relativ regelmäßig, Hertha BSC Berlin, Hamburger SV jeweils einmal), TSV 1860 München und Borussia Mönchengladbach scheiterten jeweils einmal in der Qualifikation. In diesem Zeitraum haben insgesamt 34 Clubs in der Bundesliga gespielt.

Die UEFA Champions League selbst wurde in den vergangenen 20 Jahren siebenmal von spanischen Clubs gewonnen (4x Real Madrid, 3x FC Barcelona), viermal von englischen Clubs (2x Manchester United und je einmal von Chelsea London und FC Liverpool), viermal von Italienischen Clubs (2x AC Mailand und jeweils einmal von Juventus Turin und Inter Mailand) und dreimal von deutschen Clubs (2x Bayern München und 1x Borussia Dortmund). Diese beinahe schon unheimliche Dominanz der großen vier Ligen (bei potenziellen Teilnehmern aus insgesamt 50 europäischen Ligen) konnten in den vergangenen 20 Jahren jeweils einmal der holländische Club Ajax Amsterdam und der portugiesische Club FC Porto durchbrechen.

Ein absoluter *salary cap* könnte hier zu einer deutlich größeren finanziellen und sportlichen Ausgeglichenheit innerhalb der nationalen aber auch zwischen den europäischen Ligen führen. Bei einem absoluten *salary cap*, der für alle an einer Liga oder auch einem ligaübergreifenden Wettbewerb teilnehmenden Clubs eine gleich hohe, absolute Obergrenze für den Spielerkader vorsieht, würde die finanziell unterschiedlichen Voraussetzungen der Clubs beseitigen und damit zu einer deutlich gesteigerten Chancengleichheit führen.[620] Dass ein absoluter *salary cap* die sportliche Ausgeglichenheit innerhalb einer Liga fördert, zeigt sich an der US-amerikanischen NFL.[621]

Auch bei der zuvor beschriebenen Luxussteuer-Variante ist von einer Steigerung der Chancengleichheit der Clubs auszugehen. Die finanzstärkeren Clubs subventionieren mit den Steuerzahlungen, die sie aufgrund des Überschreitens der absoluten Gehaltsobergrenze für den Spielerkader zahlen müssen, die finanzschwächeren Clubs. Dies steigert die Wettbewerbsfähigkeit der kleineren Clubs, die jedoch ihrerseits auch an eine relative Obergrenze gebunden sind. Hier sind die Auswirkungen auf die Chancengleichheit geringer, da die Clubs frei entscheiden können, ob sie bereit sind, die relative oder absolute Gehaltsobergrenze für den Spielerkader zu überschreiten und damit die Zahlung von Luxussteuern in Kauf zu nehmen, um die gewünschten Spieler zu verpflichten. In gleichem Maße ist jedoch auch der Ein-

620 Da ein solcher absoluter *salary cap* eine radikale Neuerung im europäischen Sport bedeuten würde, werden unter § 5 C VI auch praktische Erwägungen zur Einführung solcher Gehaltsobergrenzen erörtert.

621 *Randerath*, Legal Requirements and Problems to Create a Financial Balance between Professional Sport Clubs in the German Bundesliga, 35.

griff in die Rechte der Spieler moderater, da den Clubs keine nicht überschreitbare Grenze gesetzt wird und die mittelbare Auswirkung auf die Gehaltsverhandlungen somit geringer ist.

Dennoch führen beide Varianten von Gehaltsobergrenzen zu Einschränkung der Verdienstmöglichkeiten der Spieler und damit deren Berufsfreiheit. Diese Belastung dürfte nicht übermäßig und unzumutbar sein. Man könnte nämlich gut argumentieren, dass es weder das Problem der Spieler ist noch in ihrer Verantwortung liegt, dass die Wettbewerbe nicht ausgeglichen sind und vergleichsweise wenige Clubs dominieren. Dies würde dagegen sprechen, die Steigerung der Chancengleichheit durch eine Einschränkung der Verdienstmöglichkeiten der Spieler zu rechtfertigen. Andererseits wurde bereits festgestellt, dass andere, ggfs. weniger einschneidende Maßnahmen nicht Erfolg versprechend sind.

Im Gegensatz zu Transferentschädigungen stellen teambezogene Gehaltsobergrenzen bzw. Luxussteuern keine Zugangsbeschränkung, sondern lediglich eine Berufsausübungsregel dar. Sie müssen daher nicht zur Abwehr nachweisbarer oder höchstwahrscheinlicher schwerwiegender Gefahren für ein überragend wichtiges Gemeingut[622], sondern lediglich durch vernünftige Erwägungen des Gemeinwohls gerechtfertigt sein. Ein weiterer Unterschied zu den Transferregelungen ist, dass hier keine privatrechtlichen Beziehungen zwischen den Clubs geregelt werden, sondern es sich um eine rein interne Regelung handelt, welche die Mitglieder gegenüber dem Verband verpflichtet.

Gegen eine Notwendigkeit der Schaffung von größerer Chancengleichheit spricht, dass das Zuschauerinteresse an der Bundesliga und an den europäischen Wettbewerben und damit auch die Einnahmen der Clubs und Verbände in den vergangenen Jahren stetig angestiegen sind.[623] Dem kann jedoch entgegengehalten werden, dass von dieser Entwicklung vergleichsweise wenige Clubs und Ligen und damit auch nicht die Mehrzahl der Spieler proportional profitieren. Mag das Zuschauerinteresse am Fußballsport trotz mangelnder Chancengleichheit auch derzeit ungebrochen sein, so gibt hierfür erstens in Zukunft keine Garantie und zweitens verläuft dieses Wachstum alles andere als proportional, wenn man das Gros der Marktteilnehmer betrachtet. Dass andere angedachte Mittel wie eine gerechtere Verteilung der Einnahmen, Senkung der Prämien oder ein relativer *salary cap* entweder nicht zu den gewünschten Ergebnissen führen oder gar kein milderes Mittel darstellen, wurde oben bereits dargelegt.

In Bezug auf den Profisport besteht die Besonderheit, dass ein einzelner Club kein vermarktbares Produkt herstellen kann, sondern von anderen Clubs abhängig ist, um sich im Ligawettbewerb mit ihnen messen zu können, was dann das Produkt

622 Vgl. hierzu BGH NJW 3552, 3554; NZA 647, 651.

623 Vgl. § 1 B, Bundesliga Report 2014 – Die wirtschaftliche Situation im Lizenzfußball; Die europäische Klubfußballlandschaft – Benchmarking-Bericht zur Klubfinanzierung für das Finanzjahr 2012.

Ligafußball darstellt.[624] Des Weiteren ist davon auszugehen, dass Meisterschaften umso attraktiver für die Konsumenten bzw. Fans, aber auch für die Spieler und Clubs sind, je größer die Chancengleichheit zwischen den teilnehmenden Mannschaften ist.[625] Die Gunst der Konsumenten sichert langfristig den wirtschaftlichen Erfolg der Clubs und damit auch der Spieler selbst. Die Steigerung der Chancengleichheit sollte somit auch im Interesse zumindest eines Großteils der Spieler sein.

Auch wenn durch die Einführung von Gehaltsobergrenzen die Verdienstmöglichkeit der Spieler auf der einen Seite eingeschränkt wird, können auf der anderen Seite wirtschaftliche Vorteile entstehen, indem man den Spielern nach amerikanischem Vorbild Mindestbeteiligungen am Gewinn der Ligen bzw. der Clubs einräumt. Die amerikanischen *major leagues* bieten den Spielern trotz Gehaltsobergrenzen bzw. Luxussteuern Verdienstmöglichkeit, die sie sonst auf der Welt nicht erzielen können.[626] Die Vereinbarung teambezogener Gehaltsuntergrenzen bzw. bei der Luxussteuer-Variante auch die teilweise Auskehrung der abzuführenden Luxussteuern an die Spieler könnte den Eingriff weniger einschneidend gestalten.

Ein weiteres Argument für die Einführung von Gehaltsobergrenzen ist die Förderung der Aus- und Weiterbildung junger Spieler, welche der EuGH im „Bosman-Urteil" als berechtigten Zweck, der eine Einschränkung der Arbeitnehmerfreizügigkeit (vergleichbar mit der Berufsfreiheit) rechtfertigen könne, bezeichnete.[627] Das Geld, das die Clubs für zurzeit stetig steigende Spielergehälter sparen, könnten sie in der Tat vermehrt in die Ausbildung des Nachwuchses investieren. Dies würde für viele Clubs auch wirtschaftlich Sinn machen, da es immer noch am günstigsten ist, Spieler aus der eigenen Jugend für den Profikader zu entwickeln und sie damit gleichzeitig eine hohe Identifikation ihrer Fans mit der Mannschaft schaffen.[628] Zwar enthalten die Statuten der DFL e. V. und der UEFA bereits Regelungen, die die Clubs zu bestimmten Maßnahmen der Nachwuchsförderung, z. B. zum Unterhalt von Jugendinternaten, verpflichten. Allerdings würden durch die oben genannten Ersparnisse weitere finanzielle Ressourcen frei werden und auch die Anreize einer erfolgreichen Jugendförderung noch weiter steigen.

Alles in allem überwiegt das durch Art. 9 Abs. 1 GG geschützte Interesse der Verbände und Ligen an einer Gewährleistung von Chancengleichheit in ihren Wettbewerben gegenüber dem durch Art. 12 Abs. 1 GG geschützten Interesse der Spieler, ihre Vergütung frei und ohne jegliche Einschränkungen auszuhandeln. Das Allgemeininteresse an ausgeglichenen Wettbewerben und einer Sicherung

---

624 *Dietl/Duschl/Lang*, Gehaltsobergrenzen und Luxussteuern (Working Paper No. 136), 2.

625 *Dietl/Duschl/Lang*, Gehaltsobergrenzen und Luxussteuern (Working Paper No. 136), 2.

626 *Dietl/Duschl/Lang*, Gehaltsobergrenzen und Luxussteuern (Working Paper No. 136), 6.

627 *Schulz*, Grundrechte im Sport, 103, mit Verweis auf EuGH NJW 1996, 505, 510 (Bosman).

628 *Schulz*, Grundrechte im Sport, 106.

des wirtschaftlichen Überlebens der Clubs ist so wichtig, dass die Einzelinteressen der Spieler dahinter zurückzustehen haben. Dies gilt umso mehr, wenn man in den entsprechenden Regelungen auch Gehaltsuntergrenzen bzw. eine garantierte Beteiligung der Spieler an den Gewinnen bzw. durch die Clubs abgeführte Luxussteuern vorsehen würde. Neben der Gewährleistung größerer Chancengleichheit, die wie oben dargelegt auch vielen Spielern zugutekommen würde, unterstützen Gehaltsobergrenze auch langfristig die Wirtschaftlichkeit des Lizenzfußballs und damit die Arbeitsplätze der Spieler. Die Einführung von Gehaltsobergrenzen auf der Basis von Verbandsregelungen ist somit mit der Berufsfreiheit der Spieler gemäß Art. 12 Abs. 1 GG vereinbar.

2. *Verstoß gegen Vereinsrecht*

Gehaltsobergrenzen oder eine Luxussteuer in Verbandsregeln wären darüber hinaus auch nach vereinsrechtlichen Grundsätzen auf ihre inhaltliche Angemessenheit gemäß §§ 242, 315 BGB zu überprüfen. Sie könnten z.B. gegen die Treue- und Förderpflichten des Verbands gegenüber seinen Mitgliedern verstoßen. Demnach muss der Verein oder Verband Rücksicht auf die schützenswerten Belange seiner Mitglieder nehmen.[629] Diese Pflicht kann auch gegenüber Personen bestehen, die sich vertraglich und nicht qua Mitgliedschaft den Satzungen oder Ordnungen des Vereins bzw. Verbands unterworfen haben.[630] Die Konsequenz mangelnder Übereinstimmung sportverbandlicher Regelungen mit den wechselseitigen Förderpflichten sei in der Regel Unwirksamkeit, da eine solche Regelung dann einer Angemessenheitskontrolle nach § 242 BGB nicht standhalte.[631] Hierbei sind im Rahmen einer Verhältnismäßigkeitsprüfung die Interessen des Verbands mit denen des Mitglieds abzuwägen; falls keine höherrangigen Einzelinteressen des Verbands bestehen, ist in der Regel den mitgliedschaftlichen Interessen der Vorrang zu gewähren.[632]

Hannamann geht davon aus, dass Gehaltsobergrenzen durch Verbandsregeln mit den Förderpflichten des Verbands bzw. der Vereine unvereinbar wären, da sie einseitig zulasten der Spieler gingen.[633] Nach ihrer Ansicht verbieten die Förderpflichten im Sport es den Verbänden, die wettkampfmäßige Sportausübung durch Vereine oder nachgeordnete Verbände einzuschränken. Dies gelte zumindest soweit die Einschränkung nicht für den Bestand oder die Funktionsfähigkeit der Verbände und Vereine unter Berücksichtigung ihrer Zwecksetzung oder der sportlichen Wettbewerbe erforderlich sei.[634] Gehaltsobergrenzen und damit eine künstliche Begrenzung des Marktvolumens und der Einnahmemöglichkeiten der Spieler könne nicht als mildestes Mittel für die – damit auch bezweckte – Nachwuchsförderung

629 *Hannamann*, Kartellverbot und Verhaltenskoordination, 88.
630 *Reichert*, Vereins- und Verbandsrecht, Rn. 964.
631 *Hannamann*, Kartellverbot und Verhaltenskoordination, 86 ff., 91.
632 *Reichert*, Vereins- und Verbandsrecht, Rn. 989.
633 *Hannamann*, Kartellverbot und Verhaltenskoordination, 426.
634 *Hannamann*, Kartellverbot und Verhaltenskoordination, 278.

angesehen werden. Bezüglich der Verhinderung einer Konzentration der besten Spieler bei den „reichsten" Clubs sei zwar die Eignung und die Erforderlichkeit von Gehaltsobergrenzen, nicht jedoch die Angemessenheit und damit die Verhältnismäßigkeit im engeren Sinne zu bejahen.[635] *Hannamann* nimmt daher an, dass sowohl individuelle als auch teambezogene Gehaltsobergrenzen, die einseitig vom Verband festgelegt werden, gegen dessen Förderpflichten gegenüber den Spielern verstoßen, da sie diese einseitig und unangemessen benachteiligten.[636]

Dem sind die im Rahmen der Grundrechtsprüfung, insbesondere der Verhältnismäßigkeitsprüfung gemachten Überlegungen entgegen zu halten. Hier wurde festgestellt, dass eine Einschränkung der Berufsfreiheit der Spieler durch Gehaltsobergrenzen durch das Grundrecht der Vereinigungsfreiheit der Verbände oder Ligen gerechtfertigt sind, da diese mit der Chancengleichheit und Wirtschaftlichkeit der Clubs überragende Allgemeininteressen, die gleichzeitig wichtige Verbandsinteressen darstellen, schützen. Diese Erwägungen gelten insbesondere im vereinsrechtlichen Verhältnis zwischen den Verbänden bzw. Ligen und den Spielern, die sich den Regelungen vertraglich unterwerfen. Die vereinsrechtliche Treuepflicht wiegt hier nicht schwerer als das Grundrecht der Berufsfreiheit der Spieler. Wie oben dargelegt ist die Festlegung einer teambezogenen Gehaltsobergrenze für den Spielerkader bzw. Luxussteuer angemessen und verhältnismäßig, weshalb sie die Spieler nicht einseitig und unangemessen benachteiligt.

3. Verstoß gegen Wettbewerbsrecht

Es könnte jedoch ein Verstoß gegen geltendes Wettbewerbsrecht vorliegen. *Bahners* geht davon aus, dass verbandsseitig eingeführte Gehaltsobergrenzen im deutschen Berufsfußball – aber auch im Fall einer Einführung in sämtlichen Mitgliedsverbänden der UEFA – sowohl gegen europäisches als auch gegen deutsches Wettbewerbsrecht, insbesondere gegen die §§ 19, 20 des Gesetzes gegen Wettbewerbsbeschränkungen (GWB) verstießen.[637] Unter eine solche einseitige Einführung würde auch die Vereinbarung in Lizenzverträgen zwischen Verband/Liga und Spielers/Clubs fallen, da deren Inhalt weder durch die Spieler noch durch die Clubs verhandelt werden kann, sondern wie bei allgemeinen Geschäftsbedingungen einseitig durch den Verwender, hier den Verband oder die Liga, festgelegt werden. Die §§ 19, 20 GWB verbieten die missbräuchliche Ausnutzung einer marktbeherrschenden Stellung oder einer relativen bzw. überlegenen Marktmacht durch ein oder mehrere Unternehmen bzw. Unternehmensvereinigungen. Da die Sportverbände und Sportligen unzweifelhaft eine solche marktbeherrschende Stellung einnehmen, könnte die einseitige Beschränkung des von ihnen beherrschten Marktes durch die Einführung von Gehaltsobergrenzen und/oder Luxussteuern gegen die §§ 19, 20

635 *Hannamann*, Kartellverbot und Verhaltenskoordination, 284.
636 *Hannamann*, Kartellverbot und Verhaltenskoordination, 513.
637 *Bahners*, SpuRt 2003, 142, 144.

GWB verstoßen. Darüber hinaus käme auch ein Verstoß gegen § 1 GWB in Form eines Beschlusses einer Unternehmensvereinigung, der eine Verhinderung, Einschränkung oder Verfälschung des Wettbewerbs bezweckt oder bewirkt, infrage.

Allerdings normiert Art. 3 der VO (EG) Nr. 1/2003 des Rates vom 16.12.2002 zur Durchführung des europäischen Wettbewerbsrechts einen Vorrang der europäischen Regelungen vor den einzelstaatlichen Wettbewerbsregeln.[638] Gemäß Art. 3 Abs. 2 VO (EG) Nr. 1/2003 darf die Anwendung des einzelstaatlichen Wettbewerbsrechts nicht dazu führen, dass Vereinbarungen zwischen Unternehmen oder Beschlüsse von Unternehmensvereinigungen, die den zwischenstaatlichen Handel beeinträchtigen können, dies aber entweder gemäß Art. 101 Abs. 1 AEUV nicht tun oder aber gemäß Art. 101 Abs. 3 AEUV freigestellt sind, verboten werden.

Auch bezüglich Art. 102 AEUV regelt die VO, dass dieser bei zwischenstaatlichem Handel immer neben der nationalen Vorschrift anzuwenden ist. Allerdings sind im Rahmen des Art. 102 AEUV grundsätzlich auch strengere nationale Regelungen – in Deutschland wären dies die §§ 19, 20 GWB – möglich, da Art. 102 AEUV keine Ausnahme- oder Freistellungstatbestände kennt.[639] Die §§ 19, 20 GWB sollen aber nicht dazu führen, dass der Erlaubnis- bzw. Freistellungsbereich des Art. 101 AEUV beeinträchtigt wird, da nach der VO die einheitliche Durchführung einer Vereinbarung im europäischen Binnenmarkt gewährleistet werden muss.[640]

Da aufgrund der nahezu wortgleichen Regelungen ein Verstoß gegen europäisches Kartellrecht ohnehin auch immer zugleich einen Verstoß gegen deutsches Kartellrecht bedeutet,[641] und das GWB ausschließlich zur Anwendung kommt, wenn der zwischenstaatliche Handel nicht berührt ist,[642] soll die Frage eines Verstoßes von Gehaltsobergrenzen gegen deutsches Kartellrecht hier offen bleiben und wettbewerbsrechtliche Fragen in § 6 erörtert werden. Dafür spricht, dass aufgrund des europäischen bzw. internationalen Spielermarkts in den großen europäischen Sportligen auch rein nationale Regeln über Gehaltsobergrenzen den immer zugleich den zwischenstaatlichen Handel betreffen dürften.[643]

III. Eingriff in die Rechte der Clubs

Die Verankerung von Gehaltsobergrenzen in Verbandsregelungen, wie z. B. im deutschen Fußballsport in der LO des DFL e. V., könnte auch die Rechte der Clubs verletzen, da diese daran gehindert würden, frei über den Einsatz ihrer finanziellen Mittel für den Spielerkader zu verfügen.

---

638 Immenga/Mestmäcker/*Zimmer*, Wettbewerbsrecht: GWB, § 1, Rn. 4.
639 *Grabitz/Hilf/Nettesheim*, Das Recht der EU, Art. 101 AEUV, Rn. 49.
640 *Grabitz/Hilf/Nettesheim*, Das Recht der EU, Art. 101 AEUV, Rn. 49.
641 *Bahners*, SpuRt 2003, 142, 144.
642 Adolphsen/Nolte/Lehner/Gerlinger/*Spindler*, Sportrecht in der Praxis, Rn. 1823.
643 Siehe unten bei § 6 C.

1. *Verletzung von Grundrechten der Clubs*

Es könnte ein Eingriff in die Berufsfreiheit der Clubs gemäß Art. 12 Abs. 1 GG oder den eingerichteten und ausgeübten Gewerbebetrieb der Clubs gemäß Art. 14 Abs. 1 GG vorliegen.[644]

a. Berufsfreiheit

Wie bereits oben erläutert, findet das Grundrecht der Berufsfreiheit auch auf inländische juristische Personen Anwendung, soweit deren satzungsmäßige Betätigung betroffen ist.[645] Nach der Rechtsprechung des Bundesverfassungsgerichts schützt Art. 12 Abs. 1 GG auch die Freiheit, ein Unternehmen zu gründen und zu führen.[646] Dies umfasst insbesondere die Freiheit, eine Erwerbszwecken dienende Tätigkeit zu betreiben, soweit diese Tätigkeit nach Wesen und Art gleichermaßen von einer juristischen wie einer natürlichen Person ausgeübt werden kann.[647] Die Teilnahme am Ligawettbewerb und damit zwingend verbunden die Verpflichtung und Bezahlung von Lizenzspielern gehört zur satzungsmäßigen, unternehmerischen Tätigkeit der Sportkapitalgesellschaften und ausgegliederten Profisportabteilungen der Vereine.[648] Sie wird zumindest auch zu Erwerbszwecken ausgeübt, da die Proficlubs heutzutage quasi Wirtschaftsunternehmen sind und – neben der Lizenzmannschaft – häufig eine Vielzahl von Mitarbeitern beschäftigen. Insgesamt betätigen sich die Clubs neben der Teilnahme am sportlichen Wettbewerb in hohem Maße wirtschaftlich, sei es im Rahmen des Verkaufs von Tickets und Merchandisingartikeln oder in Infrastrukturprojekten.[649] Diese Professionalisierung der Clubs führt zu einer Erhöhung des Grundrechtsbedarfs in Form des Kerngrundrechts wirtschaftlicher Betätigung, der Berufsfreiheit des Art. 12 Abs. 1 GG, das auf die Clubs Anwendung findet.[650]

(1.) Eingriff

Die Proficlubs sind hinsichtlich der Führung ihres Unternehmens durch Art. 12 Abs. 1 GG geschützt, wozu insbesondere die freie Entscheidung über die Nutzung der konkret zur Verfügung stehenden wirtschaftlichen Mittel gehört.[651] Die Clubs stehen im sportlichen (und wirtschaftlichen) Wettbewerb zueinander und können

---

644 Diskutiert bei *Schulz*, Grundrechte im Sport, 83 ff., der einen Eingriff in die Rechte der Clubs jedoch ablehnt.

645 Vgl. § 5 B II.1.e (2.).

646 BVerfG, NJW 1979, 699, 707.

647 BVerfG, NJW 1979, 699, 708; *Schulz*, Grundrechtskollisionen im Berufssport, 87.

648 So: *Schulz,* Grundrechtskollisionen im Berufssport, 90; ablehnend hinsichtlich der Berufssportabteilungen eingetragener Vereine: *Räker*, Grundrechtliche Beziehungen juristischer Personen im Berufssport, 136.

649 *Räker*, Grundrechtliche Beziehungen juristischer Personen im Berufssport, 119.

650 *Räker*, Grundrechtliche Beziehungen juristischer Personen im Berufssport, 117, 119.

651 *Räker*, Grundrechtliche Beziehungen juristischer Personen im Berufssport, 138.

mit höheren Spielergehältern leistungsstärkere Spieler verpflichten, was ihre Chancen auf sportliche Erfolge in den nationalen und internationalen Wettbewerben erhöht.[652] Daher liegt es grundsätzlich im Interesse der Clubs, gerade nicht in ihren Ausgaben für Gehälter beschränkt zu werden, sondern das maximal mögliche in den Spielerkader zu investieren. *Räker* vertritt diesbezüglich die Auffassung, dass den Clubs die aus ihrer Tätigkeit im Wettbewerb legitimer Weise erzielten Vorteile grundsätzlich verbleiben müssten.[653] Eine Einschränkung der Ausgabemöglichkeiten aufgrund von Verbandsregelungen würde folglich einen Eingriff in Form einer Berufsausübungsregel bedeuten, was grundsätzlich für alle Formen der zuvor dargestellten Gehaltsobergrenzen gilt.

Dies gilt grundsätzlich für alle Clubs, trifft jedoch in besonderem Maß die wirtschaftlich starken Clubs, die den Wettbewerbsvorteil ihrer überlegenen Wirtschaftskraft gegenüber den anderen Clubs auch entsprechend einsetzen wollen, um mit einem stärkeren Spielerkader ihre sportlichen Erfolgsaussichten zu steigern. Der Eingriff durch einen absoluten *hard salary cap* wäre für alle Ligateilnehmer, aber vor allem für die umsatzstärksten Clubs, am gravierendsten. Dagegen gesteht die oben entwickelte Luxussteuer-Variante den umsatzstarken Clubs immer noch Investitionsvorteile gegenüber der umsatzschwächeren Konkurrenz zu und greift daher weniger stark in deren Berufsfreiheit ein. Im internationalen Vergleich würde die Einführung einer Gehaltsobergrenze oder Luxussteuer-Variante nur in Deutschland für alle Clubs eine Benachteiligung und damit einen Eingriff in die „Unternehmerfreiheit“ bedeuten. Da es sich hier nicht um einen staatlichen Eingriff, sondern um einen Eingriff innerhalb eines Privatrechtsverhältnisses handelt, liegt ein Fall der mittelbaren Drittwirkung der Berufsfreiheit vor.[654]

(2.) Rechtfertigung

Ebenso wie gegenüber den Spielern, in deren Verdienstmöglichkeiten zumindest mittelbar eingegriffen wird, könnte ein solcher Eingriff in die Berufsfreiheit in Form einer unmittelbaren Ausgabenbeschränkung jedoch auch gegenüber den Clubs gerechtfertigt sein. Auch hier steht dem Grundrecht der Clubs auf freie Berufsausübung gemäß Art. 12 GG das Grundrecht der Vereinigungsfreiheit der Verbände bzw. der Sportligen gemäß Art. 9 Abs. 1 GG entgegen. Da die Clubs durch Gehaltsobergrenzen in der Ausübung ihrer unternehmerischen Tätigkeit im Sinne einer Berufsausübungsregel beschränkt werden, müssen dem Eingriff vernünftige Erwägungen des Allgemeinwohls bzw. des Verbandswesens zugrunde liegen. Die von den Verbänden mit der Einführung von Gehaltsobergrenzen verfolgten Ziele bleiben die gleichen, auch wenn sich die Maßnahmen in ihrer Wirkung gegenüber Clubs

---

652 Zum Zusammenhang zwischen der Höhe der Spielergehälter und der Siegquote eines Clubs: *Frick/Prinz*, Spielerallokation und Spielerentlohnung, 140 ff.

653 Räker, Grundrechtliche Beziehungen juristischer Personen im Berufssport, 158.

654 *Räker*, Grundrechtliche Beziehungen juristischer Personen im Berufssport, 140.

und Spielern unterscheiden. Insofern kann grundsätzlich auf die Ausführungen zur Rechtfertigung eines Eingriffs in die Berufsfreiheit der Spieler verwiesen werden.[655]

Bezüglich der Berufsfreiheit eines Unternehmens ist darüber hinaus zu beachten, dass je größer das betriebene Unternehmen ist, desto mehr geht der Bezug zum eigentlichen Kern des Grundrechts, nämlich dem Beruf als Ausformung der Persönlichkeit des Menschen, verloren.[656] Ist also – wie oben ausführlich dargelegt[657] – ein Eingriff in die Berufsfreiheit der Spieler durch sachgerechte und vernünftige Erwägungen des Gemeinwohls gerechtfertigt, kann für deren Arbeitgeber, die Clubs, kaum etwas anderes gelten.

Ergänzend zu bereits dargelegten Argumenten, ist anzuführen, dass der weit überwiegende Teil der Clubs von der Einführung der teambezogenen *salary caps* zumindest im nationalen Bereich profitieren würde. Es ist davon auszugehen, dass ein absoluter *hard salary cap* zu einer deutlichen Steigerung der Chancengleichheit führen und auch das beschriebene Luxussteuer-Modell diese steigern würde. Des Weiteren würden die Clubs auf lange Sicht auch wirtschaftlich von der Einführung von Gehaltsobergrenzen profitieren, da die Wettbewerbe für die Zuschauer (noch) attraktiver werden, was mutmaßlich auch im Interesse der marktführenden Clubs steht.[658] Die anderweitigen Interessen einiger weniger Clubs, die ggfs. durch die Einführung von Gehaltsobergrenzen Nachteile im internationalen Vergleich erleiden würden, müssten gegenüber den Interessen einer Mehrzahl der Clubs, der Verbände und Ligen sowie der Zuschauer zurückstehen. Bezüglich der Sportligen, insbesondere im Fußballsport, ist überdies zu berücksichtigen, dass die Proficlubs als Mitglieder die Entscheidung mehrheitlich mittragen müssen. Auch dies spricht gegen eine Unverhältnismäßigkeit eines Eingriffs aufgrund einer Regelung der Ligagesellschaft.

Es ist letztlich davon auszugehen, dass ein Eingriff in die „Unternehmerfreiheit“ der Clubs durch die Einführung einer absoluten teambezogenen Gehaltsobergrenze oder durch eine Luxussteuer-Variante auf der Basis von Verbands- oder DFL e.V. regeln gerechtfertigt wäre.

b. Eigentum

Es kommt ebenfalls eine Verletzung des Eigentums der Clubs, dessen Schutz in Art. 14 Abs. 1 GG gewährleistet ist, infrage. Nach einer Faustformel schützt Art. 12 Abs. 1 GG den Erwerb, also die unternehmerische Tätigkeit selbst, Art. 14 GG das

---

655 Vgl. § 5 B II 1 f.

656 BVerfG, NJW 1979, 699, 708.

657 § 5 B II 1 f (4.).

658 So auch für den Fall der Zentralvermarktung von Fernsehrechten: *Räker*, Grundrechtliche Beziehungen juristischer Personen im Berufssport, 156, der eine Zulässigkeit der Zentralvermarktung bejaht, solange Leistungskriterien in ausreichender Form berücksichtigt würden.

Erworbene, also die Früchte, die aus der Erwerbstätigkeit gezogen werden.[659] In einer Beschränkung des Einsatzes der finanziellen Mittel der Clubs, die diese im Rahmen der Teilnahme am Ligawettbewerb erwirtschaftet haben, könnte also ein Eingriff in das Eigentum gemäß Art. 14 GG liegen.

Da Gehaltsobergrenzen jedoch nicht in die Eigentumsposition der Clubs selbst in Form der vorhandenen Vermögenswerte eingreifen, sondern deren Verwendung im Geschäftsbetrieb regeln, handelt es sich wiederum um eine Fragestellung des Art. 12 GG, der für den Schutz der Tätigkeit und des Erwerbs zuständig ist.[660] Dasselbe gilt auch unter dem Gesichtspunkt des – umstrittenen – Schutzes des eingerichteten und ausgeübten Gewerbebetriebs für den Schutz einer Marktstellung des Unternehmens, die nach der Rechtsprechung des Bundesverfassungsgerichts als bloße Chance nicht vom Schutzbereich des Art. 14 GG erfasst wird.[661] *Räker* sieht für Art. 14 GG im Berufssport eine untergeordnete Rolle, da die von Art. 14 GG geschützten vermögenswerten Rechte in verfassungsrechtlich unbedenklicher Form gesetzlich geregelt seien, z. B. im BGB, Markenrecht und im BauGB.[662]

Der Schutzbereich des Art. 14 GG ist mithin durch die Festlegung von Gehaltsobergrenzen nicht eröffnet. Es liegen weder abstrakt-generelle Normen vor, welche Rechte und Pflichten der Clubs in Bezug auf ihr Eigentum festlegen, noch handelt es sich um einen individuell konkreten Entzug von Eigentumspositionen.

2. Verstoß gegen vereinsrechtliche Grundsätze

Infrage kommen hier überdies im vereinsrechtlichen Verhältnis Verstöße gegen die §§ 305 ff. BGB, § 315 BGB oder § 242 BGB, z. B. in Form einer Verletzung der vereins- bzw. verbandsrechtlichen Treue- und Förderungspflichten. Würde der DFL e. V. z. B. im Rahmen des Lizenzierungsverfahrens verbindliche Gehaltsobergrenzen einführen, wäre also eine Angemessenheitskontrolle der dieser verbandsrechtlichen Regelungen, denen sich die Clubs aufgrund ihrer Mitgliedschaft im DFL e. V. unterworfen haben, durchzuführen.[663]

Müller beschreibt den Teil „wirtschaftliche Leistungsfähigkeit des Lizensierungsverfahrens“ als Mittel, um der allen Sportligen innewohnenden Tendenz zu Überinvestitionen für den sportlichen Erfolg entgegenzutreten.[664] Ein solches Verfahren sei aufgrund der katastrophalen Folgen, die ein liquiditätsbedingtes Ausscheiden eines Clubs für die Meisterschaft und indirekt für die Reputation und Vermarktbar-

659 Dreier/*Wieland*, GG-Kommentar, Bd. I, Art. 12 Rn. 176.

660 Dreier/*Wieland*, GG-Kommentar, Bd. I, Art. 12 Rn. 61.

661 BVerfG, NJW 1988, 1195, 1199.

662 *Räker*, Grundrechtliche Beziehungen juristischer Personen im Berufssport, 167, 228.

663 *Steiner*, Die Autonomie des Sports, 17.

664 *Müller*, Wettbewerbsintegrität als Oberziel des Lizenzerungsverfahrens der Deutschen Fußball Liga, in: Zieschang/Klimmer (Hrsg.), Unternehmensführung im Profifußball: Symbiose von Sport, Fußball und Recht, 24 f.

keit der Liga hätten, gerechtfertigt.[665] Die Integrität einer laufenden Meisterschaft werde insbesondere dadurch geschützt, dass der Verband bzw. die Liga vor jeder Spielzeit die finanzielle Leistungsfähigkeit der Clubs überprüft und ggfs. Auflagen erteilt, um das Ausscheiden eines Teilnehmers wegen Zahlungsunfähigkeit vor Abschluss der Spielzeit zu verhindern.[666] Es liege in der Verantwortung einer Ligagesellschaft, einen integren und spannenden Wettbewerb um die Meisterschaft zu gewährleisten, um das Produkt für die Konsumenten interessant zu halten.[667] Bei der Kontrolle der Subsumtion eines korrekt festgestellten Sachverhalts unter die Verbandsnormen ist die Grundentscheidung des Art. 9 Abs. 1 GG zu berücksichtigen, wonach die interne Vereinsverwaltung grundsätzlich nach eigenen, ggfs. auch von den staatlichen Wertvorstellungen abweichenden, Vorstellungen vorgenommen werden darf.[668]

Nach Ansicht *Müllers* muss es einer Sportliga aus den vorgenannten Gründen zugestanden werden, der rücksichtslosen Nutzung unbegrenzter Finanzierungsmöglichkeiten einzelner Clubs, z.B. aufgrund der Unterstützung eines Mäzens wie dem russischen Oligarchen Roman Abramowitsch bei Chelsea London, mit entsprechenden Maßnahmen entgegen zu treten.[669] Ein Mittel dazu könnte wie oben dargestellt die Einführung von Gehaltsobergrenzen oder Luxussteuern sein. Diese erscheinen vor dem Hintergrund der Aufgaben und Zielsetzungen der Sportligen legitim und nicht als unangemessene Einschränkung gegenüber den Clubs.

Vor allem ist bei den Sportligen jedoch zu berücksichtigen, dass die Clubs in der Regel in die Entscheidungsprozesse eingebunden sind. Dies ist im Fußball z.B. der Fall, wo die Clubs als Mitglieder des DFL e.V. die Regeln auf der Basis von Mehrheitsentscheiden verabschieden.[670] Bei einer durch den DFL e.V. beschlossenen Gehaltsobergrenze würde es sich also gewissermaßen um eine Selbstbeschränkung der Clubs handeln, über eine bestimmte Grenze hinaus in die Spielstärke der Mann-

---

665 *Müller,* Wettbewerbsintegrität als Oberziel des Lizenzierungsverfahrens der Deutschen Fußball Liga, in: Zieschang/Klimmer (Hrsg.), Unternehmensführung im Profifußball: Symbiose von Sport, Fußball und Recht, 25.

666 *Müller,* Wettbewerbsintegrität als Oberziel des Lizenzierungsverfahrens der Deutschen Fußball Liga, in: Zieschang/Klimmer (Hrsg.), Unternehmensführung im Profifußball: Symbiose von Sport, Fußball und Recht, 26.

667 *Müller,* Wettbewerbsintegrität als Oberziel des Lizenzierungsverfahrens der Deutschen Fußball Liga, in: Zieschang/Klimmer (Hrsg.), Unternehmensführung im Profifußball: Symbiose von Sport, Fußball und Recht, 27.

668 *Butte,* Das selbstgeschaffene Recht des Sports, 227.

669 *Müller,* Wettbewerbsintegrität als Oberziel des Lizenzierungsverfahrens der Deutschen Fußball Liga, in: Zieschang/Klimmer (Hrsg.), Unternehmensführung im Profifußball: Symbiose von Sport, Fußball und Recht, 38.

670 *Müller,* Wettbewerbsintegrität als Oberziel des Lizenzierungsverfahrens der Deutschen Fußball Liga, in: Zieschang/Klimmer (Hrsg.), Unternehmensführung im Profifußball: Symbiose von Sport, Fußball und Recht, 31.

schaft zu investieren.[671] Eine Rechtsverletzung der Clubs aufgrund Unangemessenheit der Reglungen wäre folglich eher fernliegend.

IV. Lizenzvertrag zwischen Verband/Liga und Club

Wegen des Ein-Platz-Prinzips sind in den meisten professionell betriebenen Sportarten die am Ligabetrieb teilnehmenden Clubs aufgrund eines Mitgliedschaftsverhältnisses an die Satzung des nationalen Dachsportverbands und/oder einer Ligagesellschaft gebunden.[672] Darüber hinaus sichern die Verbände und/oder die Ligagesellschaften ihren Einfluss gegenüber den Clubs durch zusätzliche vertragliche Vereinbarungen. Im deutschen Profifußball sind dies z. B. die Lizenzverträge zwischen dem DFL e. V. und den Clubs. Folglich wäre es grundsätzlich denkbar, dass die Satzungen oder Nebenregelungen von DFB und/oder DFL e. V. die Einhaltung bestimmter Gehaltsobergrenzen vorsehen und diese dann für die Clubs auch durch den zwischen DFL e. V. und Club abzuschließenden Lizenzvertrag verbindlich werden. Hier stellen sich jedoch in der Beziehung zwischen Verband/Sportliga und Club die oben bereits erörterten Fragen, da der Inhalt der Lizenzverträge genauso wie die einseitig festgelegten Regeln der Verbände und Ligen am materiellen Recht zu messen sind und insofern die bereits erörterte Inhaltskontrolle durchzuführen ist.[673]

V. Lizenzvertrag zwischen Verband/Liga und Spieler

1. *Individuelle Gehaltsobergrenzen*

Eine direkte Bindungswirkung von verbandsrechtlichen Regelungen für die Spieler kommt grundsätzlich aufgrund eines mitgliedschaftlichen Verhältnisses zum Verband bzw. – wie im Lizenzfußball – aufgrund des Abschlusses eines Lizenzvertrags in Betracht. Individuelle Gehaltsobergrenzen könnten im Lizenzvertrag zwischen Verband und Spieler vereinbart werden, und zwar in der Art, dass die Vereinbarung eine Regelung enthält, die den Erhalt der Spielerlizenz von der Voraussetzung abhängig macht, dass sein Gehalt eine bestimmte Grenze nicht übersteigt.

Betrachtet man den Verband bzw. die Liga zumindest als mittelbaren Arbeitgeber des Spielers, so wäre eine Satzungsregelung bzw. eine Regelung von Gehaltsobergrenzen im Lizenzvertrag gegebenenfalls an arbeitsrechtlichen Grundsätzen zu messen. Zu prüfen wäre hier, ob ein Verband bzw. der DFL e. V. als Arbeitgeber einseitig Gehaltsobergrenzen festlegen darf. Es ist davon auszugehen, dass eine

---

671 *Müller*, Wettbewerbsintegrität als Oberziel des Lizenzierungsverfahrens der Deutschen Fußball Liga, in: Zieschang/Klimmer (Hrsg.), Unternehmensführung im Profifußball: Symbiose von Sport, Fußball und Recht, 38.

672 Vgl. § 4 B.

673 Vgl. § 5 B 3.

solche Regelung im Lizenzvertrag eindeutig gegen die §§ 307 ff. BGB verstößt, da sie den Spieler unangemessen benachteiligt. Dasselbe gilt für eine Verankerung im Musterarbeitsvertrag, die auf einer Verbandsregelung beruht.

Darüber hinaus wäre im Fall von individuellen Gehaltsobergrenzen auch ein Verstoß gegen die verbandsrechtliche Treuepflicht gemäß § 242 BGB gegenüber dem Spieler zu bejahen. Das Interesse des Spielers, seinen Beruf frei ausüben zu können und den bestmöglichen Verdienst zu erzielen, überwiegt das Interesse des Verbands an einer Regulierung der individuellen Spielergehälter. Zumindest kann dem Verband zugemutet werden, auf eine Regulierung des einzelnen Spielergehalts zu verzichten und zunächst als milderes Mittel gegenüber den Spielern den Clubs eine teambezogene Gehaltsobergrenze oder Luxussteuern aufzuerlegen.

2. Teambezogene Gehaltsobergrenzen

In Bezug auf die Angemessenheit von teambezogenen Gehaltsobergrenzen gegenüber den Spielern gelten grundsätzlich die oben dargelegten Ausführungen.[674] Das Ergebnis der Verhältnismäßigkeitsprüfung im Rahmen eines möglichen Eingriffs in die Berufsfreiheit der Spieler könnte jedoch dann anders ausfallen, wenn für einen Verstoß des anstellenden Clubs gegen eine Obergrenze, eine direkte Rechtsfolge für den Spieler vorgesehen ist. Denkbar wäre z. B., dem Spieler die Spiellizenz zu versagen, falls das mit ihm vereinbarte Gehalt dazu führt, dass der vertragsschließende Club die absolute Gehaltsobergrenze überschreitet. In einer solchen Regelung wäre dann wohl eine subjektive Berufsauswahlregelung des Spielers zum Beruf des Lizenzspielers zu sehen. Folglich wäre eine solche Regelung am Maßstab zu überprüfen, ob sie zum Schutz besonders wichtiger Gemeinschaftsgüter zwingend erforderlich ist.[675] Im Gegensatz zu einer objektiven Berufsauswahlregel, bei welcher der Maßstab streng eingehalten werden muss, wird bei der subjektiven Berufsauswahlregel der Prüfungsmaßstab jedoch dahin gehend eingeschränkt, dass diese nicht außer Verhältnis zu dem angestrebten Zweck der ordnungsmäßigen Erfüllung der Berufstätigkeit stehen darf.[676]

Unter Berücksichtigung der oben dargelegten Ziele, die mit der Einschränkung der Berufsfreiheit verfolgt werden und die letztlich den Ligen, Clubs und einem Großteil der Spieler zugutekommen, dürfte auch dieser Eingriff als noch gerechtfertigt anzusehen sein. Dem könnte man entgegenhalten, dass nach der Rechtsprechung des BVerfG der Eingriff in Art. 12 Abs. 1 GG zunächst stets auf der Stufe vorgenommen werden muss, die den geringsten Eingriff in die Freiheit der Berufswahl mit sich bringt.[677] Daraus könnte man die Verpflichtung der Verbände folgern, zunächst auf eine direkte Rechtsfolge gegenüber den Spielern in Form einer Lizenzversagung zu verzichten und lediglich die Clubs zu verpflichten, gewisse Gehaltsobergrenzen nicht

674 § 5 B II 1, 2.
675 Maunz/Dürig/*Scholz*, GG, Art. 12 Rn. 335.
676 Maunz/Dürig/*Scholz*, GG, Art. 12 Rn. 335.
677 Maunz/Dürig/*Scholz*, GG, Art. 12 Rn. 336.

zu überschreiten, bzw. Strafzahlungen der Clubs vorzusehen. Bei der Luxussteuer-Variante ist dies ohnehin der Fall, sodass es hier nur um die Umsetzung des teambezogenen *salary caps* geht. Dem wird jedoch bereits dadurch Rechnung getragen, dass zunächst nur die Clubs verpflichtet und auch durch die Verbände bzw. Ligen kontrolliert werden. Die Versagung der Spielerlizenz würde erst in einem zweiten Schritt greifen, wenn sich die Clubs nicht an die Ihnen gemachten Vorgaben halten. Daher wäre ein solcher Eingriff in die Berufsfreiheit der Spieler zur Erreichung des zugrunde liegenden, legitimen Zweckes notwendig und gerechtfertigt.

VI. Zwischenergebnis

Unter bestimmten Voraussetzungen wären teambezogene Gehaltsobergrenzen, geschaffen auf der Basis von Verbandsrecht durch die Sportverbände bzw. die Ligagesellschaften, mit deutschem Recht vereinbar. Dies gilt für einen absoluten *hard salary cap*, insbesondere wenn gleichzeitig eine Mindestbeteiligung der Spieler an den Gewinnen der Liga bzw. der einzelnen Clubs geregelt wird. Ebenfalls mit dem deutschen Recht vereinbar wäre eine Gehaltsobergrenze in Form einer sogenannten Luxussteuer-Variante.

Weder aus zivil- noch aus arbeitsrechtlicher Sicht wären solche Regelungen, welche in erster Linie die Clubs binden, jedoch auch die Verdienstmöglichkeiten der Spieler einschränken, als unwirksam anzusehen. Das Allgemeinwohl und die berechtigten Interessen der Sportverbände und/oder -ligen an fairen, ausgewogenen und finanziell nachhaltigen Sportwettkämpfen überwiegen sowohl das Interesse der Spieler auf (völlig) freies Aushandeln ihrer Gehälter als auch das Interesse einzelner Clubs auf (völlig) unbeschränkte Nutzung der vorhandenen finanziellen Ressourcen.

Wohl rechtswidrig wäre die Einführung individueller Gehaltsobergrenzen, da diese gegen die Berufsfreiheit der Spieler aus Art. 12 Abs. 1 GG verstoßen und nicht mehr gerechtfertigt werden können. Überdies würden verbandsrechtlich implementierte individuelle Gehaltsobergrenzen die Spieler auch nach vereinsrechtlichen Grundsätzen unangemessen benachteiligen.

Etwaige wettbewerbs- und kartellrechtliche Fragen sowie Problemstellungen des europäischen Arbeitsrechts werden in § 6 der vorliegenden Arbeit erörtert.

C. Einführung von Gehaltsobergrenzen durch Regelungen im Tarifvertrag

Eine weitere Möglichkeit zur Einführung von Gehaltsobergrenzen könnte – nach US-amerikanischem Vorbild – die Regelung in einem Tarifvertrag gemäß § 1 Tarifvertragsgesetz (TVG) sein. Tarifverträge regeln Rechte und Pflichten der Tarifvertragsparteien sowie Arbeitsbedingungen der Tarifgebundenen durch Rechtsnormen, die den Inhalt, den Abschluss und die Beendigung von Arbeitsverhältnissen betreffen. Weiterhin können sie Regelungen enthalten, die betriebliche und betriebsverfassungsrechtliche Fragen ordnen. Die Regelungen eines Tarifvertrags sind gemäß § 4 Abs. 1 TVG unmittelbar und zwingend auf die Arbeitsverhältnisse der

Tarifgebundenen anwendbar. Gemäß § 2 Abs. 1 TVG können Parteien eines Tarifvertrags auf Arbeitnehmerseite Gewerkschaften sowie auf Arbeitgeberseite einzelne Arbeitgeber oder Vereinigungen von Arbeitgebern sein. Das Bilden von Koalitionen (Gewerkschaften und Arbeitgebervereinigungen) zur Wahrung von Arbeits- und Wirtschaftsbedingungen sowie deren Betätigung, insbesondere der Abschluss von Tarifverträgen, ist durch Art. 9 Abs. 3 GG verfassungsrechtlich geschützt.

Da die professionellen Mannschaftssportler in aller Regel Arbeitnehmer ihrer Clubs sind[678], können auch diese durch Gewerkschaften im Sinne des Art. 9 Abs. 3 GG, § 2 Abs. 1 TVG vertreten bzw. ihre Arbeitsbedingungen in Tarifverträgen geregelt werden. Soziale Gegenspieler der Gewerkschaften sind die Arbeitgeber oder Zusammenschlüsse von Arbeitgebern. Im professionellen Mannschaftssport kämen derzeit auf Arbeitgeberseite potenziell die einzelnen Clubs, die Sportverbände oder die Sportligen als Tarifpartner infrage. Im Folgenden wird zunächst geprüft, wer konkret im Bereich des professionellen Mannschaftssports die Tarifpartner sein könnten.

I. Mögliche Tarifvertragsparteien auf Arbeitnehmerseite

Fraglich ist zunächst, ob aufseiten der Profispieler als Arbeitnehmer in Deutschland Gewerkschaften existieren, die gemäß § 2 Abs. 1 TVG als Parteien von Sporttarifverträgen infrage kommen.

1. Existierende Spielervereinigungen in Deutschland

In Deutschland existieren zurzeit verschiedene Spielervereinigungen, welche die Interessen der Sportler in den jeweiligen Mannschaftssportarten vertreten.
Bei diesen Vereinigungen könnte es sich um Gewerkschaften im Sinne des § 2 Abs. 1 TVG handeln. Im deutschen Profifußball kommt hier die Vereinigung der Vertragsfußballer e. V. (VdV) als Gewerkschaft und potenzielle Partei eines Tarifvertrags in Betracht. Des Weiteren existieren Spielervereinigungen im Basketball (Spieler Initiative – SP.IN) und im Handball (Gemeinschaftliche Organisation Aller Lizenzhandballer – GOAL), die Gewerkschaften und somit Parteien von Sporttarifverträgen sein könnten. Im deutschen Eishockeysport gibt es aktuell keine Spielergewerkschaft. Die in den 90er Jahren sehr aktive Vereinigung deutscher Eishockeyspieler (vde) wurde inzwischen aufgelöst. Allerdings gab es später erneut Bestrebungen, eine Interessenvertretung der Eishockeyspieler zu gründen.[679] Die ehemalige Satzung der vde beinhaltete den Arbeitskampf zur Durchsetzung arbeitsrechtlicher Ziele und die Vereinigung wurde als bisher einzige im deutschen Sport gerichtlich als Gewerkschaft anerkannt.[680]

678 Siehe oben unter § 4 D I.

679 „Rekordmann Renz plant Spielergewerkschaft“ auf www.focus.de vom 5.9.2008 (zuletzt aufgerufen am 29.7.2014).

680 Beschluss des ArbG Frankfurt am Main vom 19.9.1997–4 Ga 209/97, abgedruckt bei Reschke, Handbuch des Sportrechts, Nr. 6 zu 33/11): In diesem Eilverfahren hatte

Keine tragende Rolle spielen derzeit im Bereich des Sports die klassischen deutschen Industriegewerkschaften.[681] Die Vereinte Dienstleistungsgewerkschaft (ver.di) gründete zwar im Jahr 2001 als Nachfolger der vorhergehenden Aktivitäten der in ihr aufgegangenen Deutschen Angestellten Gewerkschaft (DAG) die Sportler- und Trainergewerkschaft *sports-union*, die sich jedoch im deutschen Profisport nicht etablieren konnte. Die DAG als eine der Vorgängerorganisationen der Gewerkschaft ver.di erreichte zeitweise einen Organisationsgrad von 65 % der Lizenzfußballer und hat als einzige Gewerkschaft bislang im Jahr 1969 einen Tarifvertrag im Profifußball abgeschlossen, einen Haustarifvertrag mit dem FC Bayern München, der jedoch nur eine Urlaubsregelung zum Inhalt hatte.[682] Der Abschluss eines Tarifvertrags im Sportbereich gelang in der Folgezeit weder ver.di noch der *sports-union*. Folglich kommen in erster Linie die oben genannten sportartbezogenen Spielervereinigungen als Gewerkschaften und Tarifpartner für Sporttarifverträge infrage.

a. Fußball

Die im Jahr 1987 gegründete VdV ist ein eingetragener, gemeinnütziger Verein mit Sitz in Duisburg.[683] Sie hat nach eigenen Angaben rund 1.300 Mitglieder.[684] Gemäß § 6 Abs. 3 der VdV-Satzung können Mitglieder alle Spieler sein, die bei einem Verein des DFB, eines ihm angehörenden Regional- oder Landesverbands oder des DFL e. V. oder einer Tochtergesellschaft eines solchen Vereins gegen Entgelt als Fußballspieler beschäftigt sind. Bei zurzeit ca. 1.000 Lizenzspielern in der Bundesliga und 2. Bundesliga[685] ist von einem überdurchschnittlich hohen Organisationsgrad im Profibereich auszugehen.

Die VdV-Satzung weist als Aufgabe und Ziel u. a. in § 2 Abs. 1 „die Wahrung und Förderung der wirtschaftlichen, sozialen, beruflichen und kulturellen Interessen ihrer Mitglieder“ aus. Des Weiteren nennt sie in § 2 Abs. 4a „die Mitbestimmung bei der Gestaltung der Gehalts- und übrigen Arbeitsbedingungen, insbesondere durch den Abschluss von Tarifverträgen unter Anwendung aller gewerkschaftlichen Mittel“ der Spieler der jeweils höchsten vier Spielklassen des DFL e. V. und des DFB

---

die vde das ihr als Gewerkschaft zustehende betriebsverfassungsrechtliche Zugangsrecht zum Betrieb der Frankfurt Lions Eishockey-GmbH erfolgreich durchgesetzt.

681 Siehe dazu: *Klose/Zimmermann*, Tarifvertrag als Regelungsinstrument, in: Bepler (Hrsg.) Perspektive für den deutschen Sport, FS-Fenn (2000), 146 ff.

682 *Preis*, Der Lizenzspieler, 115 f.; *Walker*, Arbeitsrechtliche Mitbestimmung im professionellen Mannschaftssport, in: Walker, Mitbestimmung im Sport, 11, 16; *Kania*, Kollektives Arbeitsrecht im Berufsfußball, 81.

683 § 1 Abs. 2, 3 und § 3 Satzung der VdV – Vereinigung der Vertragsfußballer e. V. – in der am 3.5.2010 geänderten und seit dem 10.8.2010 wirksamen Fassung (VdV-Satzung).

684 http://www.spielergewerkschaft.de (zuletzt abgerufen am 29.8.2013).

685 So: *Beisenherz*, Der professionelle Sport und das europäische Kartellrecht, 20.

(Bundesliga, 2. Bundesliga, 3. Liga und Regionalliga) als Aufgabe und Ziel. Auf ihrer Homepage bezeichnet die VdV als Ziele u. a. die Gewährleistung vertragskonformer Gehaltszahlung sowie Abwendung individueller Gehaltsobergrenzen.[686]

b. Basketball

Die im Jahr 2005 von Spielern der deutschen Basketball-Nationalmannschaft gegründete Spieler Initiative (SP.IN) bezeichnet sich selbst als Gewerkschaft und Interessenvertretung der professionellen Basketballspieler in Deutschland.[687] Gemäß § 2 Abs. 1 der SP.IN-Satzung ist Zweck des eingetragenen Vereins mit Sitz in Heidelberg „die Wahrung und Förderung der wirtschaftlichen, sozialen, beruflichen und kulturellen Interessen seiner Mitglieder sowie des Basketballsports im Allgemeinen." In § 3 Abs. 2 der Satzung wird die Mitbestimmung bei der Gestaltung der Gehalts- und übrigen Arbeitsbedingungen, „insbesondere durch den Abschluss von Tarifverträgen unter Anwendung aller gewerkschaftlichen Mittel", als Ziel genannt.

In einem Zeitungsinterview erklärte Pascal Roller, damaliges Vorstandsmitglied von SP.IN und Spieler der Frankfurt Skyliners, dass die Spielergewerkschaft die Aufnahme von Tarifverhandlungen anstrebe, um z. B. die Arbeitszeiten spielerfreundlicher zu gestalten und die Rechte der Spieler in den von der BBL angestrebten Standardverträgen besser zu berücksichtigen.[688] Von der Anzahl der Mitglieder her sehe sich die Spielergewerkschaft gut gerüstet; für die Erreichung bestimmter Ziele, wie die Verringerung der Anzahl amerikanischer Profis zugunsten einer Mindestzahl von sechs deutschen Spielern im Kader, sei die Vereinigung sogar bereit, gewisse Gehaltsobergrenzen zu akzeptieren.

c. Handball

Die im Jahr 2010 gegründete Spielervereinigung im Handballsport, GOAL Deutschland, hat nach eigenen Angaben etwa 100 Mitglieder bei etwa 600 Spielern in den ersten beiden Handball-Ligen.[689] Die Spielervereinigung strebt einen Organisationsgrad von 60 % zumindest in der ersten Handball-Bundesliga an, um ein notwendiges Druckpotenzial zu entwickeln.[690] In der Satzung von GOAL Deutschland nennt § 2 als Zweck „die Wahrung und Förderung der wirtschaftlichen, sozialen, beruflichen und kulturellen Interessen" der Mitglieder. Als Aufgaben und Ziele legt § 3 Abs. 2 der Satzung u. a. die „Mitbestimmung bei der Gestaltung der Gehalts- und übrigen

---

686 http://www.spielergewerkschaft.de (zuletzt abgerufen am 22.4.2013).
687 http://www.spinbb.net.
688 „Höhere Spielergehälter – das ist nicht unser Ziel", Interview mit Pascal Roller auf www.faz.net vom 17.1.2008 (zuletzt aufgerufen am 19.4.2012).
689 www.handball.de/artikel/marcus-rominger-spielergewerkschaft-goal-uns-fehlt-bei-goal-die-breite-masse-1390775097.html (zuletzt abgerufen am 26.7.2014).
690 www.handball.de/artikel/marcus-rominger-spielergewerkschaft-goal-uns-fehlt-bei-goal-die-breite-masse-1390775097.html (zuletzt abgerufen am 26.7.2014).

Arbeitsbedingungen, insbesondere durch den Abschluss von Tarifverträgen unter Anwendung aller gewerkschaftlichen Mittel“, fest.

Als primäre Ziele der Organisation wird ein Mitspracherecht bei der Erstellung des nationalen und internationalen Terminkalenders sowie bei der Lizenzierung und bei Anti-Doping-Bestimmungen genannt.[691]

2. *Spielervereinigungen als Gewerkschaften*

Anhand der vorhandenen Informationen ist zu prüfen, ob es sich bei den oben genannten Spielervereinigungen tatsächlich um Gewerkschaften gemäß § 2 Abs. 1 TVG handelt. Diese sind Koalitionen im Sinne des Art. 9 Abs. 3 GG, welcher die grundgesetzlich geschützte Koalitionsfreiheit eröffnet, nach der die Gewerkschaften das Recht haben, Löhne und sonstige materielle Arbeitsbedingungen in einem von staatlicher Rechtsetzung freigelassenen Raum in eigener Verantwortung und im Wesentlichen ohne staatliche Einflussnahme durch unabdingbare Vereinbarungen zu regeln.[692]

a. Koalitionen im Sinne des Art. 9 Abs. 3 GG

Zunächst müsste es sich bei den Spielervereinigungen um Koalitionen im Sinne des Art. 9 Abs. 3 GG handeln. Durch Art. 9 Abs. 3 GG geschützte Koalitionen sind alle freiwilligen, privatrechtlichen und überbetrieblichen Vereinigungen von Arbeitnehmern oder Arbeitgebern, die unabhängig von Gegner, Staat und Dritten zumindest auch die Wahrung und Förderung der Arbeits- und Wirtschaftsbedingungen bezwecken.[693]

In der Rechtsprechung hat bislang nur das Arbeitsgericht Frankfurt im Fall der – inzwischen nicht mehr existierenden – Vereinigung der deutschen Eishockeyspieler (vde) entschieden, dass diese eine tariffähige Gewerkschaft im Sinne des § 2 Abs. 1 TVG, Art. 9 Abs. 3 GG sei.[694] In der Begründung heißt es, die vde habe sich in ihrer Satzung als Aufgabe gesetzt, die Wahrnehmung der Interessen ihrer Mitglieder in ihrer Eigenschaft als Arbeitnehmer zu vertreten und Tarifverträge für ihre Mitglieder abzuschließen. Dieses Kriterium erfüllen auch die Spielervereinigungen VdV,

---

691 www.handball.de/artikel/marcus-rominger-spielergewerkschaft-goal-uns-fehlt-bei-goal-die-breite-masse-1390775097.html (zuletzt abgerufen am 26.7.2014).

692 *Walker,* Arbeitsrechtliche Mitbestimmung im professionellen Mannschaftssport, in: Walker, Mitbestimmung im Sport, 11, 13 f. mit Verweis auf die Rechtsprechung des BVerfG und des BAG.

693 Ausführlich zu den Voraussetzungen der Koalitionseigenschaft: HWK/*Hergenröder,* Art. 9 GG, Rn. 31–47; *Weber,* Rechtliche Strukturen im Fußballsport, 157 f.; NZA 1986, 332, 332.

694 Beschluss des ArbG Frankfurt am Main vom 19.9.1997–4 Ga 209/97, abgedruckt bei Reschke, Handbuch des Sportrechts, Nr. 6 zu 33/11), in diesem Eilverfahren hatte die vde das ihr als Gewerkschaft zustehende betriebsverfassungsrechtliche Zugangsrecht zum Betrieb der Frankfurt Lions Eishockey-GmbH durchgesetzt.

SP.IN und GOAL. § 2 Abs. 1 der VdV-Satzung ist zu entnehmen, dass die Vereinigung die Arbeits- und Wirtschaftsbedingungen ihrer Mitglieder fördern und regeln möchte. Die Satzungen von GOAL und SP.IN enthalten nahezu deckungsgleiche Formulierungen. Damit bezwecken die drei Spielervereinigungen, die zentrale Aufgabe einer Arbeitnehmerkoalition im Sinne des Art. 9 Abs. 3 GG wahrzunehmen.

Daneben muss eine Koalition auf Dauer angelegt sein, um dauerhaft in der Lage zu sein, die Durchführung der von ihr abgeschlossenen Tarifverträge zu sichern und durchzusetzen.[695] Eine körperschaftliche Struktur ist deshalb notwendig, weil eine Gewerkschaft die Wahrung und Förderung der Arbeits- und Wirtschaftsbedingungen dauerhaft und unabhängig vom Bestand ihrer Mitglieder gewährleisten muss.[696] Sogenannte ad-hoc-Organisationen sollen dagegen nicht berechtigt sein, Tarifverträge abzuschließen.[697] Auch diese Voraussetzung ist bei VdV, GOAL und SP.IN erfüllt, die allesamt aufgrund ihrer Rechtsform als eingetragene, gemeinnützige Vereine im Sinne der §§ 21, 55 BGB auf Dauer angelegt und unabhängig von ihrem Mitgliederbestand sind.

Die Voraussetzung der Freiwilligkeit, Freiheit von staatlicher Reglementierung und demokratischer Struktur ergibt sich einerseits aus der Geschichte der Gewerkschaften, andererseits aus den zwingenden Anforderungen der Tarifautonomie.[698] In der VdV gibt es eine Spielerversammlung, in der alle ordentlichen Mitglieder über Delegierte, die von den VdV-Mitgliedern jeder Lizenzmannschaft für eine Saison zu benennen sind, stimmberechtigt sind.[699] Die Satzung der SP.IN sieht in § 18 die Mitgliederversammlung als demokratisches Organ des Vereins vor, welches den Vorstand wählt. Eine nahezu deckungsgleiche Regelung findet sich in § 15 der GOAL-Satzung. Die Mitgliedschaft der Sportler in den Spielervereinigungen ist ebenfalls freiwillig. Es bestehen demnach keinerlei Anhaltspunkte, dass die bestehenden Spielervereinigungen in Deutschland die oben genannten Voraussetzungen einer Koalition nicht erfüllen, da es keinen Zwang für die Profispieler gibt, den Spielervereinigungen beizutreten und demokratische Willensbildungsprozesse durch die Satzungen abgesichert sind. Es ist folglich davon auszugehen, dass die Spielervereinigungen VdV, GOAL und SP.IN die Koalitionseigenschaft gemäß § 9 Abs. 3 GG besitzen.

Dies deckt sich mit der Ansicht *Merkels*, der bezüglich der VdV sowie den vormals existierenden Spielervereinigungen vde und VBV[700] alle Voraussetzungen einer Koalition im Sinne des Art. 9 Abs. 3 GG als erfüllt ansah.[701] Dem stünde weder

695 Wiedemann/*Oetker*, § 2 TVG Rn. 235.

696 Kempen/Zachert/*Kempen,* Tarifvertragsgesetz, § 2 Rn. 31.

697 *Pröpper*, NZA 2001, 1346, 1347.

698 Kempen/Zachert/*Kempen,* Tarifvertragsgesetz, § 2 Rn. 36.

699 *Weber*, Rechtliche Strukturen im Fußballsport, 158.

700 Vereinigung der Basketball Vertragsspieler e. V. und Vorgängerin der Spielervereinigung S.p.i.n. im Basketballsport.

701 *Merkel,* Der Sport im kollektiven Arbeitsrecht, 89 f.; zumindest für die VDV und die vde teilt auch *Rüth* in Kollektives Arbeitsrecht im Lizenzsport, 151, diese Auffassung.

entgegen, dass die Vereinigungen – entgegen der Tradition der Gewerkschaften, die nichtrechtsfähige Vereine sind – als eingetragene Vereine organisiert sind, noch die Tatsache, dass auch Amateurspieler, die keine Arbeitnehmer sind, durch die Spielervereinigungen repräsentiert werden.[702] Bei allen Spielervereinigungen in Deutschland seien die reinen Amateure gegenüber den als Arbeitnehmern tätigen Sportlern, an deren Belangen sich die satzungsmäßige Ausrichtung orientiere, in der Minderheit.[703] Dem stimmt auch *Walker* zu, der zudem betont, dass die Rechtsform einer Vereinigung unerheblich für ihre Gewerkschaftseigenschaft sei, solange der Bestand der Vereinigung vom Wechsel ihrer Mitglieder unabhängig sei.[704]

b. Tariffähigkeit

Unabhängig von der Koalitionseigenschaft ist jedoch die Frage der Fähigkeit und des Rechts, Tarifverträge abzuschließen, zu klären. Zwar bezeichnet § 2 Abs. 1 TVG die Gewerkschaften als Tarifvertragspartei, aber weder § 2 Abs. 1 TVG noch Art. 9 Abs. 3 GG enthalten eine allgemeingültige Definition des Gewerkschaftsbegriffs.[705] Allerdings hat die höchstrichterliche Rechtsprechung einige bindende Kriterien entwickelt, die Voraussetzungen für die Anerkennung einer Koalition als tariffähige Gewerkschaft sind. Das BVerfG definiert die Tariffähigkeit als „Fähigkeit, durch Vereinbarung mit dem sozialen Gegenspieler u. a. die Arbeitsbedingungen des Einzelarbeitsvertrags mit der Wirkung zu regeln, dass sie für die tarifgebundenen Personen unmittelbar und unabdingbar wie Rechtsnormen gelten".[706] Die Rechtsprechung des Bundesarbeitsgerichts konkretisiert die Anforderungen an die Tariffähigkeit, indem sie verlangt, dass die Koalition eine ausreichende soziale Mächtigkeit, die organisatorischen Voraussetzungen sowie den Willen zum Abschluss von Tarifverträgen besitzt und daneben das staatliche Tarif-, Schlichtungs- und Arbeitskampfrecht anerkennt.[707]

In der Literatur wird die die Tariffähigkeit in Deutschland existierender Spielervereinigungen von einigen Autoren seit Längerem recht unproblematisch bejaht.[708] Im Folgenden werden dennoch die einzelnen, durch die Rechtsprechung entwickelten Kriterien der Tariffähigkeit überprüft.

---

702 *Merkel*, Der Sport im kollektiven Arbeitsrecht, 90 f.

703 *Merkel*, Der Sport im kollektiven Arbeitsrecht, 91.

704 *Walker*, Arbeitsrechtliche Mitbestimmung im professionellen Mannschaftssport, in: Walker, Mitbestimmung im Sport, 11, 14; *Walker*, SpuRt 2012, 222, 224; so auch Kempen/Zachert/*Kempen*, Tarifvertragsgesetz, § 2 Rn. 14.

705 Kempen/Zachert/*Kempen*, Tarifvertragsgesetz, § 2 Rn. 2.

706 BVerfG, NJW 1966, 2305, 2305.

707 NZA 1990, 623, 624.

708 So z. B. von *Merkel*, Der Sport im kollektiven Arbeitsrecht, 94; *Rüth*, SpuRt 2003, 137, 138; ausführlich dazu *Pröpper*, NZA 2001, 136, 1347 ff; *Walker*, SpuRt 2012, 222, 224, zumindest auch für die VdV.

(1.) Organisatorische und finanzielle Leistungsfähigkeit

Eine tariffähige Gewerkschaft muss in tatsächlicher Hinsicht mit ausreichenden Finanz-, Personal- und Sachmitteln ausgestattet sein, um ihren verfassungsmäßigen Aufgaben nachkommen zu können.[709] *Pröpper* nennt als Indiz für das Vorhandensein einer solchen Leistungsfähigkeit den Beitrag der VdV zu Verhandlungsrunden über Transfer- und Kündigungsregelungen auf europäischer Ebene.[710] *Merkel* geht ebenfalls davon aus, dass die Leistungsfähigkeit der Spielervereinigungen vorhanden ist, und argumentiert mit einem hohen Organisationsgrad und einer Konzentration der Spitzenkräfte der Branche.[711] Diesen Auffassungen ist zu folgen, zumindest sind keine gegenläufigen Anhaltspunkte ersichtlich.

(2.) Tarifwilligkeit und Arbeitskampfbereitschaft

Tarifwillig ist eine Koalition, deren Satzung den Abschluss von Tarifverträgen als satzungsmäßige Aufgabe bezeichnet; die Tarifwilligkeit ist notwendige Voraussetzung der Tariffähigkeit.[712] Darüber hinaus wird teilweise vertreten, dass eine Gewerkschaft bereit sein muss, ihre Ziele durch Arbeitskampfmaßnahmen durchzusetzen, da ihr ansonsten die nötige Durchsetzungskraft fehlt, um ihre Forderungen gegebenenfalls gegenüber der Arbeitgeberseite zu erzwingen.[713] Das Hauptargument gegen die Arbeitskampfbereitschaft als notwendiges Merkmal einer tariffähigen Koalition ist, dass bislang nicht bewiesen sei, ob „wirtschaftsfriedliche" Berufsverbände nicht durch andere zur Verfügung stehende Koalitionsmittel (Verhandlungen, Beeinflussung der öffentlichen Meinung, Lobbyismus) ihre Ziele durchsetzen könnten.[714]

Die VdV regelt in § 2 Abs. 4 a ihrer Satzung, dass insbesondere der „Abschluss von Tarifverträgen unter Anwendung aller gewerkschaftlichen Mittel" erstrebt werde. Dass die VdV den Abschluss eines Tarifvertrags tatsächlich anstrebt, bestätigte ihr damaliger Präsident, Florian Gothe, in einem Interview.[715] Von einer Tarifwilligkeit ist folglich auszugehen. Da „gewerkschaftliche Mittel" den Arbeitskampf umfassen und der Abschluss von Tarifverträgen als ausdrückliches Ziel genannt wird, ist neben der Tarifwilligkeit auch die Arbeitskampfbereitschaft der VdV zu bejahen. Dies trifft ebenso auf die Spielervereinigungen GOAL und SP.IN zu, deren Satzungen

---

709 *Löwisch/Rieble*, § 2 TVG Rn. 210; BAG NZA 1986, 322, 332.

710 *Pröpper*, NZA 2001, 1346, 1349.

711 *Merkel*, Der Sport im kollektiven Arbeitsrecht, 93.

712 Wiedemann/*Oetker*, § 2 TVG Rn. 18.

713 Däubler/*Peter*, § 2 TVG Rn. 60; a.A. BVerfG NJW 1964, 1267, 1268 f., allerdings für den Einzelfall in der Haushaltsbranche entschieden; *Walker*, Arbeitsrechtliche Mitbestimmung im professionellen Mannschaftssport, in: Walker, Mitbestimmung im Sport, 11, 15; Wiedemann/*Oetker*, § 2 TVG, Rn. 376, der an dieser Stelle auch einen Überblick über den Meinungsstand gibt.

714 Wiedemann/*Oetker*, § 2 TVG, Rn. 380.

715 Wir Profis, Magazin der VDV, Sonderheft 2012, 18.

jeweils in § 3 Abs. 2 ebenfalls die „Anwendung aller gewerkschaftlicher Mittel" zur Erreichung ihrer Ziele nennen. Daraus folgt, dass VdV, GOAL und SP.IN allesamt die Voraussetzungen der Tarifwilligkeit und Arbeitskampfbereitschaft erfüllen.

(3.) Soziale Mächtigkeit

Weiterhin muss eine Koalition auch die Mächtigkeit besitzen, ihre tariflichen Ziele gegenüber dem sozialen Gegenspieler durchzusetzen. Nach Ansicht des BAG kommt es darauf an, ob die Arbeitnehmerorganisation vom potenziellen Verhandlungspartner ernst genommen wird und somit wirkungsvollen Druck erzeugen kann.[716] Dazu zählt vor allem auch, dass die Gewerkschaft eine mit der eigenen Organisationszuständigkeit korrespondierende erhebliche Zahl von Mitgliedern hat, die aufgrund ihrer arbeitnehmerischen Funktion druckausübungsfähig sind.[717]

Die VdV verfügt nach eigenen Angaben mit rund 1.300 Mitgliedern in Deutschland über einen weit überdurchschnittlich hohen Organisationsgrad. Bereits in der Vergangenheit soll der Organisationsgrad der Profifußballer 70 bis 80 % betragen haben.[718] Darüber hinaus handelt es sich bei den Lizenzspielern eines Clubs um dessen Schlüsselkräfte, die nicht einfach durch andere Arbeitnehmer ersetzt werden können und deren Repräsentanz auch bei einem kleinen Verband zur Annahme der sozialen Mächtigkeit führen dürfte.[719] An der Fähigkeit, in Verhandlungen mit der Arbeitgeberseite wirkungsvollen Druck aufzubauen und folglich an der sozialen Mächtigkeit der VdV dürften somit kaum Zweifel bestehen.[720]

Ob dies auch für die Spielervereinigungen SP.IN und GOAL gilt, wird teilweise bezweifelt.[721] Die Spielervereinigung GOAL im Handballsport nennt einen Organisationsgrad von etwa 16 % in den ersten beiden Ligen und bezweifelt zurzeit selbst die eigene soziale Mächtigkeit. Der Organisationsgrad der Industriegewerkschaften in Deutschland wird gemeinhin auf etwa 20 % geschätzt. Allerdings sind viele Arbeitnehmer in den klassischen Industriezweigen durch sogenannte Bezugnahmeklauseln in den Arbeitsverträgen an deren Tarifverträge gebunden. Des Weiteren haben diese Gewerkschaften hohen politischen Einfluss und ihre soziale Mächtigkeit durch den Einfluss zahlreicher Tarifverträge bereits unter Beweis gestellt. Die Spielergewerkschaft SP.IN hat bislang keine Zahlen bezüglich ihres Organisationsgrads veröffentlicht, sieht sich allerdings selbst von der Mitgliederzahl her gut gerüstet.

716 NZA 1990, 623, 624; NZA 2001, 156, 159; zuletzt NZA 2011, 289, 295.

717 Kempen/Zachert/*Kempen*, Tarifvertragsgesetz, § 2 Rn. 42.

718 *Walker*, SpuRt 2012, 222, 223.

719 AP Nr. 30 zu § 2 TVG; *Walker*, Arbeitsrechtliche Mitbestimmung im professionellen Mannschaftssport, in: Walker, Mitbestimmung im Sport, 11, 16; *Weber*, Rechtliche Strukturen im Fußballsport, 159.

720 Vgl. hierzu auch *Walker*, SpuRt 2012, 222.

721 *Walker*, SpuRt 2012, 222, 224.

(4.) Gegnerfreiheit und -unabhängigkeit

Eine Gewerkschaft muss in der Struktur, vom Personal und ökonomisch unabhängig von ihrem sozialen Gegenspieler sein, und es darf keine Gefahr einer Beeinflussung der eigenständigen internen Willensbildung der Gewerkschaft bestehen.[722]

Nach § 6 Abs. 3 der VdV-Satzung können nur Personen, die in einem Verein des DFB oder dessen Mitgliedsverbände gegen Entgelt als Fußballspieler beschäftigt sind oder dies nachweislich anstreben, eine ordentliche aktive Mitgliedschaft erwerben. Ehemalige Vertragsfußballer, die ihre Karriere beendet haben, können gemäß § 6 Abs. 4 der VdV-Satzung nur passive Mitglieder sein. Dies ist erwähnenswert, da diese nach ihrer Karriere als aktive Spieler nicht selten ins Arbeitgeberlager in Trainer- oder Managementpositionen wechseln. Personen, die einer gegnerischen Vereinigung angehören können gemäß § 7 Abs. 3 der VdV-Satzung nicht (aktives) Mitglied werden. Stimmberechtigt in der Spielerversammlung sind nur die aktiven ordentlichen Mitglieder, die in einer Mannschaft der Bundesliga, 2. Bundesliga, 3. Liga oder einer Regionalliga gegen Entgelt als Fußballspieler beschäftigt sind. Vertreter der Arbeitgeberseite, z. B. Vereins- oder Verbandsfunktionäre, aber auch Trainer als leitende Angestellte der Clubs, können nicht Mitglied der VdV werden. Diese Vorschriften gewährleisten die Gegnerfreiheit der VdV.

Weiterhin verpflichtet sich die VdV in § 2 Abs. 2 ihrer Satzung, ihre Ziele unabhängig von Staat, Arbeitgebern, politischen Parteien, Religionsgemeinschaften und anderen außerhalb der VdV stehenden Institutionen zu verfolgen. Folglich wird auch die Gegnerunabhängigkeit der VdV durch die eigene Satzung angestrebt.

Ähnliche Satzungsbestimmungen enthalten auch die Satzungen von SP.IN und GOAL.

(5.) Überbetrieblichkeit

Ein Element der Unabhängigkeit vom sozialen Gegenspieler ist auch die Überbetrieblichkeit einer Gewerkschaft, da ansonsten der Mitgliederbestand von den Personalentscheidungen eines einzelnen Arbeitgebers abhängig wäre.[723] Gemäß § 1 Abs. 1 der VdV-Satzung erstreckt sich deren Organisationsbereich „auf Betriebe, in denen männliche oder weibliche Fußballspieler das Fußballspiel gegen Entgelt ausüben." Da jeder Fußballclub der 1. und 2. Bundesliga einen Betrieb im Sinne des BetrVG darstellt[724] und die VdV Spieler aus allen diesen Betrieben als Mitglieder aufnimmt und vertritt, ist die Überbetrieblichkeit gewährleistet.

Auch die Spielervereinigung SP.IN nimmt als Mitglied des Vereins jede natürliche Person auf, die ihren Lebensunterhalt im Wesentlichen durch aktive Teilnahme am professionellen Basketballsport verdient, verdient hat, oder ernsthaft zu ver-

722 Däubler/*Peter*, § 2 TVG, Rn. 45.

723 Kempen/Zachert/*Kempen*, Tarifvertragsgesetz, § 2 Rn. 76.

724 *Pröpper*, NZA 2001, 1346, 1348; *Kania*, SpuRt 1994, 121; auf den Unternehmensbegriff abstellend, jedoch ebenso die Überbetrieblichkeit der Spielervereinigungen bejahend: *Fikentscher*, Mitbestimmung im Sport, 270.

dienen beabsichtigt. Das gilt ebenso für die Arbeitnehmer der Clubs der Handball-Bundesligen und der Spielervereinigung GOAL. Da auch die Clubs der Basketball und der Handball-Bundesliga als Betriebe anzusehen sind, ist auch bezüglich der GOAL und der SP.IN die Überbetrieblichkeit gewährleistet.

(6.) Anerkennung des staatlichen Tarif-, Schlichtungs- und Arbeitskampfrechts

Die Parteien eines Tarifvertrags sind an die Anerkennung des staatlichen Tarif-, Schlichtungs-, und Arbeitskampfrechts gebunden, da andererseits die richterrechtlich herausgebildete Kampfparität der Tarifvertragsparteien nicht mehr gewährleistet wäre.[725] Es bestehen keine gegenläufigen Anhaltspunkte bezüglich der Spielervereinigungen.[726] Die Tatsache, dass die Spielervereinigungen den Abschluss von Tarifverträgen anstreben, spricht dafür, dass sich auch die vorhandenen Rechtsgrundlagen akzeptieren.

3. Zwischenergebnis

Die Spielervereinigung VdV im Fußball ist zweifelsfrei als tariffähige Gewerkschaft im Sinne des § 2 Abs. 1 TVG zu qualifizieren und könnte somit aufseiten der Spieler als Arbeitnehmer Tarifverträge abschließen. Das Problem der Einbindung von nicht gewerkschaftlich organisierten Spielern wird im Rahmen der praktischen Erwägungen thematisiert.[727] Bei den Spielervereinigungen GOAL im Handball sowie SP.IN im Basketball bestehen gewisse Zweifel bezüglich deren sozialer Mächtigkeit. Diese könnten dadurch ausgeräumt werden, dass die Vereinigungen tatsächlich Vereinbarungen und/oder Tarifverträge mit dem sozialen Gegenspieler abschließen.

II. Mögliche Tarifvertragsparteien auf Arbeitgeberseite

Im nächsten Schritt ist zu prüfen, wer den oben genannten Spielergewerkschaften als sozialer Gegenspieler und damit als Partei eines Tarifvertrags auf Arbeitgeberseite gegenüberstehen könnte.

1. Clubs

Auf Arbeitgeberseite kommen zunächst die Clubs in ihrer Eigenschaft als Einzelarbeitgeber der Spieler gemäß § 2 Abs. 1 TVG als Tarifvertragsparteien infrage. Diese dürften unproblematisch in der Lage sein, mit den Spielergewerkschaften

725 *Löwisch/Rieble*, TVG, § 2 Rn. 226.
726 So für die VdV: *Weber*, Rechtliche Strukturen und Beschäftigungsverhältnisse im Fußballsport, 160 mit Verweis auf *Pröpper*, NZA 2001, 1350.
727 § 5 C VI.

Tarifverträge abzuschließen.[728] Dementsprechend wurde auch der einzig bisher bekannte Tarifvertrag im deutschen Fußballsport im Jahr 1969 als Haustarifvertrag zwischen dem FC Bayern München e. V. und der DAG bezüglich einer Urlaubsregelung abgeschlossen.[729]

Nach der Rechtsprechung des BAG müssen neben der Arbeitgeberstellung keine weiteren Voraussetzungen für die Tariffähigkeit einzelner Arbeitgeber gemäß § 2 Abs. 1 TVG vorliegen.[730] Dies wird zum einen mit dem klaren Wortlaut des § 2 Abs. 1 TVG begründet, zum anderen damit, dass der Gesetzgeber die Existenz eines Tarifpartners sicherstellen wollte, wenn ein Arbeitgeberverband fehlt.[731] Die Spielergewerkschaften könnten folglich anstreben, mit den einzelnen Clubs Firmentarifverträge – auch unter Einsatz arbeitsrechtlicher Kampfmittel – zu verhandeln und abschließen.

Gehaltsfragen inklusive Gehaltsobergrenzen mit den einzelnen Clubs auszuhandeln, erscheint jedoch in einem so engen Markt mit insgesamt relativ wenigen Teilnehmern auf Arbeitgeber- und vor allem auf Arbeitnehmerseite kaum als sinnvoller Weg für die Spielergewerkschaften.[732] Mit jedem einzelnen Club zu verhandeln wäre zum einen sehr aufwendig, zum anderen könnten wegen der stark unterschiedlichen wirtschaftlichen Leistungsfähigkeit der Clubs keine einheitlichen Abschlüsse garantiert werden.[733] Überdies könnten Tarifabschlüsse mit nur einzelnen Clubs den sportlichen und wirtschaftlichen Wettbewerb der Clubs untereinander verzerren und damit das gesamte Ligaprodukt schwächen. Im Gegensatz zur freien Wirtschaft beruht der Ligawettbewerb im professionellen Mannschaftssport auf gleichen sportlichen Regeln und zumindest einer gewissen Chancengleichheit. Ein solcher Eingriff könnte auch den – zurzeit stark florierenden – Arbeitsmarkt der Spieler schwächen, was nicht im Sinne der Spielervereinigungen sein kann. Daher ist zu prüfen, ob nicht auf Verbands- bzw. Ligaebene (sinnvollere) Tarifpartner existieren, mit denen einheitliche tarifliche Regelungen für alle Teilnehmer am Ligawettbewerb angestrebt werden könnten.

Rein rechtlich gesehen wären jedoch Tarifverträge zwischen den Spielergewerkschaften und einzelnen Clubs möglich und ggfs. könnte es eine Alternative zum Verbandstarifvertrag[734] darstellen, mit einer Verhandlungskommission der Clubs einen Tarifvertrag abzuschließen, der dann von allen Clubs anerkannt wird. Sogenannte Anerkennungstarifverträge sind in der Praxis nicht unüblich, genauso wie Verhandlungskommissionen, die mehrere Unternehmen eines Verbands, einer Branche oder

728 So z. B. *Walker*, Arbeitsrechtliche Mitbestimmung im professionellen Mannschaftssport, in: Walker, Mitbestimmung im Sport, 11, 20; *Weber*, Rechtliche Strukturen im Fußballsport, 160; *Walker*, SpuRt 2012, 222, 224.

729 Siehe dazu *Preis*, Der Lizenzspieler, 116 und *Imping*, Die arbeitsrechtliche Stellung des Fußballspielers, 287, *Kania*, Kollektives Arbeitsrecht und Berufsfußball, 81.

730 *Pröpper*, NZA 1991, 1350; BAG NZA 1991, 428, 429 f.

731 NZA 1991, 428, 430 f.

732 So auch: Editorial von *Walker*, SpuRt 2011, 177; *Pröpper*, NZA 2001, 1346, 1349.

733 *Walker*, SpuRt 2012, 222, 224.

734 Vgl. § 5 C II 2 b.

einer Region vertreten. Diese Konstellation wäre im Fall der 36 Profifußballclubs jedoch wohl nur dann eine Option, falls der DFL e. V. oder der DFB als nicht tariffähig angesehen werden.[735]

2. *Sportverbände/Ligen*

Ebenfalls infrage als Parteien eines Tarifvertrags kommen die Sportverbände (z. B. im Fußball der DFB) oder die Sportligen (z. B. im Fußball der DFL e. V.) als (mittelbare) Arbeitgeber, Arbeitgeberverbände, Spitzenorganisationen oder als Tarifpartner sui generis.

a. Arbeitgeber

Als Arbeitgeber der Sportler könnten auch Dachsportverbände oder Ligagesellschaften Tarifvertragsparteien sein. Wie bereits am Beispiel des Fußballsports festgestellt[736], ist jedoch grundsätzlich weder der DFB noch der DFL e. V. als Arbeitgeber der Lizenzspieler zu qualifizieren, da sie gegenüber den Spielern nicht die typischen Arbeitgeberrechte und -pflichten wahrnehmen. Betrachtet man den Verband bzw. die Liga jedoch zumindest als partiellen Arbeitgeber bzw. schließt man sich der These an, dass bezüglich der Bereiche, in denen der Verband oder die Liga Arbeitgeberfunktionen für die Clubs wahrnehmen, das Arbeitsrecht zur Anwendung kommen muss[737], könnte dies zu einer Bejahung der Tariffähigkeit des DFL e. V. gemäß § 2 Abs. 1 TVG führen.

Der DFL e. V. im Fußballsport nimmt zurzeit z. B. bezüglich Lizenzerteilung und Lizenzentzug (Möglichkeit zu arbeiten und Prämien zu verdienen), Erstellung des Spielplans (Zeit und Ort der Arbeitsausübung) und Vorgabe der Spielregeln (Art und Weise der Arbeitsausübung) gewisse Arbeitgeberfunktionen gegenüber den Lizenzspielern wahr.[738] Nach Ansicht einiger Autoren muss sich ein Verband, soweit er den Clubs zwingende Vorgaben für die Arbeitsbedingungen macht, tarifrechtlich wie ein tariffähiger Arbeitgeber behandeln lassen.[739] Soweit im Sport ein Verband (heute oft die Ligagesellschaften) und nicht der Verein die Macht habe, Leistung und Gegenleistung des Arbeitsverhältnisses festzulegen, müsse es auch möglich sein,

---

735 Vgl. § 5 C II 2 b.

736 Siehe oben bei § 4 D III 3.

737 Siehe oben bei § 4 D III 3.

738 *Merkel,* Der Sport im kollektiven Arbeitsrecht, 96, mit Verweis auf *Walker,* Arbeitsrechtliche Mitbestimmung im professionellen Mannschaftssport, in: Walker, Mitbestimmung im Sport, 11, 21; *Imping,* Die arbeitsrechtliche Stellung des Fußballspielers, 304; *Klatt,* Die arbeitsrechtliche Stellung des Berufsfußballspielers, 43.

739 So früher *Walker,* Arbeitsrechtliche Mitbestimmung im professionellen Mannschaftssport, in: Walker, Mitbestimmung im Sport, 11, 22, der eine Tariffähigkeit des Verbands als partieller Arbeitgeber jedoch seit der Neuregelung der Verbandsstruktur ablehnt, vgl. *Walker,* SpuRt 2012, 222, 226; *Imping,* Die arbeitsrechtliche Stellung des Fußballspielers, 303; *Klatt,* Die arbeitsrechtliche Stellung des Berufsfußballspielers, 42; *Füllgraf,* Der Lizenzfußball, 94.

diese Arbeitsbedingungen kollektiv mit ihm auszuhandeln.[740] Auch *Füllgraf* ging davon aus, dass der DFB in dem Bereich, in dem er typische Arbeitgeberfunktionen wahrnimmt, als uneingeschränkt tariffähig anzusehen sei.[741]

Im deutschen Fußballsport bildet der DFL e. V. als „Zusammenschluss der lizenzierten Vereine und Kapitalgesellschaften der Fußball-Lizenzligen Bundesliga und 2. Bundesliga"[742] den eigentlichen sozialen Gegenspieler der Spielergewerkschaft VdV. Der DFL e. V. hat weitgehend alle Kompetenzen im Zusammenhang mit dem Spielbetrieb der ersten und zweiten Bundesliga vom DFB übertragen bekommen.[743] Dass alle Clubs der Bundesliga und der 2. Bundesliga Mitglieder des DFL e. V. sind, lässt eine gewisse Parallele zum amerikanischen Ligasystem erkennen, in dem die jeweilige Liga als Vertreter aller Clubs auf Arbeitgeberseite Tarifverträge mit den Spielergewerkschaften abschließt.[744] Dies wäre nach dem oben Gesagten grundsätzlich auch in Deutschland denkbar. Allerdings sieht sich der DFL e. V. selbst als Arbeitgebervereinigung (§ 4 Abs. 1 i) der Satzung DFL e. V.), was einer Stellung als (tariffähiger) Arbeitgeber letztlich entscheidend entgegensteht.[745]

b. Vereinigungen von Arbeitgebern gemäß § 2 Abs. 1 TVG

Bei den Verbänden bzw. Ligen könnte es sich darüber hinaus um Arbeitgebervereinigungen gemäß § 2 Abs. 1 TVG handeln. Dazu müssten sie die Koalitionseigenschaft gemäß Art. 9 Abs. 3 GG besitzen und insbesondere die Regelungen von Arbeits- und Wirtschaftsbedingungen anstreben.

(1.) Verbände

Die Dachsportverbände sind keine Arbeitgebervereinigungen, da sie nicht die Regelungen der Arbeits- und Wirtschaftsbedingungen anstreben, Ihre Mitglieder nicht nur Arbeitgeber, sondern auch viele Landesverbände und Amateurvereine sind und sie außerdem in Bezug auf die von ihnen beeinflussten Arbeitsbedingungen eher eigene Interessen, als die Ihrer Mitglieder vertreten.[746] Im professionellen Fußballsport sind überdies die Clubs der Bundesliga und 2. Bundesliga als Arbeitgeber der Lizenzspieler keine ordentlichen Mitglieder des DFB, sondern nur des DFL e. V.[747] Daneben aber fehlt, wie bereits festgestellt, zumindest als entscheidendes

---

740 So früher *Walker,* Arbeitsrechtliche Mitbestimmung im professionellen Mannschaftssport, in: Walker, Mitbestimmung im Sport, 11, 22.

741 *Füllgraf,* Der Lizenzfußball, 95, mit Verweis auf *Klatt,* 42.

742 § 1 Satzung DFL e. V.

743 *Pröpper,* NZA 2001, 1346, 1350.

744 *Pröpper,* NZA 2001, 1346, 1350.

745 *Walker,* SpuRt 2012, 222, 226.

746 *Merkel,* Der Sport im kollektiven Arbeitsrecht, 98.

747 Siehe § 7 DFB Satzung; etwas anderes gilt allerdings für die Clubs der 3. Liga und der Regionalligen, die ebenfalls Fußballspieler gegen Entgelt beschäftigen und Mitglieder des DFB sind.

Merkmal die Tarifwilligkeit des DFB, die Voraussetzung einer Tariffähigkeit als Arbeitgeberverband gemäß § 2 Abs. 1 TVG ist. Denn die Satzung des DFB enthält keine Regelung, die den Abschluss von Tarifverträgen für seine Mitglieder vorsieht.

(2.) Ligen

Bei der Beurteilung der Ligen bzw. Ligagesellschaften ergibt sich ein anderes Bild: Die Gesellschafter bzw. Mitglieder der DEL Betriebsgesellschaft mbH im Eishockey und des DFL e.V. im Fußball sind ausschließlich die am Ligawettbewerb teilnehmenden Vereine und Sportkapitalgesellschaften, die BBL GmbH im Basketball wird zu 74 % von der AG BBL, Arbeitsgemeinschaft der Vereine, gehalten.[748] Diese Organisationen sind nach Ansicht *Merkels* formal Vereinigungen von Arbeitgebern, allerdings hätten sie in der Vergangenheit weder die Gestaltung von Arbeits- und Wirtschaftsbedingung angestrebt, noch seien sie tarifwillig, weshalb aus seiner Sicht keine tariffähigen Koalitionen vorlägen.[749]

Dementgegen bezeichnet die Satzung des DFL e.V. mittlerweile in § 4 i ausdrücklich als Zweck des DFL e.V., „die Interessen der Mitglieder als Arbeitgeberverband gegenüber Arbeitnehmerverbänden wahrzunehmen, einschließlich des Abschlusses von Tarifverträgen." Weiterhin enthält die Satzung des DFL e.V. in § 25 h eine Regelung, der zufolge der Beschlussfassung der Mitgliederversammlung insbesondere „die Zustimmung zum Abschluss von Tarifverträgen und sonstigen Sozialvereinbarungen" unterliegt. Nach § 17 Abs. 2 i der Satzung zählt zu den Aufgaben des Vorstands „die Aufnahme von Tarifverhandlungen und der Abschluss von Tarifverträgen sowie sonstigen Sozialpartnervereinbarungen." In § 17 a der Satzung ist geregelt, dass „bezüglich der Aufnahme von Tarifverhandlungen und des Abschlusses von Tarifverträgen sowie sonstigen Sozialpartnervereinbarungen" ein einstimmiger Beschluss des Vorstands erforderlich ist. Folglich bringt der DFL e.V. in seiner aktuellen Satzung (Stand 16.12.2013) zum Ausdruck, dass er gewillt ist und das Ziel hat, Tarifverträge abzuschließen. Er bezeichnet sich sogar selbst als Arbeitgeberverband. Eine Tarifwilligkeit des DFL e.V. ist folglich zu bejahen.

Der Koalitionseigenschaft des DFL e.V. könnte allerdings entgegenstehen, dass es sich, wie neuerdings von *Walker* vertreten wird, um eine sogenannte Zwangskoalition handelt und es damit am Koalitionsmerkmal der Freiwilligkeit mangelt.[750] Darin könnte ein Verstoß gegen die negative Koalitionsfreiheit der Clubs gemäß Art. 9 Abs. 3 GG liegen, denn es darf keinen Zwang zum Beitritt zu einer Koalition geben.[751] Die Rechtsprechung des Bundesverfassungsgerichts zur negativen Koa-

---

748 *Merkel,* Der Sport im kollektiven Arbeitsrecht, 99.

749 *Merkel,* Der Sport im kollektiven Arbeitsrecht, 99; *Walker,* Arbeitsrechtliche Mitbestimmung im professionellen Mannschaftssport, in: Walker, Mitbestimmung im Sport, 11, 20; so auch *Pröpper,* NZA 2001, 1346, 1350.

750 *Walker,* SpuRt 2012, 222, 225.

751 *Walker,* SpuRt 2012, 222, 225, mit Verweis auf Wiedemann/*Oetker,* TVG, § 2 Rn. 218.

litionsfreiheit spricht von einem „Fernbleiberecht für Außenseiter".[752] Demnach müsse die Entscheidung über den Beitritt zu einer Arbeitgebervereinigung auf einer internen Willensbildung des Unternehmens beruhen.[753]

Auch Vereinigungen von Arbeitgebern müssen ebenso wie die Gewerkschaften aufgrund ihrer sozialgeschichtlichen Entwicklung auf freiwilliger Basis gegründet sein.[754] Zwar sieht § 8 Abs. 1 der Satzung des DFL e. V. vor, dass die Clubs die Mitgliedschaft im DFL e. V. mit Erteilung der beantragten Lizenz durch den DFL e. V. erwerben. Aufgrund des oben dargestellten Ein-Platz-Prinzips im Fußballsport und der Tatsache, dass Profifußball in Deutschland nur in den vom DFL e. V. für den DFB durchgeführten Vereinseinrichtungen Bundesliga und 2. Bundesliga gespielt wird, ist die Mitgliedschaft quasi alternativlos. Dies schließt aus Sicht von *Walker* eine Freiwilligkeit des Beitritts aus und steht somit der Koalitionseigenschaft des DFL e. V. gemäß Art. 9 Abs. 3 GG entgegen.[755] Als entscheidendes Argument wird angeführt, dass im Fall der Tariffähigkeit des DFL e. V. sämtliche Arbeitgeber der Branche keine Möglichkeit hätten, einer Tarifbindung zu entgehen.[756]

Dem könnte man zunächst entgegenhalten, dass die Clubs rein rechtlich gesehen neben dem DFL e. V. auch einen eigenen Arbeitgeberverband gründen oder einem solchen beitreten könnten. § 8 Abs. 4 d) der Satzung des DFL e. V. regelt, dass die Mitgliedschaft mit Austritt durch Rückgabe der Lizenz endet. Allerdings ist es richtig, dass eine Teilnahme an der Bundesliga und 2. Bundesliga nur Mitgliedern des DFL e. V. möglich ist (§ 10 Abs. 1 der Satzung). Jedoch ist der DFL e. V. – im Gegensatz zu den gängigen Arbeitgebervereinigungen – ein direkter Zusammenschluss aus den 36 Clubs der beiden deutschen Lizenzligen, deren Interessen er vertritt. Da der DFL e. V. keine anderen Mitglieder neben den Clubs hat, besteht grundsätzlich keine Gefahr, dass Entscheidungen gefällt werden, die nicht von der Mehrheit der Mitglieder getragen werden. Denn deren Vertreter nehmen an der Mitgliederversammlung teil (§ 23 Abs. 1 der Satzung) und wirken bei der Fassung der Beschlüsse mit (§ 10 Abs. 2 der Satzung). Gemäß § 16 Abs. 3 wählt die Mitgliederversammlung den Ligapräsidenten sowie den ersten und zweiten Vizepräsidenten. Zwei weitere Vorstandsmitglieder werden jeweils durch die Versammlungen der Clubs der Bundesliga und 2. Bundesliga gewählt. Das bedeutet, dass auch die Organe des DFL e. V. beinahe ausschließlich[757] mit Vertretern der Clubs besetzt sind. Gemäß § 17a der Satzung muss der Vorstand bezüglich der Aufnahme von Tarifverhandlungen und des Abschlusses von Tarifverträgen einstimmig entscheiden. Letztlich muss die Mitgliederversammlung zum Abschluss von Tarifverträgen und sonstigen Sozial-

752 BVerfG, NZA 2005, 153, 155; BVerfG, NJW 1981, 215; BVerfG, NJW 1979, 696.
753 BVerfG, NJW 1979, 696.
754 Kempen/Zachert/*Stein*, Tarifvertragsgesetz, § 2 Rn. 114.
755 *Walker*, SpuRt 2012, 222, 225.
756 *Walker*, SpuRt 2012, 222, 225.
757 Mit Ausnahme der DFL GmbH Geschäftsführer, von denen der Vorsitzende und stellvertretende Vorsitzende stimmberechtigte Vorstandsmitglieder sind (§ 16 Abs. 5 Satzung DFL e. V.).

partnervereinbarungen zustimmen (§ 25 Abs. 2 h der Satzung) und es bedarf sogar der Zustimmung aller Mitglieder (§ 27 Abs. 5 der Satzung). Folglich hat es jeder einzelne Club in der Hand, eine Tarifbindung zu verhindern. Aus diesem Grund kann davon ausgegangen werden, dass zumindest die Tarifbindung freiwillig erfolgt und damit kein Verstoß gegen die negative Koalitionsfreiheit vorliegt.

Darüber hinaus müssen tariffähige Verbände auch nicht zwingend Koalitionen gemäß Art. 9 Abs. 3 GG sein, weil der Gesetzgeber den in § 2 TVG genannten Kreis der Tarifvertragsparteien durchaus erweitern kann, wie er dies für Handwerksinnungen in § 54 Abs. 3 Nr. 1 HandwO und die Innungsverbände in § 85 Abs. 2 i.V.m. § 82 HandwO auch getan hat.[758] *Stein* betrachtet dies im Hinblick auf den „anderen Stellenwert“ der Koalitionen von Arbeitgebern in der Tarifautonomie als gerechtfertigt.[759] Dieser ergebe sich daraus, dass bereits einzelne Arbeitgeber gemäß § 2 Abs. 1 TVG tariffähig sind und die Arbeitgeberverbände sozialgeschichtlich als bloße Reaktion auf die Gründung der Gewerkschaften entstanden seien, um deren Verhandlungsmacht bei der Aushandlung von Arbeits- und Wirtschaftsbedingungen wieder zu begrenzen.[760] In diesem Sinne liegt es nahe, auch die Aufnahme der Eigenschaft als Arbeitgeberverband in die Satzung des DFL e. V. als Reaktion auf die Aktivitäten der VdV zu verstehen. Da dies durch einen demokratischen Beschluss aller Mitglieder der DFL e. V. erfolgte, ist auch hier von einer Freiwilligkeit auszugehen.

Bezüglich der Verfassungsmäßigkeit der gesetzlich festgelegten Tariffähigkeit der Handwerksinnung aufgrund der HandwO hat das Bundesverfassungsgericht ausgeführt, dass das Grundgesetz die Tariffähigkeit nicht extra geregelt habe, sondern diese dem Gesetzgeber überlasse.[761] Das TVG wolle es den Koalitionen der Arbeitnehmer erleichtern, einen Tarifpartner zu finden und mit ihm Tarifverträge abzuschließen, was sich in einer Ausdehnung der Tariffähigkeit auf einzelne Arbeitnehmer zeige, die mittelbar der Koalitionsfreiheit diene.[762] Nach der HandwO ist der einzelne Handwerker rein rechtlich gesehen nicht gezwungen der Handwerksinnung beizutreten. Es sei jedoch laut Bundverfassungsgericht nicht zu verkennen, dass auf die Koalitionsfreiheit des einzelnen Handwerkers eingewirkt werde, da dessen Zugehörigkeit zu einem tariffähigen Zusammenschluss aufs Engste mit der Teilnahme an den allgemeinen öffentlichen Aufgaben der Innung, insbesondere auch an der Förderung der gemeinsamen beruflichen Interessen und allgemeinen, durch die Handwerksordnung gewährten Vorteilen der Zugehörigkeit verbunden sei.[763] Diese in der Handwerksordnung angelegte Koppelung der Zugehörigkeit zu einem tariffähigen Verband mit den Vorteilen einer öffentlich-rechtlichen Berufsorganisation könne für den einzelnen Handwerker einen gewissen Druck bedeuten, die Tarifmacht der Innung an-

758 ErfK/*Franzen*, § 2 TVG Rn. 3.
759 Kempen/Zachert/*Stein*, Tarifvertragsgesetz, § 2 Rn. 175.
760 Kempen/Zachert/*Stein*, Tarifvertragsgesetz, § 2 Rn. 112.
761 BVerfG, NJW 1966, 2305, 2306.
762 BVerfG, NJW 1966, 2305, 2306.
763 BVerfG, NJW 1966, 2305, 2307.

zunehmen.[764] Allerdings kenne die Rechtswirklichkeit von jeher in der Regel für den einzelnen Wirtschaftszweig nicht mehrere, auf abweichenden sozialpolitischen oder weltanschaulichen Auffassungen beruhende Arbeitgeberverbände, die miteinander in einem gewissen Wettbewerb stehen, sondern nur einen Arbeitgeberverband.[765] Der einzelne Arbeitgeber, der an dem sozialpolitischen Leben teilnehmen wolle, habe also in der Regel nur die eine praktische Möglichkeit, sich diesem einen Arbeitgeberverband anzuschließen und sich dem Willen der Mehrheit seiner Berufsgenossen unterzuordnen.[766]

Mit dieser Rechtsprechung nimmt das Bundesverfassungsgericht nach Ansicht des Verfassers eine gewisse Einschränkung des – im Übrigen in allen dazu ergangenen Urteilen kaum einmal ausführlicher begründeten – formellen Fernbleiberechts vor, die sich durchaus auf die Situation der Fußballclubs und des DFL e. V. übertragen lässt. Auch hier gibt es rein praktisch gesehen nur einen Verband, der die Interessen der professionellen Fußballclubs vertritt. Darüber hinaus wurde dieser Verband von den Fußballclubs selbst gegründet, um speziell deren Interessen zu vertreten, und beruht im Gegensatz zur Handwerksinnung nicht auf einem gesetzlichen Akt. Die Clubs unterwerfen sich einerseits zwar tatsächlich mit dem Beitritt zum DFL e. V. – vergleichbar dem Beitritt zur Handwerksinnung – dem Einfluss eines tariffähigen Zusammenschlusses, anderseits räumt dieser ihnen in seiner Satzung das Recht ein, einen Tarifabschluss zu verhindern. Letztlich ist noch als Besonderheit des professionellen Fußballs oder Sports anzuerkennen, dass ein Bei- oder Austritt gar nicht völlig freiwillig erfolgen kann, da er immer an die sportliche Qualifikation oder Nichtqualifikation für den Ligawettbewerb gekoppelt ist. All dies alles spricht dafür, eine Tariffähigkeit des DFL e. V. anzuerkennen.

Käme man trotzdem zu dem Ergebnis, dass der DFL e. V. nicht tariffähig ist, wofür ebenfalls gute Argumente sprechen, so könnte ggfs. der Gesetzgeber die Tariffähigkeit im Wege einer gesetzlichen Regelung festlegen. Eine weitere Möglichkeit wäre, die Mitgliedschaft im DFL e. V. als freiwillige auszugestalten und die Clubs lediglich vertraglich an gewisse Regelungen zu binden. Dies erscheint vor dem Hintergrund der oben dargestellten Organisation des Profifußballs und der Sportverbände als eher unrealistisch.

c. Spitzenorganisationen gemäß § 2 Abs. 3 TVG

Die Annahme, dass es sich bei den Sportverbänden bzw. Ligaverbänden um Spitzenorganisationen handeln könnte, ist abzulehnen, da es sich bei den Sportverbänden und Ligagesellschaften jeweils nicht um Zusammenschlüsse von Arbeitgeberverbänden handelt.[767]

---

764 BVerfG, NJW 1966, 2305, 2307.
765 BVerfG, NJW 1966, 2305, 2307.
766 BVerfG, NJW 1966, 2305, 2307.
767 Vgl. *Malatos,* Berufsfußball im europäischen Rechtsvergleich, 161; *Walker,* Arbeitsrechtliche Mitbestimmung im professionellen Mannschaftssport, in: Walker,

d. *Tarifpartner sui generis*

Rüth geht davon aus, dass infolge der individualvertraglichen Unterwerfung und Anerkennung der Verbandsordnungen des DFB bzw. der Statuten des DFL e. V. ein tarifrechtlich regelungsbedürftiger Bereich entstehe, sodass DFB und DFL e. V. aus diesem Grund – unabhängig von der Qualifikation des Rechtsverhältnisses zu den Sportlern und Clubs – als Tarifvertragspartner infrage kämen.[768] Ähnlich argumentierten grundsätzlich auch *Klose/Zimmermann* und vor der Ligaverbandsreform im Jahr 2001 auch *Walker*, die davon ausgingen, dass den Spielern kollektive Mitbestimmungsrechte verloren gingen, wenn in bestimmten Bereichen kein sozialer Gegenspieler bzw. möglicher Partner eines Tarifvertrags existierte.[769]

Diese Ansicht könnte Grundlage einer Auffanglösung sein, wenn man davon ausgeht, dass die Sportverbände bzw. Ligagesellschaften – insbesondere der DFL e. V. entgegen seiner Satzung – keine Arbeitgeberverbände im Sinne des § 2 Abs. 1 TVG sind. In diesem Fall könnten sie den Spielergewerkschaften als Tarifpartner sui generis zur Verfügung stehen, vor allem wenn sie arbeitsvertragliche relevante Gegenstände kollektiv und bindend für alle Spieler regeln. Dagegen spricht, dass ein solcher Tarifpartner sui generis im TVG nicht vorgesehen ist und dieses mit einzelnen Arbeitgebern, Vereinigungen von Arbeitgebern und Spitzenorganisationen abschließend die möglichen Tarifparteien auf Arbeitgeberseite regelt.[770] Eine Tariffähigkeit sui generis ist folglich abzulehnen, es sei denn, der Gesetzgeber würde sich, ähnlich wie bei den oben genannten Berufsverbänden, dazu entschließen, eine solche gesetzlich anzuerkennen.[771]

e. *Zwischenergebnis*

Der Abschluss von Firmentarifverträgen der Spielergewerkschaften mit einzelnen Clubs ist rechtlich möglich, jedoch – insbesondere im Fall von Gehaltsobergrenzen, die nur für alle Clubs sinnvoll geregelt werden können – nicht praktikabel. Etwas anderes könnte jedoch gelten, wenn die Clubs gemeinsam eine Verhandlungskommission bestimmen und dann einen von dieser abgeschlossenen Rahmentarifvertrag in einzelnen Firmentarifverträgen anerkennen.

Ebenfalls rechtlich möglich – und aus praktischer Sicht vorzugswürdig – ist der Abschluss von Verbandstarifverträgen zwischen Spielergewerkschaften und Ligagesellschaften. Im Fußballsport kommt in erster Linie der DFL e. V. als Tarifpartner infrage. Aus Sicht des Verfassers kann entsprechend der Satzungsregelung mit guten

Mitbestimmung im Sport, 11, 21; *Kania* in: WFV (Hrsg.), Fußballspieler als Arbeitnehmer, Schriftenreihe Heft Nr. 32, 81, 98.

768 *Rüth*, SpuRt 2003, 137, 138.

769 *Klose/Zimmermann*, 156; *Walker*, Arbeitsrechtliche Mitbestimmung im professionellen Mannschaftssport, in: Walker, Mitbestimmung im Sport, 11, 22.

770 ErfK/*Franzen*, § 2 TVG Rn. 1.

771 Insofern verweist auch Däubler/*Peter*, TVG, § 2 Rn. 123, darauf, dass die Tariffähigkeit auf Arbeitgeberseite weniger strengen Maßstäben unterliege.

Argumenten vertreten werden, dass der DFL e.V. in rechtmäßiger Weise als Arbeitgeberverband fungiert. Auch hier wäre laut Satzung für einen Tarifabschluss die Zustimmung aller 36 Mitglieder notwendig. Allerdings sprechen gewichtige Stimmen in der Literatur unter Berufung auf die negative Koalitionsfreiheit und das Fernbleiberecht für Außenseiter dem DFL e.V. die Tariffähigkeit ab.

III. Tarifpartner im europäischen Fußball

Laut *Pröpper* und *Walker* bestehen in Spanien („AFE") und Italien („AIC") einflussreiche Spielergewerkschaften im Fußballsport, die bereits Tarifverträge mit den nationalen Fußballverbänden abgeschlossen haben bzw. für solche Vereinbarungen gestreikt haben.[772] Auch in Dänemark und Norwegen soll es Tarifverträge zwischen Spielergewerkschaften („Spillerforeningen" und „NISO") und Clubvertretern bzw. dem Fußballverband geben.[773] Zuletzt ereignete sich in der Spielzeit 2011/2012 in der höchsten spanischen Fußballliga, der Premiera Divison, ein Spielerstreik, der zu einer kompletten Absage des ersten Spieltags der Saison führte.[774] In Italien konnte die Absage eines Spieltags aufgrund eines Spielerstreiks nur knapp verhindert werden.[775] Auf weltweiter Ebene gibt es als Arbeitnehmervertretung der Fußballer die Spielervereinigung FIFPro, die nach eigenen Angaben 46 Mitgliedsvereinigungen hat und 50.000 Fußballer vertritt.[776] Es wäre also grundsätzlich denkbar, dass UEFA und FIFPro auf europäischer Ebene in Verhandlungen treten. Allerdings gibt es derzeit keine gesetzliche Grundlage für grenzüberschreitende Tarifverträge in Europa, insbesondere über das Arbeitsentgelt, da § 153 Abs. 5 AEUV der EU diese Regelungskompetenz verwehrt.[777]

§ 155 Abs. 1 AEUV sieht einen sozialen Dialog zwischen den Sozialpartnern auf Unionsebene vor, der zu vertraglichen Beziehungen einschließlich des Abschlusses von Vereinbarungen führen kann. Im Gegensatz zum Tarifvertrag nach deutschem Recht bedarf die europäische Sozialpartnervereinbarung jedoch nach jetzigem Recht noch der Umsetzung durch den Rat und die Europäische Kommission (bei Inhalten gemäß § 153 Abs. 1 AEUV) oder durch die nationalen Sozialpartner (in Fällen des § 153 Abs. 5 AEUV), um Rechtswirkungen zu entfalten.[778] Dies umfasst auch die Vereinbarung von Löhnen, die dann jedoch gemäß § 155 Abs. 2 S. 1 AEUV von

772 *Pröpper*, NZA 2001, 1346, 1347; *Walker*, SpuRt 2012, 222, 222; siehe hierzu eingehend auch: *Malatos*, Berufsfußball im europäischen Rechtsvergleich.

773 *Walker*, SpuRt 2012, 222, 222 mit Verweis auf www.spielergewerkschaft.de unter „VdV-Newsarchiv".

774 *Walker*, SpuRt 2012, 222, 223; mit Verweis auf Artikel www.welt.de vom 25.8.2011.

775 *Walker*, SpuRt 2012, 222, 223 mit Verweis auf Artikel bei www.spox.com vom 5.11.2011.

776 www.FIFpro.de.

777 Calliess/Ruffert/*Krebber*, EUV/EGV, Art. 153 AEUV, Rn. 4; MünchHBArbR/*Löwisch/Rieble*, § 154 Rn. 17; *Latzel/Serr*, EuZW, 410, 415.

778 *Klose*, Sektoraler Sozialer Dialog im Sport, 207, 215.

den nationalen Sozialpartnern umgesetzt werden müssen.[779] Der soziale Dialog soll den Sozialpartnern, also den Gewerkschaften und Arbeitgeberverbänden auf europäischer Ebene die Möglichkeit eröffnen, sich untereinander auszutauschen und am Gesetzgebungsverfahren mitzuwirken.[780] Da in der Vergangenheit immer wieder Konflikte zwischen den länderübergreifenden Regeln der Sportverbände und dem europäischen Primär- und Sekundärrecht aufgetreten sind, könnte der soziale Dialog eine Möglichkeit für die Sportverbände sein, auf die europäische Rechtsetzung Einfluss zu nehmen. Gegebenenfalls könnten auf diesem Weg auch Gehaltsobergrenzen oder Luxussteuern rechtssicher nach europäischem Recht vereinbart werden. Dazu bedarf es jedoch eines umfassenden Abstimmungsprozesses unter Beteiligung der oben genannten Institutionen, insbesondere der nationalen Sozialpartner.

IV. Gehaltsobergrenzen als Inhalt von Sporttarifverträgen

1. *Tariflicher Regelungsgegenstand*

Um Inhalt eines Sporttarifvertrags zwischen einer Spielergewerkschaft und den Clubs, einem Sportverband oder einer Sportliga sein zu können, müssten Gehaltsobergrenzen zunächst ein tariflich regelbares Ziel darstellen. Gemäß § 1 Abs. 1 TVG kann ein Tarifvertrag Rechtsnormen enthalten, die den Inhalt, den Abschluss und die Beendigung von Arbeitsverhältnissen sowie betriebliche und betriebsverfassungsrechtliche Fragen ordnen können. Grundsätzlich ist im Rahmen einer sogenannten Inhaltsnorm alles tariflich regelbar, was auch Inhalt des Einzelarbeitsvertrags sein kann.[781] Das Gehalt als Hauptleistungspflicht des Arbeitgebers ist typischer Inhalt des Arbeitsvertrags und damit auch von Tarifverträgen. Ein Mindestlohn ist als bestimmte Form des Gehalts tariflich regelbar, also könnte dies grundsätzlich auch für eine individuelle Obergrenze der Entlohnung gelten, auch wenn diese – zumindest vordergründig – zulasten der Arbeitnehmer ginge.

Unter die Normen über den Abschluss von Arbeitsverhältnissen fallen nach h.M. auch die sogenannten Abschlussverbote, die den Abschluss eines Arbeitsvertrags untersagen.[782] Auch hierunter könnten Gehaltsobergrenzen fallen, wenn sie den Clubs bei Überschreiten einer bestimmten Gehaltshöhe oder Gesamtvergütung für den Spielerkader gänzlich untersagen, einen Arbeitsvertrag abzuschließen. Letztlich könnten auch die sogenannten Betriebsnormen im Zusammenhang mit Gehaltsobergrenzen zum Tragen kommen, wenn nämlich – wie im Fall eines teambezogenen *salary caps* – die Gehaltsobergrenze praktisch nur für alle Arbeitnehmer eines Clubs gelten und dies nicht in den Einzelarbeitsverträgen geregelt werden kann.

779 *Latzel/Serr,* EuZW 2014, 410, 415; *Löwisch/Rieble,* TVG, Grundl. Rn. 446.
780 *Klose,* Sektoraler Sozialer Dialog im Sport, 207, 208.
781 ErfK/*Franzen,* § 1 TVG Rn. 41.
782 ErfK/*Franzen,* § 1 TVG Rn. 43.

Problematisch könnte sein, dass teambezogene Gehaltsobergrenzen nicht direkt die Arbeitsbedingungen zwischen Arbeitgeber und Arbeitnehmer regeln, sondern in erster Linie den Arbeitgeber bei der Verwendung seiner vorhandenen finanziellen Mittel beschränken. Dies trifft jedoch nur auf den ersten Blick zu. Denn auch wenn eine teambezogene Gehaltsobergrenze zunächst das Verhalten des Arbeitgebers in Form seiner Gesamtausgaben für den Spielerkader steuert, würde sie spätestens im Fall einer Überschreitung auf den Inhalt des individuellen Arbeitsvertrags einwirken. Denn das vereinbarte Gehalt eines oder mehrerer Spieler müsste dann reduziert bzw. der Arbeitsvertrag könnte nicht wie vereinbart abgeschlossen werden. Überdies regeln Betriebsnormen gemäß § 1 TVG gerade Fragen der Ordnung aller Mitarbeiter des gesamten Betriebs.[783] Um genau diese Fragen dürfte es sich bei der Begrenzung der Gesamtvergütung des Spielerkaders handeln.

2. Generelles Verbot der Vereinbarung von Höchstarbeitsbedingungen

Allerdings könnte es sich bei tarifvertraglichen Gehaltsobergrenzen um Höchstarbeitsbedingungen handeln, die nach überwiegender Ansicht als rechtswidrig angesehen werden. Stellvertretend für viele führt *Heinze* aus, dass Tarifverträge, die Höchstarbeitsbedingungen enthalten, nach deutschem Recht nichtig und verfassungswidrig seien.[784] Begründet wird dies vor allem damit, dass bei der Neuregelung des TVG im Jahr 1949 die zunächst vorgesehene, Höchstarbeitsbedingungen zulassende, Regelung in § 1 Abs. 1 S. 2 TVG[785] gestrichen worden sei und Höchstarbeitsbedingungen außerdem das Individualgrundrecht der Vertragsautonomie der Arbeitsvertragsparteien aus Art. 2 und Art. 12 GG verletzten.[786] Laut *Wank* existiert zwar keine Begründung für die endgültige Gesetzesfassung, jedoch beweise die Entstehungsgeschichte, dass die Abweichung von den ursprünglichen Entwürfen bewusst geschah.[787]

Weitere Stimmen aus Literatur und Rechtsprechung erkennen in sämtlichen Vereinbarungen über Höchstarbeitsbedingungen – neben zwingenden tarifvertraglichen Regelungen gemäß § 4 Abs. 1 TVG auch schuldrechtliche Vereinbarungen, die nur die vertragsschließenden Parteien binden – einen Verstoß gegen § 4 Abs. 3 TVG

---

783 *Löwisch/Rieble*, TVG, § 1 Rn. 410.

784 *Heinze*, NZA 1995, 5, 6.

785 In der auch heute noch in Österreich geltenden Regelung der TarifVO 1918 waren Vereinbarungen von der tariflichen Regelung nur wirksam, wenn sie im Tarifvertrag ausdrücklich zugelassen waren oder eine Regelung zugunsten der Arbeitnehmer enthielten und im Tarifvertraglich ausdrücklich ausgeschlossen waren.

786 *Heinze*, NZA 1995, 5, 6; zur Geschichte des Günstigkeitsprinzips und zustimmend mit mehreren Nachweisen auch: Wiedemann/*Wank*, TVG, § 4 Rn. 382.

787 Wiedemann/*Wank*, TVG, § 4 Rn. 382; a.A. Kempen/Zachert/*Schubert/Zachert*, TVG, § 4 Rn. 329, die dafür keine Anhaltspunkte in den Ausschussunterlagen sehen und als Ergebnis der Ausschussdebatte eine elastische Formulierung des Günstigkeitsprinzips nennen.

i.V.m. § 134 BGB und schließen daraus die Nichtigkeit solcher Vereinbarungen.[788] Dies wird daraus gefolgert, dass aufgrund der Rechtsprechung des BAG das Günstigkeitsprinzip als tragender Grundsatz des Arbeitsrechts gilt und daher sowohl normative als auch schuldrechtliche Vereinbarungen von Höchstarbeitsbedingungen unwirksam seien.[789] Letztlich verstießen auch einseitige Vereinbarungen auf Arbeitgeberseite, die Tariflöhne als Höchstlöhne zu behandeln, gegen das Günstigkeitsprinzip, da damit dem gesunden und berechtigten Erwerbsstreben der Arbeitnehmer ein Riegel vorgeschoben und ihre wirtschaftliche Entfaltungsfreiheit in erheblichem Maße beeinträchtigt werde.[790] *Schliemann* bezeichnet mit dem BAG[791] das Günstigkeitsprinzip als Ausdruck eines umfassenden Grundsatzes, der – auch außerhalb des Tarifvertragsgesetzes – den Schutz rangniedriger Regelungen im Arbeitsrecht zwingend anordne, wenn diese für die Arbeitnehmer Verbesserungen bringen.[792]

Nach Ansicht von *Belling* ist das Günstigkeitsprinzip direkt in der Verfassung verankert, da es genauso wie die Tarifautonomie bereits als Schranke in Art. 9 Abs. 3 GG angelegt sei.[793] Er begründet dies damit, dass Entstehungsgrund und primäres Ziel der durch Art. 9 Abs. 3 GG garantierten wirtschaftlich-sozialen Selbstverwaltung ein möglichst effektiver Schutz der Freiheit und sozialen Bindung der Arbeitnehmer im Arbeitsleben sei.[794] Das Individualgrundrecht der Koalitionsfreiheit – mithin das Recht des Arbeitnehmers einer Koalition beizutreten, aber auch fernzubleiben – diene folglich als Schranke gegen kollektivrechtliche Regelungen, welche die Rechte des Einzelnen beeinträchtigten.[795]

Gamillscheg betrachtet das Günstigkeitsprinzip aus § 4 Abs. 3 TVG dagegen nicht als zwingende Einschränkung des Art. 9 Abs. 3 GG.[796] Auch verneint er eine Verankerung des Günstigkeitsprinzips in der Verfassung und weist auf Fälle hin, in denen ein Vorteil einzelner zulasten anderer Teile der Belegschaft gehen kann.[797] Es sei jedoch beinahe unbestritten, dass die Tarifvertragsparteien keine Höchstarbeitsbedingungen bzw. tarifliche Lohnstopps festlegen könnten.[798]

788 NZA 1999, 887 ff. (Burda); *Säcker/Oetker*, ZfA 1996, 85, 109; *Löwisch/Rieble*, TVG, § 4 Rn. 562; BAG vom 15.12.1960, AP Nr. 2 zu § 4 TVG Angleichungsrecht; a.A. wohl BVerwG vom 13.3.1964, NJW 1964, 1537 und vom 8.3.1974, AP Nr. 10 zu § 4 TVG Angleichungsrecht, mit zustimmender Anmerkung von *Wiedemann.*

789 *Löwisch/Rieble*, TVG, § 4 Rn. 537, 562; Kreis, Die Zulässigkeit von Höchstarbeitsbedingungen, 48, 74; Kreis, RdA 1961, 97, 98; *Säcker/Oetker*, ZfA 1996, 85, 109.

790 *Kreis*, Die Zulässigkeit von Höchstarbeitsbedingungen, 16.

791 NZA 1987, 168, 172.

792 *Schliemann*, NZA 2003, 122, 123.

793 *Belling*, Das Günstigkeitsprinzip im Arbeitsrecht, 62.

794 *Belling*, Das Günstigkeitsprinzip im Arbeitsrecht, 65.

795 *Belling*, Das Günstigkeitsprinzip im Arbeitsrecht, 66.

796 *Gamillscheg*, Kollektives Arbeitsrecht I, § 18 V 3a, 843.

797 *Gamillscheg*, Kollektives Arbeitsrecht I, § 18 V 3a, 843.

798 *Gamillscheg*, Kollektives Arbeitsrecht I, § 18 V 3a, 844 mwN; mit Verweis auf AP Nr. 8 zu § 4 TVG Effektivklausel, wonach ein Tarifvertrag nicht bestimmen kann,

Deinert betrachtet das Günstigkeitsprinzip verfassungsrechtlich nur als Ausfluss der Privatautonomie i.V.m. dem Verhältnismäßigkeitsgrundsatz und sieht in § 4 Abs. 3 Alts. 2 TVG lediglich die Festschreibung des typischen Ergebnisses bei der Herstellung praktischer Konkordanz zwischen Privatautonomie und Tarifautonomie.[799] Er lässt mit dem Satz aufhorchen, die Privatautonomie könne im Einzelfall durch Festschreibung von Höchstarbeitsbedingungen aufgehoben werden, allerdings nur in dem Umfang, den das Gemeinwohl erfordere.[800]

Auch das Bundesverwaltungsgericht (BVerwG) verneint eine verfassungsrechtliche Grundlage des Günstigkeitsprinzips; die verfassungsrechtliche Garantie der Koalitionsmöglichkeit erkenne das Tarifrecht nur als Recht der Koalitionen, unmittelbar die Lohn- und Arbeitsbedingungen zu gestalten, an.[801] Die genaue Ausgestaltung des Tarifrechts sei jedoch dem Gesetzgeber vorbehalten, der das TVG bzw. das Günstigkeitsprinzip grundsätzlich so abändern könne, dass den Koalitionen die Regelung von Höchstarbeitsbedingungen erlaubt sei.[802] Weiterhin führte der Senat aus, dass es in der Privatwirtschaft weder zweckmäßig noch wünschenswert wäre, Höchstlöhne zu vereinbaren, da dies den Grundsätzen der freien Marktwirtschaft widerspräche und Tarifverträge nur als Mindestbedingungen den Einzelnen schwachen Arbeitnehmer schützen sollten.[803] Dies gelte jedoch nicht für Arbeitgeber der öffentlichen Verwaltung, da hier die Gemeinden keine Konkurrenten seien und es mit den Grundsätzen einer ordnungsgemäßen Verwaltung nicht vereinbar wäre, wenn finanzstarke von finanzschwachen Gemeinden dringend benötigte Angestellte durch bessere Bezahlung abwerben könnten.[804] In einer Folgeentscheidung hat das BVerwG klargestellt, dass der nicht tarifgebundene öffentliche Arbeitgeber – wie aus Sicht des Senats im Übrigen auch privatrechtliche Arbeitgeber – intern beschließen könne, keine besseren als die tariflichen Bedingungen zu gewähren, ohne dass dies gegen das Günstigkeitsprinzip des § 4 Abs. 3 S. 2 TVG verstoße.[805]

Wiedemann führt in seiner Anmerkung zum letztgenannten Urteil des BVerwG aus, dass bei der Frage ob das Günstigkeitsprinzip arbeitsrechtlichen Höchstnormen im Sinne eines Freiheitsrechts entgegenstünde, abgewogen werden müsse, ob die Arbeitgeber triftige Gründe der Haushalts-, Stabilitäts- und Tarifpolitik hätten, die

---

dass übertarifliche Lohnbestandteile auf eine Tariflohnerhöhung anzurechnen sind.

799 Däubler/*Deinert*, TVG, § 4 Rn. 620.

800 Däubler/*Deinert*, TVG, § 4 Rn. 622; so auch: Wiedemann/*Wank*, § 4 TVG Rn. 394.

801 BVerwG, NJW 1964, 1537, 1539.

802 BVerwG NJW 1964, 1537, 1539; so auch Kempen/Zachert/*Schubert/Zachert*, TVG, § 4 Rn. 350, mit Verweis auf § 613a Satz 3 BGB, der im Fall eines Betriebsübergangs einen Vorrang kollektivrechtlicher gegenüber individual-rechtlicher Pflichten regele.

803 BVerwG NJW 1964, 1537, 1539.

804 BVerwG NJW 1964, 1537, 1539.

805 BVerwG AP Nr. 10 zu § 4 TVG Angleichungsrecht.

das Interesse der einzelnen Arbeitnehmer an einem verhandlungsfähigen Arbeitgeber überwiegen.[806] Er spricht sich deshalb gegen eine Funktion des Günstigkeitsprinzips als generelle Schranke der Normsetzungsbefugnis der Tarifvertragsparteien aus.

Wank sieht im Günstigkeitsprinzip eine „formelle Einschränkung der Tarifautonomie", die verhindere, dass die Tarifvertragsparteien ihre Arbeitsbedingungen gleichzeitig zu Mindest- und Höchstarbeitsbedingungen erklärten.[807] Allerdings betont dieser, dass die sozialen Gegenspieler durchaus versuchen könnten, die Arbeits- und Wirtschaftsbedingungen abschließend zu regeln, den Parteien des Einzelarbeitsvertrags jedoch immer ein potenzieller Gestaltungsspielraum für günstigere Abreden verbleibe.[808] Schließlich bliebe es den Arbeitnehmern unbenommen, einzelvertraglich höhere Gehälter auszuhandeln, die nach dem Günstigkeitsprinzip des § 4 Abs. 3 TVG auch wirksam wären. Denn die zwingende Wirkung des Tarifvertrags sei für die Arbeitnehmer dispositiv, was bedeutet, dass diese oberhalb des Tarifniveaus im Sinne der Privatautonomie abweichende Regelungen treffen dürften.[809] In diese Ansicht lässt sich hineinlesen, dass die Parteien des Tarifvertrags sehr wohl Höchstgrenzen vereinbaren können, die Parteien des Einzelarbeitsvertrags daran jedoch nicht gebunden sind.

Schubert/Zachert halten dagegen die Festlegung von Höchstbegrenzungen im Rahmen eines tarifautonomen Schutzkonzepts für denkbar, da § 4 Abs. 3 TVG eine schuldrechtliche Einschränkung des Günstigkeitsprinzips nicht grundsätzlich untersage.[810] *Rüth* verweist auf die Möglichkeit, durch Tarifvereinbarungen von tarifdispositivem Gesetzesrecht abzuweichen und auf die gemeinhin vermutete größere Sachnähe der Tarifvertragsparteien.[811]

Fikentscher merkt an, dass die Tarifautonomie nicht nur dem Arbeitnehmerschutz diene, sondern auch der Ordnung der Arbeits- und Wirtschaftsbedingungen im sozialen Rechtsstaat.[812] Daraus folgend möchte er das Günstigkeitsprinzip nicht als Verbotsvorschrift, nach der sämtliche entgegenstehende Vereinbarungen nichtig sind, beurteilen; denn den Tarifvertragsparteien solle die Möglichkeit eingeräumt werden, auf der Grundlage von Art. 9 Abs. 3 GG abschließende Regelungen der Arbeits- und Wirtschaftsbedingungen zu treffen, auch wenn diese den Abschluss günstigerer Einzelabreden im Einzelfall erschwerten.[813] *Fikentscher* kommt im

---

806 *Wiedemann*, Anm. zu BVerwG, AP Nr. 10 zu § 4 TVG Angleichungsrecht.

807 Wiedemann/*Wank*, TVG, § 4 Rn. 387 mit weiteren Nachweisen.

808 Wiedemann/*Wank*, TVG, § 4 Rn. 387.

809 Däubler/*Deinert*, TVG, § 4 Rn. 612; Wiedemann/*Wank*, TVG, § 4 Rn. 383.

810 Kempen/Zachert/*Schubert/Zachert*, TVG, § 4 Rn. 329 mit Verweis auf Gamillscheg, Kollektives Arbeitsrecht I, § 18 V 3a, 844.

811 *Rüth*, SpuRt 2003, 137, 139.

812 *Fikentscher*, Der Salary Cap im Sport, in: Vieweg (Hrsg.), Spektrum des Sports (2003), 198.

813 *Fikentscher*, Der Salary Cap im Sport, in: Vieweg (Hrsg.), Spektrum des Sports (2003), 198 f.

Rahmen einer verfassungsrechtlichen Abwägung zwischen den Rechtsgütern der Tarifautonomie und der Vertragsfreiheit zu dem Ergebnis, dass der Anwendungsbereich des § 4 Abs. 3 TVG in Einzelfällen teleologisch reduziert werden könne, nämlich dann, wenn eine einheitliche Regelung im Rahmen der Tarifautonomie gerechtfertigt wäre, um Arbeitsplätze zu sichern oder die wirtschaftliche Stabilität einer Branche wiederherzustellen.[814]

Um die Reichweite des Günstigkeitsprinzips und einen Günstigkeitsvergleich zwischen einer tarifvertraglichen Gehalts- und Arbeitszeitregelung und einem einzelvertraglichen Gehaltsverzicht mit Erhöhung der tariflichen Arbeitszeit gegen Gewährung einer Arbeitsplatzgarantie ging es in der sogenannten „Burda-Entscheidung" des BAG.[815] In dieser urteilte das BAG, dass nur solche Dinge Gegenstand eines von ihm zur Feststellung der günstigeren Regelung herangezogenen engen Sachgruppenvergleichs sein können, die in einem sachlichen Zusammenhang stehen.[816] Ein Vergleich von Entgelt- und Arbeitszeitregelungen einerseits und Beschäftigungsgarantien andererseits ist nach Ansicht des BAG dem Sachgruppenvergleich nicht zugänglich, da es sich dabei um thematisch unterschiedliche Gegenstände handele.[817] Aus diesem Grund konnten ein Verzicht auf tarifvertraglich gewährtes Entgelt und die Erhöhung der tariflichen Arbeitszeit nicht durch das Günstigkeitsprinzip gerechtfertigt werden. Dabei hat das Gericht betont, dass es für eine Abkehr von diesem objektiven Sachgruppenvergleich einer Gesetzesänderung bedürfe.[818]

Fikentscher folgert aus der durch das BAG geführten Diskussion, dass aus Sicht des BAG selbst für die Arbeitnehmer subjektiv günstigere Regelungen nicht unter § 4 Abs. 3 TVG fallen, wenn sie objektiv nicht vergleichbar sind und daher in bestimmten Fällen auch für die Arbeitnehmer ungünstigere Regelungen in einem Tarifvertrag Bestand haben könnten.[819] In diese Richtung argumentiert auch *Lange*, der die tarifvertragliche Regelung von Kurzarbeit sowie tarifvertragliche Ausschlussfristen als Beispiele dafür anführt, dass auch ungünstigere tarifvertragliche Regelungen gegenüber günstigeren arbeitsvertraglichen Regelungen vorrangig sein könnten.[820] Während sich im Rahmen des Günstigkeitsprinzips typischerweise zwei den Arbeitnehmer begünstigende Regelungen gegenüberstünden, nämlich

814 *Fikentscher*, Der Salary Cap im Sport, in: Vieweg (Hrsg.), Spektrum des Sports (2003), 199.

815 BAG NZA 1999, 887 ff.

816 BAG NZA 1999, 887 ff.

817 BAG NZA 1999, 887; deutliche Kritik an dieser Rechtsprechung üben *Höfling/Burkiczak*, NJW 2005, 469, 469; *Rüthers*, NJW 2003, 546, 551, *Schliemann*, NZA 2003, 122; *Freihube*, DB 2000, 1022; dieselben auch zur Verfassungsgemäßheit einer Anpassung des Günstigkeitsprinzips.

818 BAG NZA 1999, 887.

819 *Fikentscher*, Der Salary Cap im Sport, in: Vieweg (Hrsg.), Spektrum des Sports (2003), 199.

820 *Lange*, SpuRt 2010, 234, 235.

der tarifvertragliche Mindeststandard und die noch günstigere arbeitsvertragliche Regelung, stellten Kurzarbeit, Ausschlussfristen und auch Gehaltsobergrenzen als rechtshemmenden bzw. rechtsvernichtenden Regelungen das Gegenteil dar, was eine teleologische Reduktion des § 4 Abs. 3 Alt. 2 nahe lege.[821]

Darüber hinaus führe auch eine verfassungskonforme Auslegung unter Anerkennung der Tarifautonomie als Recht autonomer Verhandlungen auf Grundlage einer umfassenden Regelungsbefugnis in Bezug auf die Arbeits- und Wirtschaftsbedingungen zu diesem Ergebnis.[822] Es sei Tarifverhandlungen immanent, dass die Parteien im Rahmen des ihnen eingeräumten weiten Verhandlungsspielraums für sie günstige Regelungen gegen andere vielleicht ungünstigere Regelungen eintauschen. Die Effektivität einer tarifvertraglichen Gehaltsobergrenze, die auf den Verhandlungen zweier sich auf Augenhöhe bewegender Tarifparteien beruhe, könne folglich nicht mit einem pauschalen Hinweis auf das Günstigkeitsprinzip verneint werden.[823]

Die Argumente von *Fikentscher* und *Lange* überzeugen. Das Günstigkeitsprinzip kann nicht zu einer generellen Unwirksamkeit von tarifvertraglichen Gehaltsobergrenzen führen. Vielmehr ist eine solche Regelung immer im Gesamtkontext des tarifvertraglichen Schutzkonzepts zu sehen und sind im Zweifelfall die Grundrechte der Koalitionen aus Art. 9 Abs. 3 GG und der Arbeitnehmer aus Art. 2 und Art. 12 Abs. 1 GG gegeneinander abzuwägen. Daher ist im nächsten Schritt zu prüfen, ob und mit welchem rechtlichen Instrument die einzelnen Varianten von Gehaltsobergrenzen tariflich regelbar sind, ob sie Höchstarbeitsbedingungen darstellen und ob sie tatsächlich gegen das Günstigkeitsprinzip verstoßen bzw. ob aufgrund des Günstigkeitsprinzips einzelvertraglich von ihnen abgewichen werden kann.

3. Vereinbarkeit von Gehaltsobergrenzen mit dem Günstigkeitsprinzip aus § 4 Abs. 3 TVG

Nach dem oben Gesagten ist die tarifvertragliche Regelung von Höchstarbeitsbedingungen zwar nicht gänzlich ausgeschlossen, jedoch könnten diese mit dem Günstigkeitsprinzip, welches in § 4 Abs. 3 2. Alt. TVG normiert ist, kollidieren. Das Günstigkeitsprinzip regelt, dass einzelvertragliche Abweichungen vom Tarifvertrag zulässig sind, soweit die abweichende Regelung für den Arbeitnehmer günstiger ist.

Unter Höchstarbeitsbedingungen versteht man die im Rahmen des Arbeitsverhältnisses für die Arbeitnehmer höchstens erreichbare vertragliche Vergütung.[824] *Fikentscher* sieht in einem „echten" *salary cap* – also einer absoluten Obergrenze – dann Höchstarbeitsbedingungen, wenn dieser Individualvereinbarungen, die zu Überschreitungen einer individuellen oder einer teambezogenen Gehaltsobergrenze für

821 *Lange*, SpuRt 2010, 234, 235.
822 *Lange*, SpuRt 2010, 234, 235.
823 *Lange*, SpuRt 2010, 234, 236.
824 *Kreis*, Die Zulässigkeit von Höchstarbeitsbedingungen, 18.

die Gesamtausgaben führen, verbietet.[825] Dagegen käme eine Luxussteuer-Variante, die nicht zur Unwirksamkeit von Vereinbarungen führt, sondern lediglich eine Strafzahlung des Clubs auslöst, nicht als Höchstarbeitsbedingung infrage.[826] Auch beim *soft salary cap*, der bestimmte Gehaltselemente von der Gehaltsobergrenze ausnehme, könne man die Klassifizierung als Höchstarbeitsbedingung anzweifeln.[827] Dies ist nachfolgend für die einzelnen Varianten der Gehaltsobergrenzen zu erörtern.

a. *Individuelle Gehaltsobergrenzen*

Eine absolute Begrenzung des individuellen Spielergehalts auf eine bestimmte Höchstsumme dürfte tatsächlich als Höchstarbeitsbedingung anzusehen sein. Denn die individual-rechtliche Folge eines Verstoßes könnte nur sein, dass eine arbeitsvertragliche Regelung, die ein höheres Gehalt vorsieht, nichtig ist und daher § 612 Abs. 2 BGB zur Anwendung käme oder zumindest das Gehalt auf die tarifvertraglich vorgesehene Obergrenze zu reduzieren wäre. Der Club könnte dann ggfs. zu viel gezahltes Gehalt vom Spieler zurückfordern.

Hinsichtlich einer solchen Regelung ist der herrschenden Auffassung zu folgen, die in § 4 Abs. 3 TVG eine Beschränkung der Tarifautonomie, welche dann gegenüber der Privatautonomie zurückzutreten hat, sieht. Dies hätte zur Folge, dass solche Höchstarbeitsbedingungen bzw. fixe Gehaltskonditionen unzulässig wären.[828] Demnach wäre eine feste individuelle Gehaltsobergrenze, die von den Parteien des Arbeitsvertrags nicht überschritten werden kann, per se unwirksam, da sie auch nicht mehr durch die Tarifautonomie der Parteien gerechtfertigt werden kann. Die praktische Folge wäre, dass sich die Parteien des Arbeitsvertrags schlicht über eine solche tarifvertraglich vorgesehene Höchstsumme hinwegsetzen und eine Vergütung in der gewünschten Höhe vereinbaren könnten. Die Tarifvertragsparteien, welche die individuelle Gehaltsobergrenze vereinbart haben, hätten kein rechtliches Instrument, um dies zu verhindern, denn die einzelvertraglich vereinbarte, für den Arbeitnehmer günstigere Gehaltsregelung wäre durch § 4 Abs. 3 TVG gedeckt.

Dieses Ergebnis deckt sich mit der Ansicht von *Merkel*, *Klose/Zimmermann* und *Rüth*, nach denen ein im Einzelarbeitsvertrag eines Spitzensportlers vereinbartes Gehalt, das über die tarifvertraglich vereinbarte Gehaltsobergrenze hinaus geht, dem Letzteren grundsätzlich als günstigere Abmachung vorgehe, da der Sportler für dieselbe Leistung mehr Geld erhalte.[829]

---

825 *Fikentscher*, Der Salary Cap im Sport, in: Vieweg (Hrsg.), Spektrum des Sports (2003), 200.

826 *Fikentscher*, Der Salary Cap im Sport, in: Vieweg (Hrsg.), Spektrum des Sports (2003), 200.

827 *Fikentscher*, Der Salary Cap im Sport, in: Vieweg (Hrsg.), Spektrum des Sports (2003), 200.

828 Däubler/*Deinert*, TVG, § 4 Rn. 639.

829 *Merkel*, Sport im kollektiven Arbeitsrecht, 11; *Rüth*, SpuRt 2003, 137, 141; *Klose/Zimmermann*, Tarifvertrag als Regelungsinstrument: Perspektive für den deut-

b. Teambezogene Gehaltsobergrenzen

Auch tarifvertraglich vereinbarte teambezogene Gehaltsobergrenzen könnten in geschützte Rechtspositionen der Spieler eingreifen und entweder gemäß § 4 Abs. 3 TVG nichtig sein oder den Vertragsparteien des Einzelarbeitsvertrags aufgrund des Günstigkeitsprinzips eine schlichte Abweichungsmöglichkeit bieten. Fraglich ist zunächst, wie die teambezogenen Gehaltsobergrenzen rechtlich einzuordnen sind und wie sie bezüglich der einzelnen Spieler wirken.

(1.) Teambezogene Gehaltsobergrenzen als Betriebsnormen

Es könnte es sich bei teambezogenen Gehaltsobergrenzen um sogenannte Betriebsnormen im Sinne des § 3 Abs. 2 TVG handeln, da die Tarifvertragsparteien mit ihnen eine Regelung jeweils für den gesamten Spielerkader eines Clubs, also für alle Lizenzspieler eines Arbeitgebers, anstreben. Nach § 3 Abs. 2 TVG gelten Rechtsnormen eines Tarifvertrags über betriebliche oder betriebsverfassungsmäßige Fragen für alle Betriebe, deren Arbeitgeber tarifgebunden sind. Des Weiteren gelten Rechtsnormen über betriebliche Fragen gemäß § 4 Abs. 1 S. 2 TVG entsprechend Normen über den Inhalt, Abschluss oder die Beendigung des Arbeitsverhältnisses, unmittelbar und zwingend.

Nach der Rechtsprechung des BAG können als Betriebsnormen solche Tarifvorschriften angesehen werden, die in der sozialen Wirklichkeit aus tatsächlichen oder rechtlichen Gründen nur einheitlich im Betrieb gelten können.[830] In einer weiteren Entscheidung erklärte das BAG, dass es sich nur um Betriebsnormen und nicht um Inhalts- oder Abschlussnormen handeln kann, wenn eine Regelung im Individualarbeitsvertrag nicht möglich ist; allerdings soll es für die Annahme von Betriebsnormen ausreichen, wenn eine individual-rechtliche Regelung wegen evident sachlogischer Unzweckmäßigkeit ausscheide.[831] Anknüpfungspunkt der betrieblichen Normen sei die Organisation des Unternehmens, und Regelungsgegenstand daher die Organisationsgewalt des Arbeitgebers.[832] Betriebsnormen regeln nach Ansicht des BAG das betriebliche Rechtsverhältnis zwischen Arbeitgeber und der Belegschaft als Kollektiv, einzelne Arbeitnehmer seien allenfalls mittelbar betroffen.[833] Die betrieblichen Normen können Inhaltsnormen des Tarifvertrags flankieren und ergänzen.[834]

---

schen Sport, in: Bepler (Hrsg.), Sportler, Arbeit und Statuten, FS-Fenn (2000), 137, 171; allerdings allesamt eher undifferenziert zwischen den verschiedenen Formen von *salary caps*.

830 BAG AP Nr. 4 zu § 1 BeschFG 1985.

831 BAG AP Nr. 57 zu Art. 9 GG im Fall sogenannter Besetzungsregeln, welche die Einstellung von Arbeitnehmern an bestimmte Voraussetzungen knüpfen.

832 BAG AP Nr. 1 zu § 3 TVG Betriebsnormen (hier auch zur Verfassungsmäßigkeit von Betriebsnormen).

833 BAG NZA 2011, 751, 755.

834 BAG AP Nr. 1 zu § 3 TVG Betriebsnormen.

Nach dieser Definition würde es Sinn machen, eine teambezogene Gehaltsobergrenze als Betriebsnorm zu vereinbaren, denn wenn die Tarifparteien einerseits bezwecken, die Gesamtausgaben der Clubs auf einem gewissen Niveau zu deckeln, andererseits jedoch den Vertragsparteien in diesem Gesamtrahmen den größtmöglichen Verhandlungsspielraum belassen möchten, ist es nicht möglich, dies in den Einzelarbeitsverträgen zu regeln. Keine Rolle spielt es, dass Gehälter im Normalfall in Inhaltsnormen des Tarifvertrags geregelt werden, denn vorliegend geht es um eine Beschränkung der finanziellen Mittel des Arbeitgebers insgesamt und damit um dessen Betriebsorganisation. Die Regelung bezieht sich folglich gerade nicht auf das einzelne Arbeitsverhältnis, sondern hat als Adressaten in erster Linie den Arbeitgeber. Da eine Obergrenze beim absoluten *salary cap* keine Ausnahmen erlaubt, ist eine Regelung sinnvoll nur für alle Arbeitnehmer möglich. Wären nicht tarifgebundene Spieler von der Gehaltsobergrenze ausgenommen, könnte das Ziel, nämlich die zwingende Begrenzung der gesamten Gehaltsaushaben des Arbeitgebers, nicht erreicht werden.

Ein Firmentarifvertrag, der eine Arbeitszeitverringerung gegen teilweise Lohnverringerung und Kündigungsschutz vorsieht, kann nach Ansicht des BAG (auch) Betriebsnormen gemäß § 3 Abs. 2 TVG darstellen, allerdings nur dann, wenn diese auch gegenüber den Arbeitnehmern eine zwingende Wirkung enthalten und keiner weiteren Umsetzung durch die Tarifparteien bedürfen.[835] In einer Folgeentscheidung des BAG heißt es, eine Betriebsnorm müsse eine normative Regelung enthalten, die eine über das einzelne Arbeitsverhältnis hinausgehende unmittelbare und zwingende Geltung auch gegenüber den Arbeitnehmern beansprucht.[836]

Ob diese Voraussetzung erfüllt ist, hängt von der genauen Ausgestaltung der Gehaltsobergrenze ab. Zwar richtet sie sich, wie oben dargestellt, in erster Linie an den Arbeitgeber. Allerdings könnten teambezogenen Gehaltsobergrenzen auch vorsehen, dass der Abschluss eines Arbeitsvertrags nichtig ist oder zumindest die Höhe des Gehalts reduziert wird, wenn mit dem vorgesehenen Gehalt die erlaubten Gesamtausgaben für den Spielerkader überschritten würden. Folglich ist eine normative Wirkung für das einzelne Arbeitsverhältnis denkbar und ggfs. sogar notwendig, um die teambezogenen Gehaltsobergrenzen durchzusetzen. Eine von *Lange* ins Spiel gebrachte tarifvertraglich vorgesehene Sanktion in Form einer Zahlung an die anderen Arbeitnehmer[837], wäre dann nicht die alleinige Rechtsfolge, sondern nur ein zusätzliches Mittel, um eine Nichtumsetzung der primären Rechtsfolge zu bestrafen bzw. die Clubs zur Umsetzung anzuhalten.

Thüsing stimmt mit dem BAG überein, dass es zur Annahme einer Betriebsnorm einer normativen Wirkung bedarf, allerdings könne es sich dabei auch um eine

835 BAG AP Nr. 5 zu § 3 TVG Betriebsnormen; zusammenfassend zu Betriebsnormen: Giesen, Tarifvertragliche Rechtsgestaltung für den Betrieb, 2002.
836 BAG AP Nr. 7 zu § 3 TVG Betriebsnormen.
837 Vgl. *Lange*, SpuRt 2010, 234, 236.

einseitige Bindungswirkung gegenüber dem Arbeitgeber handeln.[838] Dies folgert er daraus, dass es Betriebsnormen geben kann, die nicht Inhalt des Einzelarbeitsverhältnisses werden können (z.B. Regelungen zur Personalstruktur des Unternehmens) und für die dann ggfs. Ähnliches gelten muss wie für Abschlussverbote.[839] Des Weiteren beruft er sich auf die Formulierung in § 4 Abs. 1 S. 2 TVG, nach welcher Betriebsnormen „entsprechend" den Rechtsnormen des Tarifvertrags über den Inhalt, Abschluss oder die Beendigung von Arbeitsverhältnissen gelten.[840] Einer Begrenzung der Gesamtausgaben der Gehälter im Wege eines teambezogenen *salary caps* ist immanent, dass hier der Arbeitgeber (zunächst) einseitig zur Einhaltung verpflichtet ist und die Regelung die Arbeitnehmer (zunächst) nicht direkt normativ berührt, da sie nur mittelbar deren Verdienstmöglichkeiten einschränkt. Entscheiden sich Arbeitgeber und Arbeitnehmer jedoch, tarifwidrig durch Vereinbarung einer bestimmten Gehaltshöhe die Obergrenze zu überschreiten, so ist denkbar, dass aus der mittelbaren Beeinträchtigung eine unmittelbare normative wird. Insofern muss auf *Thüsings* Ausführungen zumindest an dieser Stelle nicht näher eingegangen werden.[841]

Entscheidend im Sinne der Vorschrift des § 3 Abs. 2 TVG ist jedoch, dass die Regelung für alle Arbeitnehmer, egal ob nicht oder anders organisiert, gilt.[842] Aus dieser Beeinträchtigung von Nichtorganisierten durch einen Tarifvertrag, die zu einer Einschränkung ihrer negativen Koalitionsfreiheit führt, schließt das BAG, dass Betriebsnormen einer gerichtlichen Inhaltskontrolle am Maßstab der Grundrechte unterliegen.[843] Die Einbeziehung von Außenseitern werfe auch die Frage der rechtsstaatlichen Legitimationsgrundlage auf.[844] Daher sei es geboten, Betriebsnormen, die in geschützte Rechtspositionen von Arbeitnehmern und Bewerbern eingreifen, an dem Prüfungsmaßstab zu messen, der auch für andere fremd bestimmende Normgeber gelte – sprich hier müsse eine Verhältnismäßigkeitsprüfung durchgeführt werden.[845] Daneben solle zur Ermittlung der Reichweite der Betriebsnormen immer geprüft werden, ob die Tarifvertragsparteien Außenseiter erfassen wollten und ob die Regelung notwendigerweise einheitlich im Betrieb gelten muss.[846]

Dass eine teambezogene Gehaltsobergrenze notwendigerweise einheitlich im Betrieb gelten muss und damit auch nicht gewerkschaftlich organisierte Außenseiter erfassen will, wurde bereits dargelegt. Das erkennbare Ziel der Tarifvertragsparteien ist es, durch eine Begrenzung der Gesamtausgaben der Clubs für Spielergehälter (im Ausgleich gegen andere Zugeständnisse für die Arbeitnehmer) die wirtschaftliche

---

838 Wiedemann/*Thüsing*, TVG, § 1 Rn. 752.
839 Wiedemann/*Thüsing*, TVG, § 1 Rn. 752.
840 Wiedemann/*Thüsing*, TVG, § 1 Rn. 752.
841 Vgl. aber unten § 5 C IV 2 c.
842 Wiedemann/*Thüsing*, TVG, § 1 Rn. 753.
843 BAG NZA 2011, 751, 756.
844 BAG NZA 2011, 751, 756.
845 BAG NZA 2011, 751, 757.
846 ErfK/*Franzen*, § 1 TVG Rn. 45a.

Stabilität der Clubs sowie eine größere Chancengleichheit und damit langfristig die Attraktivität des Produkts Ligafußball zu sichern. Eine Schlechterstellung von Gewerkschaftsmitgliedern gegenüber Außenseitern, die unabhängig von der Gehaltsobergrenze höhere Gehälter verhandeln dürften, macht aus Gewerkschaftssicht jedenfalls keinen Sinn. Bezüglich der Verhältnismäßigkeitsprüfung und einer Verletzung der Berufsfreiheit der Lizenzspieler aus Art. 12 Abs. 1 GG kann nach oben verwiesen werden. Die Einführung eines teambezogenen absoluten *salary caps* ist geeignet, erforderlich und angemessen, um die angestrebten Ziele zu erreichen.[847]

Letztlich stellt sich aber die Frage, ob einzelne Spieler aufgrund des Günstigkeitsprinzips in § 4 Abs. 3 S. 2 TVG immer ein Gehalt aushandeln können, welches unabhängig von der teambezogenen Gehaltsobergrenze rechtmäßig und wirksam ist. Die wohl herrschende Lehre geht davon aus, dass das Günstigkeitsprinzip auch auf Betriebsnormen anwendbar ist, wenn Schutzbestimmungen lediglich Mindeststandards setzen und sich Beschäftigte individual-rechtlich bessere Bedingungen versprechen ließen.[848] Allerdings dürfe die einheitliche Gesamtordnung nicht durch Einzelabweichungen zunichte gemacht werden.[849] Im Verhältnis zu Betriebsnormen stoße das Günstigkeitsprinzip dann an seine Grenzen, wenn diese den Kollektivschutz der Belegschaft bezweckten und der durch das Günstigkeitsprinzip bewirkte Vorteil des einen Arbeitnehmers notwendig den Nachteil eines anderen Arbeitnehmers bewirke.[850] Nur in diesem Fall sei die betriebliche Arbeitsbedingung dann notwendiger- und ausnahmsweise eine günstigkeitsfeste Höchstarbeitsbedingung.[851] *Schubert/Zachert* sehen dementsprechend für Abweichungen bei Betriebsnormen nur in seltenen Einzelfällen Raum, da die meisten Betriebsnormen nur dann Sinn machten, wenn sie einheitlich gälten.[852] Zudem habe das BAG bereits den Anwendungsbereich der Betriebsnormen auf die Fälle eingeschränkt, die wegen sachlogischer Unzweckmäßigkeit nicht Inhalt des Individualvertrags sein könnten.[853]

Es spricht einiges dafür, dass von einer betriebseinheitlichen Regelung über Gehaltsobergrenzen nicht im Wege des Günstigkeitsprinzips abgewichen werden kann. Das LAG Düsseldorf und auch das BAG in einer älteren Entscheidung argumentieren, dass gegenüber negativen Normen eines Tarifvertrags – und eine solche wäre die Begrenzung der Gesamtausgaben des Arbeitgebers für die Gehälter – die Frage der Günstigkeit arbeitsvertraglicher Normen nicht auftauchen könne.[854] Der

---

847 Vgl. § 5 B.II.1.f.

848 Däubler/*Deinert*, TVG, § 4 R. 634; Wiedemann/*Wank*, TVG, § 4 Rn. 415; ErfK/*Franzen*, § 4 TVG Rn. 34; *Löwisch/Rieble*, TVG, § 4 Rn. 570.

849 Wiedemann/*Wank*, TVG, § 4 Rn. 415; Däubler/*Deinert*, TVG, § 4 R. 634.

850 *Löwisch/Rieble*, TVG, § 4 Rn. 572.

851 *Löwisch/Rieble*, TVG, § 4 Rn. 572.

852 Kempen/Zachert/*Schubert/Zachert*, TVG, § 4 Rn. 357.

853 Kempen/Zachert/*Schubert/Zachert*, TVG, § 4 Rn. 357.

854 LAG Düsseldorf AP Nr. 1 zu § 4 TVG Abschlussverbote; NJW 1957, 726; allerdings hier zur Frage, ob sogenannte Abschlussverbote durch das Günstigkeitsprinzip umgangen werden können.

Begrenzung der Ausgaben für den Spielerkader liegt ein Gesamtkonzept zugrunde, welches durch die Überschreitung aufgrund einzelner Vertragsabschlüsse ad absurdum geführt würde. Sinn und Zweck der Regelung ist es gerade, eine verbindliche Ausgabenbeschränkung für den Arbeitgeber zu schaffen, die sich der einzelne Arbeitgeber im Übrigen auch selbst auferlegen könnte. Dazu kommt die Tatsache, dass höhere Abschlüsse mit einzelnen Spielern ziemlich sicher zu Nachteilen anderer Spieler führen würden, da sich das Gesamtbudget des Clubs – auch durch etwaige im Tarifvertrag vorgesehene Strafzahlungen bei Überschreiten der Gehaltsobergrenze – automatisch verringern würde.

Dieses Ergebnis ist allerdings angesichts der herrschenden Meinung zu Günstigkeitsprinzip und Höchstarbeitsbedingungen zumindest alles andere als unumstritten. Als Lösung des Problems schlägt *Lange* vor, im Tarifvertrag als Sanktion für das Überschreiten der Gehaltsobergrenze eine Strafzahlung vorzusehen, die an alle anderen Spieler im Kader geleistet wird.[855] Die tarifvertragliche Gehaltsobergrenze würde dann ihre Steuerungsfunktion gegenüber den Clubs behalten, ohne vom Günstigkeitsprinzip des § 4 Abs. 3 Alt. 2 TVG abzuweichen. Aus hiesiger Sicht wäre dies jedoch eher eine Rückfalloption bzw. eine alternative Variante im Sinne einer Kombination aus *salary cap* und Luxussteuer.[856]

Vorzugswürdig und auch rechtmäßig erscheint eine teleologische Reduktion des Günstigkeitsprinzips aus § 4 Abs. 3 Alt. 2 TVG, welches im Fall einer absoluten Gehaltsobergrenze auf der Basis von Betriebsnormen hinter dem Gesamtkonzept des Tarifvertrags zurückstehen muss. Ein vereinbartes Gehalt, durch das die absolute Gehaltsobergrenze des Spielerkaders überschritten wird, wäre also – trotz Günstigkeitsprinzips – entsprechend in der Höhe zu begrenzen. Ebenfalls denkbar wäre gleichförmige Kürzung aller Gehälter im Kader, damit in der Summe der addierten Gehälter die teambezogene Gehaltsobergrenze nicht überschritten wird.

Dies steht im Übrigen auch nicht im Widerspruch zur oben erläuterten Rechtsprechung des BAG hinsichtlich des Sachgruppenvergleichs.[857] Das BAG führt in seiner „Burda-Entscheidung“ aus, dass eine individuell mit den Arbeitnehmern vereinbarte, vom Tarifvertrag abweichende Arbeitszeiterhöhung und ein Gehaltsverzicht einem Günstigkeitsvergleich mit einer gewährten Arbeitsplatzgarantie (beides Teil einer Regelung) nicht zugänglich wären, da es sich dabei um einen Vergleich von „Äpfeln mit Birnen“ handele.[858] Das bedeutet, die Arbeitsplatzgarantie und der Verzicht auf Kündigungen kann die negative Abweichung vom Tarifvertrag nicht rechtfertigen bzw. aus ihr keine positive Abweichung im Sinne einer günstigeren Regelung machen. Vorliegend handelt es sich jedoch um die individualvertragliche Gehaltsregelung des Arbeitnehmers, die einer tarifvertraglichen Regelung entgegensteht, welche eine Beschränkung des Arbeitgebers vorsieht und

855 *Lange*, SpuRt 2010, 234, 236.
856 Vgl. hierzu unten § 5 C IV 2 c.
857 Vgl. hierzu BAG NZA 1999, 887, 893.
858 BAG NZA 1999, 887, 893.

dafür gewisse Vorteile für den Arbeitnehmer, wie z. B. Gehaltsuntergrenzen, eine feste Gewinnbeteiligung etc. beinhaltet sowie insgesamt die Attraktivität und Wirtschaftlichkeit des Produkts Profifußball und damit des Arbeitsplatzes des Spielers fördert. Dieses tarifvertraglich vereinbarte Gesamtkonzept einer teambezogenen Gehaltsobergrenze ist einem Günstigkeitsvergleich mit einer individuellen Gehaltsabrede nicht zugänglich, weil es sich um unterschiedliche, einem Sachgruppenvergleich nicht zugängliche Regelungsmaterien handelt. Auf der einen Seite steht eine in erster Linie den Arbeitgeber in seinen Gesamtausgaben für alle Spieler beschränkende Betriebsnorm, auf der anderen Seite eine einzelvertragliche Gehaltsabrede zwischen Arbeitgeber und Arbeitnehmer. Insofern greift hier auch die oben dargestellte Argumentation von *Lange*, dass die teambezogene Gehaltsobergrenze an sich für den Arbeitnehmer gar keine positive, einem Günstigkeitsvergleich zugängliche Regelung beinhaltet, von der nach oben abgewichen werden kann, sondern in ihrer Auswirkung einzig und allein eine Beschränkung beinhaltet.[859]

Die individuelle Gehaltsabrede mit dem Arbeitnehmer weicht nämlich nicht von einer tarifvertraglich festgelegten Gehaltsstufe nach oben ab, da eine solche im Tarifvertrag gar nicht enthalten ist. Vielmehr wird durch die Gehaltsabrede ggfs. eine Grenze überschritten, die der Arbeitgeber insgesamt im Rahmen einer Regelung für alle Clubs und alle Spieler einhalten muss. Erst im Fall einer Überschreitung kann sich diese Obergrenze (negativ) einschränkend auf den Individualarbeitsvertrag auswirken. Könnte jede einzelvertragliche Abrede, gerechtfertigt durch das Günstigkeitsprinzip, von dieser tarifvertraglichen Regelung abweichen bzw. bliebe sie von dieser unberührt, wäre die teambezogene Gehaltsobergrenze in ihrer Gesamtheit hinfällig. Folglich kann die teambezogene Gehaltsobergrenze in Form einer Betriebsnorm eine individuelle Gehaltsabrede des Arbeitnehmers beschränken, ohne dass dieser aufgrund des Günstigkeitsprinzips in § 4 Abs. 3 TVG der Vorrang einzuräumen wäre.

(2.) Teambezogene Gehaltsobergrenzen als Abschlussverbote

Es könnte sich bei einer teambezogenen Gehaltsobergrenze auch um eine sogenannte Abschlussnorm in Form eines Abschlussverbots handeln. Diese würde bei Überschreiten einer bestimmten Gesamtgehaltshöhe des gesamten Kaders den Vertragsabschluss mit einem konkreten Spieler, dessen Jahresgehalt in der Addition mit den restlichen Gehältern letztlich zur Überschreitung teambezogenen *salary caps* führt, untersagen. Abschlussverbote verbieten den Abschluss eines Arbeitsvertrags und können dem Schutz einzelner Arbeitnehmer, dem kollektiven Interesse der Belegschaft oder arbeitsmarkt- und sozialpolitischen Zielen dienen.[860] Die Zulässigkeit von tarifvertraglichen Abschlussverboten ist in Rechtsprechung und Literatur

859 Vgl. oben unter § 5 C IV 1.

860 Wiedemann/*Wank*, TVG, § 1 Rn. 633.

anerkannt.[861] Als Rechtsfolge eines Verstoßes gegen ein Abschlussverbot ist der Arbeitsvertrag nichtig, wobei die Tarifvertragsparteien nach Ansicht von *Wank* auch eine abweichende Sanktion vorsehen können.[862]

Laut *Wank* kann ein Abschlussverbot nicht durch das Günstigkeitsprinzip unterlaufen werden, da dieses keinen Anspruch vermittelt, überhaupt einen Arbeitsplatz zu erhalten.[863] *Wank* vertritt den Standpunkt, dass Abschlussnormen auf einer inhaltlich dem Arbeitsverhältnis vorgelagerten Ebene eingreifen und das Günstigkeitsprinzip ausgeschlossen werden könne, wenn nur so der Zweck der tariflichen Regelung verwirklicht werden kann.[864] Dies gelte auch für negative Inhaltsnormen, die das Entstehen eines Arbeitsverhältnisses nur mit gewissen Einschränkungen zulassen.[865]

Die entgegengesetzte Position vertreten *Löwisch/Rieble*, deren Ansicht zufolge das Günstigkeitsprinzip unabhängig davon gilt, ob die Individualnorm des Tarifvertrags ein Ge- oder Verbot enthalte.[866] Sie argumentieren damit, dass ein Günstigkeitsvergleich dahin gehend durchgeführt werden könne, ob nicht die verbotene Regelung für den Arbeitnehmer günstiger wäre.[867] Das Günstigkeitsprinzip könne seinen Zweck, nämlich den Arbeitsvertragsparteien das Recht zur individuellen Gestaltung der Arbeitsbedingungen jenseits des tariflichen Mindestschutzes zu sichern, genauso dort erfüllen, wo zugunsten des Arbeitnehmers von Verboten abgewichen werden soll wie bei der Ergänzung positiver Tarifvorschriften.[868] Um ihre Ansicht zu untermauern, führen sie die Entscheidung des Großen Senats des BAG an, in der dieser anerkannt habe, dass eine kollektivrechtliche Altersgrenze als Verbot weiterer Beschäftigung durch das Günstigkeitsprinzip überwunden werden kann.[869]

In der zitierten Entscheidung ging es allerdings um die Frage, ob eine bereits vertraglich vereinbarte günstigere Regelung durch eine nachfolgende, kollektivrechtlich geltende Regelung, die auch noch zum Verzicht des Arbeitnehmers auf Kündigungsschutz und Arbeitsverhältnis führen sollte, abgelöst werden kann. Bei den Abschlussnormen liegt der Fall, wie *Wank* richtig erläutert, jedoch anders. Hier soll nach dem Willen der Tarifparteien in bestimmten Fällen von Anfang an kein Arbeitsverhältnis

861 Wiedemann/*Wank*, TVG, § 1 Rn. 638; BAG AP Nr. 95 zu § 99 BetrVG 1972; BAG AP Nr. 4 zu § 99 BetrVG 1972 Einstellung.
862 Wiedemann/*Wank*, TVG, § 1 Rn. 639.
863 Wiedemann/*Wank*, TVG, § 1 Rn. 639.
864 Wiedemann/*Wank*, TVG, § 1 Rn. 413 f.
865 Wiedemann/*Wank*, TVG, § 1 Rn. 413.
866 *Löwisch/Rieble*, TVG, § 4 Rn. 566.
867 *Löwisch/Rieble*, TVG, § 4 Rn. 567, zweifeln eine Wirksamkeit von Abschlussverboten generell an, § 1 Rn. 342 ff., da eine generelle Begrenzung von Beschäftigung durch eine Tarifnorm allenfalls in Form einer Betriebsnorm, nicht jedoch durch eine Individualnorm möglich sei.
868 *Löwisch/Rieble*, TVG, § 4 Rn. 568.
869 BAG NZA 1990, 816.

zustande kommen bzw. gewissen Beschränkungen unterliegen. Die Abschlussnorm bewegt sich also auf einer Ebene vor Abschluss des Arbeitsverhältnisses.

Nach Ansicht des BAG finden Abschlussverbote gemäß §§ 1 Abs. 1, 3 Abs. 1 TVG jedoch, im Gegensatz zu Betriebsnormen nach § 3 Abs. 2 TVG, nur für gewerkschaftlich organisierte Arbeitnehmer, nicht jedoch für Außenseiter Anwendung.[870] Daher sind Abschlussverbote als Mittel zur Einführung einer teambezogenen Gehaltsobergrenze ungeeignet, da diese zwingend für alle Arbeitnehmer und potenziellen Arbeitnehmer geltend muss, um ihren Zweck zu erreichen. Die erläuterte Argumentation von *Wank* kann jedoch für die Wirksamkeit von Gehaltsobergrenzen in Form von Betriebsnormen und für eine Überwindung des Günstigkeitsprinzips herangezogen werden, vor allem wenn Rechtsfolge eine entsprechende Anpassung der Arbeitsbedingungen in Form des Gehalts sein soll. Denn teambezogene Gehaltsobergrenzen wirken für potenzielle Arbeitnehmer in der Tat auf einer Ebene, die dem Arbeitsverhältnis vorgelagert ist.

(3.) Einhaltung des Günstigkeitsprinzips durch Vereinbarung eines *soft salary caps*, Vereinbarung von Gehaltsuntergrenzen oder Umsatzbeteiligungen der Spieler

Im Gegensatz zum *hard salary cap* ist es den Clubs beim *soft salary cap* in bestimmten Fällen erlaubt, die teambezogene Gehaltsobergrenze für den gesamten Kader zu überschreiten. Dies könnte sich einerseits positiv auf die Verhältnismäßigkeit der Gehaltsobergrenze und andererseits auch auf die Bewertung der Gehaltsobergrenze im Zusammenhang mit dem Günstigkeitsprinzip auswirken. Darf beispielsweise das Gehalt bestimmter Spieler vom *cap* ausgenommen werden, so würde bezüglich dieser Spieler das Günstigkeitsprinzip nicht verletzt. Im Gegenteil entspricht die Möglichkeit der Vereinbarung einer vom *salary cap* abweichenden Gehaltssumme genau dem Günstigkeitsprinzip. Nach Ansicht von *Fikentscher* kann man hier auch die Qualität der Regelung als Höchstarbeitsbedingung insgesamt in Zweifel ziehen.[871]

Da nach hiesiger Auffassung bereits ein absoluter *hard salary cap* in Form von Betriebsnormen mit geltendem Recht vereinbar ist, muss diese Diskussion nicht weiter vertieft werden. Allerdings würde ein sogenannter *soft salary cap* der Diskussion um die Anwendbarkeit des Günstigkeitsprinzips deutlich den Wind aus den Segeln nehmen. Als milderes Mittel im Rahmen der Erforderlichkeitsprüfung ist ein *soft salary cap* jedoch nach hier vertretener Auffassung nicht anzusehen. Denn erstens würde die Auswirkung der Gehaltsobergrenze auf die Wirtschaftlichkeit der Clubs und die Chancengleichheit innerhalb und zwischen den Ligen deutlich abgeschwächt und zweitens ginge er vermutlich zulasten einer Mehrheit der Spieler, deren Gehälter im Vergleich zu den Topspielern wohl sinken würden.

---

870 BAG NZA 2011, 751, 756.

871 *Fikentscher*, Der Salary Cap im Sport, in: Vieweg (Hrsg.), Spektrum des Sports (2003), 200.

Die Einführung von (deutlich spürbaren) Gehaltsuntergrenzen wäre dagegen ein wichtiger Baustein für die Annahme einer Verhältnismäßigkeit und Günstigkeit von Gehaltsobergrenzen. Sie sollten folglich, wie bereits für verbandsrechtlich geregelte Gehaltsobergrenzen dargelegt wurde, auch im Fall von tarifvertraglichen Gehaltsobergrenzen Teil der Gesamtregelung sein. *Rüth* betont in diesem Zusammenhang, dass Sporttarifverträge insbesondere eine Schutzwirkung zugunsten von Durchschnittsverdienern und jungen Sportlern entfalten könnten.[872] Denn insbesondere im Fußballsport ist in der 2. Bundesliga und vor allem auch in der 3. Liga und den Regionalligen der finanzielle Spielraum der Clubs aufgrund geringerer Einnahmen deutlich eingeschränkter als in der Bundesliga.[873]

Ebenso sinnvoll wäre eine garantierte Gewinnbeteiligung der Spieler, z.B. bei Erreichen bestimmter Platzierungen oder Einnahmen aus internationalen Wettbewerben.[874] Eine Mindestumsatzbeteiligung der Spieler, die nach der US-amerikanischen Logik eines *salary caps* in der Regel als Gegenleistung für die Spieler vorgesehen ist, könnte auch nach deutschem Recht zur Verhältnismäßigkeit bzw. Günstigkeit eines *salary caps* beitragen. Es ist ohnehin davon auszugehen, dass eine Spielergewerkschaft Gehaltsobergrenzen nur dann akzeptieren würde, wenn sie im Gegenzug auf anderer Ebene deutliche Verbesserungen für die Mehrzahl der Spieler erreichen kann.

(4.) Schuldrechtliche Vereinbarung einer teambezogenen Gehaltsobergrenze

Letztlich käme auch die Ausgestaltung einer teambezogenen Gehaltsobergrenze als rein schuldrechtliche Vereinbarung zwischen den Tarifvertragsparteien infrage. Diese hätte dann keine Auswirkung auf den Inhalt oder das Zustandekommen individueller Arbeitsverträge, sondern würde lediglich die Tarifparteien binden. Nach Ansicht von *Wank* verstoßen auch schuldrechtliche Vereinbarungen über Höchstarbeitsbedingungen sowie sogenannte Höchstnormbeschlüsse des Arbeitgeberverbands gegen zwingendes Tarifrecht und sind damit unwirksam.[875] *Säcker/Oetker* teilen diese Auffassung und begründen dies damit, dass es dem Zweck der gesetzlich für Tarifnormen gezogenen Schranken widersprechen würde, wenn diese im schuldrechtlichen Teil des Tarifvertrags wieder unterlaufen werden könnten.[876]

---

872 *Rüth*, SpuRt 2003, 137, 139.

873 Siehe für die 2. Bundesliga den DFL Bundesliga Report 2013, für die 3. Liga www.focus.de vom 28.1.2011 (zuletzt aufgerufen am 14.8.2012).

874 *Eggerstedt*, Probleme der Lizenz- und Schiedsgerichtsverträge im deutschen Berufsfußball, 91, schlägt insgesamt ein stärker erfolgsorientiertes Gehaltsystem vor, bei dem die Vereine Geld sparen, wenn sportlicher Erfolg ausbleibt und dadurch die Einnahmen sinken, und andererseits sportlich bedingte Einnahmesteigerungen die Spieler weitergeben werden. Das Fix-Grundgehalt der Spieler solle dabei die Mindesteinnahmen, die ein Club in einer Spielzeit erreicht, nicht übersteigen.

875 Wiedemann/*Wank*, TVG, § 4 Rn. 396 ff.; Löwisch/Rieble, TVG, § 4 Rn. 557 ff.

876 *Säcker/Oetker*, ZfA 1996, 85, 94 f.

Es müsse insofern eine Harmonie der Schranken für den normativen und den schuldrechtlichen Teil eines Tarifvertrags bestehen.[877]

Dagegen vertreten *Deinert* und *Schubert/Zachert* die Auffassung, dass entsprechende schuldrechtliche Abreden mangels eines besonderen Verbots zulässig sind, jedoch einer ausdrücklichen Willensäußerung im Tarifvertrag bedürfen.[878] *Deinert* führt dazu aus, dass lediglich für den normativen Teil des Tarifvertrags das Günstigkeitsprinzip in § 4 Abs. 3 Alt. 2 TVG gesetzlich fixiert sei und sich auch kein verfassungsrechtliches Argument für ein Verbot entsprechender schuldrechtlicher Abreden finden lasse.[879] Auch sei die formale Vertragsfreiheit des Arbeitnehmers nicht beeinträchtigt, sondern die Schwierigkeiten ergäben sich allein aus dem faktischen Druck über entsprechende Einwirkungen der Verbände.[880] Daraus schließt er, dass die Beeinträchtigung des Arbeitnehmers an Art. 12 Abs. 1 GG zu messen, also die Festsetzung von Höchstarbeitsbedingungen durch Gemeinwohlbelange gerechtfertigt sein müsse, um rechtmäßig zu sein.[881] Hier würden sich dann wieder die bereits im Rahmen eines möglichen Verstoßes von verbandsrechtlichen Gehaltsobergrenzen gegen Grundrechte des Arbeitnehmers erörterten Fragen stellen.[882]

Schubert/Zachert haben, ausgehend von ihrer Auffassung, dass der Tarifvertrag Ausdruck kollektiver Selbstbestimmung ist, und weil § 4 Abs. 3 2. Alt. TVG schuldrechtliche Einschränkungen des Günstigkeitsprinzips nicht ausdrücklich untersage, keine Bedenken gegen eine solche Einschränkung durch die Tarifparteien.[883] Ein entsprechender Wille müsste jedoch ausdrücklich im Tarifvertrag geäußert werden.[884] Des Weiteren argumentieren sie damit, dass Höchstbegrenzungen im Rahmen eines tarifautonomen Schutzkonzeptes sinnvoll sein könnten und die Arbeitsvertragsfreiheit der Arbeitnehmer nur faktisch über die Einwirkungsmöglichkeiten der Tarifparteien berührt werde.[885]

Im Ergebnis könnte eine schuldrechtliche Regelung von Gehaltsobergrenzen in Form eines teambezogenen *salary caps* nach hiesiger Ansicht gerechtfertigt werden. Allerdings erscheint die praktische Umsetzung eher kompliziert. Da es keine normative Wirkung der Vereinbarung, sondern nur eine schuldrechtliche Verpflichtung gibt, müsste z.B. der DFL e.V. die vereinbarten Regeln in einem weiteren Schritt gegenüber den Clubs zur Anwendung bringen. Dafür wäre im Grunde genommen eine weitere Regelung, welche die Clubs bindet, erforderlich. Aufseiten der Gewerkschaft gäbe es wahrscheinlich nur wenig Veranlassung, dies zu kontrollieren und

877 *Säcker/Oetker*, ZfA 1996, 85, 95.
878 Däubler/*Deinert*, TVG § 4 Rn. 630; Kempen/Zachert/*Schubert/Zachert*, TVG, § 4 Rn. 364.
879 Däubler/*Deinert*, TVG § 4 Rn. 630.
880 Däubler/*Deinert*, TVG § 4 Rn. 630.
881 Däubler/*Deinert*, TVG § 4 Rn. 630.
882 Vgl. oben § 5 B II 1.
883 Kempen/Zachert/*Schubert/Zachert*, TVG, § 4 Rn. 364.
884 Kempen/Zachert/*Schubert/Zachert*, TVG, § 4 Rn. 364.
885 Kempen/Zachert/*Schubert/Zachert*, TVG, § 4 Rn. 364.

durchzusetzen, da die Regelung zumindest zulasten einiger ihrer Mitglieder gehen würde. Eine schuldrechtliche Vereinbarung von Gehaltsobergrenzen zwischen Sportliga und Spielergewerkschaft scheidet daher aus praktischen Gründen aus.

c. *Alternative Gestaltungsmöglichkeiten (Luxussteuer-Variante)*

Als alternative Gestaltungsmöglichkeit ist eine Kombination aus teambezogener Gehaltsobergrenze und Zahlung von sogenannten Luxussteuern in einen Solidarpool, der dann wiederum gleichmäßig an alle Spieler oder Clubs verteilt wird, vorgeschlagen worden. Auch hier stellt sich zunächst die Frage nach der rechtlichen Ausgestaltung und Einordnung.

Die Luxussteuer-Variante unterscheidet sich von der absoluten teambezogenen Gehaltsobergrenze vor allen Dingen durch die Rechtsfolge. Das einzelne Arbeitsverhältnis bleibt unberührt, auch wenn das vereinbarte Gehalt zu einer Überschreitung der Gehaltsobergrenze führt. Als Rechtsfolge eines Verstoßes wird lediglich eine Strafzahlung des Clubs angeordnet. Es handelt sich deshalb auf den ersten Blick nach den oben dargelegten Definitionen weder um Betriebsnormen gemäß § 3 Abs. 2 TVG noch um Inhalts-, Abschluss- oder Beendigungsnormen gemäß § 1 Abs. 1 TVG.

Nach Auffassung von *Thüsing* könnten die Gehaltsobergrenzen in Form einer Luxussteuer-Variante allerdings Betriebsnormen gemäß § 3 Abs. 2 TVG darstellen, da er davon ausgeht, dass diese aufgrund ihrer Rechtsnatur auch ausschließlich den Arbeitgeber normativ binden können.[886] Dies deckt sich wohl mit der Auffassung von *Langen*, der eine tarifvertragliche Gehaltsobergrenze mit der Sanktion einer Luxussteuer in Form einer Strafzahlung an die anderen Arbeitnehmer vorschlägt, und dies auch als zulässigen Inhalt eines Tarifvertrags nach § 1 Abs. 1 TVG betrachtet.[887]

Für die rechtliche Zulässigkeit bzw. Vereinbarkeit mit den Rechten der Lizenzspieler kann auf die Ergebnisse oben verwiesen werden. Auch die tarifvertragliche Vereinbarung der hier entwickelten Luxussteuer-Variante in Form von Betriebsnormen könnte demnach als rechtmäßig angesehen werden.

4. *Vereinbarkeit mit dem deutschen Wettbewerbsrecht*

Die Vereinbarung von Gehaltsobergrenzen in Tarifverträgen könnte auch gegen deutsches Wettbewerbsrecht, insbesondere gegen Regelungen des Gesetzes gegen Wettbewerbsbeschränkungen (GWB) verstoßen. Gemäß § 1 GWB sind „Vereinbarungen zwischen Unternehmen, Beschlüsse von Unternehmensvereinigungen und aufeinander abgestimmte Verhaltensweisen, die eine Verhinderung, Einschränkung oder Verfälschung des Wettbewerbs bezwecken oder bewirken“ verboten. Ebenso verboten ist gemäß § 19 GWB die „missbräuchliche Ausnutzung einer marktbeherrschenden Stellung durch ein oder mehrere Unternehmen.“

---

886 Wiedemann/*Thüsing*, TVG, § 1 Rn. 752.
887 *Lange*, SpuRt 2010, 234, 236.

a. Ausnahme tarifvertraglicher Regelungen vom Kartellrecht

Allerdings könnten tarifvertragliche Regelungen generell von den im GWB geregelten Kartellverboten ausgenommen sein. Nach einer Grundsatzentscheidung des BAG gilt das GWB nicht für Tarifverträge mit zulässigem Inhalt gemäß § 1 Abs. 1 TVG.[888] Der Ansicht des BAG zufolge sind Tarifverträge schon keine Vereinbarungen zwischen Unternehmen im Sinne des § 1 GWB, da Gewerkschaften beim Abschluss von Tarifverträgen nicht in einer Unternehmereigenschaft am Markt tätig werden.[889] Da überdies Gewerkschaften und Arbeitgeberverbände keine Wettbewerber seien, die das Ziel verfolgten, den Wettbewerb zu beschränken, seien Tarifverträge nicht vom Wortlaut des § 1 GWB erfasst.[890]

Einige Stimmen in der arbeitsrechtlichen Literatur betrachten bereits den Arbeitsmarkt an sich als – ungeschriebene – Bereichsausnahme vom Kartellrecht.[891] In der Entscheidung des Bundeskartellamts zum „Gagenabkommen" bezüglich mehrerer Verleih- und Produktionsfirmen, die sich einer zwingenden Gagenliste für Filmdarsteller unterworfen hatten, stellte dieses fest, dass „Lohnabsprachen der Arbeitgeber, selbst wenn damit der Wettbewerb unter diesen Unternehmen beeinflusst wird, nicht unter die Bestimmungen des Gesetzes gegen Wettbewerbsbeschränkungen fällt."[892] Lohn- und Arbeitsbedingungen würden nicht vom GWB erfasst, unabhängig von etwaigen wettbewerbsbeschränkenden Folgewirkungen.[893]

Ob diese Entscheidung heutzutage noch einmal so getroffen würde, erscheint jedoch fraglich. Das Kammergericht Berlin geht z.B. von einer grundsätzlichen Anwendbarkeit des Kartellrechts auf den Arbeitsmarkt aus, betrachtet jedoch die wettbewerbsbeschränkende Wirkung einer nach § 1 Abs. 1 TVG zulässigen Vereinbarung als durch § 9 Abs. 3 GG gerechtfertigt.[894] Das Bundeskartellamt selbst habe laut *Stopper* ebenfalls in einer späteren Entscheidung die grundsätzliche Anwendung des Kartellrechts auf den Arbeitsmarkt bejaht.[895]

---

888 NZA 1989, 969, 969, demgemäß eine tarifliche Regelung des Arbeitszeitendes, die auch Einfluss auf die Ladenöffnungszeiten hat, nicht gegen das GWB verstößt; siehe auch untergerichtliche Entscheidungen: ArbG Frankfurt vom 22.1.1988, WuW/E VG 345, 346 und ArbG Berlin vom 25.1.1988, WuW/E VG 346; kritisch dazu: *van den Bergh/Camesasca*, Wettbewerbsrechtliche Beurteilung von Tarifverträgen? 157 f.

889 BAG NZA 1989, 969, 972.

890 BAG NZA 1989, 969, 972, auch mit Verweis auf die amtliche Begründung des Gesetzesentwurfs (BT-Dr 2/1158, S. 30).

891 *Fikentscher*, Mitbestimmung im Sport, 292; *Bechtold*, RdA 1983, 99, 100; *Windbichler*, ZfA 1991, 35, 38 ff. (mit einer Übersicht zum Meinungsspektrum); a.A.: *Säcker/Oetker*, Grundlagen und Grenzen der Tarifautonomie, 208 ff.

892 Bundeskartellamt, BB 1962, 978.

893 Bundeskartellamt, BB 1962, 978.

894 KG WuW/OLG 4531, 4534 f. (Ladenöffnungszeit).

895 *Stopper*, Mehr Sportlicher Wettbewerb durch begrenzte Umverteilung, in: Zieschang/Klimmer (Hrsg.), Unternehmensführung im Profifußball, 143, 154, 157,

Bechtold begründet den Vorrang des Tarifvertrags vor dem Kartellrecht mit der wesenseigenen Kartellwirkung von Tarifverträgen, die im Fall einer Anwendbarkeit des Kartellrechts ausgehöhlt werde.[896] Seiner Ansicht nach ist § 1 GWB nicht anwendbar auf tarifvertragliche Normen, soweit sich diese im Rahmen des § 1 TVG bewegen, also „den Inhalt, den Abschluss und die Beendigung von Arbeitsverhältnissen sowie betriebliche und betriebsverfassungsrechtliche Fragen ordnen".[897]

Es gibt jedoch auch anderslautende Stimmen, vor allem wenn die tarifvertraglichen Regelungen über den Arbeitsmarkt hinausgehen und den Wettbewerb zwischen Unternehmen berühren.[898] Nach *Windbichler* sei, falls eine Regelung mit arbeitsrechtlichem Inhalt einem Verbotstatbestand des GWB unterfalle, zu prüfen, ob Sinn und Zweck des Ausnahmebereichs eine Freistellung erfordere.[899]

Van den Bergh/Camesasca kommen zum Ergebnis, dass aufgrund der Vereinbarungsbefugnis der Tarifvertragsparteien aus Art. 9 Abs. 3 GG nicht jede tarifvertraglich zulässige Regelung vom Kartellverbot ausgenommen sei, sondern nur Regelungen, die sich auf die Ausgestaltung des Kernbereichs der Arbeitsbeziehungen beschränkten.[900] Dieser Auffassung dürfte jedoch mit Aufgabe der Kernbereichslehre durch das BVerfG[901] die Grundlage entzogen worden sein.

Fikentscher führt an, eine nach § 1 Abs. 1 TVG zulässige tarifvertragliche Regelung rechtfertige aufgrund Art. 9 Abs. 3 GG einen Eingriff ins Kartellrecht, es sei denn, dieser stehe in keinem angemessenen Verhältnis zum von der Regelung beabsichtigten arbeitsrechtlichen Zweck.[902] *Immenga* erkennt zwar grundsätzlich ein Freistellungsbedürfnis des kollektiven Arbeitsrechts von der Anwendung des Kartellrechts an, jedoch nur unter Erfüllung bestimmter Kriterien, die durch die Kartellbehörden kontrolliert werden sollen.[903]

Für eine generelle Anwendbarkeit des Kartellrechts auf Tarifverträge plädiert *Nacken*. Aus den Gesetzgebungsmaterialien zum GWB ginge hervor, dass eine An-

---

mit Verweis auf die Entscheidung des Bundeskartellamts zur „Sonnabendöffnungszeit", in der dieses feststellt, dass das Kartellrecht auf den Arbeitsmarkt anwendbar sei, wenn der relevanten Absprache eine unmittelbare Beziehung zum Arbeitgeber-Arbeitnehmer Verhältnis fehle.

896 *Bechtold*, RdA 1983, 99, 100.

897 *Bechtold*, RdA 1983, 99, 100.

898 Zur kartellrechtlichen Rechtsprechung: KG WuW/E OLG 4531, 4533 ff. (Ladenöffnungszeit); Immenga/Mestmäcker/*Zimmer*, GWB, § 1 Rn 164 ff.; Loewenheim/Meesen/Riesenkampf/*Grave/Nyberg*, Art. 101 Abs. 1 AEUV Rn. 353 ff.

899 *Windbichler*, ZfA 1991, 35, 40, mwN.

900 *van den Bergh/Camesasca*, Wettbewerbsrechtliche Beurteilung von Tarifverträgen? 158.

901 Däubler/Hjort/Schubert/Wolmerath/*Hensche*, Arbeitsrecht, Art. 9 GG Rn. 62.

902 *Fikentscher*, Mitbestimmung im Sport, 294 m.w.N.

903 *Immenga*, Grenzen des kartellrechtlichen Ausnahmebereichs Arbeitsmarkt, 1989, 11, 18.

wendung des Kartellrechts auf die Tarifparteien nur dann außer Betracht bleibe, wenn diese sich auf die typischen Bereiche der Lohn- und Arbeitsbedingungen beschränkten.[904] Am Beispiel der Ladenöffnungszeiten erläutert *Nacken*, dass Tarifverträge, die im Normalfall einzelne Arbeitsverhältnisse und eben keine gewerblichen Leistungen regelten, dies im Einzelfall doch machen könnten, nämlich dann, wenn sie mittelbar auch die gewerblichen Leistungen und marktregelndes Verhalten von Unternehmen mit beeinflussten.[905] Die von § 1 GWB vorausgesetzte Unternehmereigenschaft von Gewerkschaften bejaht *Nacken* für den Fall, dass sie Tarifverträge abschließen, deren Erfüllung dem Arbeitgeber nur durch bestimmtes Verhalten auf dem Gütermarkt möglich ist.[906] In Bezug auf Ladenschlusszeiten stellt er fest, dass ein tarifvertraglich festgelegtes einheitliches Arbeitszeitende ein Marktzutrittsverbot zu bestimmten Zeiten und damit ein Wettbewerbsverbot sei.[907] In einem solchen Fall müsse dann zur Feststellung, ob dieses § 1 GWB verletze, eine Interessenabwägung zwischen den sozialpolitischen Belangen des Tarifvertrags und der Wettbewerbsbeschränkung durchgeführt werden.[908]

Rieble dagegen sieht in dieser Ansicht einen Verstoß gegen das GWB, welches streng auf die Kontrolle von Marktverhalten und nicht von Marktwirkungen angelegt sei.[909] Mit Hinweis auf die Entscheidung des Bundeskartellamts zu Höchstgagen für Spitzenschauspieler[910] stellt er überdies fest, dass selbst Höchstlohnvereinbarungen (als Spiegelbild von kartellierten Mindestpreisen) nicht unter das GWB fielen, weil sie Arbeitsbedingungen zum Gegenstand hätten.[911] Das Kartellamt habe sich zu Recht außerstande gesehen, die Vereinbarung zu verhindern, da den Kartellgerichten der arbeitsrechtliche Sachverstand fehle, Wettbewerbsbeschränkungen auf dem Arbeitsmarkt daraufhin zu kontrollieren, ob sie noch immanent durch die Bedürfnisse des Tarifvertrags gedeckt seien.[912] Dagegen finde das GWB durchaus Anwendung, wenn „Unternehmen als Arbeitsmarktakteure den Wettbewerb auf den Gütermärkten beschränkten."[913] Auch in Tarifverträgen dürften Unternehmen nichts mit den Gewerkschaften vereinbaren, was sie untereinander nicht verabreden dürften. (Beispiel: Ladenöffnungszeiten nein – einheitliches Arbeitszeitende ja).[914] Höchstlöhne, die den Wettbewerb zwischen Unternehmen einschränken, indem sie einem Bieterkampf um die besten Talente gewisse Grenzen setzen, seien nicht

---

904 *Nacken*, WuW 1988, 475, 478.
905 *Nacken*, WuW 1988, 475, 479.
906 *Nacken*, WuW 1988, 475, 484.
907 *Nacken*, WuW 1988, 475, 485.
908 *Nacken*, WuW 1988, 475, 486.
909 *Rieble*, Arbeitsmarkt und Wettbewerb, Rn. 525.
910 WuW/E BKartA 502 „Gagenstoppabkommen".
911 *Rieble*, Arbeitsmarkt und Wettbewerb, Rn. 463.
912 *Rieble*, Arbeitsmarkt und Wettbewerb, Rn. 463.
913 *Rieble*, Arbeitsmarkt und Wettbewerb, Rn. 466.
914 *Rieble*, Arbeitsmarkt und Wettbewerb, Rn. 468.

wettbewerbswidrig, im Gegensatz zu einer Vereinbarung zwischen Unternehmen, sich gegenseitig keine Mitarbeiter abzuwerben.[915]

Zwar ist das Bestehen einer Arbeitsmarktausnahme im Sinne der Entscheidung des Bundeskartellamts zum Gagenstoppabkommen wohl abzulehnen, allerdings begründet sich die Kartellausnahme vielmehr aus dem Wesen des Tarifvertrags und der Tarifautonomie. Solange die Tarifparteien die ihnen in Art. 9 Abs. 3 GG und § 1 Abs. 1 TVG gesetzten Grenzen nicht überschreiten, ist mit dem BAG davon auszugehen, dass das Kartellrecht keine Anwendung auf sie findet. Dies ergibt sich daraus, dass den Tarifvertragsparteien das Recht, Arbeits- und Wirtschaftsbedingungen durch Tarifvertrag zu regeln, in Art. 9 Abs. 3 GG garantiert ist, und der Gesetzgeber weder im TVG noch im GWB Einschränkungen dieser Befugnis in Hinblick auf mögliche wettbewerbsrechtliche Auswirkungen von Tarifverträgen vorgenommen hat.[916] Gewisse Einschränkungen des Wettbewerbs sind dem Tarifvertragsrecht immanent, da es sich sowohl bei den Gewerkschaften als auch bei den Arbeitgeberverbänden um gesetzlich und verfassungsrechtlich legitimierte Kartelle handelt. Ein Eingriff des Kartellrechts in Tarifverträge würde die Tarifautonomie in nicht hinnehmbarer Weise konterkarieren. Folglich ist mit der wohl herrschenden Lehre und der Rechtsprechung des BAG die Kartellausnahme eines Tarifvertrags mit zulässigem Inhalt zu bejahen.

b. Ausnahme einer tarifvertraglichen Regelung über Gehaltsobergrenzen vom Kartellrecht

Es wurde zuvor festgestellt, dass es sich zumindest bei einem teambezogenen absoluten *salary cap* sowie bei sogenannten Luxussteuern um zulässige tarifvertragliche Regelungen gemäß § 1 Abs. 1 TVG handelt.[917] Gehaltsobergrenzen gehören als Regelungen über den Arbeitslohn zum Kernbereich des Art. 9 Abs. 3 GG bzw. des § 1 Abs. 1 TVG, weshalb unmittelbare kartellrechtlich relevante Folgewirkungen gerechtfertigt sind.[918] *Fikentscher* führt dazu weiter aus, dass ein *salary cap* in seiner Wirkung praktisch nicht über die Festlegung von Gehaltsgruppen und -stufen hinausginge.[919] Auch diese führten zu einem gewissen Grad zu einem Preiskartell, da Unternehmen in der Praxis aus wirtschaftlichen Gesichtspunkten nur sehr ausnahmsweise dazu neigten, von der tariflichen Vergütung zugunsten der Arbeitnehmer abzuweichen.[920] Letztlich enthalte das Arbeitsrecht in § 4 Abs. 3 TVG eine Regelung, die zu einer hinreichenden Begrenzung der tarifrechtlich bedingten

---

915 *Rieble*, Arbeitsmarkt und Wettbewerb, Rn. 465.
916 NZA 1989, 969, 971 f.
917 Vgl. oben § 5 C IV 2.
918 So auch: *Fikentscher*, Mitbestimmung im Sport, 295 f.
919 *Fikentscher*, Der Salary Cap im Sport, in: Vieweg (Hrsg.), Spektrum des Sports (2003), 196.
920 *Fikentscher*, Der Salary Cap im Sport, in: Vieweg (Hrsg.), Spektrum des Sports (2003), 196.

Kartellwirkung auf dem Arbeitsmarkt führe, weshalb eine Anwendung des Kartellrechts unterbleiben könne und müsse.[921] Diese muss zwar im Rahmen von absoluten Gehaltsobergrenzen, basierend auf Betriebsnormen, zurückstehen. Jedoch bewegt sich auch eine solche Regelung wie gezeigt im Rahmen des § 1 Abs. 1 TVG. Daher ist mit *Fikentscher* davon auszugehen, dass tarifvertragliche Regelungen über eine teambezogene Gehaltsobergrenze oder eine Luxussteuer-Variante vom Kartellverbot des GWB ausgenommen wären.

5. *Zwischenergebnis*

Tarifvertragliche Gehaltsobergrenzen in Form eines teambezogenen absoluten *salary caps* und einer Luxussteuer-Variante verstoßen nicht per se als Höchstarbeitsbedingungen gegen § 4 Abs. 3 TVG.

Werden Gehaltsobergrenzen in Form eines absoluten *salary caps* als sogenannte Betriebsnormen in Tarifverträgen vereinbart, können damit Vereinbarungen zwischen Spielern und Clubs, die zur Überschreitung des *salary caps* führen, eingeschränkt werden. Das Günstigkeitsprinzip des § 4 Abs. 3 TVG ist hier entsprechend teleologisch zu reduzieren und sperrt eine solche Regelung nicht. Hierfür spricht auch die Möglichkeit der Vereinbarung von tarifvertraglichen Abschlussverboten, die nach einer Auffassung ebenfalls Grundlage von Gehaltsobergrenzen sein könnten. Außerdem lässt sich der Rechtsprechung des BAG zum Sachgruppengleich entnehmen, dass es sich bei einer teambezogenen Gehaltsobergrenze und einer individuellen Gehaltsregelung um Materien handelt, die einem Günstigkeitsvergleich nicht zugänglich sind.

Ebenfalls können eine teambezogene Gehaltsobergrenze und eine Luxussteuer-Variante durch schuldrechtliche Vereinbarungen zwischen den Tarifparteien geregelt werden. Hier besteht jedoch die verstärkte Gefahr einer Umgehung durch individuelle Vereinbarungen, da eine Einhaltung durch die Tarifparteien selbst geltend gemacht werden müsste und nur ein Anspruch gegenüber der anderen Tarifpartei besteht.

Weiterhin könnte ein sogenannter teambezogener *soft salary cap* wirksam durch Tarifvertrag vereinbart werden. Hier bestehen ebenfalls, je nach Ausgestaltung dann jedoch gewollte, Umgehungsmöglichkeiten. Die Zielerreichung ist deshalb, im Gegensatz zu den anderen Varianten, eher fraglich.

Als zulässige tarifvertragliche Regelungen gemäß § 1 Abs. 1 TVG wären ein teambezogener *salary cap* und eine Luxussteuer-Variante vom Kartellverbot des § 1 GWB ausgenommen.

---

921 *Fikentscher*, Der Salary Cap im Sport, in: Vieweg (Hrsg.), Spektrum des Sports (2003), 196 f.

V. Durchsetzung bzw. Abwehr von Gehaltsobergrenzen durch Arbeitskampfmaßnahmen

Eine Besonderheit an Gehaltsobergrenzen als tarifvertraglicher Regelungsgegenstand ist sicherlich, dass diese in erster Linie im Interesse der Arbeitgeberseite liegen. Die Clubs bzw. Verbände oder Ligen müssten daher gegebenenfalls auch aktiv Arbeitskampfmaßnahmen ergreifen, um ihr Ziel in den Tarifverhandlungen zu erreichen. An dieser Stelle ist die Rechtsfigur der sogenannten Angriffsaussperrung zu erörtern, insbesondere auch im Vergleich mit dem *lock out* im US-amerikanischen Recht. Ein solcher wurde z. B. im Zuge der zunächst gescheiterten Tarifverhandlungen in der National Football League (NFL) im Jahr 2012 durch die Arbeitgeberseite praktiziert. In der NBA gab es in der Saison 1998/99 eine Aussperrung der Spieler seitens der Liga für 29 Spiele und in der Saison 2011/2012 für 16 Spiele. In der MLB setzten sich dagegen die Spieler im Jahr 1994 durch Streik erfolgreich gegen die Einführung eines *salary caps* zur Wehr.[922]

Auf der anderen Seite könnten natürlich auch die Spielergewerkschaften versuchen, ihre tariflichen Ziele durch Wahrnehmung ihres Streikrechts durchzusetzen. In Norwegen traten in der Spielzeit 2010/2011 an einem Wochenende insgesamt 95 Spieler aus neun Vereinen der obersten Fußballliga in den Streik, nachdem Verhandlungen über einen von der Spielergewerkschaft NISO geforderten Mustervertrag mit u. a. besserem Kündigungsschutz und Urlaubsregelungen gescheitert waren.[923] Auch in Spanien drohte am ersten Spieltag der Saison 2011/2012 ein Spielerstreik. *Schneider* geht davon aus, dass – soweit eine Spielergewerkschaft existiert, welche die Anforderungen an eine tariffähige Gewerkschaft erfüllt – das kollektive Arbeitsrecht und damit auch das verfassungsmäßig gewährleistete Recht zu streiken, im Profisport anwendbar ist.[924]

1. Rechtmäßigkeit eines Streiks

Zunächst sollen kurz die Grundzüge der Rechtmäßigkeit eines Streiks der Spieler zur Erreichung oder Verhinderung von Gehaltsobergrenzen dargestellt werden.

a. Tarifliche regelbares Ziel

Es müsste sich bei Gehaltsobergrenzen um ein tariflich regelbares Ziel handeln, d. h. der Streik müsste auf die Gestaltung von Arbeitsbedingungen gerichtet sein. Dies wurde bereits erörtert: Bei der Vergütung inklusive Gehaltsobergrenzen handelt es sich um ein tariflich regelbares Ziel.

---

922 Vgl. hierzu *Merkel*, Sport im kollektiven Arbeitsrecht, 138 ff.

923 „Fußball-Spielerstreik in Norwegen“ auf www.zeit.de vom 20.5.2011. (zuletzt abgerufen am 20.8.2012).

924 *Schneider*, SpuRt 1996, 118, 119.

b. *Durch tariffähige Partei*

Damit es sich nicht um einen sogenannten wilden Streik handelt, der nach der Rechtsprechung des BAG rechtswidrig wäre, muss er von einer tariffähigen Partei getragen werden. Die Tariffähigkeit der Spielergewerkschaften VdV, GOAL und SP.IN wurde oben bereits erörtert: Auch an diesem Merkmal würde die Rechtmäßigkeit von Streiks zumindest im Fußballsport derzeit nicht scheitern.

c. *Gegen Sozialpartner*

Der potenzielle Streik müsste gegen den Sozialpartner gerichtet sein und Ziele verfolgen, die der Sozialpartner auch erfüllen kann. Die Clubs sind Sozialpartner der Spielergewerkschaften und könnten deren Forderungen auch erfüllen. Die sinnvolleren Sozialpartner wären allerdings im Sport der Verband oder die Liga. Im Fußball wäre der relevante und auch tariffähige Sozialpartner nach hier vertretener Ansicht der DFL e. V.

d. *Kein Verstoß gegen die Friedenspflicht*

Es dürften keine tarifvertraglichen, noch nicht ausgelaufenen Regelungen zu Gehaltsobergrenzen bestehen, ansonsten wäre ein Streik wiederum rechtswidrig. Da zurzeit keine Tarifverträge im Sportbereich bestehen, ist dieser Punkt zunächst unproblematisch. Sollte es später einmal Tarifverträge mit Gehaltsobergrenzen geben, wäre während der Laufzeit des Tarifvertrags die Friedenspflicht bezüglich der vereinbarten Regelungen einzuhalten.

e. *Verhältnismäßigkeit*

Letztlich muss die Durchführung eines Streiks zur Erreichung des angestrebten tariflichen Ziels auch verhältnismäßig sein. Bei der Beurteilung, ob eine Arbeitskampfmaßnahme geeignet ist, um Druck auf den sozialen Gegner aufzubauen, wird den Koalitionen von den Gerichten ein relativ weiter Spielraum eingeräumt.[925] Ein Streik darf nach der Rechtsprechung des BAG allerdings stets nur als ultima ratio durchgeführt werden, d. h. wenn die vorangegangenen Verhandlungen zwischen den Tarifparteien gescheitert sind.[926] Auch diese Voraussetzungen wären dann im konkreten Fall zu prüfen.

2. *Rechtmäßigkeit einer Angriffsaussperrung*

Aufseiten der Arbeitgeber, z. B. des DFL e. V., wäre eine Angriffsaussperrung denkbar, um aktiv zu versuchen, die Einführung von Gehaltsobergrenzen per Tarifvertrag zu erzwingen. Nach Ansicht des BVerfG gewährleistet die Tarifautonomie beiden sozialen Gegenspielern gewisse Arbeitskampfmittel, und zwar aufseiten

925 Hümmerich/Boecken/Düwell/*Wilms*, Arbeitsrecht, Art. 9 GG, Rn. 132.
926 Hümmerich/Boecken/Düwell/*Wilms*, Arbeitsrecht, Art. 9 GG, Rn. 131.

der Gewerkschaft das Streikrecht und aufseiten der Arbeitgeber das Recht auf Aussperrung.[927] In dieser Entscheidung wurde jedoch lediglich die suspendierende Abwehraussperrung als Reaktion auf einen gewerkschaftlichen Streik und zur Herstellung der Parität der Arbeitskampfmittel gebilligt.[928] Die Rechtmäßigkeit einer sogenannten Angriffsaussperrung ohne Vorliegen eines gewerkschaftlichen Streiks ist umstritten. Nachdem der Große Senat des BAG in seiner Entscheidung vom 28.1.1955[929] den Fall „der (praktisch seltenen) legitimen Aggressivaussperrung“ erwähnt hatte, gab es bislang keine weiteren Gerichtsentscheidungen zur Angriffsaussperrung.[930] Daraus kann geschlossen werden, dass die Angriffsaussperrung in der Praxis keine herausgehobene Rolle spielt bzw. die Arbeitgeber auf dieses Kampfmittel bislang nicht angewiesen waren.

Dieterich vertritt die Auffassung, dass stark veränderte Ausgangsbedingungen, welche die Arbeitgeberseite zum Handeln zwingen könnten, zumindest denkbar seien.[931] Würde sich also die finanzielle Gesamtsituation der Liga oder einzelner Clubs derart verschlechtern, dass sie auf eine Begrenzung der Gehälter zwingend angewiesen wären, ist auch der Einsatz einer Angriffsaussperrung und deren Rechtmäßigkeit grundsätzlich denkbar, um die Vereinbarung von Gehaltsobergrenzen durchzusetzen.

3. Zwischenergebnis

Die Spielergewerkschaften könnten das arbeitskampfrechtliche Mittel des Streiks anwenden, um ihre Ziele in Tarifverhandlungen mit den Clubs, Ligen oder Verbänden durchzusetzen. Wie gezeigt, ist auch eine Aussperrung vonseiten der Arbeitgeber grundsätzlich denkbar, um Gehaltsobergrenzen als tarifvertragliches Ziel durchzusetzen. Allerdings soll auch nicht unerwähnt bleiben, dass das Instrument der Angriffsaussperrung im deutschen Tarifrecht bislang extrem unüblich ist. In einer Branche, in der die Parteien erstmals Tarifverträge abschließen, wäre damit wohl eher nicht zu rechnen.

VI. Praktische Erwägungen

Schließlich ist fraglich, ob ein – nach hier vertretener Ansicht rechtlich zulässiges – System tarifvertraglicher Gehaltsobergrenzen überhaupt praktisch umsetzbar wäre.

Betrachtet man die einzelne nationale Liga bzw. die Ligen (z.B. im Fußball die Bundesliga und 2. Bundesliga), so würde nur eine ligaweite oder gar landesweite

927 BVerfG NZA 1991, 809, 810.

928 BVerfG NZA 1991, 809, 810.

929 BAG NJW 1955, 882.

930 ErfK/*Dieterich*, Art. 9 GG Rn. 247.

931 ErfK/*Dieterich*, Art. 9 GG Rn. 249; so auch: Schaub/*Treber*, ArbR Handbuch, § 194 Rn. 17; Löwisch/Rieble, TVG, Grundlagen, Rn. 455; a.A.

Regelung von Gehaltsobergrenzen Sinn machen.[932] Denn nur mit einer für alle Clubs verbindlichen Regelung könnte man die dahinter stehenden Ziele erreichen. *Fikentscher* geht sogar noch einen Schritt weiter und fordert, dass der Anwendungsbereich eines *salary caps*, wie in den USA, identisch mit dem geografischen Umfang des Spielermarktes sein müsse, damit die Spieler keine Ausweichmöglichkeiten in Ligen ohne Gehaltsobergrenze hätten.[933] Nach seiner Auffassung käme folglich nur ein europäischer *salary cap* infrage. Als rechtliche Lösungsmöglichkeit nennt er den sozialen Dialog des EG-Vertrags (heute AEUV), im Rahmen dessen ggfs. ein europaweit einheitlicher *salary cap* vereinbart werden könnte.[934]

Nach Auffassung von *Walker* könnte die Einführung von Gehaltsobergrenzen überdies nur in Ligen und Sportarten in Erwägung gezogen werden, in denen im internationalen Vergleich die höchsten Gehälter gezahlt würden.[935] *Stopper* fürchtet eine Verzerrung des Wettbewerbs, wenn Verbände mit Regulierungssystemen und Verbände ohne Regulierungssystem ihre Clubs im europäischen Wettbewerb gegeneinander antreten lassen würden.[936] *Müller* vertritt die Auffassung, dass sich *salary caps* in Europa weder rechtlich noch praktisch durchsetzen ließen, und verweist auf einen zweiten Wettbewerb, den die Teilnehmer der Champions League ausspielten.[937]

Dem kann – auch wenn alle diese Erwägungen sicher ein berechtigtes Fundament haben – zumindest nicht uneingeschränkt zugestimmt werden. Zwar ist es richtig, dass es nicht unproblematisch wäre, durch eine nationale Einführung von Gehaltsobergrenzen die deutschen Clubs im europäischen Vergleich gegenüber der ausländischen Konkurrenz zu benachteiligen. Andererseits hätten umsatzstarke deutsche Clubs zumindest bei relativen Gehaltsobergrenzen, *soft salary caps* und einer Luxussteuer-Variante mit annähernd freier Allokation ihrer Mittel innerhalb des Kaders noch immer die Möglichkeit, einigen Starspielern international konkurrenzfähige Spitzengehälter zu bezahlen. Darüber hinaus bestehen bereits heute immense Wettbewerbsunterschiede zwischen den europäischen Clubs und Ligen, z. B. aufgrund der unterschiedlichen Steuergesetzgebung in den europäischen Ländern.[938] Ebenfalls große Unterschiede bestehen

---

932 *Merkel*, Sport im kollektiven Arbeitsrecht, 112.

933 *Fikentscher*, Der Salary Cap im Sport, in: Vieweg (Hrsg.), Spektrum des Sports, 2003, 203.

934 *Fikentscher*, Der Salary Cap im Sport, in: Vieweg (Hrsg.), Spektrum des Sports, 2003, 204.

935 *Walker*, Arbeitsrechtliche Mitbestimmung im professionellen Mannschaftssport, in: Walker, Mitbestimmung im Sport, 11, 18.

936 *Stopper*, Mehr Sportlicher Wettbewerb durch begrenzte Umverteilung, in: Zieschang/Klimper (Hrsg.), Unternehmensführung im Profifußball, 143, 152; dieser plädierte für ein Regulierungssystem der Spielergehälter im Fußball, das jedoch europaweit umgesetzt werden müsse.

937 *Müller*, BC 2006, 142, 142.

938 In Spanien z. B. mussten Profifußballer aufgrund der im spanischen Volksmund „Lex Beckham“ genannten gesetzlichen Regelung in der Vergangenheit deutlich weniger Steuern bezahlen als ihre Kollegen in Deutschland. So berichtete www.

zwischen den Fernseheinnahmen der europäischen Spitzenmannschaften aber auch der verschiedenen Länder an sich, da zum einen unterschiedlich hohe Gesamtsummen bezahlt werden, zum anderen die Verteilung zwischen den Clubs sehr unterschiedlich ist.[939] Darüber hinaus greift das Engagement von Investoren wie Roman Abramowitsch (Chelsea London), Scheich Mansour Bin Zayed Nayhan (Manchester City) massiv in den internationalen Wettbewerb ein. Während es in Deutschland aufgrund der sogenannten 50+1 Regelung Investoren grundsätzlich nicht möglich ist, die Stimmenmehrheit und damit die Kontrolle eines professionellen Fußballclubs zu erwerben[940], gibt es bspw. in England keine solche Beschränkung.

Auf Dauer wäre wohl dennoch eine europäische Lösung bezüglich Gehaltsobergrenzen oder Luxussteuern vorzugswürdig, um der Internationalität des Mannschaftssports Rechnung zu tragen. Dementsprechend zielt bereits heute das UEFA Financial Fairplay-Reglement darauf ab, einen übertriebenen finanziellen Einsatz von Investoren und Mäzenen zu verhindern, allerdings mit dem Ziel finanzieller Stabilität und nicht zur Gewährleistung von Chancengleichheit zwischen den Clubs und Ligen.

Ein praktisches Risiko für die Spielergewerkschaften aber auch für die Umsetzbarkeit tarifvertraglicher Gehaltsobergrenzen wären Austritte der Spieler aus den Spielergewerkschaften bzw. die Weigerung junger Spieler, überhaupt in die Spielergewerkschaft einzutreten. Dem könnte man allerdings rechtlich durch die Vereinbarung von Gehaltsobergrenzen durch Betriebsnormen und praktisch durch die Gewährung von adäquaten Gegenleistungen wie Mindestumsatzbeteiligungen begegnen.[941] Eine weitere Möglichkeit wären Bezugnahmeklauseln in

---

sueddeutsche.de am 25.6.2009, dass millionenschwere Fußballprofis in Spanien in den ersten sechs Jahren ihrer Tätigkeit lediglich 24 % Steuern zahlen und darüber hinaus noch 15 % ihres Einkommens über Vermarktungsfirmen für Bildrechte abwickeln können, was zu einer nochmaligen Steuervergünstigung führe. Dieses Gesetz wurde jedoch zwischenzeitlich wieder abgeschafft, sodass die Profis wieder den Spitzensteuersatz von 43 % bezahlen, www.ftd.de vom 4.11.2009.

939 Laut Aussage von Karl-Heinz Rummenigge in einem Interview, erschienen auf www.faz.net.de vom 28.1.2011 erhielt der FC Bayern München in der Spielzeit 2010/2011 Fernseheinnahmen aus dem Topf der nationalen Liga in Höhe von 28 Mio. Euro, während Real Madrid 140 Mio. Euro einnahm. Anders als in Deutschland gibt es in Spanien keine Zentralvermarktung, weshalb Real Madrid und CF Barcelona einen Großteil der Fernsehgelder einstreichen; vgl. hierzu auch § 5 B II 1 f (2) sowie § 1 B.

940 Gemäß § 8 Abs. 2 der Satzung des DFL e. V. kann eine Kapitalgesellschaft nur dann die Lizenz zur Teilnahme am Ligawettbewerb der Bundesliga oder 2. Bundesliga und damit auch die Mitgliedschaft im DFL e. V. erhalten, wenn der Stammverein über 50 % der Stimmenanteile zuzüglich mindestens eines weiteren Stimmenanteils in der Versammlung der Anteilseigner verfügt. Diese Regelung findet sich deckungsgleich auch in § 16c der DFB Satzung.

941 Vgl. hierzu auch *Fikentscher*, Der Salary Cap im Sport, in: Vieweg (Hrsg.), Spektrum des Sports, 2003, 204, der alternativ wiederum eine Vereinbarung auf europäischer Ebene im Rahmen des sozialen Dialogs vorschlägt.

den Arbeitsverträgen der Spieler, zu deren Unterschrift diese jedoch nicht einseitig gezwungen werden können.

Weitere Probleme könnten der tatsächliche Wille und die Bereitschaft der Clubs, die Regeln des Tarifvertrags auch umzusetzen, sein. Überschreitet ein Club durch die Vereinbarung eines oder mehrerer Spielergehälter die vereinbarte Gehaltsobergrenze, so könnte als Rechtsfolge der Gehaltsanspruch des an den Tarifvertrag gebundenen Spielers in einer bestimmten Höhe erlöschen und der Club könnte entweder die Leistung verweigern oder – falls bereits geleistet – zurückverlangen.[942] Es sei dann allerdings fraglich, ob der Club dies wirklich auch tun würde, wenn er damit den Weggang oder auch die Weigerung eines wichtigen Spielers, einen Vertrag bei dem Club zu unterzeichnen, riskiert.[943]

Daher müssten auch bei teambezogenen Gehaltsobergrenzen die Clubs daraufhin überwacht werden, dass sie das Gesamtbudget für den Spielerkader einhalten. Eine „Strafzahlung" an die anderen Vereine oder an den DFL e. V. nach dem Vorbild einer in der MLB praktizierten Luxussteuer hält *Lange* für nicht mehr durch § 1 Abs. 1 TVG gedeckt und damit für kartellrechtlich unzulässig.[944] Er schlägt als legitime Sanktion der Überschreitung von Gehaltsobergrenzen eine Ausgleichszahlung an die anderen Arbeitnehmer vor, was sowohl in praktischer Hinsicht als auch aus Gewerkschaftssicht effektiv sein könnte.[945]

VII. Zwischenergebnis

Die Einführung von teambezogenen Gehaltsobergrenzen durch Tarifverträge ist grundsätzlich rechtlich unter den oben dargestellten Voraussetzungen möglich.

Es bestehen allerdings durchaus einige offene Fragen bezüglich der genauen Ausgestaltung und praktischen Umsetzung, was eine große Herausforderung für die Tarifvertragsparteien darstellen könnte. Insbesondere müsste auch ein Gesamtkonzept entwickelt werden, dass für die Mehrzahl der Spieler so große Vorteile enthält, dass die Spielergewerkschaften überhaupt zur Vereinbarung von Gehaltsobergrenzen bereit sind.

D. Einführung von Gehaltsobergrenzen durch Regelungen in Betriebsvereinbarungen

Neben dem Tarifvertragsrecht gibt es im deutschen Arbeitsrecht als zweite gesetzlich verankerte Säule der arbeitnehmerseitigen Interessenvertretung die betriebliche Mitbestimmung nach dem Betriebsverfassungsgesetz (BetrVG). Die Rechte der Arbeitnehmer werden dabei primär durch einen Betriebsrat wahrgenommen, der in

942 *Lange,* SpuRt 2010, 234, 236.
943 *Lange,* SpuRt 2010, 234, 236.
944 *Lange,* SpuRt 2010, 234, 236.
945 *Lange,* SpuRt 2010, 234, 236.

jedem nach § 1 Abs. 1 BetrVG betriebsratsfähigen Betrieb von den Arbeitnehmern gewählt werden kann.[946] Gemäß § 77 Abs. 4 BetrVG können Arbeitgeber und Betriebsrat Betriebsvereinbarungen schließen, die dann für alle Arbeitnehmer des Betriebs wirksam und bindend sind. Im Folgenden soll zunächst erörtert werden, ob es überhaupt rechtlich möglich ist, Betriebsräte in professionellen Sportclubs zu installieren. Im zweiten Schritt wird dann geprüft, ob Gehaltsobergrenzen durch den Abschluss von Betriebsvereinbarungen eingeführt werden könnten und ob dies für die Betriebsparteien eine praktikable Lösung wäre.

I. Anwendbarkeit des Betriebsverfassungsrechts im professionellen Mannschaftssport

Das BetrVG müsste im Bereich des Sports anwendbar sein. Dies ist für die Akteure im Sport, die Arbeitnehmer beschäftigen, anhand der Voraussetzungen des Gesetzes zu prüfen.

1. *Betriebsräte*

Zunächst kommt in Sportverbänden, Sportvereinen bzw. Sportkapitalgesellschaften die Wahl eines Betriebsrats gemäß § 1 BetrVG in Betracht.

Damit grundsätzlich die Möglichkeit zur Errichtung von Betriebsräten besteht, müsste es sich bei den Clubs um Betriebe im Sinne des § 1 BetrVG handeln. Darunter versteht man nach ständiger Rechtsprechung des BAG die organisatorische Einheit, innerhalb derer der Unternehmer allein oder mit seinen Mitarbeitern mithilfe sächlicher und immaterieller Mittel bestimmte arbeitstechnische Zwecke unmittelbar und fortgesetzt verfolgt.[947] Laut *Kania* kommen die Lizenzspielerabteilung eines Vereins, die gesamte Fußballabteilung inklusive des Amateurbereichs und der gesamte Sportverein als Betrieb infrage.[948] Da das Merkmal „Verfolgung eines arbeitstechnischen Zweckes" innerhalb eines Sportvereins unscharf sei, müsse entscheidend auf das Merkmal „Einheit der Organisation" abgestellt werden.[949] Hie-

946 Im öffentlichen Dienst gibt es sogenannte Personalräte nach dem Bundespersonalvertretungsgesetz (BPersVG) bzw. nach den Personalvertretungsgesetzen der Länder. Daneben gibt es für leitende Angestellte im Sinne des § 5 Abs. 3 BetrVG die Sprecherausschüsse als eigenen Vertretungen, die nach den Vorschriften des Sprecherausschussgesetzes gewählt werden. Beide können vorliegend jedoch außer Acht bleiben, da es sich bei den Clubs als Arbeitgebern der Spieler um Rechtspersonen des Privatrechts handelt und bei den Spielern nach hier vertretener Auffassung um Arbeitnehmer.

947 BAG vom 18.1.1990, AP Nr. 9 zu § 23 KSchG; BAG vom 14.9.1988, AP Nr. 9 zu § 1 BetrVG 1972.

948 *Kania*, Kollektives Arbeitsrecht im Berufsfußball, 83, dieser noch ausgehend von der ursprünglichen Form des Sportvereins, der – ggfs. neben noch anderen Sportarten – eine Fußballabteilung hat.

949 *Kania*, Kollektives Arbeitsrecht im Berufsfußball, 83.

runter versteht man das Bestehen eines einheitlichen Leitungsapparats, der für die typischen mitbestimmungspflichtigen Angelegenheiten, insbesondere im sozialen und personellen Bereich, zuständig ist.

Heutzutage haben die meisten Vereine ihre Lizenzspielerabteilung in eine eigene Gesellschaft ausgegliedert[950], der neben den Spielern und Trainern auch Verwaltungsangestellte, z.B. aus den Bereichen Marketing, Ticketverkauf oder der Rechtsabteilung, angehören. Es ist davon auszugehen, dass der Vorstand oder die Geschäftsführung dieser Kapitalgesellschaften die einheitliche Leitung für das gesamte Unternehmen hat, weshalb hier eine Einheit zwischen Unternehmen (ausgegliederte Sportkapitalgesellschaft) und Betrieb besteht.

Handelt es sich bei dem Club um einen eingetragenen Verein mit mehreren Sportarten, so müsse unterschieden werden, ob die Personalverantwortung für den gesamten Verein beim Vereinsvorstand oder für die einzelnen Sportbereiche bei den verantwortlichen Managern liege.[951] Im professionellen Sport gibt es heutzutage überwiegend hauptberufliche Manager, welche die Verantwortung für die Sportart im Verein tragen. Da auch hier der professionell betriebenen Sportart neben dem Lizenzspielerkader eine größere Anzahl anderer Mitarbeiter mit Verwaltungsaufgaben zugeordnet sein dürfte und diese sich in der Organisation deutlich von den restlichen Abteilungen des Gesamtvereins abgrenzen lassen, ist in der jeweiligen professionell betriebenen Sportart bzw. der entsprechenden Abteilung der Betrieb zu sehen.

Die gesetzlich geforderte Mindestanzahl von fünf ständig beschäftigten Arbeitnehmern, die das 18. Lebensjahr vollendet haben und von denen mindestens drei seit sechs Monaten im Betrieb beschäftigt und damit wählbar sind, erfüllen alle Sportclubs oder Lizenzspielerabteilungen eines Vereins, die mit einer Mannschaft an professionellen Ligawettbewerben teilnehmen. Folglich ist bei allen professionellen Sportclubs vom Bestehen einer betriebsratsfähigen Einheit auszugehen, sodass die Wahl von Betriebsräten möglich ist.

2. Gesamtbetriebsräte

Da die Sportverbände bzw. Ligen bestimmte arbeitsrechtlich relevante Funktionen gegenüber den Spielern wahrnehmen, könnte auch die Möglichkeit der Bildung von Gesamtbetriebsräten gemäß § 47 Abs. 1 BetrVG auf der Ebene der Verbände oder Ligen in Erwägung gezogen werden. Ein Gesamtbetriebsrat ist dann zu bilden, wenn innerhalb eines Unternehmens mehrere Betriebe und Betriebsräte bestehen. Dagegen spricht allerdings, dass der übergeordnete Verband im Verhältnis zu den Vereinen nicht als Unternehmen im Sinne des § 47 Abs. 1 BetrVG zu qualifizieren ist und die Vereine jeweils eigene Rechtsträger sind.[952] Dasselbe

---

950 Siehe dazu oben bei § 1 B.

951 *Kania*, SpuRt 1994, 121, 122.

952 *Giesen*, Münchener Handbuch Arbeitsrecht, § 337, Rn. 40; *Kania*, Fußballspieler als Arbeitnehmer, 81, 86; vgl. für das Verhältnis zwischen Landesverbänden/Landesorganisationen und Bundespartei (SPD): NZA 2001, 116.

gilt für das Verhältnis zwischen Sportliga und Sportclubs. Dies deckt sich auch mit der Ansicht von *Walker*, der anführt, dass die Sportverbände nicht Inhaber der angeschlossenen Vereine seien und diese mithin auch nicht als Unternehmer betreiben.[953]

Die Bildung von Gesamtbetriebsräten auf der Ebene der Verbände oder Ligen kommt folglich nicht infrage.

3. Konzernbetriebsräte

Fraglich ist, ob auf der Ebene der Verbände bzw. Ligen Konzernbetriebsräte errichtet werden können. Gemäß § 54 Abs. 1 BetrVG kann ein Konzernbetriebsrat errichtet werden, wenn innerhalb eines Konzerns mehrere Gesamtbetriebsräte bestehen oder nach Abs. 2 ein Betriebsrat die Aufgaben des Konzernbetriebsrats übernimmt. Es kommt also entscheidend darauf an, ob zwischen Verband bzw. Liga und den Clubs ein Konzernverhältnis besteht. Dafür müssten die Clubs und der Verband bzw. die Liga unter der einheitlichen Leitung des Verbands bzw. der Liga als herrschendem Unternehmen zusammengefasst sein. Die Clubs wären dann beherrschte Unternehmen in einem Unterordnungskonzern im Sinne des § 18 Abs. 1 AktG.[954] Das zentrale Merkmal eines Unterordnungskonzerns liegt vor, wenn die bestimmenden Leitungs- und Planungsentscheidungen der beteiligten Unternehmen in den Händen des herrschenden Unternehmens liegen und dieses seine unternehmerische Zielkonzeption in den beteiligten Unternehmen verwirklicht.[955]

Die Befürworter der Möglichkeit, Konzernbetriebsräte zu etablieren, betonen den großen Einfluss beispielsweise des DFB bzw. DFL e. V. auf die Clubs, die sich aufgrund der Monopolstellung des Verbands dessen Regelwerk praktisch nicht entziehen könnten, weshalb vieles dafür spräche, analog § 54 Abs. 1 BetrVG auf der Ebene der Sportverbände die Bildung eines Konzernbetriebsrats zuzulassen.[956] Die Bindung der Vereine an das Verbandsrecht ähnele insoweit einem gesellschaftsrechtlichen Beherrschungsvertrag gemäß § 291 Abs. 1 S. 1 1. Alt. AktG.[957]

---

953 *Walker*, Arbeitsrechtliche Mitbestimmung im professionellen Mannschaftssport, in: Walker, Mitbestimmung im Sport, 11, 31; *Kania*, SpuRt 1994, 121, 123; *Imping*, Die arbeitsrechtliche Stellung des Fußballspielers, 300 f. und *Preis*, Der Lizenzspieler im Bundesligafußball, 86; a.A. *Füllgraf*, Der Lizenzfußball, 95 und *Malatos*, Berufsfußball im europäischen Rechtsvergleich, 168.

954 *Kania*, SpuRt 1994, 121, 123.

955 ErfK/*Oettker*, § 18 AktG Rn. 2.

956 So zumindest vor der Gründung der DFL: *Walker*, Arbeitsrechtliche Mitbestimmung im professionellen Mannschaftssport, in: Walker, Mitbestimmung im Sport, 11, 31; mit Verweis auf *Imping*, Die arbeitsrechtliche Stellung des Fußballspielers, 302 f.

957 Vor der Gründung der DFL: *Walker*, Arbeitsrechtliche Mitbestimmung im professionellen Mannschaftssport, in: Walker, Mitbestimmung im Sport, 11, 31.

Zuständig wäre ein Konzernbetriebsrat für mitbestimmungspflichtige Regelungen, die sinnvollerweise nur auf Verbands- oder Ligaebene für alle Clubs und ihre Spieler getroffen werden können.

Dagegen spricht jedoch entscheidend, dass die Clubs sämtliche wirtschaftliche Entscheidungen, z. B. bezüglich Investitionen in den Spielerkader, Jugendarbeit oder Infrastruktur, autonom treffen.[958] Die Einflussnahme der Verbände bzw. Ligen auf die Clubs spielt sich hauptsächlich im sportorganisatorischen und regeltechnischen Bereich ab. Zwar stellt z. B. im Fußballsport die DFL e. V. in seiner Lizenzierungsordnung gewisse Regeln auf, die von den Clubs befolgt worden müssen und die das Investitionsverhalten beeinflussen können. Dabei handelt es sich jedoch nur um Rahmenbedingungen. Die darauf beruhenden konkreten wirtschaftlichen Entscheidungen, insbesondere im personellen Bereich, treffen die Clubs selbst, ohne sich mit Verbänden oder Ligen abzustimmen.

Im Bereich der Arbeitsbedingungen nimmt der DFL e. V. wie oben erläutert zwar teilweise direkten Einfluss, z. B. hinsichtlich der Arbeitszeit und Urlaubsplanung. Allerdings beschränkt sich dies erstens auf die Lizenzspieler der Clubs und hat auch zweitens eher den Charakter des Setzens von Rahmenbedingungen für die sportlichen Wettkämpfe. Die weiteren Arbeitnehmer der Clubs, die im Fall der Bildung eines Konzernbetriebsrats diesem womöglich angehören würden, sind dem Einfluss des DFL e. V. weitgehend entzogen.[959] Auch dies spricht gegen die Bildung von Konzernbetriebsräten auf der Ebene der Verbände und Ligagesellschaften.

Die Bildung von Betriebsräten ist jedoch nach den Regeln des BetrVG ohne Besonderheiten in Sportclubs möglich.

II. Praxis

Soweit ersichtlich spielen in der Praxis – mit Ausnahme des Betriebsrats der Borussia Dortmund KGaA[960] – bislang die Organe der Betriebsverfassung im professionellen Mannschaftssport in Deutschland keine Rolle. Dies mag u. a. daran liegen, dass bestimmte Mechanismen des BetrVG wie z. B. die Befreiung bzw. Freistellung von der beruflichen Arbeitspflicht gemäß §§ 37 Abs. 2 und 3, 38 BetrVG oder Ansprüche auf Teilnahme an Schulungs- und Fortbildungsveranstaltungen gemäß § 37 Abs. 6 und 7 BetrVG aufgrund des Leistungsprinzips im Sport nicht greifen.[961] Des Weiteren werden die hohe Fluktuation in den Spielerkadern sowie die Befristung der Arbeitsverträge als Hindernis angeführt.[962] Auch läuft der besondere Kündi-

958 *Kania*, SpuRt 1994, 121, 123.

959 *Kania*, SpuRt 1994, 121, 124.

960 Stopper/Lentz/*Breucker/ Wüterich*, Handbuch Fußball-Recht, Kap. 8 Rn. 4.

961 *Fikentscher*, Vereinsrechtliche Mitbestimmung der Athleten und ihrer Vertreter, 58.

962 *Walker*, Arbeitsrechtliche Mitbestimmung im professionellen Mannschaftssport, in: Walker, Mitbestimmung im Sport, 11, 29.

gungsschutz gemäß § 15 KSchG bei Profisportlern quasi leer, da diese grundsätzlich mit befristeten Arbeitsverträgen ausgestattet sind und nach Ablauf der Befristung keinen Schutz mehr durch die Vorschrift besteht.[963]

Im deutschen Profifußball und -eishockey erfolgt die betriebliche Arbeitnehmervertretung – allerdings nur der Spieler – durch sogenannte Spieler- bzw. Mannschaftsräte.[964] Diese bestehen sowohl auf der Vereinsebene der Bundesligaclubs als auch in der Nationalmannschaft; ihre vornehmliche Aufgabe ist – neben der allgemeinen Interessenvertretung der Spieler gegenüber Trainer und Vereins- bzw. Verbandsführung – die Verhandlung mannschaftsbezogener Prämien.[965] Die Rechtsnatur einer solchen Prämienregelung, die in schriftlicher Form festgehalten wurde und durch Verweis in den Arbeitsverträgen der Spieler zur Anwendung kommt, hat das BAG in einer Entscheidung zum Urlaubsgeldanspruch von Lizenzspielern ausdrücklich offen gelassen.[966] Jedenfalls handelt es sich nicht um eine Betriebsvereinbarung im Sinne des § 77 Abs. 4 BetrVG, die unmittelbar zwischen Arbeitnehmer und Arbeitgeber wirkt.

Folglich kommt aus praktischer Sicht die Einführung von Gehaltsobergrenzen durch Betriebsvereinbarungen mangels Bestehens von Betriebsräten in der weit überwiegenden Anzahl der Clubs momentan nicht infrage. Allerdings hat es auch in der Vergangenheit einen Betriebsrat beim TSV 1860 München gegeben.[967] Es erscheint also zumindest nicht ausgeschlossen, dass es in Zukunft Betriebsräte in Sportclubs geben könnte. Dies gilt vor allem, da die anderen Mitarbeiter des Vereins – neben den Trainern und Spielern – normale Arbeitnehmer mittelständischer Unternehmen sind.[968]

Letztlich müssten Gehaltsobergrenzen auf der Basis von Betriebsvereinbarungen in jedem einzelnen Club zwischen Arbeitgeber und Betriebsrat vereinbart werden. Da die Gehaltsgefüge der einzelnen Clubs extrem unterschiedlich sind, erscheint es praktisch nahezu ausgeschlossen, mit dem Regelungsinstrument der Betriebsvereinbarung einheitliche Standards innerhalb einer Liga zu implementieren.

---

963 *Kania*, Kollektives Arbeitsrecht im Berufsfußball, 81.

964 *Fikentscher*, Vereinsrechtliche Mitbestimmung der Athleten und ihrer Vertreter, 43.

965 *Fikentscher*, Vereinsrechtliche Mitbestimmung der Athleten und ihrer Vertreter, 56.

966 BAG NZA 1993, 750, 751.

967 Laut *Walker*, Arbeitsrechtliche Mitbestimmung im professionellen Mannschaftssport, in: Walker, Mitbestimmung im Sport, 11, 28, der auf *Füllgraf*, 96 und *Imping*, Die arbeitsrechtliche Stellung des Fußballspielers, 287, verweist, existierte dieser von Anfang der 70er bis Anfang der 80er Jahre, war jedoch nicht auf Initiative der Spieler, sondern von Mitarbeitern der Geschäftsstelle gewählt worden.

968 *Kania*, Kollektives Arbeitsrecht im Berufsfußball, 82.

III. Rechtliche Möglichkeit der Regelung von Gehaltsobergrenzen in Betriebsvereinbarungen

Im Folgenden soll – unabhängig vom derzeitigen Nichtbestehen von Betriebsräten in professionellen Sportclubs in Deutschland – die rechtliche Möglichkeit einer Einführung von Gehaltsobergrenzen auf der Basis von Betriebsvereinbarungen untersucht werden.

§ 77 Abs. 4 BetrVG sieht vor, dass Vereinbarungen zwischen Arbeitgeber und Betriebsrat unmittelbar und zwingend für die Arbeitsverhältnisse eines Betriebs gelten. Gemäß § 77 Abs. 3 BetrVG können das Arbeitsentgelt und sonstige Arbeitsbedingungen, die durch Tarifvertrag geregelt sind oder üblicherweise geregelt werden, nicht Inhalt einer Betriebsvereinbarung sein. Im Sportbereich gibt es jedoch bislang keine Tarifverträge, weshalb diese Regelung der Vereinbarung von Gehältern und Gehaltsobergrenzen gegenwärtig nicht entgegenstehen würde.

Ein echtes erzwingbares Mitbestimmungsrecht des Betriebsrats bezüglich einer Vereinbarung von Gehältern oder Gehaltsobergrenzen besteht jedoch nicht. Unter Berücksichtigung des Tarifvorbehalts gemäß § 87 Abs. 1 BetrVG könnte hier lediglich, soweit eine tarifliche Regelung nicht besteht, eine Mitbestimmung gemäß § 87 Abs. 1 Nr. 10, 11 BetrVG (betriebliche Lohngestaltung und leistungsbezogene Entgelte) infrage kommen.[969] Dies gilt allerdings nur dann, wenn ein einheitliches System der Entlohnung besteht. Werden alle Gehälter einzeln und individuell ausgehandelt, besteht kein Mitbestimmungsrecht des Betriebsrats. Werden jedoch bestimmte Prämien einheitlich für die gesamte Mannschaft ausgehandelt bzw. gewährt, bestünde diesbezüglich ein Mitbestimmungsrecht des Betriebsrats. Nach Ansicht des BAG besteht in Bezug auf leistungsbezogene Entgelte auch ein Mitbestimmungsrecht des Betriebsrats bei der Höhe der Prämie.[970] Die Gegenansicht geht davon aus, dass die Gesamtprämiensumme nicht von diesem Mitbestimmungsrecht umfasst ist.[971] Jedenfalls wären Aufstellung und Ausgestaltung eines Prämiensystems (z. B. bezüglich Punkt-, Sieg-, Auflaufprämie oder Prämien für das Erreichen einer bestimmten Platzierung) gemäß § 87 Abs. 1 Nr. 10, 11 BetrVG mitbestimmungspflichtig, soweit das Prämiensystem Einheitsregeln für die Arbeitnehmer darstellt. Gehaltsobergrenzen regeln jedoch weder Entlohnungsgrundsätze noch ein Prämiensystem. Sie begrenzen die grundsätzlich frei aushandelbaren Gehälter der Spieler in der Höhe, entweder individuell oder teambezogen.

Über die von den im BetrVG geregelten mitbestimmungspflichtigen Angelegenheiten hinaus können in einer Betriebsvereinbarung jedoch sämtliche Gegenstände freiwillig geregelt werden, die auch die Tarifparteien regeln dürfen, also alle betrieblichen und betriebsverfassungsrechtlichen Regelungen sowie auch normative Re-

---

969 Vgl. *Fikentscher*, Mitbestimmung im Sport, 259; vgl. hierzu auch BAG AP Nr. 135 zu § 87 Lohngestaltung.

970 BAG AP Nr. 3 zu § 87 BetrVG 1972 Prämie (a.A. *Merkel*, Der Sport im kollektiven Arbeitsrecht, 219); vgl. auch BAG NZA 1993, 750 ff. und AP Nr. 65 zu § 616 BGB.

971 Fikentscher, Vereinsrechtliche Mitbestimmung der Athleten und ihrer Vertreter, 57.

gelungen über Inhalt, Abschluss und Beendigung von Arbeitsverhältnissen.[972] Dies wird aus § 77 Abs. 3 S. 1 und 2 BetrVG abgeleitet, da der Gesetzgeber in Fällen, in denen die Tarifparteien ihre Befugnis zur Regelung von Arbeitsbedingungen nicht wahrnähmen, von einer Regelungskompetenz der Betriebsparteien ausgehe.[973] Die betriebsverfassungsrechtliche Regelungsbefugnis der Betriebsparteien umfasst auch die Entgeltleistungen des Arbeitgebers.[974] Auch sind die Betriebsparteien berechtigt, in freiwilligen Betriebsvereinbarungen Regelungen vorzusehen, welche die Arbeitnehmer belasten.[975] Daher wäre die Regelung von Gehaltsobergrenzen im Rahmen einer Betriebsvereinbarung grundsätzlich denkbar.

Die Gestaltungsbefugnis der Betriebsparteien findet allerdings ihre Grenze in höherrangigem Recht, wozu nach herrschender Meinung auch grundrechtliche Wertentscheidungen wie der Verhältnismäßigkeitsgrundsatz zählen.[976] Der Grund dafür ist, dass die Betriebsautonomie wegen des Vorbehalts des Gesetzes bei Eingriffen in Grundrechte nur begrenzt den Pflichtenkreis des Arbeitnehmers festlegen kann.[977] Die Vereinbarung einer teambezogenen Gehaltsobergrenze und daraus folgend die individual-rechtliche Beschränkung der Hauptleistungspflicht des Arbeitgebers gegenüber dem einzelnen Spieler könnte gegen den Verhältnismäßigkeitsgrundsatz verstoßen.

Nach der Rechtsprechung des BAG bedarf es einer Gesamtabwägung zwischen der Intensität des Eingriffs und dem Gewicht der ihn rechtfertigenden Gründe; die Grenze der Zumutbarkeit dürfe nicht überschritten werden.[978] Da die Betriebsautonomie, anders als die Tarifautonomie aus Art. 9 Abs. 3 GG, nur einfach gesetzlich und auch nicht mitgliedschaftlich legitimiert sei, müsse ein strengerer Maßstab als bei der Kontrolle tarifvertraglicher Normen angelegt werden.[979] Es besteht folglich eine hohe Wahrscheinlichkeit, dass betrieblich vereinbarte Gehaltsobergrenzen die Spieler in ihrem Grundrecht der Berufsfreiheit aus Art. 12 GG verletzt und diese unangemessen benachteiligt.

Des Weiteren wäre auch hier zu beachten, dass im Verhältnis zwischen einer Betriebsvereinbarung und dem Einzelarbeitsvertrag das Günstigkeitsprinzip zur Anwendung kommen könnte, mit der Folge, dass einzelne Spieler für sich günstigere Gehaltsregelungen vereinbaren und damit die Gehaltsobergrenze aushebeln könnten.[980]

---

972 ErfK/*Kania*, § 77 BetrVG Rn. 36.
973 BAG, AP Nr. 94 zu § 77 BetrVG.
974 Richardi, BetrVG, § 77 Rn. 87, dieser geht bei Entgeltleistungen sogar von einer teilmitbestimmten Betriebsvereinbarung über freiwillige Leistungen aus.
975 BAG, AP Nr. 94 zu § 77 BetrVG.
976 ErfK/*Kania*, § 77 BetrVG Rn. 38.
977 Richardi, § 77 BetrVG Rn. 71.
978 BAG, AP Nr. 94 zu § 77 BetrVG.
979 BAG, AP Nr. 94 zu § 77 BetrVG.
980 Zur Möglichkeit einer teleologischen Reduktion des Günstigkeitsprinzips, oben: § 5 C IV 1 und 2a (1.).

IV. Zwischenergebnis

Gegen die Einführung von Gehaltsobergrenzen durch freiwillige Betriebsvereinbarungen bestehen starke rechtliche Bedenken, da solche Regelungen wohl gegen Art. 12 GG verstoßen würden und damit unwirksam wären.

Sie wäre überdies nicht praktikabel, da sie in jedem Club einzeln zwischen Betriebsrat und Arbeitgeber verhandelt werden müsste. Darüber hinaus ist es aus praktischer Sicht schwer vorstellbar, dass ein Betriebsrat sich auf die Vereinbarung von Gehaltsobergrenzen einlässt, es sei denn, er könnte im Gegenzug andere signifikante Verbesserungen der Arbeitsbedingungen der Spieler aushandeln. Auch könnten Arbeitgeber und Arbeitnehmer durch günstigere einzelvertragliche Regelungen von der Gehaltsobergrenze abweichen.

E. Zusammenfassung

Aus Sicht des Verfassers ist die Einführung von Gehaltsobergrenzen im Sport sowohl durch Verbandsregeln als auch durch Tarifverträge unter gewissen Voraussetzungen mit deutschem Recht vereinbar.

Insbesondere könnten Gehaltsobergrenzen in den Statuten von Ligagesellschaften verankert werden. Der absolute teambezogene *salary cap* stellt sowohl für die Spieler als auch für das gesamte System des Fußballs den gravierendsten Eingriff dar. Allerdings ist er ersichtlich die einzig Erfolg versprechende Methode, um eine umfassende Chancengleichheit zwischen den Clubs zu erreichen. Die Nachteile für die Spieler könnten durch entsprechend höhere Gewinnbeteiligungen, höhere Gehaltsuntergrenzen, eine Steigerung der Chancen auf sportlichen Erfolg für alle Spieler sowie einen langfristigen Erhalt der Attraktivität des Wettbewerbs ausgeglichen werden.

Als Alternative kommt eine Luxussteuer-Variante infrage, die insgesamt den weniger schwerwiegenden Eingriff darstellt. Sie ist jedoch, sowohl was die Förderung der Chancengleichheit als auch der wirtschaftlichen Stabilität angeht, weniger Erfolg versprechend, was Zweifel an der Geeignetheit einer solchen Regelung aufwirft.

Aus Sicht des Verfassers wäre auch eine Einführung von Gehaltsobergrenzen auf der Basis von Tarifverträgen in Form von sogenannten Betriebsnormen rechtlich möglich. Auch hier würde eine Rechtfertigung des Eingriffs in die Rechte der Spieler u. a. dadurch erzielt, dass im Rahmen einer tarifvertraglichen Regelung andere, für die Spieler vorteilhafte Begleitregelungen verhandelt würden. Ebenfalls denkbar und rechtlich zulässig – vor allem auch im Verhältnis zum Günstigkeitsprinzip – wäre ein tarifvertraglicher *soft salary cap*, der bestimmte Ausnahmen von der Obergrenze zulässt. Letztlich wäre auch die in dieser Arbeit dargestellte Luxussteuer-Variante tariflich regelbar und rechtmäßig. Eine tarifvertragliche Regelung wäre vom Kartellrecht ausgenommen.

Gehaltsobergrenzen durch Betriebsvereinbarungen begegnen starken rechtlichen Bedenken. Sie wären auch nur als freiwillige Regelungen auf der Ebene der einzelnen Clubs denkbar, weshalb sie zusätzlich eher impraktikabel erscheinen.

§ 6 Vereinbarkeit von Gehaltsobergrenzen mit europäischem Recht

Grundlage für die Einführung von Gehaltsobergrenzen im deutschen bzw. europäischen Mannschaftssport könnten – wie in § 5 dargestellt – vor allem Tarifverträge sowie deutsche oder europäische Verbandsregelungen bzw. Regelwerke von Ligagesellschaften sein. In diesem Abschnitt wird geprüft, ob solche Regelungen in Deutschland oder die Einführung europaweiter Gehaltsobergrenzen im Mannschaftssport mit geltendem Europarecht vereinbar wären.

A. Anwendbarkeit des Europarechts im Bereich des Sports

Die grundsätzliche Anwendbarkeit des Europarechts im Bereich des professionellen Sports und der Sportverbände als Teil des Wirtschaftslebens gemäß Art. 2 des Vertrags zur Gründung der Europäischen Gemeinschaft (EWGV)[981] ist heute im Prinzip unumstritten.[982] Erstmals hatte der Europäische Gerichtshof (EuGH) in der Entscheidung „Walrave und Koch" festgestellt, dass die sportliche Betätigung zumindest dann dem Gemeinschaftsrecht unterfalle, soweit sie einen Teil des Wirtschaftslebens darstelle.[983] Handele es sich bei dieser sportlichen Betätigung um eine entgeltliche Arbeits- oder Dienstleistung, so seien die Vorschriften zur Freizügigkeit der Arbeitnehmer in Art. 48 EWGV (heute Art. 45 AEUV) und zur Niederlassungsfreiheit in Art. 59 EWGV (heute Art. 49 AEUV) anzuwenden.[984]

Mit seiner viel beachteten und als „Bosman-Urteil" bekannt gewordenen Grundsatzentscheidung vom 15.12.1995 bestätigte der EuGH, dass der Sport keinen autonomen und rechtsfreien Raum darstelle.[985] Das höchste europäische

---

981 Der Vertrag zur Gründung der Europäischen Gemeinschaft wurde im Juni 2009 durch den am 13. Dezember 2007 in Lissabon unterzeichneten Vertrag über die Arbeitsweise der Europäischen Union (AEUV) und den Vertrag über die Europäische Union (EU-Vertrag, EUV) abgelöst, die zusammen die primärrechtlichen Grundlagen des Europarechts bilden.

982 *Eichel*, EuR 2010, 685, 687; *Stein*, SpuRt 2008, 46, 46; Nolte/*Horst*, Handbuch Sportrecht, 34 f.; *Streinz*, Auswirkungen der europäischen Gesetzgebung auf den Sport, 26 f.; *Herrmann*, CaS 2006, 345, 345; so auch *Kronberg*, Bindung von Sportverbänden an die Europäischen Grundfreiheiten, 20, 35, die jedoch anmerkt, dass der Sport als „staatsferner Bereich" zunächst kein originäres Handlungsfeld der EU gewesen sei (vgl. aber mittlerweile Art. 165 AEUV).

983 EuGH, Rs. 36/74, Slg. 1974, 1405 (Walrave und Koch) = NJW 1975, 1093; bestätigt in EuGH, Rs. 13/76, Slg. 1976, 1333 (Donà) = EuGRZ 1976, 326.

984 EuGH, Rs. 36/74, Slg. 1974, 1405 (Walrave und Koch).

985 EuGH, Rs. C-415/93, Slg. 1995, I-4921 (Bosman).

Gericht erklärte die Arbeitnehmerfreizügigkeit aus Art. 48 EWGV (heute Art. 45 AEUV) für anwendbar im Bereich der vom Kläger angefochtenen Transferregelungen der UEFA, da es sich beim Berufsfußball um eine wirtschaftliche Tätigkeit handele.[986] Auf die Klage des belgischen Fußballprofis Jean-Marc Bosman gegen die Ablöseforderung seines Vereins FC Lüttich, die im Ergebnis einen Vereinswechsel Bosmans trotz ausgelaufenen Vertrags verhinderte, erklärte der EuGH das Transfersystem des europäischen Fußballs in Teilen für unvereinbar mit der europäischen Grundfreiheit auf Freizügigkeit der Arbeitnehmer innerhalb der Europäischen Union.[987]

Allerdings betonte der EuGH im Fall „Bosman“ und in seinen Folgeentscheidungen „Lehtonen“ und „Deliège“, dass bei der Anwendung europäischer Normen im Bereich des Sports der Autonomie der Sportverbände Rechnung getragen werden müsse, sobald deren Normen lediglich den geordneten Ablauf der sportlichen Wettkämpfe gewährleisten sollten.[988] Ein ähnlicher Tenor findet sich auch im Weißbuch der Europäischen Kommission, demzufolge die Kommission trotz ihrer Pflicht zur Gewährleistung der Freizügigkeit im Binnenmarkt angemessene Einschränkungen derselben akzeptieren würde, insbesondere unter Berücksichtigung der Besonderheiten des Sports.[989] Gemäß Art. 165 AEUV trägt die Europäische Union „zur Förderung der europäischen Dimension des Sports bei und berücksichtigt dabei dessen besondere Merkmale, dessen auf freiwilligem Engagement basierende Strukturen sowie dessen soziale und pädagogische Funktion.“

Die Entschließung des Europäischen Parlaments zur Zukunft des Profi-Fußballs in Europa vom 29.3.2007 enthält die Erwägung, „dass der Profifußball nicht wie ein typischer Wirtschaftssektor funktioniert, und (...) Profifußballvereine aufgrund der Wechselbeziehung zwischen den Spielgegnern sowie der Notwendigkeit, im Interesse eines nicht voraussagbaren Spielausgangs für eine ausgewogene Spielstärke zu sorgen, nicht unter denselben Marktbedingungen, wie andere Wirtschaftsbranchen tätig sein können, und (...) seine verschiedenen Akteure, einschließlich der Fans, Spieler, Vereine, Ligen und Verbände, sich nicht als Verbraucher oder Unternehmen im üblichen Sinne verhalten“.[990] Des Weiteren äußert das europäische Parlament die Ansicht, „dass gemeinsame Bemühungen seitens Führungsgremien in Fußball und Politik auf mehreren Ebenen erforderlich seien,

---

986 EuGH, Rs. C-415/93, Slg. 1995, I-4921, Rn. 73, 82 (Bosman).

987 EuGH, Rs. C-415/93, Slg. 1995, I-4921, Rn. 114 (Bosman).

988 EuGH, Rs. C-176/96, Slg. 2000, I-2681 (Lehtonen) = NZA 2000, 645; EuGH, C-191/97, Slg. 2000, I-2549 (Deliège) = NZA 2000, 648; dazu auch ausführlich *Eichler*, EuR 2010, 685, 687.

989 Weißbuch der Europäischen Kommission, 4.1 Besonderheiten des Sports, KOM (2007) 391 endg., *Streinz*, SpuRt, 45, 48, betont allerdings unter Verweis auf das „Bosman-Urteil“, Rn. 136, dass die Kommission rechtlich gar nicht in der Lage sei, Garantien hinsichtlich der Vereinbarkeit eines bestimmten Verhaltens mit dem Vertrag zu geben.

990 2006/2130 (INI).

um einigen negativen Entwicklungen, wie übermäßiger Kommerzialisierung und unlauterem Wettbewerb, entgegenzuwirken und eine positive Zukunft für den Profifußball mit spannenden Wettbewerben, einem hohen Grad an Identifikation der Anhänger mit ihren Vereinen und einem breiten Zugang der Öffentlichkeit zu den Veranstaltungen zu gewährleisten."[991]

In seiner „Meca-Medina-Entscheidung" führte der EuGH dagegen aus, dass der bloße Umstand, dass eine Regelung rein sportlichen Charakter habe, eine Anwendbarkeit des (damaligen) EG-Vertrags nicht generell ausschließe.[992] Habe eine sportliche Betätigung den Charakter einer entgeltlichen Arbeits- oder Dienstleistung wie bei professionellen Sportlern, so gälten für sie ohne Einschränkung die Art. 39 und 49 EG (heute Art. 45 und 56 AEUV).[993] Dies gelte neben behördlichen Maßnahmen auch für Vorschriften anderer Art, die zur kollektiven Regelung unselbstständiger Arbeit dienten.[994] Bezüglich einer Anwendbarkeit der wettbewerbsrechtlichen Regeln gemäß Art. 81, 82 EG (heute Art. 101, 102 AEUV) führte der EuGH aus, dass diese unabhängig davon zu prüfen sei, ob die Art. 39 und 49 EG einschlägig seien.[995] Bei der Frage der Einschlägigkeit des Art. 81 EG sei auf den Gesamtzusammenhang und die Zielsetzung der Regelung abzustellen.[996] Im konkreten Fall entschied der EuGH jedoch, dass die von den Klägern angegriffene Anti-Doping-Regel des Internationalen Olympischen Komitees (IOC) tatsächlich allein das Ziel hatte, einen ordnungsgemäßen Ablauf des sportlichen Wettkampfs

---

991 2006/2130 (INI).

992 EuGH, Rs. C-519/04 P, Slg. 2006, S. I-6691, Rn. 27 (Meca-Medina und Majcen); *Eichler*, EuR 2010, 685, 688, sieht darin sogar eine Ausweitung des Anwendungsbereichs der EG-rechtlichen Verbotsnormen und verweist auch auf *Emmerich*, JuS 2006, 1123, 1125, der von einer generellen Anwendbarkeit der europäischen Wettbewerbsregeln auf die Beschlüsse und Satzungen der Sportverbände ausgeht, es sei denn nicht wettbewerbsbeschränkende Zwecke, sondern andere positiv zu bewertende Zwecke stünden eindeutig im Vordergrund. *Stein*, SpuRt 2008, 46, 48, liest in „Meca-Medina und Majcen", dass eine spezifische Ausnahme „rein sportlicher" Regeln nicht existiere, sondern deren Anwendbarkeit stets nur im Rahmen der Prüfung der Voraussetzungen der Art. 101, 102 AEUV erfolgen könne. Ausführlich mit der Abgrenzung zwischen Verbandsrecht und europäischem Kartellrecht beschäftigt sich *Heermann*, CaS 2006, 345, 357 der im Gegensatz zu den anderen in „Meca-Medina und Majcen" eher einen Hinweis darauf sieht, dass Regelungen rein sportlichen Charakters zwar dem Geltungsbereich des EG-Vertrags unterfielen, jedoch nicht den wettbewerbsrechtlichen Regeln (zu den Tatbestandsvoraussetzungen rein sportlicher Regelungen, *Heermann*, CaS 2006, 345, 360 ff.); deutliche Kritik an der Entscheidung äußert *Infantino*, SpuRt 2007, 12, 15, der eine Häufung (wettbewerbsrechtlicher) Klagen gegen Sportinstanzen befürchtete, was sich jedoch bis dato nicht bewahrheitet hat.

993 EuGH, Rs. C-519/04 P, Slg. 2006, I-6691 ff., Rn. 23 (Meca-Medina und Majcen).

994 EuGH, Rs. C-519/04 P, Slg. 2006, I-6691 ff., Rn. 24 (Meca-Medina und Majcen).

995 EuGH, Rs. C-519/04 P, Slg. 2006, I-6691 ff., Rn. 32 (Meca-Medina und Majcen).

996 EuGH, Rs. C-519/04 P, Slg. 2006, I-6691 ff., Rn. 42 (Meca-Medina und Majcen).

und fairen Wettstreit zu gewährleisten, weshalb sie nicht unverhältnismäßig, zumindest aber gerechtfertigt sei.[997]

Zuletzt bestätigte der EuGH seine Rechtsprechung zur Anwendbarkeit der Art. 45 ff. AEUV auf professionelle oder semiprofessionelle Sportler im Fall einer Klage des französischen Clubs Olympique Lyonnais SASP gegen den Spieler Olivier Bernard und den englischen Club Newcastle UFC.[998] Im Rahmen der Prüfung einer Rechtfertigung eines Eingriffs in die Arbeitnehmerfreizügigkeit erwähnte der EuGH auch die Besonderheiten des Sports und ihre Verankerung in Art. 165 Abs. 1 Unterabs. 2.[999]

Gehaltsobergrenzen weisen – auch wenn ihr primäres Ziel aus Sicht der Verbände bzw. Sportligen ist, den ungestörten Ablauf der Ligawettbewerbe zu gewährleisten und/oder die Chancengleichheit der Clubs zu fördern – einen wirtschaftlichen Bezug auf. Eine solche Regelung oder Vereinbarung betrifft die Vergütung der Spieler und die Ausgaben der Clubs, die im Wettbewerb zueinander um Meisterschaften, Pokale und um die besten Spieler stehen. Darüber hinaus richten sich diese Regelungen an professionelle Sportler bzw. deren Arbeitgeber und nehmen Einfluss auf die auszuhandelnden Arbeitsbedingungen. Folglich muss davon ausgegangen werden, dass sowohl die arbeitsrechtlichen als auch die wettbewerbsrechtlichen Vorschriften des EG-Rechts auf Regelungen zu Gehaltsobergrenzen für Sportclubs und deren Spieler grundsätzlich Anwendung finden. Ebenfalls ist jedoch festzuhalten, dass sowohl der EuGH als auch die Kommission regelmäßig die Besonderheiten des Sportsektors und dessen Unterschiede gegenüber anderen klassischen Wirtschaftszweigen betonen und in ihre Überlegungen mit einbeziehen.

B. Vereinbarkeit von Gehaltsobergrenzen mit Europäischem Arbeitsrecht

Zunächst könnte die Einführung von Gehaltsobergrenzen durch Tarifverträge oder Verbandsregelungen in Deutschland bzw. Europa gegen individuelle Rechte der Sportler als Arbeitnehmer in der Europäischen Union verstoßen.

I. Verstoß von verbandsrechtlich festgelegten Gehaltsobergrenzen gegen Europäisches Arbeitsrecht

In erster Linie kommt ein Verstoß von verbandsrechtlich geregelten Gehaltsobergrenzen gegen europäisches Primärrecht, insbesondere gegen die Grundfreiheiten der Profisportler als Arbeitnehmer, infrage. Diese Grundfreiheiten verschaffen den von ihnen erfassten Personen individuelle Rechte, die jeglichen entgegenstehenden nationalen Vorschriften vorgehen.[1000] Sie sind unmittelbar anwendbar, ohne

997 EuGH, Rs. C-519/04 P, Slg. 2006, I-6691 ff., Rn. 45, 54 (Meca-Medina und Majcen).
998 EuGH, Rs. C-325/08, Rn. 28 (Bernard) = NJW 2010, 1733 ff.
999 EuGH, Rs. C-325/08, Rn. 38 (Bernard) = NJW, 2010, 1733 ff.
1000 *Zinger*, Diskriminierungsverbote und Sportautonomie, 131.

dass sie in Richtlinien festgeschrieben oder in nationales Recht umgesetzt werden müssen.[1001] Die europäischen Grundfreiheiten sind Kerninstrumente zur Errichtung und Aufrechterhaltung des europäischen Binnenmarkts, weshalb auch sonstiges Unionsrecht nach dem sogenannten „effet-utile-Grundsatz“[1002] im Lichte der Grundfreiheiten anzuwenden und auszulegen ist.[1003]

1. Europäische Grundfreiheiten der Arbeitnehmer

Die Festlegung von Gehaltsobergrenzen könnte die Grundfreiheiten der Profisportler verletzen, und zwar insbesondere das Recht auf Freizügigkeit gemäß Art. 45 AEUV. Dafür müssten die Grundfreiheiten generell und die Arbeitnehmerfreizügigkeit im Besonderen im Verhältnis zwischen Sportverbänden und Sportclubs bzw. Sportlern Anwendung finden.

a. Sachlicher und persönlicher Geltungsbereich

Um in den Geltungsbereich des Rechts auf Freizügigkeit gemäß Art. 45 AEUV zu fallen, müssten die Profisportler zunächst Arbeitnehmer sein. Arbeitnehmer im Sinne des Europarechts erbringen eine wirtschaftliche Leistung, sind unselbstständig nach Weisung für einen anderen tätig und erhalten für ihre Tätigkeit eine Vergütung als Gegenleistung.[1004] Professionelle Mannschaftssportler erfüllen nach allgemeiner Ansicht diese Voraussetzungen und sind somit als Arbeitnehmer zu qualifizieren.[1005]

Vom persönlichen Geltungsbereich des Art. 45 AEUV sind alle Unionsbürger umfasst. Außerdem gilt das Grundrecht der Arbeitnehmerfreizügigkeit aufgrund des EWR-Abkommens für alle Angehörigen der sogenannten EFTA-Staaten[1006] und aufgrund des Freizügigkeitsabkommens mit der Schweiz auch für deren Staatsbürger.[1007] Daneben sind noch mehrere Assoziierungsabkommen in Kraft wie die sogenannten Europa-Abkommen mit mittel- und osteuropäischen Beitrittskandidaten, Abkommen über die Partnerschaft und Zusammenarbeit mit Russland und weiteren Nachfolgestaaten der Sowjetunion sowie Abkommen mit Mittelmeerstaaten (einschließlich Naher Osten).[1008] Diese Abkommen enthalten

---

1001 Ehlers/*Becker*, EuGR, § 9 Rn. 1; *Fuchs/Marhold*, Europäisches ArbR, 37 f.

1002 Der durch die Rechtsprechung des EuGH geprägte „effet-utile-Grundsatz“ besagt, dass die Vertragsvorschriften mit dem Ziel der bestmöglichen Durchsetzung des EU-Rechts auszulegen sind.

1003 *Kronberg*, Bindung von Sportverbänden an die Europäischen Grundfreiheiten, 38.

1004 Ehlers/*Becker*, EuGR, § 9 Rn. 6; Streinz/*Franzen*, EUV/AUEV, Art. 45 AEUV Rn. 17, 20.

1005 Siehe auch oben ausführlich zum deutschen Recht unter § 4 D I. Die Arbeitnehmerbegriffe des deutschen und europäischen Rechts sind sich ähnlich und verlangen beide als zentrales Kriterium die Weisungsgebundenheit des Dienstverpflichteten.

1006 Island, Liechtenstein und Norwegen.

1007 Ehlers/*Becker*, EuGR, § 9 Rn. 30.

1008 Z.B. Algerien, Marokko, Tunesien.

unter bestimmten Voraussetzungen eine rechtsverbindliche Zusicherung der Gleichbehandlung der Bürger der Vertragsstaaten in Bezug auf die Arbeitnehmerfreizügigkeit, sodass Berufssportler aus diesen Ländern den Sportlern aus EU-Mitgliedstaaten gleichgestellt sind.[1009]

b. Drittwirkung der Grundfreiheiten

Obwohl die europäischen Grundfreiheiten grundsätzlich nur zwischen EU-Bürgern und Mitgliedstaaten gelten, haben nach der Rechtsprechung des EuGH Sportverbände die Grundfreiheiten ebenso einzuhalten, soweit sie ihre Tätigkeiten und Dienstleistungen autonom regeln.[1010] Man spricht in diesem Fall von unmittelbarer Drittwirkung der Grundfreiheiten. Dies ist nach Ansicht des EuGH deshalb notwendig, damit der liberalisierte Dienstleistungsverkehr zwischen den Mitgliedstaaten nicht durch Regelungen der nicht dem öffentlichen Recht unterliegenden Sportverbände unterlaufen wird.[1011] Das Verbot der unterschiedlichen Behandlung gilt laut EuGH im Übrigen auch für sonstige Maßnahmen, die eine kollektive Regelung im Arbeits- oder Dienstleistungsbereich enthalten, da sonst privatrechtliche Vereinigungen oder Einrichtungen kraft ihrer rechtlichen Autonomie den freien Personen- und Dienstleistungsverkehr behindern könnten.[1012]

In mehreren Entscheidungen erklärte der EuGH, dass die europäischen Grundfreiheiten auf verbandsrechtliche Regelungen eines Sportverbandes anzuwenden sind.[1013] Eine verbandsrechtlich eingeführte Gehaltsobergrenze kann folglich durch europäische Gerichte auf ihre Vereinbarkeit mit den Grundfreiheiten der Sportler überprüft werden.

c. Grenzüberschreitender Sachverhalt

Die europäischen Grundfreiheiten können allerdings nur dann verletzt sein, wenn ein grenzüberschreitender Sachverhalt vorliegt. Um einen solchen Sachverhalt handelt es sich, wenn eine Person sich von einem Mitgliedstaat in einen anderen begibt oder

---

1009 Siehe dazu ausführlich: *Holzke*, SpuRt 2004, 1 ff., außerdem Stopper/Lentze/*Breucker/Wüterich*, Handbuch Fußball-Recht, Kap. 8 Rn. 28 f.

1010 *Sasdi*, Die Verbandsautonomie der Sportverbände im Korsett des Gemeinschaftsrechts, in: Sander/Sasdi (Hrsg.) Sport im Spannungsfeld von Recht, Wirtschaft und europäischen Grundfreiheiten, 119.

1011 EuGH, Rs. 36/74, Slg. 1974, Rn. 17, 19 (Walrave) und EuGH, Rs. C-415/93, Slg. 1995, I-4921, 98 ff. (Bosman).

1012 EuGH, Rs. 36/74, Slg. 1974, Rn. 17–19 (Walrave).

1013 So erstmals bereits in: EuGH, Rs. 36/74 (Walrave); bestätigt in EuGH, Rs. C-415/93, Slg. 1995, I-4921, Rn. 98 ff. (Bosman) und EuGH, Rs. C-325/08 (Bernard); eine dogmatische, sich an Wortlaut, Systematik und Zielrichtung der Grundfreiheiten und des Diskriminierungsverbots in Art. 18 AEUV orientierende Herleitung der unmittelbaren Drittwirkung findet sich bei *Kronberg*, Bindung von Sportverbänden an die Europäischen Grundfreiheiten, 56 ff.

begeben will, um dort eine Erwerbstätigkeit aufzunehmen.[1014] Bei einer Regelung von Gehaltsobergrenzen in Deutschland durch Verbandsvorschriften, z. B. im Fußballsport seitens des DFB oder des DFL e. V., wäre von einem länderübergreifenden Sachverhalt auszugehen. Denn so festgelegte Gehaltsobergrenzen hätten auch Einfluss auf die Verdienstmöglichkeiten der Spieler aus anderen Mitgliedstaaten, die in eine deutsche Sportliga wechseln möchten, und könnten somit deren Grundfreiheiten verletzen.[1015]

Eine Verletzung der Grundfreiheiten käme auch im Fall einer „europäischen Lösung“ (vgl. z. B. im Fußballsport das UEFA Financial Fairplay-Reglement), die Gehaltsobergrenzen für alle Spieler und Clubs aus allen europäischen Ligen einer Sportart festlegt, infrage. In beiden Fällen könnten sich die Spieler jedoch nur bei einem angestrebten Wechsel von einem Mitgliedstaat in einen anderen auf die Grundfreiheit der Arbeitnehmerfreizügigkeit berufen. Bei einer reinen Inlandstätigkeit oder einem angestrebten Wechsel innerhalb der Liga – und zwar sowohl von Inländern als auch von EU-Ausländern – kann diese nicht verletzt sein, da von vorneherein kein grenzüberschreitender Sachverhalt vorliegt.[1016] Grundsätzlich ist jedoch aufgrund der Internationalität des Spielermarktes sowohl bei einer deutschen als auch bei einer europaweiten Regelung von Gehaltsobergrenzen von einer Vielzahl grenzüberschreitender Sachverhalte auszugehen.

2. *Arbeitnehmerfreizügigkeit*

a. *Umfassendes Beschränkungsverbot*

Infrage kommt zunächst ein Verstoß gegen die Arbeitnehmerfreizügigkeit gemäß Art. 45 AEUV.[1017] Diese gewährt allen Gemeinschaftsbürgern das Recht, ihren Beruf in jedem Mitgliedstaat unter gleichen Bedingungen wie ein Angehöriger des jeweiligen Staates auszuüben.[1018] Nach der Rechtsprechung des EuGH enthält Art. 45 AEUV allerdings kein bloßes Diskriminierungsverbot, sondern ein umfassendes freiheitsrechtliches Beschränkungsverbot.[1019] Demnach verstößt jede Bestimmung, die einen Unionsbürger daran hindert oder davon abhält, sein Herkunftsland zu verlassen, um von seinem Recht auf Freizügigkeit Gebrauch zu machen, auch wenn sie unabhängig von der Staatsangehörigkeit Anwendung findet, gegen Art. 45 AEUV.[1020]

1014 Ehlers/*Becker*, EuGR, § 9 Rn. 19.

1015 Vgl. hierzu EuGH, Rs. C-415/93, Slg. 1995, I-4921, Rn. 95 (Bosman).

1016 So wohl auch: *Streinz*, Auswirkungen der europäischen Gesetzgebung auf den Sport, 35 f.

1017 Zu den weiteren Grundfreiheiten der Arbeitnehmer: *Nolte*, Sport und Recht, 2004, 46 ff.

1018 *Nolte*, Sport und Recht, 42.

1019 EuGH, Rs. C-415/93, Slg. 1995, I-4921 (Bosman).

1020 EuGH, Rs. C-415/93, Slg. 1995, I-4921, Rn. 96 (Bosman); *Junker*, ZFA 2009, 281, 283; *Fuchs/Marhold*, Europäisches ArbR, 72; kritisch zu dieser Rechtsprechung: Ehlers/*Becker*, EuGR, § 9 Rn. 41 ff., der sich ein klareres Abgrenzungskriterium zwischen Zugangsbeschränkungen und Beschränkungen ohne Eingriffscharakter wünscht.

Folglich schränkt eine Regelung bereits dann die Arbeitnehmerfreizügigkeit ein, wenn sie geeignet ist, den Zugang eines Sportlers zum Arbeitsmarkt eines anderen Mitgliedstaats zu beschränken, auch wenn darin keine Diskriminierung zu sehen ist.[1021]

Im Fall „Bosman" sah der EuGH die Beeinträchtigung darin, dass ein Berufsfußballer seine Tätigkeit nicht bei einem in einem anderen Mitgliedstaat ansässigen neuen Verein ausüben konnte, wenn dieser Verein dem bisherigen Verein nicht die Transferentschädigung gezahlt hat, deren Höhe zwischen den beiden Vereinen vereinbart oder gemäß den Vorschriften des Sportverbands festgelegt wurde.[1022] Nicht entschieden hat der EuGH im Fall „Bosman", ob auch eine reine Beschränkung der Berufsausübung gegen das Recht auf Freizügigkeit verstößt.[1023]

Nach Auffassung von *Forsthoff* können grundsätzlich nur solche Vorschriften gegen das Beschränkungsverbot des Art. 45 AEUV verstoßen, die den Zugang von Personen zum inländischen Markt behindern.[1024] Allerdings verbiete sich eine schematische Abgrenzung nach dem Zugang, sondern es müsse vielmehr im Einzelfall geprüft werden, ob es sich bei der betroffenen Regelung um spezifisch den Zugang behindernde und eben nicht nur irgendwie die Entscheidung des Arbeitnehmers mit beeinflussende Regelungen handele.[1025] Vorschriften, die lediglich den rechtlichen Rahmen für die Ausübung der Tätigkeit im Aufnahmemitgliedstaat festlegen, sollen dagegen grundsätzlich nicht am Beschränkungsverbot des Art. 45 AEUV zu messen sein.[1026]

Gehaltsobergrenzen könnten die Arbeitnehmerfreizügigkeit behindern, indem sie einem Spieler, der Staatsangehöriger eines Mitgliedstaats ist, unter Umständen nicht erlauben, seine Arbeitsleistung in einem anderen Mitgliedstaat zu den für ihn bestmöglichen Konditionen anzubieten. Beschränkt wird folglich zwar nicht direkt der Wechsel eines Spielers in einen Mitgliedsstaat, sondern „nur" dessen Verdienstmöglichkeiten. Dies könnte den Spieler jedoch zumindest mittelbar davon abhalten, sein Recht auf Freizügigkeit auszuüben, da die Arbeitsbedingungen in dem für einen Wechsel ins Auge gefassten Mitgliedsstaat für ihn unattraktiv werden. Aber auch der potenzielle neue Club könnte im Zweifelsfall von einer Verpflichtung des Spielers Abstand nehmen, falls das vom Spieler geforderte Gehalt zur Überschreitung einer festgelegten Gehaltsobergrenze führen würde.

1021 *Zinger*, Diskriminierungsverbote und Verbandsautonomie, 132.

1022 EuGH, Rs. C-415/93, Slg. 1995, I-4921, Rn. 100 (Bosman); vgl. ebenfalls zu dieser Thematik: *Hilf/Pache*, NJW 1996, 1169, 1172.

1023 *Schroeder*, JZ 1996, 254, 255.

1024 Grabitz/Hilf/Nettesheim/*Forsthoff*, Art. 45 AEUV Rn. 220 f. mit Verweis auf EuGH Rechtsprechung von 1995 bis 2010.

1025 Grabitz/Hilf/Nettesheim/*Forsthoff*, Art. 45 AEUV Rn. 222, 227.

1026 Grabitz/Hilf/Nettesheim/*Forsthoff*, Art. 45 AEUV Rn. 285; ähnlich: Streinz/*Franzen*, EUV/AUEV, Art. 45 AEUV Rn. 90.

Kronberg und andere Stimmen halten eine Eindämmung des Beschränkungsverbots in Übertragung der sogenannten „Keck-Rechtsprechung" des EuGH[1027] dergestalt für sinnvoll, dass ein Beschränkungsverbot nur für sogenannte Marktzugangsregelungen, nicht jedoch für unterschiedslos geltende Arbeitsausübungsmodalitäten gelten soll.[1028] Auch *Eichel* argumentiert, dass eine inländische Regelung den Handel zwischen Mitgliedstaaten nicht beschränke, solange sie für alle betroffenen Wirtschaftsteilnehmer gleiche Verkaufsmodalitäten herstelle und den Absatz inländischer und ausländischer Erzeugnisse gleich berühre.[1029]

Dem erteilte der EuGH für Regeln, die den Zugang eines Spielers zum Arbeitsmarkt in einem anderen Mitgliedstaat beeinflussten, eine klare Absage.[1030] Eine Ungleichbehandlung zwischen innerstaatlichen und zwischenstaatlichen Beschränkungen ist dafür gerade nicht erforderlich, da es das Ziel der Arbeitnehmerfreizügigkeit ist, einen europäischen Arbeitsmarkt zu schaffen und deshalb jegliche Beschränkungen erfasst sein sollen.[1031] Die unmittelbare Beeinflussung lag aber im Fall „Bosman" nicht beim Spieler, sondern beim aufnehmenden Verein, der eine Ablösesumme entrichten musste. Indem der Club sich aufgrund der Ablösesumme dagegen entschied, den Spieler zu verpflichten, wurde diesem der Zugang zum gewählten Arbeitsmarkt unmittelbar verwehrt.

Im Fall „Bernard" ging der EuGH dann noch einen Schritt weiter und entschied, dass die durch einen Vereinswechsel ausgelöste Schadensersatzpflicht eines Spielers geeignet sei, die Entscheidung eines Spielers, einen Vertrag mit einem Club in einem anderen Mitgliedstaat abzuschließen, weniger attraktiv zu machen und damit sein Recht auf Freizügigkeit verletzt.[1032] Hier war der Spieler nicht unmittelbar daran gehindert, zu einem Verein eines anderen Mitgliedstaats zu wechseln, sondern es wäre ihm dabei „nur" ein monetärer Schaden entstanden. Eine Übertragung der „Keck-Rechtsprechung" in dem Sinne, dass der EuGH im Sinne der deutschen Grundrechtsdogmatik kategorisch zwischen Aufenthaltsbeschränkungen (Berufsausübungsregeln) und Mobilitätsbeschränkungen (Berufsauswahlregeln) unterscheidet, ist folglich bislang nicht zu erkennen.[1033]

1027 Vgl. EuGH, Verb. Rechtssachen C-267/91 und C-268/91 (Keck und Mithouard).

1028 *Kronberg*, Bindung von Sportverbänden an die Europäischen Grundfreiheiten, 49; Grabitz/Hilf/Nettesheim/*Randelzofer/Forsthoff*, Das Recht der EU (Stand 2012), Vorbemerkung zu Art. 45 AEUV, Rn. 112 ff., Rn. 220; Callis/Ruffert/*Brechmann*, EUV/AEUV, § 45 AEUV, Rn. 51.

1029 *Eichel*, EuR 2010, 685, 690.

1030 EuGH, Rs. C-415/93, Slg. 1995, I-4921, Rn. 103 (Bosman).

1031 *Thüsing*, Europäisches Arbeitsrecht, § 2 Rn. 52.

1032 EuGH, Rs. C-325/08, Rn. 35 (Bernard).

1033 *Streinz*, Die Rechtsprechung des EuGH nach dem Bosman-Urteil, in: Tettinger (Hrsg.) Sport im Schnittfeld von europäischen Gemeinschaftsrecht und nationalem Recht, Stuttgart, München, u. a. 2001, 42; für eine solche votiert und damit für die Ausnahme reiner Berufsausübungsregeln votiert: *Thüsing*, Europäisches Arbeits-

b. Gehaltsobergrenzen als Beschränkung der Arbeitnehmerfreizügigkeit

Bei absoluten individuellen Gehaltsobergrenzen wird man eine Beschränkung der Freizügigkeit der Sportler bejahen müssen. Denn wird die zu erwartende monetäre Gegenleistung für die zu erbringende Tätigkeit des Profispielers von Anfang an konkret in der Höhe eingeschränkt, wird dies die Entscheidung des Spielers, den Club und das Land zu wechseln, maßgeblich beeinflussen. Zumindest wäre das bei den Spielern der Fall, deren Verdienst bereits jenseits der Gehaltsobergrenze liegt oder die beim avisierten Vertragsabschluss ein höher liegendes Gehalt erwarten.

Eine Auflage für die Clubs, eine bestimmte Höhe der Gesamtpersonalkosten nicht zu überschreiten, wirkt sich dagegen zunächst nur mittelbar zulasten eines Spielers, der aus einem anderen Mitgliedstaat nach Deutschland wechseln möchte, aus.[1034] Der Club ist in der Höhe des Gehalts, das er einem einzelnen Spieler anbieten kann, grundsätzlich nicht beschränkt. Allerdings kann er in den Verhandlungen mit dem Spieler an Grenzen stoßen, wenn nämlich durch den Vertragsabschluss die Gesamtsumme des *salary caps* erreicht wird. Wie bereits oben gezeigt[1035], kann aus der nur mittelbaren Wirkung einer teambezogenen Gehaltsobergrenze eine unmittelbare für den Spieler werden, wenn die Gehaltssumme aufgrund einer Überschreitung des *salary caps* gekürzt werden muss. Auch dies würde es für den Spieler ggfs. unattraktiv machen, den Club und den Mitgliedsstaat zu wechseln, weshalb auch hierin eine Beeinträchtigung der Arbeitnehmerfreizügigkeit zu sehen ist.

Bei einer rein mittelbaren Beeinträchtigung aufgrund einer Eingrenzung des Spieleretats des Clubs bzw. etwaiger Strafzahlungen bei Überschreiten der Gesamtobergrenze bleibt es bei der Luxussteuer-Variante. Hier ließe sich grundsätzlich vertreten, dass es von vornherein nicht zu einer Beschränkung der Freizügigkeit der Arbeitnehmer kommt, weil die Parteien rechtlich gesehen den Vertrag in jedem Fall mit der vereinbarten Gehaltshöhe abschließen können. Allerdings kann auch die Androhung einer Strafzahlung dazu führen, dass ein interessierter Club eine bestimmte Gehaltshöhe nicht überschreitet und dies den Spieler davon abhält, einen Vertrag bei dem Club zu unterschreiben. Folglich dürfte auch bei der Luxussteuer-Variante zumindest die Schwelle einer Beschränkung der Arbeitnehmerfreizügigkeit erreicht sein.

c. Rechtfertigung

Regelungen, die in die Arbeitnehmerfreizügigkeit eingreifen, können gemäß Art. 45 Abs. 3 AEUV aus Gründen der öffentlichen Ordnung, Sicherheit und Gesundheit gerechtfertigt sein. Daneben können Regelungen, wenn sie einen mit dem Vertrag zu vereinbarenden berechtigten Zweck verfolgen, auch aus zwingenden Gründen

---

recht, § 2 Rn. 56, mit Verweis auf Grabitz/Hilf/Nettesheim/*Forsthoff*, Art. 45 AEUV Rn. 285.

1034 *Schroeder*, JZ 1996, 254, 256.

1035 Vgl. oben unter § 5 C IV 2 b (2).

des Allgemeininteresses gerechtfertigt sein.[1036] Solche Regelungen müssen geeignet sein, die Verwirklichung des verfolgten Zweckes zu gewährleisten, und dürfen nicht über das hinausgehen, was zur Erreichung dieses Zweckes erforderlich ist.[1037]

Kronberg bezeichnet dies als „ungeschriebenen Rechtfertigungsgrund der zwingenden Gründe der Allgemeinheit im Sinne des sogenannten „*Ordre-public*-Vorbehalts", welcher nach der Rechtsprechung des EuGH auch von privaten Adressaten der Grundfreiheiten in Anspruch genommen werden kann.[1038] Allerdings sei es in der Praxis schwer vorstellbar, dass es Gründe der öffentlichen Sicherheit und Ordnung gäbe, die im Interesse der Sportverbände und ihrer Satzungsregelungen lägen.[1039] Aus diesem Grund schlägt sie als eigenen Rechtsfertigungsgrund das Grundrecht der Verbandsautonomie als zwingenden Grund des Allgemeininteresses vor.[1040]

Dieses Allgemeininteresse könne in der Achtung und Wahrung der europäischen Grundrechte gesehen werden, welche die EU gemäß Art. 6 Abs. 1 EU-Vertrag als bindendes Recht zu beachten habe, und hier speziell für die Sportverbände in der Vereinigungsfreiheit aus Art. 12 der europäischen Grundrechte Charta und Art. 11 EMRK.[1041] Geschützt sein könne jedoch nur ein überragend wichtiges Verbandsinteresse[1042], mithin Regeln, die den Aufbau und die Unterhaltung von Organisationsstrukturen zum geordneten Ablauf sportlicher Wettkämpfe und eine Vergleichbarkeit sportlicher Leistungen sicherstellen sollen.[1043] Beispiele für solche überragenden Verbandsinteressen seien u. a. die „Bewahrung von Sportsgeist, Fairplay und Gesundheit der Athleten, also gleichsam der Kern, Sinn und Zweck der sportlichen Betätigung"[1044] sowie „die Attraktivität des Spiels bzw. Wettbewerbs und der Grundsatz der Chancengleichheit".[1045] Des Weiteren entwickelt sie mit Verweis auf die Rechtfertigungsdogmatik der „Wouters-Entscheidung" des EuGH[1046] einen allgemeinen Rechtssatz: Demnach liege immer dann kein Verstoß gegen das

---

1036 EuGH, Rs. C-415/93, Slg. 1995, I-4921, Rn. 104 (Bosman).

1037 EuGH, Rs. C-415/93, Slg. 1995, I-4921, Rn. 104 (Bosman).

1038 *Kronberg*, Bindung von Sportverbänden an die Europäischen Grundfreiheiten, 167, 171.

1039 *Kronberg*, Bindung von Sportverbänden an die Europäischen Grundfreiheiten, 167, 171.

1040 *Kronberg*, Bindung von Sportverbänden an die Europäischen Grundfreiheiten, 181; in diese Richtung auch *Eichel*, EuR 2010, 685, 693.

1041 *Kronberg*, Bindung von Sportverbänden an die Europäischen Grundfreiheiten, 184.

1042 So im Übrigen auch GA Lenz in seinen Schlussanträgen zur Rs. C-415/93 (Bosman), Rn. 2.

1043 *Kronberg*, Bindung von Sportverbänden an die Europäischen Grundfreiheiten, 185.

1044 Mit Verweis auf EuGH, Rs. C-519/04 P, Slg. 2006, I-6991, Rn. 43 (Meca-Medina und Majcen).

1045 Mit Verweis auf *Heermann*, CaS 2006, 345, 361 ff.

1046 EuGH, Rs. C-309/99, Slg. 2002, I-1577 (Wouters) bezüglich der Rechtmäßigkeit von Kammervorschriften zur Reglementierung des Rechtsanwaltsberufs.

Unionsrecht vor, wenn die Regelung unabdingbar sei, um die Integrität des sportlichen Wettbewerbs aufrechtzuerhalten, wenn sie also zum Wesensgehalt der Verbandsautonomie gehöre.[1047] Dazu zählten der faire Ablauf des Sportwettkampfs, die Chancengleichheit der Sportler und die Objektivität des Wettkampfs sowie die ethischen Werte des Sports.[1048]

In diesem Sinne führt *Schroeder* aus, dass Regelungen von Sportverbänden auf das Gemeinschaftsgrundrecht der Vereinigungsfreiheit zurückzuführen seien und es sich deshalb um eine Kollision zwischen gleichberechtigten rechtstaatlichen Komponenten der Gemeinschaftsordnung (Grundfreiheiten und Gemeinschaftsgrundrechte) handele, die im Wege der praktischen Konkordanz in Ausgleich gebracht werden müsse.[1049] Bezüglich der „Bosman-Entscheidung" des EuGH merkt er folglich an, dass sich die privatrechtlich organisierten Sportverbände nicht auf Interessen des „Allgemeinwohls", sondern auf die Berechtigung ihrer sportlichen Regeln basierend auf der Vereinigungsfreiheit berufen, wobei bei der Abwägung der kollidierenden Rechte das Verhältnismäßigkeitsprinzip zu berücksichtigen sei.[1050]

Auch *Streinz* betont, dass die Vereinigungsfreiheit der Sportverbände als Gemeinschaftsgrundrecht im Wege einer „praktischen Konkordanz" ins Verhältnis zur Arbeitnehmerfreizügigkeit der Spieler gesetzt werden müsse.[1051] Zwar würden den Verbänden neben den Verpflichtungen auch Rechtfertigungsgründe eröffnet, diese bedürften jedoch eines adäquaten spezifischen Zuschnitts auf Private, die keine öffentlichen, sondern private Interessen verfolgten – sprich im Fall von Sportverbänden eben spezifische Verbandsinteressen.[1052]

In seiner „Bosman-Entscheidung" hat der EuGH angesichts der „beträchtlichen sozialen Bedeutung der sportlichen Tätigkeit und insbesondere des Fußballs in der Gemeinschaft" eingeräumt, „dass die Zwecke berechtigt sind, die darin bestehen, die Aufrechterhaltung eines Gleichgewichts zwischen den Vereinen zu gewährleisten und die Suche nach Talenten sowie die Ausbildung der jungen Spieler zu unterstützen."[1053] Darüber hinaus deutet der EuGH an, dass Regelungen eines Verbandes, die in die Arbeitnehmerfreizügigkeit eingreifen, gerechtfertigt sein könnten, wenn sie eine unerlässliche Voraussetzung oder zwingende Folge der Ausübung der Ver-

---

1047 *Kronberg*, Bindung von Sportverbänden an die Europäischen Grundfreiheiten, 187.
1048 *Kronberg*, Bindung von Sportverbänden an die Europäischen Grundfreiheiten, 187.
1049 *Schroeder*, JZ 1996, 254, 256.
1050 *Schroeder*, JZ 1996, 254, 256.
1051 *Streinz*, Die Rechtsprechung des EuGH nach dem Bosman-Urteil, in: Tettinger (Hrsg.) Sport im Schnittfeld von europäischen Gemeinschaftsrecht und nationalem Recht, 46.
1052 *Streinz*, Die Rechtsprechung des EuGH nach dem Bosman-Urteil, in: Tettinger (Hrsg.) Sport im Schnittfeld von europäischen Gemeinschaftsrecht und nationalem Recht, 42.
1053 EuGH, Rs. C-415/93, Slg. 1995, I-4921, Rn. 107 (Bosman).

einigungsfreiheit darstellten.[1054] *Trommer* umschreibt dies als „ureigenes Interesse einer funktionsfähigen Liga an der Aufrechterhaltung eines sportlichen und finanziellen Gleichgewichts".[1055] Viel deutlicher als in der „Bosman-Entscheidung" selbst hat Generalanwalt Lenz in seinen Schlussanträgen herausgestellt, dass die Teilnehmer an einer Sportliga wirtschaftlich voneinander abhängig sind, ein veritables Interesse am Wohlergehen der anderen Clubs haben und dass Maßnahmen erforderlich sind, um das bereits vorhandene Ungleichgewicht zwischen großen und kleinen Clubs einzudämmen.[1056] *Streinz* erkennt darin – ungeachtet der dogmatischen Fundierung – eine Anerkennung der Autonomie der Verbände und der Eigengesetzlichkeit des Sports, wobei die Regeln bezüglich der Einschränkung der Berufsfreiheit und Freizügigkeit schlüssig und verhältnismäßig sein müssten.[1057]

Die Liberalisierung des Fußballmarkts in der „Nach-Bosman-Ära", aber auch die fortschreitende Kommerzialisierung des Fußballs sowie der gestiegene Wettbewerbsdruck führte seit Mitte der 90er Jahre zu einem rasanten und bis heute nicht entscheidend gebremsten Anstieg der Spielergehälter, die sich prozentual deutlich stärker als die Einnahmen der Clubs gesteigert haben.[1058] In Italien und Spanien hat diese Spirale zwischenzeitlich fast zum Zusammenbruch der Profiligen geführt; auch in Deutschland gab und gibt es immer wieder Clubs mit erheblichen finanziellen Problemen.[1059] Ein noch größeres Problem für die Verbände und Sportligen könnte jedoch auf Dauer die immer geringer werdende Chancengleichheit innerhalb der Ligen aber auch in den europäischen Wettbewerben werden, und zwar einerseits unter dem Gesichtspunkt eines Attraktivitätsverlusts der Wettbewerbe und des damit verbundenen Zuschauerinteresses, andererseits unter wettbewerbsethischen Gesichtspunkten.[1060]

Bereits in der Begründung des „Bosman-Urteils" deutete der EuGH an, dass ein mögliches Mittel – damals als Alternative zu Transferentschädigungen – zur Aufrechterhaltung des finanziellen und sportlichen Gleichgewichts und zur Finanzierung kleinerer Vereine eine Umverteilung eines Teils der Fußballeinnahmen sein könnte.[1061] Wie *Streinz* nimmt auch der EuGH Bezug auf die Schlussanträge des Generalanwalts Lenz und dessen Vorschlag für ein System der Umverteilung

---

1054 EuGH, Rs. C-415/93, Slg. 1995, I-4921, Rn. 79 f. (Bosman); hier allerdings verneint bezüglich Ablösesummen nach Auslaufen des Vertrages.

1055 *Trommer*, Transferregelungen im Profisport, 100.

1056 Schlussanträge des GA Lenz in der Rs. C-415/93 (Bosman), Rn. 227 ff.

1057 *Streinz*, Die Rechtsprechung des EuGH nach dem Bosman-Urteil, in: Tettinger (Hrsg.) Sport im Schnittfeld von europäischen Gemeinschaftsrecht und nationalem Recht, 48 f.

1058 *Butte*, Das selbstgeschaffene Recht des Sports, 59 f.; mit Verweis auf *Schwendowius*, Finanzierungs- und Organisationskonzepte für den deutschen Profifußball, 2 ff., 167 f, 177 ff. und *Swieter*, Ökonomische Analyse, 99 f.

1059 Siehe hierzu ausführlich unter § 1 B und § 5 C.

1060 Siehe hierzu ausführlich unter § 1 B und § 5 C.

1061 EuGH, Rs. C-415/93, Slg. 1995, I-4921, Rn. 54 (Bosman).

von Einnahmen.[1062] Das von *Lenz* vorgeschlagene, mutmaßlich leistungssteuernde System der Umverteilung von Einnahmen als Alternative zu Transferentschädigungen, betrachtet *Streinz* als „im Großen und Ganzen überzeugend“, wenn auch präzisierungsbedürftig.[1063]

In Bezug auf die streitgegenständlichen Transferentschädigungen erläuterte der EuGH im „Bosman-Urteil“, dass diese nicht geeignet seien, zu verhindern, dass sich die reichsten Vereine die Dienste der besten Spieler sichern.[1064] Auch würden sie nichts entscheidend daran ändern, dass die verfügbaren finanziellen Mittel ein entscheidender Faktor beim sportlichen Wettkampf sind und das Gleichgewicht zwischen den Vereinen dadurch erheblich gestört werde.[1065] Im Folgenden ist zu prüfen, ob dies bezüglich Gehaltsobergrenzen anders zu beurteilen ist.

Sowohl Gehaltsobergrenzen in Form eines teambezogenen *salary caps* als auch eine Luxussteuer-Variante zielen darauf ab, der immer stärker sinkenden Chancengleichheit im deutschen und europäischen Fußball entgegenzuwirken und somit für mehr Wettbewerbsgerechtigkeit zu sorgen. Des Weiteren bezwecken sie, eine Überschuldung und letztlich den Bankrott der Clubs aufgrund eines nicht aufzuhaltenden Überbietungswettbewerb um die besten Spieler zu verhindern. Zumindest die Herstellung von mehr Chancengleichheit stellt ein grundsätzlich auch vom EuGH – und noch deutlicher von der Europäischen Kommission – akzeptiertes legitimes Ziel dar. Die vorgeschlagenen Mittel sind, wie bereits oben dargelegt[1066], auch geeignet, um die beabsichtigten Ziele zu erreichen.

Nach der Judikatur des EuGH müsste es sich darüber hinaus um zwingende Gründe des Allgemeininteresses bzw. nach in der Literatur – auch mit Verweis auf die Schlussanträge des Generalanwalts *Lenz* in der Rechtssache „Bosman“ – vertretener Ansicht um überragende Verbandsinteressen handeln und die getroffene Maßnahme dürfte nicht über das hinausgehen, was zur Erreichung des beabsichtigten Zwecks erforderlich ist. Bereits in der „Bosman-Entscheidung“ hat der EuGH eingeräumt, dass die Aufrechterhaltung eines Gleichgewichts zwischen den Vereinen unter Wahrung einer bestimmten Chancengleichheit und der Ungewissheit der Ergebnisse zu gewährleisten ein berechtigter Zweck sei. Er stützt dies auf die beträchtliche soziale Bedeutung des Sports, insbesondere des Fußballs. Damit dürfte im Fall von Gehaltsobergrenzen das Allgemeininteresse mit den überragenden Verbands- bzw. Ligainteressen in diesem Fall übereinstimmen, denn sowohl die Allgemeinheit in Person der Fußballfans, Sponsoren und Clubs als die Verbände und Sportligen haben ein ureigenes Interesse an der Wahrung

---

1062 *Streinz*, Auswirkungen der europäischen Gesetzgebung auf den Sport, 50 f.; mit Verweis auf Schlussanträge des GA Lenz in der Rs. C-415/93 (Bosman), Rn. 226 ff.

1063 *Streinz*, Auswirkungen der europäischen Gesetzgebung auf den Sport, 50 f. mit Verweis auf Schlussanträge des GA Lenz im Fall EuGH, Rs. C-415/93 (Bosman), Rn. 226 ff.; vgl. hierzu auch: *Parensen*, EU-Recht und Sport, 70 ff.

1064 EuGH, Rs. C-415/93, Slg. 1995, I-4921 Rn. 107 (Bosman).

1065 EuGH, Rs. C-415/93, Slg. 1995, I-4921 Rn. 107 (Bosman).

1066 § 5 B II 1e (3.).

einer Chancengleichheit der Teilnehmer am Wettbewerb. Der EuGH wiederholte die besondere Bedeutung des Sports, insbesondere des Fußballs, und ihre soziale und erzieherische Funktion nochmals in der „Bernard-Entscheidung" und begründet die Relevanz dieser Faktoren außerdem mit ihrer Erwähnung in Art. 165 Abs. 1 Unterabs. 2 AEUV.[1067]

Es wurde bereits im Rahmen der Grundrechtsprüfung nach deutschem Recht festgestellt, dass kein milderes Mittel als ein teambezogener absoluter *salary cap* vorhanden ist, um die angestrebten Ziele mit gleicher Effektivität zu erreichen. Dies gilt insbesondere für eine Umverteilung der Einnahmen und eine Reduzierung der Clubeinnahmen, welche weder die Chancengleichheit in ähnlichem Maße fördern noch die Überschuldung der Clubs gleichermaßen eindämmen. Um gegenüber den beeinträchtigten Spielern die Verhältnismäßigkeit zu wahren, wurde vorgeschlagen, die Spieler mit Garantien in gewisser Höhe am Gewinn der Clubs zu beteiligen und daneben auch Gehaltsuntergrenzen für Spieler vorzusehen, die nicht zu den Topverdienern gehören.

Nach hier vertretener Ansicht gelten die gemachten Ausführungen mit gewissen Einschränkungen auch für einen *soft salary cap* oder eine Luxussteuer-Variante. Diese Alternativen wären gegenüber einem *hard salary cap* zwar weniger restriktiv, allerdings versprechen sie auch nicht in gleichem Maße eine Steigerung der Chancengleichheit. Daher wäre bei diesen Varianten die Geeignetheit der kritischste Punkt im Rahmen einer rechtlichen Überprüfung. Die Verhältnismäßigkeit gegenüber den Spielern würde bei der Luxussteuer-Variante insbesondere dadurch gewahrt, dass die Einnahmen aus den Luxussteuerzahlungen gleichmäßig an alle Spieler verteilt werden. Beim *soft salary cap* bliebe einigen Spielern ohnehin die Möglichkeit, über den *salary cap* hinausgehende Gehälter zu verhandeln, sodass die Anzahl der betroffenen Spieler automatisch sinken würde.

Aus Sicht des Verfassers könnten sowohl ein absoluter teambezogener *hard salary cap* als auch eine sogenannte Luxussteuer-Variante gerechtfertigt sein, weshalb keine Verletzung der Arbeitnehmerfreizügigkeit gemäß Art. 45 AEUV gegeben ist.

3. Gehaltsobergrenzen als Diskriminierung der Sportler, Verstoß gegen Richtlinien bzw. Verordnungen

In der Vereinbarung von Gehaltsobergrenzen liegt überdies keine Diskriminierung der Spieler. Zwar richten sich gemäß der Verordnung (VO) Nr. 1612/68/EWG über die Freizügigkeit der Arbeitnehmer innerhalb der Gemeinschaft die darin enthaltenen Diskriminierungsverbote auch an Private.[1068] Daneben heißt es in Art. 7 Abs. 4 der VO, „alle Bestimmungen in Tarif- und Einzelverträgen oder sonstigen Kollektivvereinbarungen betreffend Zugang zu Beschäftigung, Entlohnung und alle übrigen Arbeits- und Kündigungsschutzbedingungen" seien nichtig, „soweit

1067 EuGH, Rs. C-325/08, Rn. 28 (Bernard).
1068 *Imping*, EWS 1996, 193, 195.

sie diskriminierend für die Arbeitnehmer, die Staatsangehörige anderer Mitgliedstaaten sind, diskriminierende Bedingungen vorsehen oder zulassen." Die VO normiert somit ein Diskriminierungsverbot auch bezüglich der Ausübung der Beschäftigung.[1069] Gehaltsobergrenzen führen jedoch weder als nationale noch als europäische Regelung zur Diskriminierung der Sportler, da sie für alle Spieler bzw. Clubs geltende Einheitsregelungen schaffen und nicht nach Nationalitäten differenzieren.

4. *Zwischenergebnis*

Ein verbandsrechtlich eingeführter absoluter teambezogener *salary cap* wäre mit europäischem Arbeitsrecht, insbesondere mit der Arbeitnehmerfreizügigkeit aus Art. 45 AEUV vereinbar.

Dies gilt grundsätzlich ebenfalls hinsichtlich eines *soft salary caps* und einer Luxussteuer-Variante, wobei hier gewisse Zweifel an der tatsächlichen Geeignetheit zur Verbesserung der Chancengleichheit bleiben.

II. Vereinbarkeit von tarifvertraglich festgelegten Gehaltsobergrenzen mit europäischem Arbeitsrecht

Gehaltsobergrenzen könnten weiterhin auch tarifvertraglich vereinbart werden. Auch hier wäre eine Vereinbarkeit mit dem EG-Recht zu prüfen.

1. *Europäische Grundfreiheiten der Arbeitnehmer*

Auch tarifvertragliche Regelungen zu Gehaltsobergrenzen könnten zunächst gegen die Grundfreiheiten der Arbeitnehmer, insbesondere gegen das Recht auf Arbeitnehmerfreizügigkeit gemäß Art. 45 AEUV, verstoßen.

2. *Anwendbarkeit der Grundfreiheiten auf Tarifverträge*

Dafür müssten die Grundfreiheiten zunächst auf das Verhältnis zwischen Gewerkschaften, Arbeitgebern und Arbeitnehmern anwendbar sein. Nach Art. 153 Abs. 5 AEUV sind das Koalitionsrecht, das Streikrecht und das Aussperrungsrecht aus dem Regelungsbereich der EU ausgenommen. Nach h.M. ist dadurch grundsätzlich auch das Tarifvertragsrecht der Regelungshoheit der EU entzogen.[1070] Der Hauptgrund dafür sei in der Heterogenität der verschiedenen Systeme des kollektiven Arbeitsrechts in den Mitgliedstaaten zu sehen.[1071] Allerdings kann der EuGH in

1069 *Hobe*, Europarecht, § 16 Rn. 160.

1070 *Junker*, ZFA 2009, 281, 281; Calliess/Ruffert/*Krebber*, EUV/AEUV, Art. 153 AEUV, Rn. 12.

1071 *Fuchs/Marhold*, Europäisches Arbeitsrecht, 13 f.

nationale Tarifverträge eingreifen, indem er feststellt, dass dessen Regelungen gegen arbeitsrechtliche Richtlinien verstoßen, die auf Art. 153 AEUV beruhen.[1072]

Darüber hinaus müssen sich Tarifverträge nach Ansicht von *Streinz* jedoch auch am europäischen Primärrecht in Form der Arbeitnehmerfreizügigkeit aus Art. 45 AEUV messen lassen.[1073] Dementsprechend käme also auch bei der Einführung von Gehaltsobergrenzen in Form eines Tarifvertrags ein Verstoß gegen europäisches Primärrecht, insbesondere gegen die Grundfreiheiten der Arbeitnehmer, infrage. In der Rechtssache „Bosman" erkannte der EuGH, wie oben dargestellt, einen Eingriff in die Freizügigkeit des Spielers Jean-Marc Bosman durch die Transferregelungen des Europäischen Fußballverbands UEFA bzw. des belgischen Fußballverbands. Nach Ansicht von *Junker* lasse das „Bosman-Urteil" erkennen, dass der EuGH eine entsprechende Beschränkung der Freizügigkeit durch einen Tarifvertrag zwischen Spielergewerkschaft und DFL e. V. nicht anders bewerten würde.[1074] Bereits im Fall „Walrave" urteilte der EuGH, dass der freie Personen- und Dienstleistungsverkehr gefährdet wäre, wenn die Beseitigung der staatlichen Schranken dadurch in ihren Wirkungen wieder aufgehoben würde, dass privatrechtliche Vereinigungen oder Einrichtungen kraft ihrer rechtlichen Autonomie derartige Hindernisse aufrichteten.[1075] Die Literatur zu „Bosman" spreche laut *Junker* mehrheitlich von einem Konflikt zwischen Marktfreiheit und Verbandsautonomie, was sich auch auf das Tarifrecht übertragen lasse.[1076]

In den Rechtssachen „Schöning-Kougebetupoulou" und „Merida" stellte der EuGH weiterhin klar, dass Klauseln in Tarifverträgen nicht dem Anwendungsbereich der Vertragsbestimmungen über die Freizügigkeit bzw. den Diskriminierungsverboten in Art. 7 Abs. 1 bis 4 VO (EWG) Nr. 1612/68, die Art. 45 Abs. 2 AEUV konkretisieren, entzogen seien.[1077] Der EuGH bestätigte diese Anwendbarkeit der Arbeitnehmerfreizügigkeit auf Tarifklauseln zuletzt nochmals in seiner „Viking-Entscheidung".[1078] Ebenso urteilte der EuGH in der kurz darauf ergangenen „Laval-Entscheidung".[1079] Er stellte fest, dass auch eine als Grundrecht anzuerkennende kollektive Maßnahme den Beschränkungen von Grundfreiheiten, im konkreten Fall der Dienstleistungsfreiheit, unterliege.[1080] In beiden Fällen entwickelt der EuGH

1072 *Junker*, ZFA 2009, 281, 282, eine Aufzählung der wichtigsten arbeitsrechtlichen EU-Richtlinien findet sich bei *Junker*, Grundkurs Arbeitsrecht, Rn. 42.

1073 Streinz/*Franzen*, EUV/AUEV, Art. 45 AEUV Rn. 91.

1074 *Junker*, ZFA 2009, 281, 284.

1075 EuGH v. 12.12.1974, Rs. 36/74, Rn. 17 (Walrave).

1076 *Junker*, ZFA 2009, 281, 284.

1077 *Junker*, ZFA 2009, 281, 284, *Fuchs/Marhold*, Europäisches ArbR, 67.

1078 EuGH, Rs. C-438/05, Slg. 2007, S. I-10779 ff., Rn. 54 (Viking); *Däubler*, AuR 2008, 411, 413, stellt heraus und kritisiert, dass dies nach der Rechtsprechung des EuGH wohl auch für die Niederlassungs- und Dienstleistungsfreiheit gilt, weshalb diese eine herausgehobene Grundrechtsqualität gewännen.

1079 EuGH, Rs. C-341/05, Slg. 2007, I-11767 ff. (Laval).

1080 EuGH, Rs. C-341/05, Slg. 2007, I-11767 ff. (Laval).

jedoch eine Rechtfertigungsdogmatik, die hervorhebt, dass sich auch privat organisierte Verbände auf den Rechtfertigungsgrund der zwingenden Gründe des Allgemeinwohls berufen und dass diese Gründe auch in grundrechtlich geschützten Rechten liegen können.[1081] Folglich ist der Auffassung zu folgen, dass sich auch tarifvertragliche Regelungen über Gehaltsobergrenzen am Recht der Arbeitnehmer auf Freizügigkeit gemäß Art. 45 AEUV messen lassen müssen.

3. *Eingriff/Rechtfertigung*

Die oben gemachten Überlegungen zur Rechtfertigung eines Eingriffs von verbandsrechtlichen Gehaltsobergrenzen sind auf das Tarifvertragsrecht zu übertragen, da grundsätzlich davon auszugehen ist, dass der EuGH Verbands- und kollektives Arbeitsrecht gleich behandelt. Dies lässt sich daraus schließen, dass der EuGH in der „Bernard-Entscheidung" betont, dass sich Art. 45 AEUV nicht nur auf behördliche Maßnahmen erstrecke, „sondern auch auf Vorschriften anderer Art, die zur kollektiven Regelung unselbstständiger Arbeit dienen."[1082] Da die Arbeitsbedingungen in den Mitgliedstaaten teilweise durch Gesetze oder Verordnungen und teilweise durch von Privatpersonen geschlossene Tarifverträge und sonstige Maßnahmen geregelt würden, könne eine Beschränkung des Art. 45 AEUV ansonsten zu Ungleichheiten führen.[1083] Insoweit falle nach den Ausführungen des EuGH auch die „Berufsfußball-Charta eines nationalen Fußballverbands" unter diesen Artikel, wenn sie den Charakter eines nationalen Tarifvertrags habe.[1084]

Fraglich erscheint, ob sich die Tarifparteien genauso wie die Verbände und Sportligen auf den Zweck der Wahrung der Chancengleichheit im Sport berufen könnten, da ihre primäre Aufgabe die Regelung von Arbeits- und Wirtschaftsbedingungen ist. Wäre dies der Fall, so wäre auch ein Eingriff in der Arbeitnehmerfreizügigkeit mittels tarifvertraglicher Regelungen bezüglich Gehaltsobergrenzen gerechtfertigt. Da die Gewerkschaften eine Regelung über Gehaltsobergrenzen wohl mit ziemlicher Sicherheit nur dann abschließen würden, wenn sie für die Arbeitnehmer entsprechende Gegenleistungen in Form von Mindestumsatzbeteiligungen und anderer Verbesserungen der Arbeitsbedingungen abschließen würden, ist grundsätzlich von einer Möglichkeit der Rechtfertigung auszugehen. Wie bereits erläutert, wäre eine Steigerung der Chancengleichheit überdies im Interesse der überwiegenden Mehrheit der Spieler. Die größere Chance auf sportlichen Erfolg würde einer Mehrzahl der Spieler auch wirtschaftliche Vorteile bringen. Notwendige Umverteilungsmechanismen im Rahmen einer Luxussteuer-Variante hätten überdies mit hoher Wahrscheinlichkeit Gehaltssteigerungen bei den Durchschnittsspielern zur Folge. Auf lange Sicht würde die Einführung von Gehaltsobergrenzen zum Erhalt des Produkts Profifußball beitragen und könnten auch aus dieser Sicht von wirt-

---

1081 *Kronberg*, Bindung von Sportverbänden an die Grundfreiheiten, 90 ff.
1082 EuGH, Rs. C-325/08, Rn. 30 (Bernard).
1083 EuGH, Rs. C-325/08, Rn. 31 (Bernard).
1084 EuGH, Rs. C-325/08, Rn. 30, 32 (Bernard).

schaftlichem Vorteil für die Spieler sein. Die Rechtfertigung eines Eingriffs in die Arbeitnehmerfreizügigkeit durch tarifvertragliche Regelungen hinge aber letztlich entscheidend von der konkreten Ausgestaltung ab.[1085]

III. Zwischenergebnis

Ein durch Verbandsrecht geregelter absoluter teambezogener *salary cap* verstößt nicht gegen europäisches Arbeitsrecht, insbesondere nicht gegen die Arbeitnehmerfreizügigkeit gemäß Art. 45 AEUV. Er ist sowohl zum Erhalt der der Wirtschaftlichkeit der Clubs und Ligen als auch zur Gewährleistung der Chancengleichheit als vorrangiges Ziel der Sportverbände und Teilnehmer am Wettbewerb gerechtfertigt.

Ebenfalls denkbar und rechtfertigungsfähig wären tarifvertragliche Regelungen eines teambezogenen *salary caps* im Rahmen einer Gesamtregelung, die im Gegenzug deutliche soziale und wirtschaftliche Vorteile für eine Mehrzahl der betroffenen Spieler enthalten müsste.

C. Vereinbarkeit von Gehaltsobergrenzen mit europäischem Wettbewerbsrecht

Sowohl tarifvertragliche als auch auf Verbandsrecht beruhende Regelungen von Gehaltsobergrenzen könnten gegen europäisches Wettbewerbsrecht verstoßen. Die zentralen europäischen Wettbewerbsnormen im Bereich des Sportrechts sind das Verbot wettbewerbsbehindernder Vereinbarungen oder Beschlüsse gemäß Art. 101 AEUV (ex-Art. 81 EG), das Verbot des Missbrauchs einer marktbeherrschenden Stellung gemäß Art. 102 AEUV (ex-Art. 82 EG) sowie die Durchführungsverordnung vom 16.12.2002, VO 1/2003.[1086] Diese Normen sind Ausfluss der Aufgabe der EU aus Art. 3 Abs. 1 lit. b AEUV, einen unverfälschten Wettbewerb im Dienste von Unternehmen und Verbrauchern im Binnenmarkt zu garantieren.[1087]

I. Keine Bereichsausnahme

Dass die Vorschriften des europäischen Kartellrechts grundsätzlich Anwendung auf den Bereich des kommerzialisierten Sports finden, ist heute weitestgehend anerkannt.[1088] Bereits im „Bosman-Urteil" hatte der EuGH erläutert, dass es grundsätzlich keine Bereichsausnahme von den Vorschriften des europäischen Kartellrechts für den Sport gibt. In der Entscheidung „Meca-Medina und Maijcen" stellte der EuGH weiterhin klar, dass selbst Regelungen, die einen rein sportlichen Charakter haben,

1085 Vgl. oben unter § 5 V IV 2 b.
1086 *Nolte/Horst*, Handbuch Sportrecht, 54.
1087 *Kronberg*, Bindung von Sportverbänden an die Europäischen Grundfreiheiten, 209.
1088 *Hannamann*, Kartellverbot und Abstimmung auf den Spielermärkten, in: Vieweg (Hrsg.), Spektrum des Sports, 159, 160.

nicht grundsätzlich von der Anwendung des EG-Vertrags ausgenommen seien.[1089] Der EG-Vertrag gewähre unter anderem die Wettbewerbsfreiheit und verlange eine Gesamtwürdigung der zu überprüfenden Vorschrift, insbesondere dahin gehend, ob ihre wettbewerbsbeschränkende Wirkung notwendig zur Erreichung ihrer Ziele und verhältnismäßig sei.[1090]

Beisenherz wertet die „Meca-Medina und Majcen-Entscheidung" als Aufgabe des Abgrenzungsmerkmals „rein sportliche Regel", da nahezu jede Regel im professionellen Sport wirtschaftliche Auswirkungen für den Betroffenen haben könne.[1091] Nach Ansicht von *Beisenherz* muss es immer objektiv nach den Regeln des Kartellrechts gerichtlich überprüfbar sein, ob die Verbandsregelung – und zwar vor allem bei Monopolverbänden, deren Mitglieder auf sie angewiesen sind – zweckmäßig und erforderlich ist.[1092]

Die Gegenauffassung möchte die Regelungen der Sportverbände dann von den Vorschriften des europäischen Wettbewerbsrechts ausgenommen wissen, wenn sie ausschließlich sportliche Fragen beträfen.[1093] Solche Regelungen „rein sportlichen Charakters" sind Verbandsregeln, die für die Durchführung des Sports an sich erforderlich sind, mit denen der Sportverband also vorrangig sportliche Zielsetzungen verfolgt.[1094] Liege eine solche Regelung im Grundsatz vor, sei in einem zweiten Schritt zu fragen, ob mit der Regelung eine durch die Sportart motivierte, legitime Zielsetzung (z. B. Steigerung der Attraktivität des Spiels oder Wahrung des Grundsatzes der Chancengleichheit) oder doch primär wirtschaftliche Zielsetzungen verfolgt werden.[1095]

Es wurde bereits festgestellt, dass es sich bei Gehaltsobergrenzen nicht um rein sportliche Regelungen handelt, da wirtschaftliche Belange der Clubs und Spieler betroffen sind, was diese Regelungen auch beabsichtigen. Gehaltsobergrenzen im Sport sind also nicht grundsätzlich vom europäischen Kartellrecht ausgenommen.[1096] Etwas unklar erscheint im Zusammenhang mit der Kartellausnahme für Tarifverträge[1097] die Formulierung des EuGH in seiner jüngsten Entscheidung zur Vereinbarkeit von Transferregelungen im französischen Fußball mit Europarecht, dass die Charta des französischen Fußballverbands den Charakter eines nationalen Tarifvertrages habe.[1098] Dass daraus jedoch eine Kartellausnahme auch für Verbandsregeln abge-

1089 EuGH, Rs. C-519/04 P, Rn. 27 f. (Meca Medina und Majcen).
1090 EuGH, Rs. C-519/04 P, Rn. 42 f. (Meca Medina und Majcen).
1091 *Beisenherz*, Der professionelle Sport und das europäische Kartellrecht, 66, sie betont jedoch auch, dass sportspezifische Besonderheiten im Rahmen des legitimen Zwecks berücksichtigt werden könnten.
1092 *Beisenherz*, Der professionelle Sport und das europäische Kartellrecht, 62.
1093 Adolphsen/Nolte/Lehner/Gerlinger/*Nolte*, Sportrecht in der Praxis, Rn. 1816.
1094 *Nolte/Horst*, Handbuch Sportrecht, 58.
1095 *Nolte/Horst*, Handbuch Sportrecht, 58 f.
1096 Siehe hierzu auch: Heermann, CaS 2006, 345, 345 f.
1097 Vgl. unten § 6 C III.
1098 EuGH, Rs. C-325/08, Rn. 32, (Bernard); *Heermann,* WuW, 2009, 394.

leitet werden kann, ist eher zu verneinen. Zwar ist die Verbandsautonomie ebenfalls gemeinschaftsrechtlich garantiert, jedoch verfolgt sie, anders als die Tarifautonomie, nicht in erster Linie sozialpolitische Ziele.[1099]

II. Verbandsrechtlich festgelegte Gehaltsobergrenzen

Gehaltsobergrenzen in Deutschland und/oder Europa, die auf einem einseitigen Beschluss eines Sportverbands (z. B. der UEFA oder des DFB) oder einer Liga (z. B. des DFL e. V.) beruhen, könnten eine Beschränkung des Wettbewerbs darstellen und somit gegen europäisches Kartellrecht verstoßen.

1. Kartellverbot des Art. 101 Abs. 1 AEUV

Gemäß Art. 101 Abs. 1 AEUV (ex-Art. 81 EG) sind alle Vereinbarungen zwischen Unternehmen, Beschlüsse von Unternehmen, Beschlüsse von Unternehmensvereinigungen und aufeinander abgestimmte Verhaltensweisen, welche den Handel zwischen Mitgliedstaaten zu beeinträchtigen geeignet sind und eine Verhinderung, Einschränkung oder Verfälschung des Wettbewerbs innerhalb des gemeinsamen Marktes bezwecken oder bewirken, verboten. Insbesondere sind dies nach Art. 101 Abs. 1 a) AEUV die unmittelbare oder mittelbare Festsetzung der An- oder Verkaufspreise oder sonstiger Geschäftsbedingungen.

a. Unternehmen oder Unternehmensvereinigung

Das Kartellverbot richtet sich an Unternehmen und Vereinigungen von Unternehmen, die sich wirtschaftlich betätigen.[1100] Aufgrund der zunehmenden Kommerzialisierung des Sports sind Sportverbände, Ligagesellschaften und Sportclubs im europäischen Mannschaftssport als Unternehmen oder Unternehmensvereinigungen im Sinne des Art. 101 AEUV anzusehen.[1101] Dies wurde bislang in diversen Gerichtsentscheidungen für UEFA, FIFA, DFL e. V. und Bundesligaclubs unterstellt.[1102] Eine gewerbliche Tätigkeit des DFL e. V. im deutschen Fußball sei beispielsweise in der Vergabe der wirtschaftlich bedeutenden Bundesligalizenzen sowie in der Vergabe von Fernsehlizenzen zu sehen.[1103] Ebenso sei die Vermarktung der Ausübung eines Berufssports – dies ist eine der Hauptaufgaben des DFL e. V. – als unternehmerisches Handeln zu werten.[1104] Auch die Clubs bieten durch die Teil-

---

1099 So auch: *Beisenherz*, Der professionelle Sport und das europäische Kartellrecht, 60.

1100 EuGH, Rs. C-41/90, Slg. 1991, S. I-1979 ff., Rn. 21 (Höfner und Elser).

1101 *Nolte/Horst*, Handbuch Sportrecht, 62, *Emmerich*, JuS 1123, 1124, *Bahners*, SpuRt 2003, 142, 143.

1102 Siehe hierzu exemplarisch: BGHZ 137, 297, 304 f.

1103 *Bahners*, SpuRt 2003, 142, 143; WuW/E BKartA, 2682, 2689 (Fußball-Übertragungsrechte I).

1104 *Beisenherz*, Der professionelle Sport und das europäische Kartellrecht, 70.

nahme an den Ligawettbewerben und dem Verkauf von Tickets und Fernsehrechten mit dem Produkt Profisport ein Wirtschaftsgut an.[1105] Die Sportverbände sind als Dachorganisationen der Clubs Unternehmensvereinigungen. Große Monopolverbände wie der DFB, die UEFA und die FIFA werden daneben aufgrund ihrer Vermarktungsaufgaben und der Ausrichtung von Großveranstaltungen auch selbst als Unternehmen anzusehen sein.

b. Vereinbarung oder Beschluss

Bei einer Regelung in Satzungen oder Nebenordnungen eines Sportverbands oder einer Sportliga handelt es sich auch um eine Vereinbarung oder aber einen Beschluss. Diese haben, allgemein gesprochen, verhaltenskoordinierende Wirkung gegenüber Mitgliedern und Personen, die sich den Regelungen unterwerfen.[1106] Von einer Vereinbarung ist dann auszugehen, wenn man annimmt, dass die Mitglieder des Verbands oder der Liga durch ihren Beitritt die Satzungen und Nebenordnungen im Sinne eines Vertragsschlusses anerkennen.[1107] Spricht man den Clubs aufgrund der Monopolstellung des Verbands bzw. der Liga einen eigenen Handlungsspielraum ab, so sind in der Satzung sowie den Nebenordnungen Beschlüsse von Unternehmensvereinigungen zu sehen.[1108] Regelungen über Gehaltsobergrenzen in einer Satzung oder Nebenordnung einer Ligagesellschaft oder eines Sportverbands stellen folglich eine Vereinbarung oder einen Beschluss im Sinne des Art. 101 AEUV dar.

c. Relevanter Markt

Der für eine Wettbewerbsbeschränkung relevante Markt muss räumlich, sachlich und zeitlich bestimmt werden.[1109] Die jeweilige Sportart kann den relevanten Markt darstellen, genauso wie bestimmte Wettbewerbe innerhalb der Sportart.[1110] Räumlich gesehen stellt aufgrund des Territorialitätsprinzips die EU den relevanten Markt dar, innerhalb der sich eine Wettbewerbsbeschränkung auswirken kann bzw. verhindert werden muss.[1111] Dies macht auch im Bereich von Gehaltsobergrenzen im Sport Sinn, da z. B. im Fußballsport die Clubs europaweit um die besten Spieler konkurrieren und zumindest in den europäischen Clubwettbewerben auch ein europaweiter

---

1105 *Kronberg,* Voraussetzungen und Grenzen der Bindung von Sportverbänden an die Europäischen Grundfreiheiten, 211.
1106 Stoppe/Lentze/*Stopper,* Handbuch Fußball-Recht, Kap. 7 Rn. 8.
1107 *Beisenherz,* Der professionelle Sport und das europäische Kartellrecht, 71.
1108 *Beisenherz,* Der professionelle Sport und das europäische Kartellrecht, 71.
1109 *Beisenherz,* Der professionelle Sport und das europäische Kartellrecht, 74.
1110 Vgl. hierzu die Entscheidung der Kommission zur gemeinsamen Vermarktung der gewerblichen Schutzrechte an der UEFA Champions League, KOM, COMP/C-2/37.398.
1111 *Beisenherz,* Der professionelle Sport und das europäische Kartellrecht, 70.

sportlicher Wettbewerb stattfindet.[1112] Der hier relevante Markt dürfte folglich der jeweils europäische Markt für Profispieler einer bestimmten Sportart sein.[1113]

d. *Spürbare Beeinträchtigung des Wettbewerbs*

Des Weiteren müsste die Regelung über Gehaltsobergrenzen eine spürbare Beeinträchtigung des Wettbewerbs bezwecken oder bewirken. Die Messlatte für die Spürbarkeit liegt im Sportsektor aufgrund des überragenden Einflusses der Sportverbände bzw. auch Ligagesellschaften eher niedrig, falls diese an einer Vereinbarung bzw. an einem Beschluss beteiligt sind.[1114] In jedem Fall wird die Spürbarkeit im Bereich des Sports zu unterstellen sein, wenn durch die Regelung des europäischen Dachsportverbands alle nationalen Mitgliedsverbände und ihre Clubs ebenfalls gebunden sind. Im Fall einer nationalen Regelung eines Sportverbands oder einer Sportliga, von der nur die dort organisierten Clubs betroffen sind, wäre die Regelung wohl zumindest für die Clubs auf dem relevanten europäischen Markt nicht spürbar, weshalb dann nach einer Ansicht das nationale Kartellrecht eingreifen würde.[1115] Aus Sicht der Spieler könnte jedoch auch bei einer nationalen Regelung innerhalb einer der großen Sportligen, Deutschland, England, Spanien oder Italien, eine spürbare Beeinträchtigung vorliegen, da vorwiegend in diesen Ligen die Spitzengehälter gezahlt werden.

Fraglich ist jedoch, ob die Einführung von Gehaltsobergrenzen auch zu einer Wettbewerbsbeschränkung führt. Gegen eine Einordnung von Gehaltsobergrenzen als Wettbewerbsbeschränkung spricht, dass diese gerade den Wettbewerb zwischen den Clubs fördern sollen. Es soll vielmehr verhindert werden, dass einige wenige finanzstarke Clubs den Wettbewerb beherrschen, während die kleineren Clubs chancenlos sind, was den Gewinn einer Meisterschaft oder die Teilnahme an den europäischen Clubwettbewerben angeht. Somit könnten Gehaltsobergrenzen gerade als wettbewerbsfördernd und der sogenannten, dem amerikanischen Wettbewerbsrecht entliehenen *rule of reason* entsprechend angesehen werden.[1116] Eine Ausnahme von

---

1112 Zwar gibt es auch einen weltweiten Spielermarkt und eine von der FIFA organisierte Club WM, der europäische Markt und dessen Clubs sind jedoch sowohl wirtschaftlich als auch sportlich das Zentrum des weltweiten Clubfußballs.

1113 So auch: *Hannamann*, Kartellverbot und Abstimmung auf den Spielermärkten – Transfer-, Ausländer- und Salary-Cap-Vereinbarungen, in Vieweg, Klaus (Hrsg.), Spektrum des Sports, 168.

1114 *Beisenherz*, Der professionelle Sport und das europäische Kartellrecht, 72 f.

1115 *Heermann*, Salary Cap – Kartellrechtliche Grenzen, in: Zieschang/Klimmer (Hrsg.) Unternehmensführung im Profifußball: Symbiose von Sport, Fußball und Recht, Berlin 2004, 131, der jedoch die nationale Regelung eines *salary caps* zumindest im Fußballsport für eher abwegig hält.

1116 So: *Imping*, EWS 1996, 193, 196 in Bezug auf das europäische Transfersystem, siehe auch *Emmerich*, JuS 2006, 1123, 1125, zu Meca-Medina, allerdings in Bezug auf Anti-Doping Regeln, weil bei diesen nicht die die wettbewerbsbeschränkenden Zwecke, sondern andere, positive zu bewertende Zwecke wie die Wahrung sportlicher Belange eindeutig im Vordergrund stünden.

Wettbewerbsbeschränkungen von Art. 101 Abs. 1 AEUV bereits auf Tatbestandsebene soll jedoch nach wohl herrschender Auffassung nur möglich sein, wenn sie unentbehrlich sind, um die mit ihnen verfolgten legitimen Ziele zu erreichen.[1117] Gerade im Bereich des Berufsfußballs sei es jedoch aufgrund der Tatsache, dass die Clubs tatsächlich aufeinander angewiesen wären, nicht von der Hand zu weisen, dass bestimmte Bestimmungen erforderlich sein könnten, um das ordnungsgemäße Funktionieren dieses Sektors sicherzustellen.[1118]

Heermann sieht dagegen in Gehaltsobergrenzen eine „künstliche Preissenkung", die voraussichtlich auch zu einem künstlichen Nachfragerückgang auf dem Spielermarkt führen würde, was für ihn eine Wettbewerbsbeeinträchtigung darstellt.[1119]

Bahners vertritt die Auffassung, dass eine Einführung von Gehaltsobergrenzen nur in Deutschland gegen Art. 101 AEUV verstoßen würde, weil die deutschen Clubs dann in den lukrativen europäischen Wettbewerben gegenüber den anderen europäischen Clubs, die keine Gehaltsobergrenze zu beachten hätten, benachteiligt wären.[1120] Gehaltsobergrenzen, die nur in einer nationalen Liga, also z. B. in der Fußball-Bundesliga eingeführt würden, könnten ebenfalls dazu führen, dass bestimmte Spieler aus anderen Mitgliedstaaten nicht in die Liga wechseln und damit den Wettbewerb zwischen den Ligen und Clubs verschiedener Mitgliedstaaten verhindern. Diese Argumentation der Benachteiligung deutscher gegenüber den anderen europäischen Clubs käme jedoch nicht infrage, wenn alle europäischen Clubs an die Gehaltsobergrenze gebunden wären, weil sie beispielsweise durch eine Regelung der UEFA eingeführt würde.

Allerdings führt *Bahners* weiter aus, dass auch bei einer europaweiten Einführung von Gehaltsobergrenzen eine Verletzung des Art. 101 AEUV wegen eines Eingriffs in die Rechte der Spieler vorläge.[1121] Da diese ihre Vergütung nicht mit ihren potenziellen Vertragspartnern frei verhandeln könnten, sei der freie Wettbewerb auf dem Markt der Lizenzfußballspieler eingeschränkt.[1122]

Stopper betont – für ein Luxussteuer-Modell – den Einfluss von Gehaltsobergrenzen auf die Preispolitik der Clubs; da als Preisfestsetzung im Sinne des § 101 Abs. 1 AEUV alle mittelbaren und unmittelbaren Einschränkungen autonomer Preisfestsetzungen gälten, wirkten diese wettbewerbsbeschränkend.[1123]

1117 Schlussanträge von GA *Lenz*, in der Rs. C-415/93 (Bosman), EuGRZ 1995, 459, Rn. 269.

1118 Schlussanträge von GA *Lenz*, in der Rs. C-415/93 (Bosman), EuGRZ 1995, 459, Rn. 270.

1119 *Heermann*, Salary Cap – Kartellrechtliche Grenzen, in: Zieschang/Klimmer (Hrsg.), Unternehmensführung im Profifußball: Symbiose von Sport, Fußball und Recht, Berlin 2004, 129.

1120 *Bahners*, SpuRt 2003, 142, 143.

1121 *Bahners*, SpuRt 2003, 142, 143.

1122 *Bahners*, SpuRt 2003, 142, 143.

1123 *Stopper*, Mehr sportlicher Wettbewerb durch begrenzte Umverteilung, in: Zieschang/Klimmer (Hrsg.) Unternehmensführung im Profifußball, 158.

Es ist letztlich davon auszugehen, dass aufgrund des Eingriffs in den freien (Preis-) Wettbewerb zwischen den Clubs um die besten Spieler und einer Beeinträchtigung der Verdienstmöglichkeiten der Spieler eine Wettbewerbsbeeinträchtigung vorliegt, und zwar sowohl bei einer rein nationalen als auch bei einer europäischen Regelung. Ebenfalls beeinträchtigt wird der Wettbewerb zwischen den Clubs, da diese in der Möglichkeit, dem von ihnen für eine Verpflichtung ins Auge gefasste Spieler das bestmögliche Angebot zu machen, eingeschränkt werden.[1124]

e. *Rechtfertigung*

Nach der EuGH-Rechtsprechung im Fall „Meca-Medina und Majcen" ist zu prüfen, ob die wettbewerbsbeschränkende Regelung durch einen legitimen Zweck gerechtfertigt ist und die Wirkungen notwendigerweise mit der Verfolgung des genannten Ziels zusammenhängen.[1125] Bei der Prüfung im Einzelfall seien folgende Prinzipien zu berücksichtigen: der Gesamtzusammenhang, in dem die Sportregel zustande gekommen ist oder ihre Wirkung entfaltet, und insbesondere ihre Zielsetzung, die Frage, ob die damit verbundenen wettbewerbsbeschränkenden Wirkungen notwendig zur Verfolgung der genannten Ziele und im Hinblick auf diese Ziele verhältnismäßig sind.[1126] Im Sportbereich sei der legitime Zweck insbesondere die Organisation und ordnungsgemäße Durchführung des Wettkampfs, was u. a. die Sicherstellung eines fairen Sportwettbewerbs mit Chancengleichheit aller Athleten sowie die Gewährleistung ergebnisoffener Wettkämpfe umfasse.[1127] Die durch den EuGH als schützenswertes Ziel anerkannte Chancengleichheit auf sportlicher Ebene sei insbesondere im Mannschaftssport in hohem Maße durch eine finanzielle Chancengleichheit bedingt.[1128]

Es wurde bereits dargestellt, dass Gehaltsobergrenzen in Form eines teambezogenen absoluten *salary caps* oder einer Luxussteuer-Variante neben der Gewährleistung der wirtschaftlichen Stabilität der Clubs vor allem dazu dienen sollen, die Chancengleichheit und damit die Ungewissheit des Spielausgangs im deutschen bzw. europäischen Sport (wieder) herzustellen. *Hannamann* attestiert dem *salary cap* eine gewisse Eignung zur Erreichung dieser Zwecke, sofern diese Regelungen nicht lückenhaft sein und zu viele Umgehungsmöglichkeiten offen ließen.[1129] Allerdings betont sie den erheblichen Eingriff in den Wettbewerb auf dem Spielermarkt,

---

1124 So auch für Transferreglungen: Schlussanträge von GA *Lenz*, in der Rs. C-415/93 (Bosman), EuGRZ 1995, 459, Rn. 262 f.

1125 *Heermann*, CaS 2006, 345, 347; EuGH, C-519/04, Rn. 42 (Meca-Medina und Majcen).

1126 EuGH vom 18.7.2006, C-519/04, Rn. 42 (Meca-Medina und Majcen); so auch *Stein*, Das Weißbuch der EU-Kommission zum Sport mit Verweis auf den sogenannten *Wouters*-Test (entwickelt im Urteil: EuGH, Rs. C-309/99, Slg. 2002, S. I-1577).

1127 *Beisenherz*, Der professionelle Sport und das europäische Kartellrecht, 45, mit Verweis auf EuGH vom 18.7.2006, C-519/04, Rn. 43 (Meca-Medina und Majcen).

1128 *Beisenherz*, Der professionelle Sport und das europäische Kartellrecht, 41, 44, 144.

1129 *Hannaman*, Kartellverbot und Abstimmung auf den Spielermärkten – Transfer-, Ausländer- und Salary-Cap-Vereinbarungen, in Vieweg, Klaus (Hrsg.), Spektrum des Sports, 182.

da das gesamte Marktvolumen für Spielergehälter künstlich gedrosselt werde.[1130] Als weniger einschneidendes Mittel komme hier eine Umverteilung der Clubeinnahmen infrage, allerdings wäre auch eine teilweise Aufhebung der belastenden Wirkung für die Spieler durch eine Umsatzbeteiligung denkbar.[1131] Es wurde bereits dargelegt, dass mildere Mittel als ein teambezogener absoluter *salary cap* zur Erreichung der genannten Ziele nicht gleichermaßen Erfolg versprechend sind.

Nach hier vertretener Ansicht ist ein teambezogener absoluter *salary cap* gerechtfertigt, da er die oben dargestellten Voraussetzungen erfüllt. Er ist geeignet und notwendig, um die Chancengleichheit zwischen den deutschen und europäischen Fußballclubs entscheidend und nachhaltig zu verbessern. Es gibt kein milderes, genauso Erfolg versprechendes Mittel, um das Ziel zu erreichen. Die Verhältnismäßigkeit ergibt sich daraus, dass für eine Mehrzahl der Clubs und Spieler bessere Wettbewerbsbedingungen geschaffen und die Spieler durch Gehaltsuntergrenzen in Form von garantierten Umsatzbeteiligungen in größerem Umfang am Gewinn der Clubs beteiligt werden. Auch für die Zuschauer, welche, neben Sponsoren und Investoren, das gesamte Sportsystem und damit auch die Spielergehälter maßgeblich finanzieren, hätte die Einführung eines *salary caps* klar messbare Vorteile. Zum einen würde die Möglichkeit aller Clubs, sportliche Erfolge zu erringen, gesteigert, zum anderen könnte eine Eindämmung der ständig steigenden Spielergehälter auch zu einer Bremse der ebenfalls rasant steigenden Ticketpreise führen. Als für die Spieler und Clubs weniger einschneidende, aber auch die Chancengleichheit nicht im gleichen Maße fördernde, Alternative stände eine sogenannte Luxussteuer-Variante oder ein *soft salary cap* zur Verfügung.

f. Freistellung gemäß Art. 101 Abs. 3 AEUV

Neben einer Rechtfertigung kommt auch eine Freistellung gemäß Art. 101 Abs. 3 AEUV infrage. Der Ausnahmetatbestand des Art. 101 Abs. 3 AEUV kann nur im Zusammenhang mit Art. 101 Abs. 1 AEUV gesehen werden und normiert negative Tatbestandsvoraussetzungen des Kartellverbots.[1132] Unter bestimmten Voraussetzungen ist nach dieser Vorschrift eine Freistellung vom Kartellverbot möglich, die durch die Europäische Kommission vorgenommen werden muss.[1133] Eine frei-

1130 *Hannaman*, Kartellverbot und Abstimmung auf den Spielermärkten – Transfer-, Ausländer- und Salary-Cap-Vereinbarungen, in Vieweg, Klaus (Hrsg.), Spektrum des Sports, 182.

1131 *Hannaman*, Kartellverbot und Abstimmung auf den Spielermärkten – Transfer-, Ausländer- und Salary-Cap-Vereinbarungen, in Vieweg, Klaus (Hrsg.), Spektrum des Sports, 182.

1132 *Nolte/Horst*, Handbuch Sportrecht, 70 ff. mit Verweis auf die Bekanntmachung der Kommission, Leitlinien zur Anwendung von Art. 81 Abs. 3 EG-Vertrag, ABl. 2004/C 101/97 ff. v. 27.4.2004.

1133 *Kronberg*, Bindung von Sportverbänden an die europäischen Grundfreiheiten, 219, mit Verweis auf die Genehmigung der Zentralvermarktung der Champions League durch die UEFA vom 24.7.2003, Abl. EG 2003, Nr. L 291, S. 25 ff.

stellungsfähige Regelung muss unter angemessener Beteiligung der Verbraucher an dem entstehenden Gewinn zur Verbesserung der Warenerzeugung oder -verteilung beitragen, ohne dass den beteiligten Unternehmen Beschränkungen auferlegt werden, die für die Verwirklichung dieser Ziele nicht unerlässlich sind, oder Möglichkeiten eröffnet werden, für einen wesentlichen Teil der betreffenden Waren den Wettbewerb auszuschalten.

Hannamann sieht zwar grundsätzlich die Möglichkeit einer Freistellung der Gehaltsobergrenzen vom EU-Kartellrecht,[1134] verneint diese jedoch letztlich, da eine allein die Spieler belastende Maßnahme nicht angemessen sei und auch nicht aufgrund einer Sportfunktionsnotwendigkeit gerechtfertigt werden könne.[1135] Laut *Hannamann* äußerte bereits der ehemalige Wettbewerbskommissar *van Miert* Mitte des Jahres 1997, dass ein auf der Solidarität zwischen den Vereinen beruhendes Ausgleichssystem nach Art. 81 Abs. 3 EG freigestellt werden könne, soweit es „eindeutige Vorteile wie die Einführung neuer Dienstleistungen, die Bewahrung der Solidarität zwischen den sportlichen Akteuren, die Nachwuchsförderung oder die Gewährleistung von Zuschauerinteressen" aufweise.[1136] Diese genannten objektiven Vorteile müssten spürbar geeignet sein, die mit ihnen verbundenen Nachteile für den Wettbewerb auszugleichen.[1137] Bezogen auf Gehaltsobergrenzen könnten solche Vorteile für den Warenverkehr in der Verhinderung einer Konzentration der besten Spieler bei den reichsten Clubs und einer Erhöhung der Ungewissheit des Spielausgangs und damit der Spannung des Spiels liegen. Gehaltsobergrenzen könnten zu einer verstärkten Solidarität zwischen den sportlichen Akteuren, und zwar sowohl zwischen den Clubs als auch den Spielern führen, da der finanzielle Überbietungs- und Verdrängungswettbewerb in einem gewissen Maße eingeschränkt würde. Eine Umsatzbeteiligung der Spieler im Fall eines absoluten *salary caps* bzw. eine Verteilung der Strafzahlungen bei der Luxussteuer-Variante würde der Mehrzahl der Spieler zugutekommen. Für einen Großteil der Zuschauer, nämlich allen, die nicht Anhänger der vergleichsweise wenigen, derzeit dominierenden Clubs sind, hätten sportlich ausgeglichenere Ligen den Vorteil, dass die Chancen ihres Clubs, einen Titel zu erringen oder einen europäischen Wettbewerb zu erreichen, erhöhen und auch die Spannung insgesamt steigen würde. Ebenfalls ist davon auszugehen, dass sich eine Eindämmung der ständig steigenden Spielergehälter positiv auf die Entwicklung der Ticketpreise, die zurzeit noch kongruent mit den Gehältern steigen[1138], auswirken würde.

1134 *Hannamann*, Kartellverbot und Verhaltenskoordination, 446.

1135 *Hannamann*, Kartellverbot und Verhaltenskoordination, 513.

1136 *Hannamann*, Kartellverbot und Verhaltenskoordination, 433 mit Verweis auf einen ihr vorliegenden Vortrag von *van Miert*, Der Sport und das Gemeinschaftsrecht, gehalten auf einer Konferenz der Spitzenverbände des DSB und des NOK im Büro des Deutschen Sports in Brüssel am 5.5.1997.

1137 *Hannamann*, Kartellverbot und Verhaltenskoordination, 433.

1138 Als absolutes Negativbeispiel wird hier oft der englische Fußball genannt, aber auch in Deutschland war in den letzten Jahren ein signifikanter Preisanstieg zu verzeichnen.

Eine Freistellung scheitert nach Ansicht von *Hannamann* an der Angemessenheit, da die Regelungen einseitig zulasten der Spieler gingen.[1139] Aus Sicht von *Heermann* erfüllt zumindest ein relativer, am Umsatz der Clubs orientierter *salary cap* aus mehreren Gründen nicht die Voraussetzungen einer Freistellung. Es sei zweifelhaft, ob eine Absprache zwischen den Teilnehmern einer Liga unerlässlich ist, um sie zu wirtschaftlichem Handeln anzuhalten; überdies führe die Etablierung von relativen Gehaltsobergrenzen gerade nicht zu einer Verbesserung der Chancengleichheit, sondern ändere nichts an den wirtschaftlichen Verhältnissen der Clubs untereinander.[1140] Ein absoluter teambezogener *salary cap*, der durch gleich Gehaltsobergrenzen für alle Ligateilnehmer zu einer effektiven Förderung der Chancengleichheit und Ausgeglichenheit führe, könne dagegen grundsätzlich freistellungsfähig sein.[1141]

Bahners betont, dass eine Freistellung europaweiter Gehaltsobergrenzen vom Kartellverbot nur dann möglich sei, wenn ihr Ziel nicht durch weniger einschneidende und wettbewerbskonformere Lösungen erreicht werden könnte.[1142] Dies ist nach Ansicht von *Bahners* nicht der Fall, da die Einführung von Gehaltsobergrenzen die Lizenzspieler einseitig belasten würde und als milderes Mittel einer Verschärfung des Lizenzierungsverfahrens, z.B. durch Festlegung einer Höchstverschuldungsgrenze, infrage käme.[1143] Folglich könne keine Privilegierung von Gehaltsobergrenzen durch Art. 101 Abs. 3 AUEV erfolgen. Allerdings geht *Bahners* bei seiner Bewertung davon aus, dass durch die Einführung eines s*alary caps* – wie beim UEFA Financial Fairplay-Reglement – nur Clubinsolvenzen vermieden werden sollen. Das – hier sogar als vorrangig angesehene – Ziel, durch Gehaltsobergrenzen die Chancengleichheit zwischen den Clubs zu erhöhen, kommt in seinen Überlegungen nicht vor.

Die oberste Maxime des sportlichen Wettkampfs ist, dass die Mannschaften unter grundsätzlich gleichen Voraussetzungen ins Spiel gehen und somit eine gewisse Chancengleichheit besteht, weil sonst Zuschauer wie Sportler das Interesse am Sport verlieren könnten.[1144] Insbesondere in professionellen Mannschaftssportarten ist die Chancengleichheit sehr stark von den finanziellen Voraussetzungen der Teilnehmer abhängig.[1145] In der Entscheidung „ENIC/UEFA“ hat die Europäische

---

1139 *Hannamann*, Kartellverbot und Verhaltenskoordination, 446.

1140 *Heermann*, Salary Cap – Kartellrechtliche Grenzen, in: Zieschang/Klimmer (Hrsg.) Unternehmensführung im Profifußball, 125, 137 f.

1141 *Heermann*, Salary Cap – Kartellrechtliche Grenzen, in: Zieschang/Klimmer (Hrsg.) Unternehmensführung im Profifußball, 138, allerdings bezweifelnd, dass der Solidaritätsgedanke im Sport eine solche Lösung tragen würde.

1142 *Bahners*, SpuRt 2003, 142, 144.

1143 *Bahners*, SpuRt 2003, 142, 143.

1144 *Beisenherz*, Der professionelle Sport und das europäische Kartellrecht, 27; unter Verweis das „Bosman-Urteil“, in dem der EuGH betonte habe, dass Maßnahmen, die in die Grundfreiheiten eingreifen aber der Aufrechterhaltung der Chancengleichheit im sportlichen Wettbewerb dienten, gerechtfertigt sein könnten, EuGH, Rs. C-415/93 (Bosman), Rn. 106.

1145 *Beisenherz*, Der professionelle Sport und das europäische Kartellrecht, 27.

Kommission einen Grundsatz aufgestellt, nach dem die Integrität und Glaubwürdigkeit von Sportwettbewerben einen sehr hohen Stellenwert genieße und wichtige Voraussetzung für die Vermarktung eines Wettbewerbs sei.[1146]

Gegenwärtig steigen die Vermarktungserlöse und Zuschauerzahlen im deutschen und europäischen Fußball anscheinend unaufhörlich und man könnte daraus schließen, dass zumindest unter wirtschaftlichen Gesichtspunkten keine weiter gehende Regulierung notwendig sei. Immer weiter steigende Spielergehälter sowie eine immer weiter auseinandergehende Schere zwischen „arm und reich" im Fußball und damit ein immer einseitiger werdender Wettbewerb könnten das Konstrukt jedoch mittelfristig zum Kippen bringen. In Spanien und Italien, zwei der fünf großen Fußballnationen in Europa, sind die Zuschauerzahlen bereits seit einigen Jahren rückläufig und einige Clubs in finanzielle Schieflage geraten, was häufig nur durch externe Geldgeber aufgefangen werden kann. Die UEFA scheint dieses Problem erkannt zu haben und hat deshalb vor Kurzem das Financial Fairplay-Reglement[1147] eingeführt. Die nach hier vertretender Ansicht verhältnismäßige und damit freistellungsfähige Variante eines absoluten teambezogenen *salary caps* würde neben einem deutlichen Beitrag zur wirtschaftlichen Gesundung der Clubs vor allem die Chancengleichheit zwischen den Clubs und damit einen elementaren Grundsatz des Mannschaftssports entscheidend fördern.

Stopper sieht eine Freistellungsmöglichkeit gemäß § 101 Abs. 3 AEUV für das von ihm gegenüber einem absoluten *salary cap* präferierte Luxussteuer-Modell. Es sei davon auszugehen, dass das Modell zur Herbeiführung gerechterer Wettbewerbsbedingungen und damit durch eine höhere Attraktivität des Wettbewerbs zu einer Warenverbesserung für die Verbraucher führe.[1148] Gegenüber einem *hard salary cap* sei das Luxussteuer-Model auch weit weniger einschneidend für die Gestaltungsfreiheit der Clubs.[1149] Letztlich müsse das System, um den Eingriff in die Gestaltungsfreiheit der Clubs zu rechtfertigen, einheitlich im relevanten Markt „Europa" eingeführt, durchgeführt und kontrolliert werden (durch die Verbände und Ligen).[1150] Auch hier ist, wie bereits erläutert, anzumerken, dass ein absoluter harter *salary cap* gegenüber eine Luxussteuer-Variante grundsätzlich vorzugswürdig ist, weil die beabsichtigten Ziele durch ihn effektiver erreicht werden. Die gleichzeitige Regelung von Umsatzbeteiligungen würde zur Verhältnismäßigkeit der Maßnahme beitragen und letztlich zu einer Freistellungsmöglichkeit führen. Eine solche ist nach hier vertretener Ansicht jedoch mit *Stopper* auch bezüglich der oben dargestellten Luxussteuer-Variante möglich.

1146 *Heermann*, WRP 2003, 724, 727.

1147 Hierzu ausführlich unten bei D.

1148 *Stopper*, Mehr sportlicher Wettbewerb durch begrenzte Umverteilung, in: Zieschang/Klimmer (Hrsg.) Unternehmensführung im Profifußball, 159.

1149 *Stopper*, Mehr sportlicher Wettbewerb durch begrenzte Umverteilung, in: Zieschang/Klimmer (Hrsg.) Unternehmensführung im Profifußball, 158.

1150 *Stopper*, Mehr sportlicher Wettbewerb durch begrenzte Umverteilung, in: Zieschang/Klimmer (Hrsg.) Unternehmensführung im Profifußball, 159.

2. *Verbot des Missbrauchs einer marktbeherrschenden Stellung gemäß Art. 102 AEUV*

Die Einführung von Gehaltsobergrenzen könnte allerdings auch gegen Art. 102 AEUV (ex-Art. 82 Abs. 1 EG) verstoßen. Die Norm untersagt den Missbrauch einer marktbeherrschenden Stellung eines oder mehrerer Unternehmen, soweit dies potenziell den Handel zwischen den Mitgliedstaaten beeinträchtigen kann. Als missbräuchliches Verhalten kommen u. a. die Erzwingung von unangemessenen Preisen oder Geschäftsbedingungen sowie eine Beschränkung der Erzeugung, des Absatzes oder der Entwicklung zum Schaden der Verbraucher infrage.

Nach der Rechtsprechung des EuGH liegt eine beherrschende Stellung vor, wenn ein Unternehmen durch seine wirtschaftliche Machtposition in die Lage versetzt wird, die Aufrechterhaltung eines wirksamen Wettbewerbs auf dem relevanten Markt zu verhindern, indem sie ihm die Möglichkeit verschafft, sich seinen Abnehmern gegenüber in nennenswertem Umfang unabhängig zu verhalten.[1151] Eine solche Stellung könne ein Unternehmen erhalten, wenn ihm Rechte gewährt würden, nach denen es bestimmen kann, ob und gegebenenfalls unter welchen Voraussetzungen andere Unternehmen Zugang zum betreffenden Markt erhalten und dort tätig sein können.[1152] Der DFL e. V. als einziger Anbieter von Lizenzen für Fußballprofis und Fußballclubs in Deutschland nimmt unzweifelhaft eine Monopolstellung ein.[1153] Dasselbe gilt für die UEFA auf dem europäischen Fußballmarkt, denn diese marktbeherrschende Stellung ist den Fußballverbänden aufgrund des Ein-Platz-Prinzips immanent.[1154]

Wie bereits dargelegt, beeinträchtigt sowohl eine nationale als auch eine europäische Regelung über Gehaltsobergrenzen den Handel zwischen den Mitgliedstaaten. Es wurde ebenfalls ausgeführt, dass die Regelungen in Bezug auf die Spieler und die Clubs zu einer künstlichen und damit den Wettbewerb einschränkenden Preisfestsetzung führen. Allerdings geht es hier nicht um eine Marktmacht, welche die Verbände gegenüber Wettbewerbern, Verbrauchern oder Abnehmern missbräuchlich ausnutzen, denn zu dieser Gruppe gehören weder die Spieler noch die Clubs selbst.[1155] Die hier in Rede stehenden Regelungen über Gehaltsobergrenzen betreffen in erster Linie das Anstellungsverhältnis zwischen Clubs und Spielern, da sie sich im Ergebnis auf die Vergütung der Spieler auswirken.[1156] *Heermann* sieht – allerdings in Bezug auf das Financial Fairplay-Reglement – zwar eine Regulierung

1151 EuGH, Rs. C-49/07, Rn. 37 (MOTOE).
1152 EuGH, Rs. C-49/07, Rn. 38 (MOTOE).
1153 *Menzel*, WRP 2002, 810, 811.
1154 Stopper/Lentze/*Stopper*, Handbuch Fußball-Recht, Kap. 7 Rn. 27.
1155 Schlussanträge von GA *Lenz*, in der Rs. C-415/93 (Bosman), EuGRZ 1995, 459, Rn. 286.
1156 So auch für Transferregelungen: Schlussanträge von GA *Lenz*, in der Rs. C-415/93 (Bosman), EuGRZ 1995, 459, Rn. 282.

des Marktzutritts der Lizenznehmer, verneint jedoch letztlich aufgrund legitimer Zielsetzung und offensichtlicher Effizienzvorteile einen Missbrauch.[1157]

Da nach hier vertretener Ansicht der Tatbestand des Art. 102 AEUV nicht erfüllt ist, kann die umstrittene Frage, ob es bei einer Verletzung des Art. 102 AEUV trotz fehlender gesetzlicher Freistellungsmöglichkeit eine Rechtfertigungsmöglichkeit gibt, unbeantwortet bleiben. Nach Ansicht der EU-Kommission kann bei der Prüfung des Missbrauchs einer marktbeherrschenden Stellung von Sportverbänden gemäß Art. 102 AEUV der sogenannte Drei-Stufen-Test, der vom EuGH in der Sache „Meca-Medina und Maijcen" entwickelt wurde, angewendet werden.[1158] Es wäre dann der Gesamtzusammenhang, in dem die fragliche Maßnahme zustande gekommen ist, und die Zielsetzung, insbesondere unter Berücksichtigung der nach Art. 11 EMRK gemeinschaftlich anerkannten Verbandsautonomie, zu würdigen.[1159] Darüber hinaus müsste die Maßnahme in einem notwendigen Zusammenhang mit dem wettbewerblich schützenswerten Ziel stehen und in Bezug auf die Erreichung der legitimen Zwecke verhältnismäßig sein.[1160] Nach den oben getroffenen Feststellungen wäre eine Rechtfertigung auch eines Verstoßes gegen Art. 102 AEUV möglich.

III. Tarifvertraglich festgelegte Gehaltsobergrenzen

Wie bereits erläutert, verbietet das EU-Kartellrecht Vereinbarungen, die eine Verhinderung, Einschränkung oder Verfälschung des Wettbewerbs innerhalb des gemeinsamen Markts bezwecken oder bewirken.[1161] Die Vereinbarung bestimmter Formen von Gehaltsobergrenzen könnten, wie im vorangegangen Abschnitt dargestellt, eine solche Einschränkung des Markts bewirken, indem diese den Wettbewerb der Clubs um die besten Spieler und somit auch den Markt für die die Spieler selbst beschränken.

Würden Gehaltsobergrenzen jedoch in Tarifverträgen vereinbart, so könnten diese Regelungen aufgrund der Garantie der Koalitionsfreiheit und der Tarifautonomie (vgl. Art. 28 der Charta der Grundrechte der EU und Art. 6 der Europäischen Sozialcharta) von den Wettbewerbsbeschränkungen befreit und somit wirksam sein.[1162] Der EuGH hat diesen kartellrechtlichen Ausnahmebereich für Tarifverträge grundsätzlich anerkannt, da es in der Natur der Sache liege, dass Tarifverträge ge-

---

1157 *Heermann*, NZKart 2015, 128, 134.

1158 Stopper/Lentze/*Stopper*, Handbuch Fußball-Recht, Kap. 7 Rn. 35 mit Verweis auf das Begleitdokument der EU-Kommission zum Weißbuch Sport „The EU and Sport: Background and Context", 78, (abrufbar unter: http://euoffice.eurolympic.org/files/Commission%20Staff%20Working%20Document%20-%20The%20EU%20and%20Sport,%20Background%20and%20Context.pdf).

1159 Stopper/Lentze/*Stopper*, Handbuch Fußball-Recht, Kap. 7 Rn. 35.

1160 EuGH, C-519/04 P (Meca-Medina und Majcen).

1161 *Däubler*, AuR 2008, 411, 412; EuGH, Rs. C-67/96, Rn. 53 (Albany) = DB 2000, 826.

1162 *Lange*, SpuRt 2010, 234, 234.

wisse Wettbewerbsbeschränkungen enthielten.[1163] Weiterhin führte der EuGH in der Rechtssache „Albany" aus, dass die Erreichung dieser durch Tarifverträge erstrebten sozialpolitischen Ziele ernsthaft gefährdet sei, „wenn für die Sozialpartner bei der gemeinsamen Suche nach Maßnahmen zur Verbesserung der Beschäftigungs- und Arbeitsbedingungen Art. 85 Abs. 1 EG (heute Art. 101 AEUV) Anwendung hätte"[1164] und bestätigte diese Auffassung in der Entscheidung „van der Woude".[1165] Allerdings bejaht der EuGH eine Bereichsausnahme vom Kartellrecht nur dann, solange der Tarifvertrag legitime sozialpolitische Ziele verfolgt.[1166]

Fraglich ist, ob auch eine Tarifregelung über Gehaltsobergrenzen vorzugswürdige sozialpolitische Ziele haben kann. In der Steigerung der Chancengleichheit zwischen den Clubs können diese auf den ersten Blick nicht gesehen werden, auch wenn dies die Attraktivität und damit mittelbar auch die Verdienstmöglichkeit der Sportligen steigern würde. Allerdings könnte man vorzugswürdige sozialpolitische Ziele dann annehmen, wenn der Tarifvertrag insgesamt auf bessere Arbeitsbedingungen einer Mehrzahl der Profispieler bzw. auf den Erhalt der wirtschaftlichen Leistungsfähigkeit aller Clubs sowie abzielt. Auch eine größere sportliche Ausgeglichenheit der Ligen läge durchaus im Interesse der Spieler, da in diesem Fall mehr Spieler die Möglichkeit hätten, sportliche Erfolge zu erzielen und dadurch auch eine Steigerung ihrer eigenen Verdienstmöglichkeiten zu erfahren.

Schopf führt dementsprechend aus, dass eine sozialpolitische Motivation als Anforderung an eine ausnahmefähige Regelung weit auszulegen sei und lediglich den Missbrauch tarifvertraglicher Gestaltungsfreiheit für rein wettbewerbsbeschränkende Zwecke verhindern solle.[1167] Eine Beschränkung der Personalkosten auf einen bestimmten Anteil des Gesamtumsatzes – also ein relativer *salary cap* – stelle damit eine Teilregelung der Arbeitsverhältnisse dar, die zum tarifvertraglichen Kernbereich gehöre.[1168] Bei einer Regelung, die im Einvernehmen der Tarifpartner getroffen werde, sei weiterhin davon auszugehen, dass sie einen sozialen Nutzen für beide Seiten begründe, im Fall eines *salary caps* z. B. die Sicherstellung der wirtschaftlichen Stabilität der Liga und der Gewährleistung des wirtschaftlichen und sportlichen Wettbewerbs zwischen den Clubs.[1169]

1163 *Däubler*, AuR 2008, 411, 412; EuGH, Rs. C-67/96, Rn. 59 (Albany); EuGH, Rs. C-438/05, Rn. 49 f. (Viking); *Fleischer* DB 2000, 821, 825; *Junker*, Grundkurs Arbeitsrecht, Rn. 20.

1164 EuGH, Rs. C-67/96, Rn. 53 (Albany).

1165 EuGH, Rs. C-222/98, Slg. 2001, I-7111 (van der Woude) = BeckRS 2004, 75207, Rn. 25 f.

1166 Kingreen/Pieroth/Haghgu, NZA 2009, 870, 872; *Aichner/Schumacher in Grabitz/Hilf*, Das Recht der EU, Loseblattsammlung, 2008, Art. 81 EGV, Rn. 27 ff.; EuGH, Rs. C-438/05, Slg. 2007, Rn. 49 f. (Viking).

1167 *Schopf*, Salary Caps vs. Kartellrecht, 56.

1168 *Schopf*, Salary Caps vs. Kartellrecht, 56.

1169 *Schopf*, Salary Caps vs. Kartellrecht, 56 f.; a.A. *Rothammer*, Die „50+1"-Klausel des DFB und des DFL e. V., 265, der im reinen Erhalt der Wettbewerbsgerechtigkeit kein sozialpolitisches Ziel sieht.

Dagegen argumentiert *Stopper*, dass die nur mittelbare Verknüpfung zwischen Verbesserung der Beschäftigungs- und Arbeitsbedingungen und deshalb hinzunehmender Wettbewerbsbeschränkung nicht vom Schutzzweck des Tarifrechts umfasst wäre.[1170] Die Einführung von Gehaltsobergrenzen bezwecke in erster Linie die Verbesserung des sportlichen Wettbewerbs und des Produkts Liga-Fußball und strahle nur mittelbar auf die Arbeitsverhältnisse aus.[1171]

Heermann interpretiert die Voraussetzung, dass tarifvertragliche Vereinbarungen zur Verbesserung der Beschäftigungs- und Arbeitsbedingungen beitragen sollen, eher als eine Art Missbrauchskontrolle, nach der lediglich Regelungen vermieden werden sollen, die außerhalb des sozialen Rahmens der Arbeitsverhältnisse liegen.[1172] Dies wäre bei Regelungen über Gehaltsobergrenzen nicht der Fall. Auch wenn sie in erster Linie auf die Herstellung von mehr Chancengleichheit und das wirtschaftliche Überleben der Clubs gerichtet sind, so treffen sie doch eine Regelung, die sich konkret auf die Vergütung der Spieler und damit die Arbeitsverhältnisse auswirkt. Die Spielergewerkschaften wiederum werden eine solche Vereinbarung nur schließen, wenn sie ihrerseits auch Vorteile für die Spieler, z. B. in Form von Umsatzbeteiligungen oder anderer Verbesserungen der Arbeitsbedingungen aushandeln können. Es ist folglich davon auszugehen, dass ein Tarifvertrag, der Gehaltsobergrenzen enthält, vonseiten der Spielergewerkschaft in seiner Gesamtheit auf die Verbesserung der Beschäftigungs- und Arbeitsbedingungen gerichtet ist. Ein solcher Tarifvertrag wäre folglich von der Anwendung des Kartellrechts ausgenommen.

IV. Zwischenergebnis

Die verbandsrechtliche Regelung eines absoluten teambezogenen *salary caps*, sowohl in Deutschland als auch in Europa, verstößt nicht gegen Europäisches Wettbewerbsrecht bzw. ist freistellungsfähig gemäß Art. 101 Abs. 3 AEUV. Dasselbe kann aus Sicht des Verfassers für eine Luxussteuer-Variante und einen *soft salary cap* gelten.

Eine tarifvertragliche Regelung eines absoluten *salary caps* oder einer Luxussteuer-Variante in einem deutschen Tarifvertrag wäre von der Anwendung des europäischen Kartellrechts ausgenommen, wenn die gesamte Regelung sozialpolitische Ziele beinhaltet, wovon bei einer Regelung zwischen den Tarifpartnern auszugehen ist.

1170 *Stopper*, Mehr sportlicher Wettbewerb durch begrenzte Umverteilung, in: Zieschang/Klimmer (Hrsg.) Unternehmensführung im Profifußball, 157.

1171 *Stopper*, Mehr sportlicher Wettbewerb durch begrenzte Umverteilung, in: Zieschang/Klimmer (Hrsg.) Unternehmensführung im Profifußball, 157.

1172 *Heermann*, Salary Cap – Kartellrechtliche Grenzen, in: Zieschang/Klimmer (Hrsg.) Unternehmensführung im Profifußball: Symbiose von Sport, Fußball und Recht, 133.

D. Exkurs: Rechtmäßigkeit des UEFA Financial Fairplay-Reglements, insbesondere der Ausgabenbeschränkung für Personalkosten

Das Financial Fairplay-Reglement wurde im Jahr 2010 durch die UEFA in Kraft gesetzt. Es bezweckt nach Aussage der UEFA vor allem, „die Lebensfähigkeit und Nachhaltigkeit des europäischen Klubfußballs langfristig zu schützen".[1173] Insbesondere sollen dabei die inflationären Entwicklungen von Spielergehältern und Transfersummen eingedämmt werden.[1174] Das Financial Fairplay-Reglement zielt darauf ab, die wirtschaftliche Leistungsfähigkeit, die Glaubwürdigkeit und die Transparenz der Clubs zu verbessern, den Gläubigerschutz zu stärken und mehr finanzielle Disziplin und Rationalität zu erreichen.[1175] Bei der Vorstellung der Regularien im Jahr 2010 veröffentlichte die UEFA Zahlen, nach denen die europäischen Fußballclubs im Jahr 2009 trotz deutlich steigender Einnahmen einen Rekordverlust von 1,2 Mrd. Euro – und damit einen Anstieg der Verschuldung gegenüber 2008 um 85 % – zu verzeichnen hatten; elf Vereine, die damals an der UEFA Champions League teilnahmen, hätten nach dem neuen Reglement die Zulassung nicht erhalten.[1176]

Vor Einführung des Financial Fairplay-Reglements fanden diverse Gespräche zwischen Vertretern der UEFA und des Europäischen Parlaments sowie der EU-Kommission statt, welche die Ziele des Reglements ausdrücklich begrüßten und von einer grundsätzlichen Vereinbarkeit mit dem geltenden EU-Recht ausgingen.[1177] Am 21.3.2012 gaben UEFA Präsident Michel Platini und der Vizepräsident der Europäischen Kommission und EU-Kommissar für Wettbewerb, Jaoquìn Almunia, eine gemeinsame Erklärung ab, in der die Vereinbarkeit der Bestimmungen und Ziele des UEFA Financial Fairplay-Reglements mit den Zielen der EU-Kommission im Bereich der staatlichen Beihilfen betont wurde.[1178] Aus dieser Erklärung lässt sich zwar die Rechtsauffassung der Kommission entnehmen, diese entfaltet jedoch keine rechtliche Bindungswirkung für die vom Reglement betroffenen Parteien.

Wie bereits in der Einleitung dieser Arbeit angedeutet, beschränkt das Financial Fairplay-Reglement der UEFA die Europäischen Fußballclubs durch das sogenannte *break-even*-Prinzip unter anderem auch in Bezug auf deren Ausgaben für die Spielergehälter. Im Grunde genommen handelt es sich dabei um eine Art relative

1173 Die weiteren Ziele finden sich in Art. 2 des UEFA-Fairplay-Reglements.

1174 *Stopper*, SpuRt, 2, 3; *Hail*, Spitzensport im Licht des europäischen Kartellrechts, 344.

1175 *Strauß*, Fußballunternehmen in Europa, 301.

1176 Financial Fair Play: Der Weg aus der Schuldenfalle? auf www.sport1.de vom 11.1.2011 (zuletzt aufgerufen am 25.6.2012).

1177 *Deutschmeyer*, Financial Fairplay, Auswirkungen auf den deutschen und europäischen Spitzenfußball, 41.

1178 *Deutschmeyer*, Financial Fairplay, Auswirkungen auf den deutschen und europäischen Spitzenfußball, 41.

teambezogene Gehaltsobergrenze.[1179] *Heermann* verneint aufgrund der unterschiedlichen Zielrichtung – das Financial Fairplay-Reglement bezweckt keine sportliche Ausgeglichenheit der Ligen – zwar grundsätzlich die Qualifizierung des Financial Fairplay-Reglements als *salary cap*.[1180] Er führt jedoch im Folgenden aus, dass die UEFA durch eine mit Wirkung zum 1.1.2014 vorgenommene Änderung des Sanktionskatalogs die Möglichkeit zur Einführung eines *salary caps* geschaffen habe.[1181] Auch diese Regelungen könnten jedoch nicht mit den klassischen amerikanischen *salary caps* gleichgesetzt werden, da es sich dabei um Disziplinarmaßnahmen im Fall von Verstößen einzelner Lizenznehmer handele.[1182]

Die Financial Fairplay-Regelungen könnten jedoch, unabhängig von einer etwaigen rechtlichen Einordnung als *salary cap*, gegen europäisches Recht verstoßen, da die Clubs in ihrer wirtschaftlichen Handlungsfreiheit eingeschränkt, die Tätigkeit von Investoren erschwert und die Einkommensmöglichkeiten der Spieler, Trainer und Agenten beschränkt werden.[1183] Beim Europäischen Gerichtshof war ein Verfahren anhängig, in dem der Spielerberater Stefan Striani und andere Parteien, u. a. Fans von Paris St. Germain und Manchester City die Rechtmäßigkeit des Art. 58 Financial Fairplay-Reglement überprüfen lassen wollten.[1184] Striani war der Ansicht, das Reglement verstoße gegen fundamentale EU-Freiheiten, insbesondere den freien Kapitalfluss sowie die Berufsfreiheit der Spieler und Agenten.[1185] Dieses Verfahren wurde jedoch vom EuGH als offensichtlich unzulässig abgewiesen.[1186]

Im Folgenden sollen die relevanten Regelungen des Financial Fairplay-Reglements kurz dargestellt und dann eine kursorische Prüfung der Rechtmäßigkeit vorgenommen werden.

I. UEFA Financial Fairplay-Reglement

Fußballclubs, die sich sportlich in ihren nationalen Ligen qualifiziert haben und an den europäischen Wettbewerben, der UEFA Europa League oder Champions League, teilnehmen wollen, müssen die Voraussetzungen des UEFA Financial Fairplay-Reglements erfüllen. Ein zentraler Bereich des Reglements ist das *break-even*-Prinzip

1179 So z.B. *Bodansky*, 36 Fordham Int'l L.J. 163, 186.

1180 *Heermann*, NZKart 2015, 128, 129.

1181 Nach Art. 29 Abs. 1 lit g) Financial Fairplay-Reglement (abrufbar unter: http://www.uefa.org/MultimediaFiles/Download/Tech/uefaorg/General/01/85/85/25/1858525_DOWNLOAD.pdf) kann eine Begrenzung der Gesamtkosten der für einen europäischen Clubwettbewerb gemeldeten Spieler begrenzt werden.

1182 *Heermann*, NZKart 2015, 128, 130.

1183 So auch: *Hail*, Spitzensport im Licht des europäischen Kartellrechts, 348.

1184 Das Verfahren wurde von einem Brüsseler Gericht dem EuGH zur Vorabentscheidung vorgelegt.

1185 *Deutschmeyer*, Financial Fairplay, Auswirkungen auf den deutschen und europäischen Spitzenfußball, 41.

1186 EuGH, C-299/15, BeckRS 81799.

in Art. 58 ff., nach dem die „relevanten Ausgaben“ eines Clubs (definiert in Art. 58 Abs. 1) nicht höher sein dürfen als die „relevanten Einnahmen“ (definiert in Art. 58 Abs. 2).[1187]

1. Relevante Ausgaben

Als Teil der „relevanten Ausgaben“ der Fußballclubs ist in Anhang X Abschnitt A Ziffer 3 und Abschnitt C des Financial Fairplay-Reglements neben dem Materialaufwand, sonstigen betrieblichen Aufwendungen, Finanzaufwand, Abschreibungen von Spielerregistrierungen und Verlusten aus Spielerregistrierungen (oder Kosten für den Erwerb von Spielerregistrierungen) explizit auch der Personalaufwand genannt, der einen Großteil der Ausgaben der europäischen Fußballclubs ausmacht. Nicht unter die relevanten Ausgaben fallen Investitionen in die Nachwuchsförderung, gemeinnützige Projekte sowie Ausgaben für die Infrastruktur und nicht fußballerische Tätigkeiten ohne Bezug zum Club.

2. Relevante Einnahmen

Als „relevante Einnahmen“ gemäß Anhang X Abschnitt A Ziffer 2 und Abschnitt B des Financial Fairplay-Reglements gelten Eintrittsgelder, Sponsoring- und Werbeeinnahmen, Einnahmen aus Übertragungsrechten, kommerzielle Aktivitäten, sonstige betriebliche Erträge, Gewinne aus der Veräußerung von Spielerregistrierungen (oder Ertrag aus der Veräußerung von Spielerregistrierungen), Gewinne aus der Veräußerung von Sachanlagen sowie Kapitalerträge (z. B. Zinsen).

Nicht zu den „relevanten Einnahmen“ zählen gemäß Anhang X Abschnitt A Ziffer 2 und Abschnitt B nicht monetäre Habenposten, Einkommenstransaktionen mit verbundenen Parteien *(related parties)* über dem Zeitwert (*fair value*) und Einnahmen aus nicht fußballerischen Tätigkeiten ohne Bezug zum Club. Die zentrale Fallgruppe der „nicht relevanten Einnahmen“ stellen die über dem *fair value* liegenden Zuwendungen verbundener Parteien gemäß Anhang X Abschnitt E Ziffer 2.j) Financial Fairplay-Reglement, insbesondere auch im Rahmen von Sponsoring, die verbotenen Beihilfen gleichgestellt werden, dar.[1188] Als verbundene Parteien gelten gemäß Anhang X Abschnitt E Ziffer 1 Financial Fairplay-Reglement verbundene Personen und Unternehmen.

Unter Verbundenen Personen werden gemäß Anhang X Abschnitt E Ziffer 2 Financial Fairplay-Reglement natürliche Personen (oder nahe Familienangehörige dieser Personen), die den Club beherrschen (*control*), an dessen gemeinsamer Führung beteiligt sind (*joint control*), einen wesentlichen Einfluss (*significant influence*) auf den Club ausüben oder eine Schlüsselposition (*key management personnel*) im Club oder dessen Muttergesellschaft einnehmen, verstanden. Unter maßgeblichem Einfluss versteht man die Möglichkeit, an den finanz- und geschäftspolitischen Ent-

---

1187 *Stopper*, SpuRt, 2013, 2, 3.
1188 *Heermann*, CaS 2013, 131, 132.

scheidungen eines Unternehmens mitzuwirken; dieser kann durch Anteilsbesitz, Satzung oder vertragliche Vereinbarung vermittelt werden.[1189] Eine Beherrschung ist anzunehmen, wenn die Möglichkeit besteht, die Finanz- und Geschäftspolitik eines Unternehmens zu bestimmen, um aus dessen Tätigkeit Nutzen zu ziehen.[1190]

Verbundene Unternehmen sind gemäß Anhang X Abschnitt E Ziffer 3 Financial Fairplay-Reglement solche, die mit dem Club einen Konzern (*group*) bilden, mit dem Club durch den Einfluss eines Investors assoziierte Unternehmen (*associates*) oder Joint Ventures des Clubs oder eines Konzernunternehmens, jedes Unternehmen, das zusammen mit dem Club ein Joint Venture eines Dritten darstellt sowie Unternehmen, die durch die oben genannten verbundenen Personen beherrscht werden. Ein Konzern soll nach Anhang X Abschnitt E Ziffer 3 Financial Fairplay-Reglement dann vorliegen, wenn der Club und das verbundene Unternehmen im Verhältnis zueinander Tochter- und Mutterunternehmen oder Schwesterunternehmen sind.

Die Regelungen erscheinen auf den ersten Blick etwas kompliziert und unübersichtlich zu sein. Laut *Heermann* ist ihnen jedoch die klare Intention zu entnehmen, dass als verbundene Unternehmen oder Personen solche zu sehen sind, die einen lenkenden und kontrollierenden Einfluss auf den Club ausüben können oder von einem Dritten kontrolliert werden, der wiederum einen solchen Einfluss auf den Club ausübt.[1191] Ob *Stoppers* Ansicht zutrifft, dass Minderheitengesellschafter generell nicht von der Regelung erfasst werden[1192], erscheint zumindest diskutabel, da diese je nach Größe des Anteilspakets und Verteilung der restlichen Anteile einen nicht unmaßgeblichen Einfluss auf den Club besitzen können. Ein Minderheitsgesellschafter kann darüber hinaus z.B. im Fall sogenannter *„golden shares“* Vetorechte haben oder gemeinsam mit anderen Anteilseignern den Club beherrschen oder wesentlichen Einfluss ausüben. Nach Ansicht *Heermanns* können Unternehmen *related parties* sein, wenn sie trotz Minderheitenbeteiligung über eine Mehrheit der Stimmrechte in der Anteilseignerversammlung verfügen und natürliche Personen, wenn sie neben einer Mehrheit der Kapitalanteile aufgrund statuarischer Regelungen und/oder vertraglicher Vereinbarungen maßgeblichen Einfluss ausüben können.[1193] Nach hier vertretener Ansicht kann *related party* gemäß Anhang X Abschnitt E Ziffer 3.a) Financial Fairplay-Reglement jedes Unternehmen sein, dass in einem Konzernverhältnis zum Club steht (egal ob als Mutter-, Tochter- oder Schwestergesellschaft), da die Vorschrift gerade keine Beherrschung oder wesentlichen Einfluss des Unternehmens auf den Club fordert.

Einkommenstransaktionen der Clubs mit verbundenen Unternehmen oder Personen, z.B. im Rahmen eines Sponsorenvertrags, gelten nur dann als dem Zeit-

---

1189 *Heermann*, CaS 2015, 3, 4.

1190 *Heermann*, CaS 2015, 3, 4.

1191 *Heermann*, CaS 2013, 131, 137.

1192 *Stopper*, SpuRt 2013, 2, 4; grundsätzlich zustimmend *Heermann*, CaS 2013, 131, 142, solange nicht weitere Merkmale hinzukommen, die eine Beherrschung oder maßgeblichen Einfluss begründen.

1193 *Heermann*, CaS 2013, 131, 141.

wert (*fair value*) entsprechend, wenn der Vertragsabschluss auch zwischen zwei unabhängigen Marktparteien (*at arm's length*) so abgeschlossen worden wäre.[1194] Nicht als „relevante Einnahmen" der Clubs gelten Sponsorenverträge mit verbundenen Parteien, die über das Marktübliche hinausgehen; dies wäre zumindest der überschießende Teil der vertraglich zugesicherten Sponsoringsumme.[1195] Nach Annex X Abschnitt B Ziffer 1.j) muss der Club bei jedem Geschäftsvorfall mit einer verbundenen Partei den Zeitwert bestimmen und bei einer Abweichung des ausgewiesenen Werts vom geschätzten Zeitwert sind relevanten Einnahmen nach unten anzupassen.

Handelt es sich bei dem Sponsor allerdings nicht um verbundenes, sondern um ein drittes Unternehmen, das in keiner unmittelbaren rechtlichen Beziehung zu einem den Club beherrschenden Unternehmen steht, oder auch um eine dritte natürliche Person, welche die oben genannten Kriterien nicht erfüllt, wird man ihn regelmäßig nicht als *related party* einstufen können.[1196] Eine weitere Umgehungsmöglichkeit stellen Zuwendungen von *related parties* dar, die direkt an einen angestellten Spieler des begünstigten Clubs erfolgen, oder in die Infrastruktur des Clubs fließen.[1197] Hierbei ist zu beachten, dass die Regelungen des Financial Fairplay-Reglements kein Umgehungsverbot beinhalten.[1198]

3. Verstoß gegen die Break-Even Vorschrift

Am Ende jeder sogenannten *Monitoring-Periode* erfüllt ein Club die Vorgaben des Financial Fairplay-Reglements, wenn sein Ausgabendefizit (errechnet durch die Differenz aus „relevanten Einnahmen" und „relevanten Ausgaben") während dieser Periode 5 Mio. Euro (sogenannte *annehmbare Ausnahme*) nicht übersteigt. Die erste *Monitoring-Periode* zum Beginn der Saison 2013/14 umfasst die Bilanzen der Clubs für die Jahre 2012 und 2013. Danach umfasst die relevante *Monitoring-Periode* jeweils drei Jahre, also z. B. für die Spielzeit 2015/2016 die Jahre 2013, 2014 und 2015. Allerdings darf nach der Ausnahmeregelung in Art. 61 UEFA Financial Fairplay-Reglement das kumulierte Defizit für die lizenzierten Spielzeiten 2013/14 und 2014/15 noch 45 Mio. Euro sowie das kumulierte Defizit für die lizenzierten Spielzeiten 2015/2016, 2016/2017 und 2017/2018 noch 30 Mio. Euro betragen, wenn die Überschreitung vollständig durch Beiträge von Anteilseignern und/oder verbundenen Parteien gedeckt ist. Im Fall von Verstößen gegen die *break-even*-Vorschrift[1199]

1194 *Stopper*, SpuRt 2015, 2, 5.
1195 *Stopper*, SpuRt 2015, 2, 5.
1196 *Heermann*, CaS 2013, 131, 144; vgl. zu verschiedenen Umgehungsmöglichkeiten, insbesondere im Fall von Manchester City, auch *Strauß*, Fußballunternehmen in Europa, 317.
1197 *Heermann*, CaS 2013, 131, 144.
1198 *Stopper*, SpuRt 2013, 131, 133.
1199 Daneben können aufgrund des Financial Fairplay-Reglements auch Sanktionen wegen negativen Eigenkapitals, fehlerhafter Unternehmensführung sowie über-

sind Disziplinarmaßnahmen in Form von Ermahnung, Verweis, Geldstrafe, Punktabzug, Einbehalten von Einnahmen aus einem UEFA-Wettbewerb, Verbot der Registrierung von neuen Spielern in UEFA-Wettbewerben, Beschränkung der teilnahmeberechtigten Spieler an UEFA-Wettbewerben, Ausschluss aus den laufenden oder künftigen Wettbewerben und der Widerruf von Titeln und Auszeichnungen möglich.[1200]

Die UEFA Finanzkontrollkammer für Klubs (FKKK) überprüft die Einhaltung der Monitoring Vorschriften des Financial Fairplay-Reglements durch die Teilnehmer an den europäischen Clubwettbewerben.[1201] Gemäß Art. 29 lit. g) der prozessualen Regeln des FKKK (*Procedural Rules Governing the UEFA Club Financial Control Body*) ist als Sanktionsmöglichkeit bei Verstößen gegen des Financial Fairplay-Reglement vorgesehen, die Anzahl der Spieler, die für den UEFA Clubwettbewerb registriert werden, und auch die Gesamtausgaben für diese Spieler zu begrenzen.[1202] Ebenfalls sieht Art. 14 der Verfahrensregeln die Möglichkeit der Ermittler vor, im Rahmen eines Untersuchungsverfahrens einen Vergleich mit den beklagten Clubs einzugehen, wovon innerhalb kurzer Zeit nach Einführung der Regelung bereits wiederholt Gebrauch gemacht wurde.[1203] Für die UEFA hat diese Regelung den Vorteil, dass Sanktionen wegen mutmaßlicher Verstöße gegen das Financial Fairplay-Reglement quasi vereinbart werden könne, ohne dass eine rechtliche Überprüfung schwieriger Wertungsfragen durch den Court of Arbitration for Sport (CAS) oder gar ein ordentliches Gericht stattfindet.[1204]

II. Vereinbarkeit mit deutschem Recht

Die UEFA-Mitgliedsverbände sind dafür zuständig, den Clubs Lizenzen zu erteilen, die zur Teilnahme an den UEFA-Clubwettbewerben berechtigen, und gewisse anwendbare Vorschriften des Reglements in das nationale Clublizenzierungsreglement zu integrieren.[1205] Der DFL e.V. hat am 5.12.2011 beschlossen, die Vorschriften des Financial Fairplay-Reglements in der Lizenzierungsordnung umzusetzen. Demnach

---

fälligen Verbindlichkeiten gegenüber anderen Clubs, Arbeitnehmern, Sozialversicherungsträgern und Steuerbehörden verhängt werden.

1200 *Deutschmeyer*, Financial Fairplay, Auswirkungen auf den deutschen und europäischen Spitzenfußball, 52.

1201 *Strauß*, Fußballunternehmen in Europa, 303.

1202 *Heermann*, KartR 2015, 129, 130.

1203 *Heermann*, CaS 2015, 2, 6, insbesondere in den medienwirksamen Fällen UEFA v. Manchester City FC und UEFA v. FC Paris St. Germain.

1204 *Heermann*, CaS 2015, 2, 7.

1205 Art. 1 Abs. 1 c), Art. 5 Abs. 1, 3 UEFA-Fairplay-Reglement; gemäß Art. 5 Abs. 2 UEFA-Fairplay-Reglement kann ein Mitgliedsverband unter bestimmten Voraussetzungen die Durchführung der Clublizenzierung an die ihm angeschlossene Liga delegieren, bleibt aber gegenüber der UEFA haftbar und verantwortlich für die ordnungsgemäße Implementierung des Verfahrens.

müssten deutsche Clubs, die an UEFA Wettbewerben teilnehmen und eine Lizenz auch für diese Wettbewerbe erhalten wollen, die Anforderungen des Financial Fairplay-Reglements erfüllen. Das deutsche Lizenzierungsverfahren soll jedoch zunächst unberührt bleiben.[1206] Da die Regelungen somit bislang ausschließlich den Zugang zu den europäischen Wettbewerben regeln, ist hier in erster Linie die Vereinbarkeit mit Europarecht zu prüfen.

III. Vereinbarkeit mit europäischem Recht

Wie bereits dargelegt sind die Regelungen des AEUV grundsätzlich auf interne Regelungen von Sportverbänden anwendbar, wenn diese Teile des Wirtschaftslebens regeln. Folglich könnten Vorschriften des Financial Fairplay-Reglements gegen europäisches Recht verstoßen, da diese eindeutig Einfluss auf die wirtschaftlichen Belange der Clubs nehmen. In Betracht kommt hier zunächst ein Verstoß gegen die Kapitalverkehrsfreiheit, da Zahlungsströme von mit den Clubs verbundenen Unternehmen negativ beeinflusst werden (vgl. Annex X zum Financial Fairplay-Reglement B 1.j). Daneben könnten Verstöße gegen die Wettbewerbsfreiheit aus Art. 101 ff. AEUV und gegen die Arbeitnehmerfreizügigkeit aus Art. 45 AEUV vorliegen.

1. Verstoß gegen die Kapitalverkehrsfreiheit

Nach Ansicht von *Stopper* verstößt das Financial Fairplay-Reglement gegen die Kapitalverkehrsfreiheit aus Art. 63 AEUV.[1207] Diese schützt die Kapitaleinfuhr und Kapitalausfuhr in und aus Mitgliedstaaten der EU gegen alle unmittelbaren, mittelbaren, aktuellen oder potenziellen Behinderungen, Begrenzungen oder Untersagungen für den Zufluss, Abfluss und Durchfluss von Kapital.[1208] Art. 63 AEUV enthält ein allgemeines Beschränkungsverbot, nach dem jegliche Hindernisse für grenzüberschreitende Kapitalbewegungen verboten sind.[1209] Der Begriff der Beschränkung des Kapitalverkehrs ist weit auszulegen, um der Vorschrift des Art. 63 AEUV zu voller Wirksamkeit zu verhelfen.[1210]

Wenn einem Investor untersagt wird, einem Club Barkapital zuzuführen, liegt grundsätzlich eine Beschränkung der Kapitalverkehrsfreiheit vor. Die Vorschriften des Financial Fairplay-Reglements verbieten es jedoch nicht, dem Club Kapital zuzuführen. Sie kennzeichnen lediglich bestimmte Zahlungen, nämlich „willkürlich" hohe Investitionen über dem Marktwert von mit den Clubs verbundenen Unternehmen oder Personen, als nicht „relevante Einnahmen" im Sinne der *break-even*-Vorschriften in Art. 58 Abs. 1, Art. 60 Abs. 1, 2 und Annex X, B 1. j) Financial

1206 www.bundesliga.de vom 5.12.2011.
1207 *Stopper*, SpuRt, 2013, 2, 6.
1208 Grabitz/Hilf/Nettesheim/*Ress/Ukrow*, Das Recht der EU, Art. 63 AEUV, Rz. 134.
1209 *Heermann*, WRP 2003, 724, 733.
1210 Grabitz/Hilf/Nettesheim/*Ress/Ukrow*, Das Recht der EU, Art. 63 AEUV, Rz. 158.

Fairplay-Reglement. Die Folge ist, dass diese Zahlungen einen Verstoß des Clubs gegen das Financial Fairplay-Reglement aufgrund der Überschreitung eines maximal erlaubten negativen *break-even*-Ergebnisses nicht verhindern können. Darin liegt jedoch keine Behinderung, Begrenzung oder Untersagung des Kapitalflusses an sich, sondern lediglich eine gewisse mittelbare Steuerung der Verwendung des Geldes durch den Club. Für nicht „relevante Ausgaben" wie die Verbesserung der Infrastruktur oder der Jugendarbeit kann der Club das Geld weiterhin verwenden, ohne dass sich dies negativ auf das *break-even*-Resultat auswirkt.[1211] Eine Verletzung der Kapitalverkehrsfreiheit durch das Financial Fairplay-Reglement ist folglich zu verneinen.

Stopper sieht jedoch einen Eingriff, der nicht gerechtfertigt, weil nicht verhältnismäßig, sei. Als milderes Mittel – im Vergleich zur Einflussnahme auf die Investitionspolitik eines dritten, wenn auch verbundenen Unternehmens oder einer natürlichen Person – sei dem Club selbst vorzuschreiben, dass er nicht mehr als eine bestimmte Summe für Spieler und Transfers ausgeben darf.[1212] Das ist jedoch in der Regelung gerade der Fall. Die Ausgabenbeschränkung an sich sowie die Sanktionsmöglichkeiten, wenn der Club die *break-even*-Vorschrift missachtet, richten sich in erster Linie gegen den Club. Der Investor kann dem Club weiterhin Geld in unbegrenztem Maße zur Verfügung stellen, lediglich der Club ist in der Wahl der Verwendung eingeschränkt. Ginge man trotz allem von einem Verstoß gegen die Kapitalverkehrsfreiheit aus, müsste eine Rechtfertigung geprüft werden. Diese Prüfung erfolgt im Rahmen der wettbewerbsrechtlichen Ausführung zu Art. 101 f. AEUV.

Kritisch zu betrachten ist allerdings in der Tat, dass nur die Zahlungen „verbundener Unternehmen bzw. natürlicher Personen" als nicht relevant eingestuft werden. Dies lässt die Umgehungsmöglichkeit von überdimensional hohen Zahlungen durch dritte Sponsoren oder wirtschaftlich potente Einzelpersonen, die in keiner gesellschaftsrechtlichen Beziehung mit den Clubs stehen bzw. keine entscheidende Einflussmöglichkeit auf die Entscheidungen des Clubs haben, grundsätzlich offen. Dadurch wird die Effektivität der Regelung geschwächt und aus hiesiger Sicht ein Schlupfloch geschaffen, welches die UEFA schließen sollte. Denn durch die bislang bestehenden Umgehungsmöglichkeiten ist das hinter dem Financial Fairplay-Reglement stehende Ziel, nämlich eine Beschränkung des unbegrenzten Ansteigens von Spielergehältern und Ablösesummen, gefährdet. Dies könnte sich auch im Rahmen einer gerichtlichen Überprüfung des Reglements, insbesondere bei der Frage der Geeignetheit des Mittels, negativ auswirken.

1211 Siehe Übersicht bei *Deutschmeyer*, Financial Fairplay, Auswirkungen auf den deutschen und europäischen Spitzenfußball.

1212 *Stopper*, SpuRt 2013, 2, 6.

2. *Verstoß gegen Wettbewerbsrecht*

Stopper geht weiterhin davon aus, dass die Vorschriften des Financial Fairplay-Reglements auch gegen die Wettbewerbsfreiheit aus den Art. 101 ff. AEUV verstoßen. Die grundsätzliche Anwendbarkeit der europäischen Wettbewerbsvorschriften auf die Regelungen von Sportverbänden wurde bereits ausführlich erörtert.[1213] Bezüglich der Vereinbarkeit einer solchen Regelung mit dem Kartellrecht ist zu prüfen, ob die Regelung ein legitimes Ziel verfolgt, die mit der Regelung zusammenhängenden wettbewerbsbeschränkenden Wirkungen notwendig mit der Verfolgung des genannten Ziels zusammenhängen und im Hinblick auf dieses Ziel verhältnismäßig sind.[1214]

Laut *Stopper* beschränke das Financial Fairplay-Reglement verbundene Unternehmen darin, im Rahmen einer freien unternehmerischen Entscheidung festzulegen, in welchem Maße man sich im Wettbewerb mit anderen Unternehmen um ein Engagement bei einem Club bewerben könne.[1215] Die Unterscheidung zwischen verbundenen und nicht verbundenen Unternehmen bei der Bewertung von Zahlungsströmen sei darüber hinaus unsachgemäß bezogen auf das Ziel, Spielergehälter und Transfersummen nicht weiter steigen zu lassen.[1216] Auch hier sieht *Stopper* eine angemessenere Einschränkung darin, direkt bei den Ausgaben der Clubs für Spielergehälter, Vermittler und Transfers anzusetzen.[1217] Dazu wurde im Rahmen der Prüfung eines Verstoßes gegen die Kapitalverkehrsfreiheit bereits angemerkt, dass unmittelbar der Club betroffen ist und der Investor nur mittelbar beschränkt wird. Die Unterscheidung zwischen verbundenen und nicht verbundenen Unternehmen erscheint zwar in der Tat kritisch. Anscheinend geht die UEFA jedoch davon aus, dass Dritte, wie z.B. nicht verbundene Sponsoren keine „willkürlich" hohen Zahlungen über dem *„fair value"* leisten würden, ohne einen Gegenwert dafür zu erhalten, während dies bei beherrschenden Anteilseignern, die ein direkteres Interesse am sportlichen Erfolg haben, eher der Fall ist. Aus Sicht des Verfassers sollte diese Unterscheidung dennoch aufgegeben werden.

Randerath sieht dagegen im Financial Fairplay-Reglement, gemessen an dem Ziel der UEFA, die finanzielle Stabilität der Clubs zu sichern, das mildeste Mittel gegenüber jeglichen anderen Regulierungsmethoden.[1218] Eine alternativ von ihm geprüfte Reduzierung der Clubeinnahmen aus den europäischen Wettbewerben (Champions League und Europa League) würde seiner Meinung ebenso wenig zu einer entscheidenden Senkung der Ausgaben führen wie eine stärkere Umverteilung

---

1213 Vgl. § 6 C I.

1214 *Stopper*, SpuRt 2013, 2, 6, mit Verweis auf EuGH, Rs. C-519/04 P (Meca-Medina und Majcen).

1215 *Stopper*, SpuRt 2013, 2, 6.

1216 *Stopper*, SpuRt 2013, 2, 6.

1217 *Stopper*, SpuRt 2013, 2, 6.

1218 *Randerath*, Legal Requirements and Problems to Create a Financial Balance between Professional Sport Clubs in the German Bundesliga, 53.

der Einnahmen.[1219] Ein Ausschluss von Clubs von Transferaktivitäten mit Ablösesummen betrachtet er ebenfalls als ineffektiv, weil die Clubs diese Gelder dann in Handgelder und höhere Spielergehälter investieren könnten; auch eine sogenannte Luxussteuer sei kein probates Mittel, da sie die Clubs letztlich nicht davon abhalte, sich zu verschulden.[1220]

Ein absoluter, harter *salary cap*, könnte aus Sicht von *Randerath* und des Verfassers den Zweck erfüllen, größere finanzielle Ausgeglichenheit zwischen den Clubs und daraus folgend mehr sportliche Chancengleichheit herbeizuführen.[1221] Dies ist jedoch nicht der Zweck das Financial Fairplay-Reglements, das auf die finanzielle Stabilität der Clubs abzielt.[1222] Diese werde durch das *break-even*-Erfordernis des Financial Fairplay-Reglements gefördert, wohingegen ein absoluter, harter *salary cap* darüber hinaus die Verhältnisse im gesamten europäischen Fußball ändere, da er feste und vor allem für alle gleich hohe Ausgabengrenzen festlege und damit für die Clubs deutlich restriktiver als das Financial Fairplay-Reglement sei.[1223]

Hail äußert dagegen Zweifel am legitimen Zweck des Financial Fairplay-Reglements und ob dieses tatsächlich als notwendige Funktionsbedingung für die Ausübung des Spitzensports anzusehen sei.[1224] Denn es gehe der UEFA lediglich um eine finanzielle Konsolidierung und die damit verbundene wirtschaftliche Gesundung der Clubs, nicht jedoch um die Gewährleistung gleicher Wettkampfbedingungen der Teilnehmer.[1225] Letztlich kommt er jedoch nach intensiver Abwägung verschiedener Argumente zu dem Schluss, dass das Financial Fairplay-Reglement dann rechtmäßig sei, wenn eine strikte Einhaltung und entsprechend strenge Sanktionen gegenüber Verstößen gewährleistet werden könnten[1226]. Dennoch verortet *Hail* das Reglement im „Grenzbereich des kartellrechtlich Zulässigen".[1227] Zumindest die Wirksamkeit des Financial Fairplay-Reglements wird durch die Einschätzung der UEFA zu den bisherigen Ergebnissen gedeckt, nach der die Verluste im europäischen Clubfußball seit der Einführung des Reglements um zwei Drittel verringert

1219 *Randerath*, Legal Requirements and Problems to Create a Financial Balance between Professional Sport Clubs in the German Bundesliga, 51.

1220 *Randerath*, Legal Requirements and Problems to Create a Financial Balance between Professional Sport Clubs in the German Bundesliga, 52.

1221 Unter Verweis auf *Schiera*, Brook. J. Int'l L. Vol. 32:2, 710, 724, der als Beispiel für eine erfolgreiche Etablierung eines *hard salary cap* die NFL anführt.

1222 *Heermann*, CaS 2013, 263, 271.

1223 *Randerath*, Legal Requirements and Problems to Create a Financial Balance between Professional Sport Clubs in the German Bundesliga, 52 f.

1224 *Hail*, Spitzensport im Licht des europäischen Kartellrechts, 351.

1225 *Hail*, Spitzensport im Licht des europäischen Kartellrechts, 350 f.

1226 Auch *Strauß*, Fußballunternehmen in Europa, 313, misst einer konsequenten Umsetzung, Überprüfung und ggfs. Sanktionierung sowie der Beseitigung von Umgehungsmöglichkeiten entscheidende Bedeutung für den Erfolg des Financial Fairplay-Reglements bei.

1227 *Hail*, Spitzensport im Licht des europäischen Kartellrechts, 356, 366.

werden konnten und überfällige Verbindlichkeiten um über 90 % zurückgegangen seien; der Einnahmenanstieg (5,8 %) habe im Jahr 2014 erstmals den Anstieg der Gehaltszahlungen (3 %) übertroffen.[1228]

Heermann sieht im Financial Fairplay-Reglement ein geeignetes, erforderliches und verhältnismäßiges Mittel, um die exzessive Ausgaben- und Verschuldenspolitik einiger Teilnehmer an den europäischen Clubwettbewerben einzudämmen und langfristig für eine finanzielle Stabilität in den europäischen Fußballligen zu sorgen.[1229] Neuerdings bezweifelt er sogar grundsätzlich das Vorliegen einer Wettbewerbsbeschränkung durch das Financial Fairplay-Reglement, da dessen Auswirkungen auf die Spielergehälter im europäischen Fußball doch sehr mittelbar und einzelfallbezogen seien.[1230] In der Möglichkeit des FKKK, in Einzelfällen Verstöße der Clubs durch die Auferlegung vorübergehender Gehaltsobergrenzen zu belegen, sieht er lediglich eine unterstützende Funktion, um diese Ziele zu erreichen.[1231] Ein starkes Indiz für die – im Fall einer Wettbewerbsbeschränkung zu prüfenden – Verhältnismäßigkeit des Financial Fairplay-Reglements sieht *Heermann* in dem von ihm festgestellten Fehlen milderer Mittel.[1232] Darüber hinaus betont er die auf der Verbandsautonomie und hoher Sachnähe der UEFA beruhende Einschätzungsprärogative sowie die Besonderheiten des Ligasports, welcher durch assoziative Konkurrenz gekennzeichnet sei. Nur eine umfassende Kontrolle des Finanzgebarens der Clubs könne den Marktaustritt einzelner Ligamitglieder effektiv verhindern.[1233]

Alles in allem kann wohl mit guten Argumenten vertreten werden, dass ein Verstoß des Financial Fairplay-Reglements gegen europäisches Wettbewerbsrecht durch das legitime Ziel der Sportverbände, die finanzielle Stabilität der Clubs und Ligen und damit die Kontinuität des sportlichen Wettbewerbs zu bewahren, gerechtfertigt ist. Es ist allerdings aus Sicht des Verfassers empfehlenswert, auch „willkürlich" hohe Zahlungen von nicht verbundenen Unternehmen und natürlichen Personen als nicht relevante Einnahmen zu deklarieren. Denn solche Zahlungen treiben genauso die Ausgaben der Clubs in die Höhe und gefährden deren wirtschaftliche Stabilität, wenn die Zahlungen einmal ausbleiben, weil ein verbundenes Unternehmen, ein Sponsor oder eine Privatperson das finanzielle Engagement beendet oder verringert. Darüber hinaus plädiert der Verfasser für eine Weiterentwicklung des Reglements in Richtung eines echten *salary caps*, der neben der finanziellen Stabilität der Clubs ausdrücklich auch eine Steigerung der Chancengleichheit in den europäischen Ligen und Clubwettbewerben bezwecken sollte.

1228 „Stärkung des finanziellen Fairplays für die Zukunft" auf www.de.uefa.org vom 5.11.2015 (zuletzt aufgerufen am 11.11.2015).

1229 *Heermann*, CaS 2013, 263, 275.

1230 *Heermann*, NZKart 2015, 128, 131.

1231 *Heermann*, NZKart 2015, 128, 132.

1232 *Heermann*, CaS 2013, 263, 274.

1233 *Heermann*, CaS 2013, 263, 275.

3. *Verstoß gegen die Arbeitnehmerfreizügigkeit*

Letztlich könnte auch ein Verstoß gegen die Arbeitnehmerfreizügigkeit aus Art. 45 AEUV vorliegen, denn ähnlich wie „echte" Gehaltsobergrenzen könnten auch die Vorschriften des Financial Fairplay-Reglements mittelbar die Arbeitnehmerfreizügigkeit einschränken. Die Vorschriften des UEFA Financial Fairplay-Reglements erschweren die Möglichkeiten von Profispielern, den Club Mitgliedstaaten übergreifenden zu wechseln, da den Clubs aufgrund der *break-even*-Vorschrift und der Qualifizierung bestimmter Einnahmen als „nicht relevant" weniger Geld für den Spielerkader zur Verfügung steht.

Indem das Financial Fairplay-Reglement jedoch lediglich bestimmte Einnahmen der Clubs in Art. 58 Abs. 1 i.V.m. Annex X als „nicht relevante" Einnahmen vorsieht und darüber hinaus in Art. 60 Abs. 2 ein negatives *break-even*-Ergebnis verbietet bzw. die Möglichkeit von Sanktionen vorsieht, stellt es in Bezug auf die Arbeitnehmerfreizügigkeit ein milderes Mittel als alle oben dargestellten *salary cap* Regeln dar. Dies gilt zumindest, wenn man das Ziel betrachtet, die finanzielle Stabilität der Clubs und Ligen zu wahren und ein *overspending* und damit die Gefahr Clubinsolvenzen zu verhindern.[1234] Eine Einschränkung der Arbeitnehmerfreizügigkeit durch das Financial Fairplay-Reglement könnte somit grundsätzlich gerechtfertigt sein. Es erscheint allerdings fraglich, ob das alleinige Ziel einer Gewährleistung der finanziellen Stabilität der Clubs den Eingriff in die Verdienstmöglichkeiten der Spieler tatsächlich rechtfertigen kann.[1235] Auf der anderen Seite ist der Eingriff in die Verdienstmöglichkeiten durch das Financial Fairplay-Reglement eher moderat, mittelbar und einzelfallbezogen.[1236] Die Clubs können noch immer alle relevanten Einnahmen (abzüglich der Ausgaben für Verwaltungspersonal und andere Fixkosten) in ihren Spielerkader investieren. Daher dürfte ein solcher Eingriff verhältnismäßig und somit gerechtfertigt sein.

IV. Zwischenergebnis

Betrachtet man das Ziel der UEFA, die finanzielle Stabilität der Clubs zu gewährleisten, so erscheint das Financial Fairplay-Reglement geeignet und verhältnismäßig. Im Gegensatz zu den zuvor behandelten Gehaltsobergrenzen, welche die Clubs stärker einschränken, fehlt dem Financial Fairplay-Reglement jedoch ein entscheidender Einfluss auf die sportliche und finanzielle Ausgeglichenheit der Ligen. Diese sollte aus Sicht des Verfassers gleichberechtigt neben der finanziellen Stabilität stehen, wenn sie nicht sogar mittelfristig das wichtigere Ziel für den europäischen Fußball ist. Eine kürzlich durchgeführte wirtschaftswissenschaftliche Erhebung geht nämlich sogar von einer Verringerung der Chancengleichheit durch das Financial

1234 *Randerath*, Legal Requirements and Problems to Create a Financial Balance between Professional Sport Clubs in the German Bundesliga, 56.

1235 So aber: *Heermann*, CaS 2013, 263, 264.

1236 *Heermann*, NZKartR 2015, 128, 131.

Fairplay-Reglement aus, da Investoren der Zugang zum Markt erschwert würde und die „großen“ Clubs somit ihre bereits vorhandene Marktmacht manifestieren könnten.[1237]

Das Financial Fairplay-Reglement hat somit zwar durchaus gute Aussichten, ein Verfahren vor dem EuGH erfolgreich zu überstehen. Eine ausreichende Alternative zum „echten“ *salary cap* oder zur Einführung einer Luxussteuer-Variante ist sie – zumindest zur Verbesserung der Chancengleichheit im europäischen Fußball – jedoch nicht.

E. Zusammenfassung

Die Einführung von teambezogenen absoluten Gehaltsobergrenzen in Verbandsregelungen ist sowohl mit europäischem Arbeitsrecht als auch mit europäischem Kartellrecht vereinbar, wenn damit ausschließlich oder primär das Ziel verfolgt wird, die Chancengleichheit zwischen den Teilnehmern an den Wettbewerben nachhaltig zu steigern. Eine Luxussteuer-Variante würde gegebenenfalls ein milderes Mittel darstellen, wäre jedoch nicht gleichsam effektiv wie ein absoluter *salary cap*. Dennoch könnte auch dieses Instrument zur Erreichung einer Steigerung der Chancengleichheit und damit der Verbesserung der Qualität des sportlichen Wettbewerbs gerechtfertigt sein.

Auch eine Einführung tarifvertraglicher Gehaltsobergrenzen wäre nach europäischem Arbeits- und Kartellrecht möglich. Eine Kartellausnahme ist, ähnlich wie im deutschen Recht, denkbar. Hier wäre jedoch eine europaweite Umsetzung ungleich schwieriger als durch Verbandsregelungen, da abgesehen vom europäischen Sozialpartnerdialog noch keine Vorschriften zu europäischen Tarifverträgen existieren.

Das UEFA Financial Fairplay-Reglement ist wohl ebenfalls mit europäischem Arbeits- und Kartellrecht vereinbar. Allerdings verfolgt es andere Ziele als „echte“ Gehaltsobergrenzen und ist deshalb eher alternativ zu diesen zu betrachten.

1237 *Sass*, Long-term Competitive Balance under UEFA Financial Fair Play Regulations, University of Magdeburg, Working Paper No. 5/2012.

§ 7 Tatsachen- und Rechtsvergleich Deutschland/USA

Fraglich ist, ob sich aus der oben dargestellten Praxis der Vereinbarung von Gehaltsobergrenzen in Tarifverträgen in den US-Profiligen Erkenntnisse für eine mögliche Einführung eines solchen Systems in den deutschen und europäischen Profiligen ableiten lassen. Aus diesem Grund soll abschließend ein Rechts- und Tatsachenvergleich zwischen Deutschland und den USA bezüglich der Untersuchungsgegenstände dieser Arbeit durchgeführt werden.

A. Aufgabe und Methodik der Rechtsvergleichung

Die Rechtsvergleichung ermittelt grundsätzlich zunächst die rechtlichen Regelungen im nationalen Recht und in einem Vergleichsland. Diese Regelungen werden dann verglichen und es wird geprüft, ob die Regelungen des Vergleichslandes ins nationale Recht übertragen werden können oder sollten.[1238] Die USA wurden vorliegend als Vergleichsland ausgewählt, weil es im dortigen Sportrechtssystem bereits Gehaltsobergrenzen gibt.

Laut *Fikentscher* sei entscheidend, dass im Hinblick auf den konkret zu betrachtenden Bereich rechtlich und rechtstatsächlich vergleichbare Grundstrukturen bestünden und eine Übernahme des ausländischen Modells – trotz möglicher grundsätzlicher Unterschiede der Rechtssysteme oder einzelner Rechtsinstitute – nicht ausgeschlossen ist.[1239] Er sieht eine hinreichende Grundlage für einen Rechtsvergleich zwischen Deutschland und den USA in den folgenden Tatsachen:[1240] Erstens sei in beiden Ländern der professionell betriebene Sport Teil des Wirtschaftslebens. Zweitens werde sowohl in den USA als auch in Deutschland der Mannschaftssport durch *club*/Verein und *league*/Verband als arbeitsteilige Inhaber der Organisations- und Leitungsmacht organisiert. Darüber hinaus sei die Rechtsbeziehung zwischen *club*/Verein und Sportler in beiden Ländern arbeitsrechtlich ausgestaltet, wobei beide Rechtsordnungen auf die persönliche Weisungsgebundenheit des Sportlers abstellten. Letztlich unterwerfe sich der Sportler sowohl in Deutschland als auch in den USA der Disziplinargewalt von *league*/Verband.

Gehaltsobergrenzen im amerikanischen Sport werden durch die Vereinbarung von Tarifverträgen zwischen *clubs*/ *league* und den *players associations* vereinbart.

1238 *Fikentscher*, Mitbestimmung im Sport, 64, mit Verweis auf *Rheinstein*, Einführung in die Rechtsvergleichung, 27 und 46, sowie *Kübler*, 7.

1239 *Fikentscher*, Mitbestimmung im Sport, 64 f., mit Verweis auf *Zweigert/Kötz*, die insoweit den Maßstab einer weitmaschigen Vergleichbarkeit verträten, 44.

1240 *Fikentscher*, Mitbestimmung im Sport, 64 ff.

Es wurde bereits erörtert, dass dies grundsätzlich in ähnlicher Form auch zwischen Sportligen bzw. Clubs und Spielergewerkschaften in Deutschland möglich wäre, auch wenn bislang keine Sporttarifverträge geschlossen wurden.

B. Vergleich

I. Tatsachenvergleich

Ein wichtiger struktureller Unterschied zwischen dem amerikanischen und dem europäischen Sportrechtssystem besteht darin, dass in den europäischen Ländern Sportverbände die Ligen organisieren oder zumindest einen starken Einfluss auf ausgegliederte Sportligen ausüben. Das bedeutet, die Regelungen der Ligen betten sich in ein nationales und internationales von den Sportverbänden vorgegebenes Regelkonstrukt ein. Dagegen werden den US-amerikanischen Ligateilnehmern keine Regeln von einer übergeordneten Instanz vorgegeben, sondern die Clubeigentümer sind unabhängig von jeglichem Verbandswesen selbst für Regeln und Organisation der Wettbewerbe verantwortlich.

Allerdings gibt es auch im deutschen Profisport eine gewisse Tendenz, die in Richtung amerikanischer Verhältnisse im Sinne von mehr Mitbestimmung und Eigenständigkeit der Proficlubs geht. Ähnliche Aufgaben wie den amerikanischen Ligen, vertreten durch den *commissioner*, fallen im deutschen Sport den Ligagesellschaften, insbesondere im professionellen Fußball dem DFL e. V. zu. Die Clubs selbst gewinnen dabei durch die Besetzung wichtiger Posten in der Liga mehr Einfluss auf die zentralen Entscheidungen und die Vermarktung der Sportart bzw. des sportlichen Wettbewerbs durch die Ligen. Trotzdem verbleibt eine Abhängigkeit von den nationalen und internationalen Sportverbänden, die zum Teil gegenläufige Interessen im Verhältnis zu den Proficlubs haben können. Diese sichern die Verbände dadurch, dass sich Clubs und Spieler ihrer Sportgerichtsbarkeit unterwerfen, während diese im US-amerikanischen Sport in den Händen der Ligen und des *commissioners* liegt.

Ein weiterer sehr signifikanter Unterschied ist, dass die nationalen Ligen in Deutschland und Europa nach oben und unten bis in die Amateurklassen durchlässig sind. Clubs aus unteren Ligen können sich durch sportliche Erfolge für die Teilnahme am Ligawettbewerb qualifizieren (Aufstieg) bzw. ihr Teilnahmerecht verlieren (Abstieg).[1241] Dagegen sind die US-Ligen, was den Teilnehmerkreis angeht, statisch und in sich geschlossen. In diesem homogenen und gleichbleibenden Teilnehmerfeld lassen sich einheitliche (Gehalts-)Regelungen besser vereinbaren und umsetzen, da in einem geschlossenen Kreis eine größere Solidarität und gemeinsame Interessenlage besteht. Einzelne Clubs müssen bei schlechtem sportlichem Abschneiden nicht befürchten, aus der Gemeinschaft herauszufallen. Selbstver-

1241 *Dietl/Lang/Rathke*, The B.E. Journal of Economic Analysis & Policy, Vol. 9 (2009), Issue 1, Art, 17, 15.

ständlich kann ausbleibender sportlicher Erfolg zu einem Verlust von Zuschauern und damit auch zu wirtschaftlichen Verlusten führen. Aus diesem Grund sind auch in der Vergangenheit bereits *franchises* innerhalb der USA umgezogen oder verkauft worden. Neue Ligateilnehmer können nur durch den Erwerb eines Franchise-Rechts hinzukommen, wobei die restlichen Clubeigentümer dem zustimmen müssen.

Des Weiteren stehen die Clubs in Europa nicht nur im sportlichen, sondern auch im wirtschaftlichen Wettbewerb. Zwar gibt es die Liga als gemeinsames Produkt aller Teilnehmer, dennoch würden sich vor allem die reichen Großvereine wohl massiv dagegen wehren, ihre vorhandene wirtschaftliche Vormachtstellung zugunsten gleicher Voraussetzungen aller Ligateilnehmer aufzugeben. Im Gegenteil gibt es Tendenzen der Großclubs, ihre Vormachtstellung durch strategische Partnerschaften mit Investoren ständig weiter auszubauen.[1242] Der Gegenentwurf wäre, mehr Clubs – sowohl innerhalb der Ligen als auch ligaübergreifend – gleichmäßiger an den Einnahmen des Produkts Profifußball partizipieren zu lassen und die Ausgaben einzelner Clubs nach oben zu deckeln.

Zumindest im deutschen Fußball wäre eine Liga nach amerikanischem Format ohne Auf- und Absteiger nur schwer vorstellbar. Dafür ist die Anzahl an Traditionsvereinen, die sich in der 2. Bundesliga oder gar 3. Liga befinden und die allesamt auf lange Sicht den Aufstieg in die finanziell und sportlich mit großem Abstand attraktivste Bundesliga anstreben, zu groß. Auch für die Spannung und damit für das Zuschauerinteresse scheinen Auf- und Abstieg unverzichtbar, denn für Clubs, die mit der Vergabe der Meisterschaft oder der Qualifikation für die internationalen Plätze nichts zu tun haben, stellt der Klassenerhalt ein weiteres sportliches Ziel dar. Als Gegenbeispiel könnte man die DEL anführen, nach deren Gesellschaftsvertrag ein Auf- und Abstieg zwar generell möglich ist, allerdings nur, wenn der Meister der 2. Bundesliga harte finanzielle Kriterien erfüllt, was momentan kaum einem unterklassigen Verein möglich ist. Die DEL liegt jedoch generell, was das Zuschauer- und Medieninteresse angeht, weit hinter dem Fußball und hat eine eigene, sehr sportbezogene Zuschauerklientel. Es gibt darüber hinaus deutlich weniger Clubs, die sich eine Teilnahme an der höchsten Spielklasse finanziell überhaupt leisten könnten.

Neben der Durchlässigkeit der Ligen innerhalb der Länder ist in Europa der Wettbewerb auch nicht nur auf die nationale Ebene begrenzt, sondern die europäischen Sportverbände veranstalten länderübergreifende Wettbewerbe, die eine überragende finanzielle Signifikanz für die Clubs haben und für die sich die Clubs bei Erreichen bestimmter Tabellenplätze in der nationalen Liga qualifizieren.[1243] Da die Teilnehmer verschiedener Ligen und Länder somit im sportlichen Wettbewerb stehen, wäre bei der Einführung von Gehaltsobergrenzen auch darauf zu achten,

---

1242 Siehe z.B. Einstieg von Evonik bei Borussia Dortmund, „Hauptsponsor Evonik steigt bei Dortmund ein“, in www.welt.de vom 28.6.2014 (zuletzt abgerufen am 1.7.2014).

1243 *Dietl/Lang/Rathke*, The B.E. Journal of Economic Analysis & Policy, Vol. 9 (2009), Issue 1, Art, 17, 15.

dass dieser Wettbewerb nicht entscheidend beeinflusst bzw. verfälscht wird. Es wurde jedoch bereits festgestellt, dass die finanziellen Voraussetzungen zwischen den einzelnen europäischen Ländern und ihren Ligen ohnehin sehr stark divergieren (ähnlich wie innerhalb der nationalen Ligen selbst).

Auch der Arbeitsmarkt und die Tariflandschaft des Sportsektors in den USA und Deutschland sind unterschiedlich. In den USA gibt es pro Sportart jeweils zwei Sozialpartner am Arbeitsmarkt, nämlich die jeweilige Spielergewerkschaft auf der einen Seite und die Clubeigentümer einer *major league* auf der anderen Seite.[1244] Im deutschen und europäischen Mannschaftssport stehen den Spielergewerkschaften mächtige Sportverbände gegenüber, die eine Vielzahl unterschiedlicher Interessen über die der Clubs einer Liga hinaus vertreten.[1245] Auch hier ist jedoch zu beachten, dass mit der Gründung der Ligagesellschaften ein Veränderungsprozess eingesetzt hat; der DFL e. V. im deutschen Fußball bezeichnet sich sogar mittlerweile selbst als Arbeitgeberverband, der bereit ist, seine Mitglieder am Arbeitsmarkt zu vertreten. In den USA ist es weder aus Sicht der Clubs noch der Gewerkschaften erstrebenswert, unterschiedliche Arbeitsbedingungen zwischen den Clubs und ihren Spielern innerhalb einer Liga zu etablieren.[1246] Ein ähnliches Denken könnte sich auch im deutschen und europäischen Fußball etablieren, denn unbegrenzt unterschiedliche Arbeitsbedingungen führen zu einem Preiskampf zwischen den Clubs, der erstens die wirtschaftliche Existenz der Vereine gefährdet und zweitens nicht den Spielern in der Gesamtheit, sondern primär den sogenannten „Superstars" zugutekommt.

Letztlich hat in den USA zumindest die Einführung eines absoluten *hard salary caps* in der NFL zu einer größeren sportlichen Ausgeglichenheit und damit einer Steigerung der Chancengleichheit geführt. Auch in der deutschen Bundesliga sowie in vielen anderen europäischen Ligen und in den europäischen Wettbewerben ist die fehlende Ausgeglichenheit und Chancengleichheit signifikant vorhanden. Trotz einiger tatsächlicher Unterschiede, welche die Einführung von Gehaltsobergrenzen in Deutschland und Europa ungleich schwerer erscheinen lassen, ähneln sich die Probleme – wirtschaftliche Instabilität und mangelnde sportliche Ausgeglichenheit – und daher die Argumente für Gehaltsobergrenzen im Profisport in beiden Ländern bzw. auf beiden Kontinenten stark.[1247]

1244 *Dietl/Lang/Rathke*, The B.E. Journal of Economic Analysis & Policy, Vol. 9 (2009), Issue 1, Art, 17, 15.

1245 *Dietl/Lang/Rathke*, The B.E. Journal of Economic Analysis & Policy, Vol. 9 (2009), Issue 1, Art, 17, 15.

1246 *Fikentscher*, Mitbestimmung im Sport, 219.

1247 *Heermann*, NZKart 2015, 128, 130, betont allerdings, dass sich Ausgestaltung, Regelungstechnik und Zielsetzung von *salary caps* in den USA und Financial Fairplay-Reglement in Europa so stark unterscheiden, das aus seiner Sicht einheitliche rechtliche Standards nicht angelegt werden können.

II. Rechtsvergleich

In allen amerikanischen Profiligen bestehen Spielergewerkschaften, welche die Interessen der Spieler gegenüber der Monopolmacht der Ligen und damit auch der Clubs vertreten. Einerseits haben die Spielergewerkschaften für die Spieler Mindestgehälter, Versicherungen, Bonusregelungen, Pensionspläne und soziale Absicherung etc. erreicht. Auf der anderen Seite haben die Clubeigentümer Gehaltsobergrenzen durchgesetzt, um ihre wirtschaftliche Kraft zu erhalten, Gewinne zu sichern und eine gewisse sportliche Ausgeglichenheit innerhalb der Liga zu gewährleisten.[1248]

Gegenüber den klassischen Industrie- und Wirtschaftszweigen, in denen Arbeitnehmer durch Gewerkschaften vertreten sind, ist im Bereich des Sports als Besonderheit zu beachten, dass hier in einem hoch profitablen Umfeld die Verteilung der Gewinne aus den Marktmöglichkeiten der Ligen im Mittelpunkt der Verhandlungen zwischen teilweise hochbezahlten Spielern und reichen Clubeigentümern steht.[1249] In der Vergangenheit betrug die prozentuale Gewinnbeteiligung der Spieler an den Gewinnen der NFL, NBA und NHL zwischen 50 % und 60 %. Der Anteil der Spielergehälter am Umsatz der Clubs bewegt sich in der Fußball-Bundesliga bei etwa 40 %. In Deutschland haben die Spielergewerkschaften bislang keine Tarif- oder Gehaltsverhandlungen für die Spieler geführt, rechtlich wäre dies jedoch ebenfalls möglich.

Die Systeme des kollektiven Arbeitsrechts in den USA und in Deutschland sind zwar in einigen Punkten verschieden. Dennoch ist es in beiden Rechtsordnungen grundsätzlich rechtlich möglich, Gehaltsobergrenzen in Tarifverträgen zu etablieren. In beiden Ländern gibt es Kartellausnahmen, die Tarifverträge mit gesetzlichem bzw. durch die Rechtsprechung erlaubtem Inhalt gegenüber dem Kartellrecht privilegieren. Ein großer rechtlicher Unterschied ist, dass es in Deutschland kein Prinzip der *bargaining unit* bzw. keine *doctrine of exclusivity* gibt. Daher könnten sich die Spieler grundsätzlich durch Aus- oder Nichteintritt in die Gewerkschaft der Anwendung von Tarifverträgen schlicht entziehen.[1250] Es wurde allerdings festgestellt, dass Regelungen eines *salary caps* wohl als Betriebsnorm beurteilt würden bzw. auf europäischer Ebene eine Vereinbarung nach Art. 139 Abs. 2 EG Vertrag geschlossen werden könnte.[1251] Dies würde eine Anwendbarkeit der Regelungen auf alle Spieler innerhalb einer Liga gewährleisten. Allerdings gibt es bisher noch keine vergleichbaren Regelungen auf europäischer Ebene, sodass eine solche Vereinbarung aus praktischer und rechtlicher Sicht mit vielen Unwägbarkeiten verbunden sein könnte.

1248 Neben den *salary caps* werden im Übrigen auch sogenannte Luxussteuern (*luxury taxes)* erhoben sowie Gewinne zwischen den Clubs aufgeteilt (*revenue sharing)*, um eine größere sportliche und wirtschaftliche Ausgeglichenheit zwischen Clubs innerhalb der Ligen zu erreichen.

1249 *Yasser/McCurdy/Goplerud/Weston,* Sports Law, Sixth Ed. 2006, 397.

1250 *Fikentscher*, Der Salary Cap im Sport, in: Vieweg (Hrsg.), Spektrum des Sports (2003), 205.

1251 Vgl. *Fikentscher*, Der Salary Cap im Sport, in: Vieweg (Hrsg.), Spektrum des Sports (2003), 205.

Ein weiterer, Gehaltsobergrenzen im US-Sport begünstigender, Fakt ist, dass es im US-amerikanischen *labor law* im Gegensatz zum deutschen Tarifrecht kein Günstigkeitsprinzip gibt. Daher geht im US-amerikanischen Recht die kollektive Regelung vor, während im deutschen Recht der Arbeitnehmer stets eine günstigere einzelvertragliche Regelung aushandeln kann. Auch hier würde im Fall eines teambezogenen absoluten *salary caps* die Einstufung als Betriebsnormen helfen. Die Vereinbarung eines *soft salary caps* würde dagegen, wenn auch auf Kosten der Effektivität der Regelung, dem Günstigkeitsprinzip Rechnung tragen.

Im Gegensatz zum amerikanischen Sportrechtssystem stehen in Deutschland und Europa darüber hinaus jedoch Verbands- und Ligastatuten als Regelungsinstrumente für die Einführung von Gehaltsobergrenzen zur Verfügung. Nach dem Ergebnis der vorliegenden Prüfung würden solche einseitig eingeführten Regelungen, anders als ggfs. in USA, auch einer kartellrechtlichen Prüfung standhalten. Auch mit dem deutschen und europäischen Arbeitsrecht wären verbandsrechtliche Gehaltsobergrenzen vereinbar. Den Sportverbänden stehen hierbei das Grundrecht der Vereinigungsfreiheit und überwiegende Allgemeinwohlinteressen zur Seite. Allerdings müssen sie sich, genauso wie die Tarifparteien, mit den deutschen Grundrechten sowie den europäischen Grundfreiheiten der Arbeitnehmer auseinandersetzen; ein Problem, dass sich im US-amerikanischen Recht nicht vergleichbar stellt. Ein gemeinsames Argument für die Rechtmäßigkeit von Gehaltsobergrenzen in beiden Ländern ist, dass sie im Ergebnis einer Mehrzahl der Spieler und Clubs zugutekommen, indem eine höhere Gewinnbeteiligung der Spieler vereinbart wird und die sportlichen Chancen für die Mehrzahl der Spieler und Clubs sowie deren Fans steigen.

Letztlich ist zu beachten, dass Gehaltsobergrenzen in den USA lediglich an den nationalen Regelungen einer Jurisdiktion zu messen sind. In Europa besteht dagegen eine Vielzahl unterschiedlicher Jurisdiktionen, auch wenn das Europarecht für alle Mitgliedstaaten und somit auch für sämtliche europäische Sportverbände, Ligen und Clubs gilt. Zumindest für das deutsche und das europäische Recht wurde jedoch gezeigt, dass die Einführung von Gehaltsobergrenzen auf der Basis von Verbandsrecht bzw. Tarifverträgen möglich wäre. Die UEFA hat dies im Bereich des Fußballs mit dem UEFA Financial Fairplay-Reglement in Form relativer Gehaltsobergrenzen bereits in die Tat umgesetzt.

C. Zusammenfassung

Teilweise sind die rechtlichen und tatsächlichen Verhältnisse in den großen Sportligen der USA und in Deutschland bzw. Europa sehr unterschiedlich, teilweise gibt es jedoch auch Gemeinsamkeiten, die eine Übertragung gewisser Regelungen und Überlegungen möglich erscheinen lassen.

In beiden Ländern gibt es Spielergewerkschaften, mit denen im Rahmen von Tarifverträgen Gehaltsobergrenzen verhandelt werden könnten. Auf europäischer Ebene fehlen bislang die notwendigen Erfahrungswerte bezüglich entsprechender Sozialpartnervereinbarungen. Es gibt jedoch zumindest mit dem sozialen Dialog ein

Instrument, welches in diese Richtung zielt. An die Stelle von Tarifverträgen könnten in Europa auch einseitig geschaffene verbandsrechtliche Regelungen treten, die es in den USA in dieser Form nicht gibt.

Anders als in den USA könnten sich in Deutschland und Europa tatsächliche und auch rechtliche Schwierigkeiten daraus ergeben, dass die getroffenen Vereinbarungen oder Regelungen nicht nur für eine geschlossene Liga, sondern für sämtliche professionelle Ligen in einer Sportart und ggfs. auch länderübergreifend gelten müssten.

Die grundsätzlichen Überlegungen, dass die Installation eines *salary caps* oder einer Luxussteuer zu größerer Chancengleichheit und gleichzeitig auch zu wirtschaftlicher Stabilität der Clubs beitragen könnte, lassen sich jedoch übertragen. Auch gibt es in beiden Ländern Bedarf an einer Regelung von Gehaltsobergrenzen. Für den europäischen Sport würde eine Regelung von Gehaltsobergrenzen allerdings eine bislang nicht gekannte Abkehr vom freien Spiel der Kräfte bedeuten und damit einen nicht unerheblichen System- und Wertewechsel herbeiführen.

§ 8 Ergebnis und Ausblick

A. Ergebnis

Der Verfasser kommt zu dem Ergebnis, dass eine deutschland- und/oder europaweite Einführung von Gehaltsobergrenzen im professionellen Mannschaftssport in Form eines teambezogenen absoluten *salary caps* oder einer Luxussteuer-Variante rechtlich möglich und sportlich sowie wirtschaftlich sinnvoll wäre. Als rechtliche Instrumente stehen zum einen Verbandsregelungen bzw. Regelungen in den Satzungen oder Statuten der Ligagesellschaften zur Verfügung, zum anderen Tarifverträge bzw. europäische Sozialpartnervereinbarungen. Eine europaweite Regelung wäre grundsätzlich vorzugswürdig. Es stellen sich darüber hinaus einige praktische Herausforderungen bei der Ausgestaltung und Umsetzung an die möglichen Verfasser solcher Regelungen, sprich die Sportverbände, Ligagesellschaften und Sozialpartner.

Im Einzelnen:

Im deutschen und europäischen Fußball gibt es ein signifikantes wirtschaftliches und sportliches Ungleichgewicht zwischen den Clubs. Des Weiteren gibt es – trotz insgesamt steigender Umsätze und Gewinne – eine nicht unwesentliche Anzahl von Clubs, die hoch verschuldet sind und/oder sich nur durch die Unterstützung wirtschaftlich starker Unternehmen oder Einzelpersonen die Teilnahme am Wettbewerb um die besten Spieler und die damit verbundenen hohen Gehaltszahlungen leisten können. Dem könnte durch die Einführung von Gehaltsobergrenzen in Deutschland und/oder in der Europäischen Union entgegengewirkt werden.

Im deutschen Fußball werden die Clubs durch das in der Lizenzordnung des DFL e. V. verankerte Lizenzverfahren grundsätzlich zu nachhaltigem Wirtschaften angehalten. Daneben hat die UEFA im Jahr 2010 das Financial Fairplay-Reglement eingeführt, um die wirtschaftliche Stabilität der Clubs zu fördern. Ein Instrument, mit dem die Förderung der Chancengleichheit bezweckt wird, gibt es bislang jedoch nicht.

In den vier großen *major leagues* des US-amerikanischen Sports gibt es seit Langem Gehaltsobergrenzen in Form von *salary caps* bzw. im Baseball in Form einer *luxury tax*. Diese werden im Rahmen von Tarifverträgen zwischen den Ligen und den Spielergewerkschaften vereinbart und bezwecken neben einer Eindämmung signifikant steigender Spielergehälter vor allem auch die Steigerung der Chancengleichheit (*competitive balance*). Die Rechtmäßigkeit von Gehaltsobergrenzen ist im US-amerikanischen Recht nahezu unumstritten. Aufgrund ihrer Regelung in Tarifverträgen ist sie durch die höchstrichterlich anerkannte *non-statutory labor exemption* von der Anwendung des Kartellrechts ausgenommen. Rechtlich problematisch wäre es, wenn die Spieler beschließen würden, sich nicht mehr durch die Spielergewerkschaften vertreten zu lassen (*union decertification*). Allerdings handeln die Spielergewerkschaften in den Verhandlungen regelmäßig Mindestumsatzbeteiligungen und Gehaltsuntergrenzen (*salary floor*) für alle Spieler aus.

Es gibt verschiedene denkbare und auch bereits praktizierte Varianten von Gehaltsobergrenzen, die für den europäischen Sport infrage kommen. Neben einer individuellen Gehaltsobergrenze, bei der eine bestimmte Höchstgrenze für das individuelle Spielergehalt festgelegt wird, sind dies vor allem teambezogene Gehaltsobergrenzen. Die strikteste Ausführung ist ein absoluter teambezogener *hard salary cap*, bei dem ausnahmslos alle am Wettbewerb teilnehmenden Clubs eine bestimmte Obergrenze für ihren gesamten Spielerkader nicht überschreiten dürfen. Weniger strikt ist ein relativer teambezogener *salary cap*, bei dem die Obergrenze für jeden Club unterschiedlich ist, weil sie sich z. B. an den Umsatzzahlen der vorangegangenen Saison orientiert. Ebenfalls weniger einschneidend wäre ein sogenannter *soft salary cap*, der verschiedene Ausnahmen von der teambezogenen oder individuellen Obergrenze zulässt, z. B. bei der (Wieder-)Verpflichtung altgedienter Spieler (*veterans*). Letztlich gibt es noch die sogenannte Luxussteuer-Variante, die ebenfalls eine teambezogene Obergrenze vorsieht, ein Überschreiten jedoch nicht verbietet, sondern den Club zu Strafzahlungen verpflichtet, die wiederum an die anderen Clubs oder an alle Spieler ausgekehrt werden.

Verschiedene Untersuchungen zeigen, dass alle genannten Varianten zur Eindämmung der Kosten und damit zur wirtschaftlichen Gesundung der Clubs beitragen. Eine signifikant messbare Auswirkung auf die sportliche Chancengleichheit hat bislang nur der absolute *hard salary cap* der NFL. Bei der vorgeschlagenen Luxussteuer-Variante geht der Verfasser davon aus, dass sie zumindest im europäischen Fußball eine positive Auswirkung auf den Wettbewerb haben würde, wenn auch nicht im Ausmaß eines absoluten *hard salary caps*.

Die Sportverbände und auch die Sportligen leiten aus der Vereinigungsfreiheit des Art. 9 Abs. 1 GG das Recht ab, für ihre Mitglieder (die Clubs) und auch deren Arbeitnehmer (die Spieler) verbindliche Regelungen aufzustellen. Die Einhaltung dieser Regelungen wird neben mitgliedschaftlichen Verpflichtungen durch den Abschluss sogenannter Lizenzverträge sichergestellt. Die Disziplinar- und Sanktionsgewalt liegt teilweise noch bei den Sportverbänden, im Fußballsport z. B. beim DFB oder auf europäischer Ebene bei der UEFA. Diese grundsätzlich autonomen Regelungen der Sportverbände und Sportligen müssen sich jedoch im Rahmen von Gesetz und Recht bewegen, also beispielsweise die deutschen Grundrechte und die europäischen Grundfreiheiten beachten, und sind gerichtlich überprüfbar.

Die Einführung von Gehaltsobergrenzen auf der Basis von Regelungen eines Sportverbands oder einer Sportliga in Form eines teambezogenen absoluten *salary caps* oder einer Luxussteuer-Variante wäre mit deutschem Recht vereinbar. Auch wenn eine solche Regelung das Grundrecht der Spieler aus Art. 12 Abs. 1 GG in Form einer Berufsausübungsregel einschränkt, wäre dieser Eingriff aufgrund überwiegender Verbandsinteressen und Interessen der Allgemeinheit gerechtfertigt. Dieses Interesse besteht vor allem in der Gewährleistung einer gewissen Chancengleichheit als ureigenstem Prinzip sportlicher Wettkämpfe. Aber auch die wirtschaftliche Stabilität der Clubs und Ligen kann durch die Einführung eines absoluten *salary caps* oder einer Luxussteuer gewährleistet werden. Entscheidend zur Verhältnismäßigkeit einer Gehaltsobergrenze beitragen würde im Fall eines absoluten *salary caps* die Einräumung einer Mindestgewinnbeteiligung für die Spieler, also quasi eine teambezogene Gehaltsuntergrenze. Im Fall einer Luxussteuer-Variante trägt die Verteilung der Strafzahlungen der Clubs an die Spieler zur Annahme der Verhältnismäßigkeit bei.

Ebenfalls rechtlich möglich wäre die Einführung einer Gehaltsobergrenze durch Tarifvertrag. Hoch umstritten ist die Frage, ob es sich bei den Ligagesellschaften, vor allem beim DFL e. V. im Fußball, um einen Arbeitgeberverband handelt. Nach Ansicht des Verfassers kann diese Frage, wenn auch mit einigen Restzweifeln, bejaht werden. Hier könnte der Gesetzgeber gefordert sein, ähnlich wie im Fall der Handwerkskammern die Tariffähigkeit der Ligagesellschaften gesetzlich zu regeln. Eine Alternative wäre der – jedoch praktisch schwierige – Abschluss einer Vielzahl von Firmentarifverträgen, ggfs. nur in Form von Anerkennungstarifverträgen eines zuvor für alle Clubs verhandelten Tarifvertrags. Sowohl ein absoluter teambezogener *salary cap* als auch eine Luxussteuer-Variante wären als Betriebsnormen gemäß § 3 Abs. 2 TVG zu qualifizieren, da sie zwingend für alle Arbeitnehmer der Ligateilnehmer gelten müssten, um ihr Regelungsziel zu erreichen. Die Regelungen wären aufgrund einer teleologischen Reduktion des § 4 Abs. 3 TVG vom Günstigkeitsprinzip ausgenommen. Denn Gehaltsobergrenzen können per se gar nicht günstig für die Arbeitnehmer sein und sind außerdem Teil einer Gesamtkonzeption, von der letztlich der gesamte Sport und seine Teilnehmer profitieren. Es wäre die Aufgabe der Gewerkschaften, als Gegenleistung für die Spieler entsprechend vorteilhafte Verhandlungsergebnisse zu erzielen. Dann läge auch kein Verstoß gegen das von der herrschenden Meinung angenommene Verbot von Höchstarbeitsbedingungen vor.

Ebenfalls denkbar wäre eine rein schuldrechtliche Vereinbarung, wobei sich die Tarifparteien dann nur gegenseitig verpflichtet wären und die Einhaltung der Gehaltsobergrenzen im Zweifel selbst durchsetzen müssten. Hier wird teilweise eine grundsätzliche Schwäche von tarifvertraglichen Gehaltsobergrenzen gesehen, da weder die Gewerkschaften noch alle Clubs ein wirkliches Interesse an Ihrer Umsetzung hätte. Dem kann entgegengehalten werden, dass in einem entsprechenden Gesamtsystem von Regelungen ein solches Interesse durchaus bestehen dürfte.

Verbandsrechtlich eingeführte Gehaltsobergrenzen in Form eines absoluten *hard salary caps* und einer Luxussteuer-Variante halten auch einer europarechtlichen Überprüfung stand. Die grundsätzlichen Verletzungen der Arbeitnehmerfreizügigkeit in Art. 45 AEUV sowie des Kartellverbots in Art. 101 AEUV wären aufgrund überwiegender Verbandsinteressen und Interessen des Allgemeinwohls gerechtfertigt bzw. könnten durch die EU-Kommission freigestellt werden. Eine tarifvertragliche Regelung könnte, wie im deutschen Recht, von der Anwendung des Kartellverbots ausgenommen sein. Entsprechende europäische Tarifverträge gibt es jedoch bislang nicht, lediglich die Möglichkeit einer europäischen Sozialpartnervereinbarung.

B. Ausblick

Die Einführung von Gehaltsobergrenzen im europäischen Sport, insbesondere im Fußball – entweder in Form eines absoluten teambezogenen *hard salary caps* oder wenigstens in Form einer Luxussteuer-Variante – ist aus Sicht des Verfassers wünschenswert und erforderlich, um die Chancengleichheit und damit die Spannung und Ausgeglichenheit des sportlichen Wettkampfs auf Dauer für alle Teilnehmer und Zuschauer zu gewährleisten. Die Eindämmung der fortschreitenden Überschuldung der Club und des wettbewerbsverzerrenden finanziellen Engagements von Großkonzernen, Mäzenen und Finanzinvestoren wäre ein weiterer begrüßenswerter Effekt.

Es ist jedoch leider nicht zu erwarten, dass absolute Gehaltsobergrenzen mittelfristig eingeführt werden. Im europäischen Fußball hat sich die UEFA zunächst für einen anderen Weg entschieden, nämlich für relative Gehaltsobergrenzen im Rahmen des Financial Fairplay-Reglements, die auf die finanzielle Stabilität der Clubs und Ligen abzielen und das finanzielle und sportliche Ungleichgewicht – ob gewollt oder ungewollt sei dahingestellt – eher noch manifestieren. Mit der Umsetzung, Sicherung und gegebenenfalls weiteren Ausgestaltung dieses Reglements wird die UEFA in den nächsten Jahren genug zu tun haben.

Nichtsdestotrotz könnte man das UEFA Financial Fairplay-Reglement als ersten Schritt sehen, dem weitere Regelungen folgen sollten, die dann auch die Verbesserung der finanziellen und sportlichen Ausgeglichenheit zwischen den Clubs ins Visier nehmen. Die Treiber einer solchen Weiterentwicklung könnten und müssten neben den Verbänden die Sportligen und letztendlich die Mehrheit der Clubs selbst sein. Hier wäre es wünschenswert, dass die finanziell schwächeren Clubs selbstbewusster ihren Standpunkt vertreten und den Marktführern klarmachen, dass sie erstens in der Überzahl und zweitens als wettbewerbsfähige Konkurrenten für den Erhalt des Produkts professioneller Mannschaftssport dringend erforderlich sind.

Denn auch wenn der Vergleich David gegen Goliath seinen ureigenen Reiz hat, so muss gerade im professionellen Sport der David eine reelle Chance besitzen, den Goliath zu besiegen und vielleicht durch harte und professionelle Arbeit selbst zum Goliath zu werden. Wenn dieser Weg aufgrund der wirtschaftlichen Gegebenheiten von vorneherein versperrt ist, hat der sportliche Wettbewerb für die Spieler, Verantwortlichen und Fans der chancenlosen Clubs seinen ursprünglichen Sinn verloren.

Literaturverzeichnis

Adolphsen, Jens: Zuständigkeit und anwendbares Recht bei Verfahren gegen Sportverbände, IPRax 2000, 81–87

Adolphsen, Jens/Nolte, Martin/Lehner, Michael/Gerlinger, Michael: Sportrecht in der Praxis, Stuttgart 2012 (zit.: Adolphsen/Nolte/Lehner/Gerlinger/*Bearbeiter*, Sportrecht in der Praxis)

Bahners, Frank: Einführung von Gehaltsobergrenzen im deutschen Berufsfußball aus wettbewerbsrechtlicher Sicht, SpuRt 2003, 142–144

Baumann, Wolfgang: Die Vereinsstrafengewalt des Deutschen Fußball-Bundes über die Bundesligavereine, Lizenzspieler und Fußball Lehrer, Bonn 1971

Bechtold, Rainer: Kartellgesetz – Gesetz gegen Wettbewerbsbeschränkungen (§§ 1–96, 130, 131), 8. Auflage, München 2015

Bechtold, Rainer: Zur Anwendung des Kartellverbots auf wettbewerbsbeschränkende Tarifverträge, RdA 1983, 99–101

Becker, Michael N.: Verfassungsrechtliche Schranken für die Regelungen des Lizenzfußballsports in der Bundesrepublik Deutschland, Mainz 1982

Beisenherz, Maja: Der professionelle Sport und das europäische Kartellrecht, Köln 2011

Belling, Detlev W.: Das Günstigkeitsprinzip im Arbeitsrecht, Berlin 1984

van den Bergh, Roger J./Camesasca, Peter D.: Wettbewerbsrechtliche Beurteilung von Tarifverträgen? Ökonomische Analyse der jüngsten EuGH-Rechtsprechung, in: Ott/Schäfer (Hrsg.), Ökonomische Analyse des Arbeitsrechts, Tübingen 2001

Berry, Robert C./Gould IV, William B./Staudohar, Paul D.: Labor Relations in Sports, Dover, MA, London 1986

Blum, Verena/Ebeling, Stephan: Dynamische Verweisungen im Arbeits- und Verbandsrecht, Bepler (Hrsg.), Sportler, Arbeit und Statuten, Herbert Fenn zum 65. Geburtstag, Berlin 2000

Bodansky, Brian: Twenty-Third Annual Philip D. Reed Memorial Issue: Note: Kicking the Penalty: Why the European Court of Justice should allow Salary Caps in UEFA, 36 Fordham Int'l L.J. 163

Buchner, Herbert: Die Rechtsstellung der Lizenzspieler, NJW 1976, 2242–2246

Butte, Freyja C.: Das selbstgeschaffene Recht des Sports im Konflikt mit dem Geltungsanspruch des nationalen Rechts, Baden-Baden 2010, zugleich Rostock 2008 (zit.: Das selbstgeschaffene Recht des Sports)

Calliess, Christian/Ruffert, Matthias: EUV/AEUV, Das Verfassungsrecht der Europäischen Union mit europäischer Grundrechtecharta, 5. Auflage, München 2016

Champion, Walter T., Jr.: Fundamentals of Sports Law, Second Edition 2004

Däubler, Wolfgang/Hjort, Jens Peter/Schubert, Michael/Wolmerath, Martin: Arbeitsrecht, 4. Auflage, Baden-Baden 2017

Däubler, Wolfgang: Tarifvertragsgesetz, 4. Auflage, Baden-Baden 2016 (zit.: Däubler/*Bearbeiter*, TVG)

Däubler, Wolfgang: ITF-Aktionen gegen Billig-Flaggen-Schiffe – im Widerspruch zum EG-Recht?, AuR 2008, 409–417

Deutschmeyer, Manuel: Financial Fairplay, Auswirkungen auf den deutschen und europäischen Spitzenfußball (Diplomarbeit), München 2013

Dieterich, Thomas/Hanau, Peter/Schaub, Günther (Hrsg.): Erfurter Kommentar zum Arbeitsrecht, 17. Auflage, München 2017 (zit.: ErfK/*Bearbeiter*)

Dietl, Helmut/Duschl, Tobias/Lang, Markus: Gehaltsobergrenzen und Luxussteuern: Erkenntnisse aus dem professionellen Mannschaftssport, Working Paper No. 136, University of Zurich 2010 (http://www.isu.unizh.ch/static/ISU_WPS/136_ISU_full.pdf)

Dietl, Helmut/Lang, Markus/Rathke, Alexander: The Combined Effect of Salary Restrictions and Revenue Sharing in Sports Leagues, Working Paper No. 102, University of Zurich 2010

Dietl, Helmut/Lang, Markus/Rathke, Alexander: The Effect of Salary Caps in Professional Team Sports on Social Welfare, The B.E. Journal of Economics and & Policy, Volume 9, Issue 1, Article 17, 2009

Dreier, Horst: Grundgesetz Kommentar, Band I, Artikel 1–19, 3. Auflage, Tübingen 2013

Eggerstedt, Lea: Probleme der Lizenz- und Schiedsgerichtsverträge im deutschen Berufsfußball, Baden-Baden 2008, zugleich Marburg 2006

Ehlers, Dirk: Europäische Grundrechte und Grundfreiheiten, 4. Auflage, Berlin 2014 (zit.: Ehlers/*Bearbeiter*, EuGR)

Eichel, Benjamin: Transferentschädigungen für Berufsfußballer – Neue Erkenntnisse für die Behandlung des Sports im Europarecht durch „Bosman II"?, EuR 2010, 685–695

Emmerich, Volker: EG-Vertrag und sportliche Betätigung, Anmerkung zu EuGH, Urt. v. 18.7.2006 – C-519/04 (Meca-Medina), JuS 2006, 1123–1125

Englisch, Jörg: Ausgestaltung der Persönlichkeitsrechte gegenüber den Vereinen und Verbänden im Fußballsport, Württembergischer Fußballverband e. V. (Hrsg.), Das Persönlichkeitsrecht des Fußballspielers, 47–82

Fenn, Herbert: Erfassung der Sportler durch die Disziplinargewalt der Sportverbände, SpuRt 1997, 77–81

Fikentscher, Adrian: Der Salary Cap im Sport im Schnittpunkt zwischen Arbeits- und Kartellrecht, in Vieweg, Klaus (Hrsg.), Spektrum des Sports, Berlin 2003

Fikentscher, Adrian: Mitbestimmung im Sport, Berlin 2002

Fikentscher, Adrian: Vereinsrechtliche Mitbestimmung der Athleten und ihrer Vertreter, in: Walker, Wolf-Dietrich (Hrsg.), Mitbestimmung im Sport, Stuttgart 2000, 43 ff.

Fischer, Ulrich: Europäischer Profi-Mannschaftssport, Arbeitsrecht gegen Wettbewerbsrecht, FA 2003, 136–139

Fleischer, Holger: Tarifverträge und Europäisches Wettbewerbsrecht, DB 2000, 821–825

Flory, Marcus: Der Fall Bosman – Revolution im Fußball?, Kassel 1997

Freyberg, Burkhard von: Transfergeschäft der Fußballbundesliga, Berlin 2005

Frick, Bernd/Prinz, Joachim: Spielerallokation und Spielerentlohnung im professionellen Teamsport, Köln 2005

Fritzweiler, Jochen/Pfister, Bernhard/Summerer, Thomas: Praxishandbuch Sportrecht, 3. Auflage, 2014 (zit.: PBH SportR/*Bearbeiter*)

Fuchs, Maximilian/Marhold, Franz: Europäisches Arbeitsrecht, 3. Auflage, Wien 2010

Füllgraf, Lutz: Der Lizenzfußball, Berlin 1981

Gamillscheg, Franz: Kollektives Arbeitsrecht, Band 1, München 1997

Gerba, John R.: Instant Replay: A Review of the Case of Maurice Clarret, the Application of the Non-Statutory Labor Exemption, and its Protection of the NFL Draft Eligibility Rule, in Fordham Law Review 2005, 2383–2436

Giesen, Richard: Tarifvertragliche Rechtsgestaltung für den Betrieb, Tübingen 2002

Grabitz, Eberhard/Hilf, Meinhard/Nettesheim, Martin: Das Recht der Europäischen Union, Band I, Art. 45–49 AEUV, (zit. Grabitz/Hilf/Nettesheim/*Bearbeiter*), 52. Ergänzungslieferung, München 2014

Haas, Ulrich: Die Sport(schieds)gerichtsbarkeit der Athleten, in: Recht der Athleten, Akademieschrift 49 des DSB, 57–76, Frankfurt am Main 1997

Haas, Ulrich/Haug, Tanja/Reschke, Eike: Handbuch des Sportrechts, Köln, Stand: Dezember 2009

Hail, Jonas: Spitzensport im Licht des Europäischen Kartellrechts, Baden-Baden 2014

Hannamann, Isolde: Kartellverbot und Abstimmung auf den Spielermärkten – Transfer-, Ausländer- und Salary-Cap-Vereinbarungen, in Vieweg (Hrsg.), Spektrum des Sports, Berlin 2003

Hannamann, Isolde: Kartellverbot und Verhaltenskoordination im Sport, Berlin 2001

Heermann, Peter W.: „Related Parties" gemäß Financial Fairplay: Erste Erfahrungen, CaS 2015, 3–10

Heermann, Peter W.: Kartellrechtliche Bewertung von Salary Caps i.S. des Financial Fair Play Reglements, NZKart 2015, 128–135

Heermann, Peter W.: Related Parties nach den UEFA Financial Fair Play-Regulations, CaS 2013, 131–145

Heermann, Peter W.: UEFA Financial Fairplay im Lichte des Europarechts, CaS 2013, 263–276

Heermann, Peter W.: Bindung an die Satzung übergeordneter Verbände durch dynamische Verweisungsklauseln, ZHR 174 (2010), 250–292

Heermann, Peter W.: Anwendung des europäischen Kartellrechts im Bereich des Sports – Teil I: Kartellverbot gemäß Art. 81 EG, WuW 2009, 394–407

Heermann, Peter W.: Anwendung des europäischen Kartellrechts im Bereich des Sports – Teil I: Missbrauchsverbot gemäß Art. 82 EG, WuW 2009, 489–503

Heermann, Peter W.: Verbandsautonomie versus Kartellrecht, CaS 2006, 345–364

Heermann, Peter W.: Salary Cap – Kartellrechtliche Grenzen, in: Zieschang, Klaus/ Klimmer, Christian (Hrsg.) Unternehmensführung im Profifußball: Symbiose von Sport, Fußball und Recht, Berlin 2004

Heinze, Meinhard: Kollektive Arbeitsbedingungen im Spannungsfeld zwischen Tarif- und Betriebsautonomie, NZA 1995, 5–8

Henssler, Martin/Willemsen, Heinz Josef/Kalb, Heinz-Jürgen (Hrsg.): Arbeitsrecht Kommentar, 7. Auflage, Köln 2016 (zit.: HWK/*Bearbeiter*)

Hertel, Melanie: Aktivierung der Athletenrechte im Verhältnis zur Verbandsautonomie unter besonderer Berücksichtigung der Berufsfreiheit, Frankfurt am Main 2001 (zit.: Athletenrechte im Verhältnis zur Verbandsautonomie)

Hesse, Konrad: Grundzüge des Verfassungsrechts der Bundesrepublik Deutschland, 20. Auflage, Heidelberg 1999

Higgins, John E. Jr.: The Developing Labor Law, Fifth Edition, Vol. I–II, Washington, DC, 2006

Hilf, Meinhard/Pache, Eckhard: Das Bosman-Urteil des EuGH, NJW 1999, 1169–1177

Hilpert, Horst: Das Fußballstrafrecht des Deutschen Fußball-Bundes (DFB), Berlin 2009

Hilpert, Horst: Sport- und Arbeitsrecht, RdA 1997, 92–100

Hobe, Stephan: Europarecht, 8. Auflage, München 2014

Höfling, Wolfram/Burkiczak, Christian: Das Günstigkeitsprinzip – ein grundrechtsdogmatischer Zwischenruf, NJW 2005, 469–473

Holzhäuser, Felix: Der strukturelle Aufbau professioneller deutscher Sportligen nach Ausgliederung aus Bundesfachsportverbänden – Teil 1, SpuRt 2004, 144–148

Holzhäuser, Felix: Der strukturelle Aufbau professioneller deutscher Sportligen nach Ausgliederung aus Bundesfachsportverbänden – Teil 2, SpuRt 2004, 243–247

Holzhüter, Sebastian: Salary Cap, Revenue Sharing und Free Agency als Mittel zur Verbesserung der Chancengleichheit im US-Sport und Probleme der Anwendung dieser Mittel im europäischen Fußball, 1. Auflage, Speyer 2007 (zit.: Salary Cap)

Hübl, Lothar/Swieter, Detlef: Fußball-Bundesliga: Märkte und Produktbesonderheiten, in: Ligasport aus ökonomischer Sicht, Hübl, Lothar/Peters, Heinz-Heinrich/Swieter, Detlef (Hrsg.), Aachen 2002

Hümmerich, Michael/Boecken, Winfried/Düwell, Franz Josef: Arbeitsrecht, 2. Auflage, Baden-Baden 2010 (zit.: Hümmerich/Boecken/Düwell/*Bearbeiter*)

Immenga, Ulrich: Grenzen des kartellrechtlichen Ausnahmebereich Arbeitsmarkt, München 1989

Immenga, Ulrich/Mestmäcker, Ernst-Joachim: Wettbewerbsrecht Band 2. GWB, 5. Auflage, München 2014 (zit.: Immenga/Mestmäcker/*Bearbeiter*, Wettbewerbsrecht GWB)

Immenga, Ulrich/Mestmäcker, Ernst-Joachim: Wettbewerbsrecht Band 1. EU, 5. Auflage, München 2012 (zit.: Immenga/Mestmäcker/*Bearbeiter*, Wettbewerbsrecht EU)

Imping, Andreas: Ausländer-Quote und Ablösesummen im Profi-Fußball, EWS 1996, 193–199

Imping, Andreas: Die arbeitsrechtliche Stellung des Fußballspielers zwischen Verein und Verband, Köln 1995

Infantino, Gianni: Meca-Medina: Ein Schritt zurück für das europäische Sportmodell und die Spezifität des Sports?, SpuRt 2007, 12–16

Jarrass, Hans D./Pieroth, Bodo: Grundgesetz für die Bundesrepublik Deutschland, 14. Auflage, München 2016

Junker, Abbo: Grundkurs Arbeitsrecht, 16. Auflage, München 2017

Junker, Abbo: Europa und das deutsche Tarifrecht – Was bewirkt der EuGH?, ZFA 2009, 281–296

Kania, Thomas: Betriebsräte in Lizenzfußballvereinen, SpuRt 1994, 121–128

Kania, Thomas: Kollektives Arbeitsrecht im Berufsfußball, in: Württembergischer Fußballverband e. V. (Hrsg.), Schriftenreihe Br. 32, Fußballspieler als Arbeitnehmer, 81

Karsch, Tobias: Der Fußballbundesligaverein als Wirtschaftsunternehmen und Arbeitgeber, Baden-Baden 2006

Kempen, Otto Ernst/Zachert, Ulrich: Tarifvertragsgesetz, 5. Auflage, Frankfurt am Main 2014 (zit.: Kempen/Zachert/*Bearbeiter*, TVG)

Kingreen, Thorsten/Pieroth, Bodo/Haghgu, Katrin: Tarifverträge als Bereichsausnahme des Europäischen Vergaberechts, NZA 2009, 870–876

Klatt, Helmut: Die arbeitsrechtliche Stellung des Berufsfußballers, Bielefeld 1976 (zit. Arbeitsrechtliche Stellung)

Klingmüller, Angela: Die rechtliche Struktur der US-amerikanischen Berufssportligen am Beispiel der National Basketball Association (NBA), Münster 1998 (zit.: Rechtliche Struktur der US-amerikanischen Berufssportligen)

Klingmüller, Angela: Die rechtliche Struktur der US-amerikanischen Profisportligen – dargestellt am Beispiel der National Basketball Association (NBA), SpuRt 1998, 177–181

Klose, Oliver: Sektoraler sozialer Dialog im Sport, 207–222, in: Vieweg, Klaus (Hrsg.), Spektrum des Sportrechts, Berlin 2003

Klose, Oliver/Zimmermann, Uwe: Tarifvertrag als Regelungsinstrument: Perspektive für den deutschen Sport, 137–177, in: Bepler, Klaus (Hrsg.), Sportler, Arbeit und Statuten, Herbert Fenn zum 65. Geburtstag, Berlin 2000

Küpperfahrenberg, Peter: Die arbeitsrechtliche Stellung von Spielern und Trainern im Lizenzfußball, Hamburg 2004

Kordel, Guido: Arbeitsmarkt und Europäisches Kartellrecht, FIW-Schriftenreihe, Heft 197, Köln 2004

Kreis, Werner: Die Zulässigkeit von Höchstarbeitsbedingungen, RdA 1961, 79–102

Kreis, Werner: Die Zulässigkeit von Höchstarbeitsbedingungen, Frankfurt 1960

Krogmann, Mario: Grundrechte im Sport, Berlin 1998

Kronberg, Marie: Voraussetzungen und Grenzen der Bindung von Sportverbänden an die Europäischen Grundfreiheiten, Berlin 2011 (zit. Bindung von Sportverbänden an die Europäischen Grundfreiheiten)

Lange, Raimund: Die Zulässigkeit von tarifvertraglichen Gehaltsobergrenzen, SpuRt 2010, 234–236

Latzel, Clemens/Serr, Stephan: Kartellkontrollprivileg für Tarifverträge als formeller Rahmen eines Unionstarifvertrags, EuZW 2014, 410–416

Lentze, Gregor: The Legal Concept of Professional Sports Leagues: The Commissioner and an Alternative Approach from a Corporate Perspective, in Marquette Sports Law Review 6/1995, 65

Leslie, Douglas L.: Labor Law, St. Paul, Minn. 2000

Lindholm, Johan: The Problem With Salary Caps Under European Union Law: The Case Against Financial Fair Play, Texas Law Review of Entertainment & Sports Law, Vol. 12.2, 189–213

Littkemann, Jörn/Brast, Christoph/Stübinger, Tim: Neuordnung des verbandsrechtlichen Rahmens für die Fußball-Bundesliga, WiSt 2003, 415–418

Loewenheim, Ulrich/Meesen, Karl/Riesenkampf, Alexander/u. a.: Kartellrecht, 3. Auflage 2016 (zit.: Loewenheim/Meesen/Riesenkampf/*Bearbeiter*, Kartellrecht)

Löwisch, Manfred/Rieble, Volker: Tarifvertragsgesetz, 4. Auflage, München 2016 (zit.: Löwisch/Rieble/*Bearbeiter*, TVG)

Lücke, Oliver: Die Angemessenheit von Vorstandsbezügen – Der erste unbestimmbare Rechtsbegriff?, NZG 2005, 692–697.

Maier, Frank: Rechtsfragen der Organisation und Autonomie im Verbands- und Berufssport, Aachen 1995

Malatos, Andreas: Berufsfußball im europäischen Rechtsvergleich, Kehl, Straßburg, Arlington 1988

v. Mangoldt, Herrmann/Klein, Friedrich/Starck, Christian: Das Bonner Grundgesetz, Kommentar, Band 1 (Präambel, Art 1–19), 6. Auflage, München 2010 (zit.: Mangoldt/Klein/Stark/*Bearbeiter*)

Maunz, Theodor/Dürig, Günter: Grundgesetz Kommentar, Loseblattkommentar, München, Stand Lfg. 73, Dezember 2014 (zit.: Maunz/Dürig/*Bearbeiter*)

Maurer, Hartmut: Staatsrecht I, 6. Auflage, München 2010

McPhee, Scott: First Down, Goal to Go: Enforcing the NFL`s Salary Cap Using the Implied Covenant of Good Faith and Fair Dealing, Loyola of Los Angeles Entertainment Law Journal, 449 (1997)

Menzel, Tobias: Dopingsperren durch Sportverbände als Missbrauch einer marktbeherrschenden Stellung, WRP 2002, 810–816

Merkel, Benjamin: Der Sport im kollektiven Arbeitsrecht, Aachen 2003

Mitten, Matthew J./Davis, Timothy/Smith, Rodney K./Berry, Robert C.: Sports Law and Regulation, 2nd Edition, New York, 2009

Monheim, Dirk: Die Vereinbarkeit von Schiedsabreden und Schiedsgerichten im Sport mit dem Rechtsstaatsprinzip, 94–118, in: Vieweg (Hrsg.) Facetten des Sportrechts, Berlin 2009

Monheim, Dirk: Sportlerrechte und Sportgerichte im Lichte des Rechtsstaatsprinzips – auf dem Weg zu einem Bundessportgericht, München 2006

Müller, Christian: Besonderheiten des Finanz- und Liquiditätsmanagements von Fußball-Clubs, BC 2006, 142–146

Müller, Christian: Wettbewerbsintegrität als Oberziel des Lizenzierungsverfahrens der Deutschen Fußball Liga GmbH, in: Zieschang, Klaus/Klimmer, Christian (Hrsg.) Unternehmensführung im Profifußball: Symbiose von Sport, Fußball und Recht, Berlin 2004

Müller, Christian/Lammert, Joachim/Hovermann, Gregor: The Financial Fair Play Regulations of UEFA: An Adequate Concept to Ensure Long-Term Viability and Sustainability of European Club Football?, International Journal of Sport Finance 2012, 7, 117–140

Müller-Eising, Karsten/Brandi, Tim Oliver/Sinhart, Michael/Lorenz, Mark/Löw, Hans-Peter: Das Banken-Restrukturierungsgesetz, BB 2011, 66–73

v. Münch, Ingo/Kunig, Philip: Grundgesetz Kommentar, Band 1, 6. Auflage München 2012 (zit.: von Münch/Kunig/*Bearbeiter*)

Münchener Handbuch Arbeitsrecht: Band 1 Individualarbeitsrecht §§ 1–151; Band 2 Kollektivarbeitsrecht/Sondernormen §§ 152–347, 3. Auflage, München 2009 (zit.: MünchHBArbR/*Bearbeiter*)

Münchener Kommentar zum BGB: Band 1 Allgemeiner Teil §§ 1–240 BGB, 7. Auflage, München 2015 (zit.: MüKoBGB/*Bearbeiter*)

Nacken, Gerd: Tarifverträge über das Ende der Arbeitszeit und § 1 GWB, WuW 1988, 475–488

Nicklisch, Fritz: Inhaltskontrolle von Verbandsnormen, Heidelberg 1982

Nolte, Martin: Sport und Recht, Schorndorf 2004

Nolte, Martin/Horst, Johannes (Hrsg.): Handbuch Sportrecht, Schorndorf 2009

Nolte, Martin/Polzin, Carsten: Grundrechtskollisionen im Sport, NZG 2001, 838–841

O'Leary, Leanne: Price-Fixing Between Horizontal Competitors in the English Super League, International Sports Law Journal 2008, No. 3 & 4, 77–86

Orth, Jan F.: Vereins- und Verbandsstrafen am Beispiel des Fußballsports, Frankfurt am Main 2009

Paefgen, Christian: Kurzkommentar zu GA EuGH, EWiR Art. 48 EGV 1/95, 987–988

Palandt: Bürgerliches Gesetzbuch, 76. Auflage, München 2017 (zit.: Palandt/*Bearbeiter*)

Persch, Sven: Der EuGH und die Besonderheiten des Sports im Arbeitsrecht, NZA 2010, 985–989

Pfister, Bernhard: Rechtsverhältnisse zwischen den Teilnehmern sportlicher Wettbewerbe, SpuRt 2002, 45–49

Pfister, Bernhard: Das Bosman-Urteil des EuGH und das Kienass-Urteil des BAG, in: EU-Recht und Sport, Aachen 1998, 151–171

Pfister, Bernhard: Autonomie des Sports, sport-typisches Verhalten und staatliches Recht, in: Festschrift für Werner Lorenz zum 70. Geburtstag, 170–192

Plath, Kai-Uwe: Individualrechtsbeschränkungen im Berufsfußball, Berlin 1999

Poth, Holger: Die Grenzen des Arbeitsrechts aus kartellrechtlicher Sicht, Frankfurt am Main 1990

Poth, Holger: Kartellrechtliche Grenzen der Regelung betrieblicher Nutzungszeiten durch Tarifvertrag, NZA 1989, 626–632

Preis, Bernd: Der Lizenzspieler im Bundesligafußball, Frankfurt am Main 1973

Pröpper, Martin: Die Vereinigung der Vertragsspieler als Gewerkschaft – Ist der Schritt zum Tarifvertragsrecht im deutschen Profifußball vollzogen?, NZA 2001, 1346–1351

Räker, Jan: Grundrechtliche Beziehungen juristischer Personen im Berufssport, Berlin 2008

Randerath, Max: Legal Requirements and Problems to Create a Financial Balance between Professional Sport Clubs in the German Bundesliga (Master's Thesis), München 2012

Reichert, Bernhard: Handbuch Vereins- und Verbandsrecht, 13. Auflage, Köln 2016

Reimann, Christoph: Lizenz- und Athletenvereinbarungen zwischen Sportverband und Sportler, Frankfurt am Main 2003

Richardi, Reinhardt: Betriebsverfassungsgesetz, 15. Auflage 2016 (zit.: Richardi/*Bearbeiter*, BetrVG)

Rieble, Volker: Arbeitsmarkt und Wettbewerb, Berlin/Heidelberg 1996

Rollmann, Jürgen: Beruf: Fußball-Profi oder: Ein Leben zwischen Sein und Schein, Berlin 1997

Rothammer, Matthias: Die „50+1"-Klausel des DFB und des Ligaverbands aus verfassungs- und europarechtlicher Sicht, Hamburg 2013

Rüth, Holger: Kollektives Arbeitsrecht im Lizenzsport, Bonn 2003

Rüth, Holger: Tarifvertragliche Gehaltsobergrenze („Salary Cap") bei Gehältern von Lizenzsportlern?, SpuRt 2003, 137–141

Säcker, Jürgen/Oetker, Hartmut: Höchstnormenbeschlüsse der Koalitionen zwischen Freiheitsschutz und Verbandsautonomie, ZfA 1996, 85–113

Säcker, Jürgen/Oetker, Hartmut: Grundlagen und Grenzen der Tarifautonomie, München 1992

Sasdi, Andreas: Die Verbandsautonomie der Sportverbände im Korsett des Gemeinschaftsrechts – Zwischen Skylla und Charybdis, in: Sander/Sasdi (Hrsg.), Sport im Spannungsfeld von Recht, Wirtschaft und europäischen Grundfreiheiten, 115–144

Sass, Markus: Long-term Competitive Balance under UEFA Financial Fair Play Regulations, University of Magdeburg, Working Paper No. 5/2012

Sauter, Eugen/Schweyer, Gerhard/Waldner, Wolfram: Der eingetragene Verein, 19. Auflage, München 2010

Schäfer, Bernd: Sportkapitalgesellschaften – Bericht über die Erfahrungen mit der rechtlichen Struktur der Deutschen Eishockey Liga (DEL), in: Scherrer (Hrsg.), Sportkapitalgesellschaften, Stuttgart u. a. 1998

Schewe, Gerhard/Littkemann, Jörn: Sportmanagement, Schorndorf 2002

Schiera, Thomas M.: Balancing Act: Will the European Commission allow European Football to reestablish the competitive balance that it helped to destroy?, Brooklyn Journal of International Law Volume 32, 709–740

Schilhaneck, Michael: Vom Fußballverein zum Fußballunternehmen, 2. Auflage, Münster 2009

Schimke, Martin: Sportrecht, Frankfurt 1996

Schliemann, Harald: Tarifliches Günstigkeitsprinzip und Bindung der Rechtsprechung, NZA 2003, 122–128

Schneider, Jürgen: Streikrecht der deutschen Profifußballer?, SpuRt 1996, 118–121

Schopf, Daniel: Salary Caps vs. Kartellrecht, Bayreuth 2003

Schroeder, Werner: Anmerkung zur EuGH-Entscheidung „Bosman", JZ 1996, 254–257

Schulz, Sebastian: Grundrechtskollisionen im Berufssport, Baden Baden 2011

Schwarze, Jürgen/Hetzel, Phillipp: Der Sport im Lichte des europäischen Wettbewerbsrechts, EuR 2005, 581–604

Schwendowius, Daniel: Finanzierungs- und Organisationskonzepte für den deutschen Profifußball, Berlin 2002

Seel, Henning-Alexander: Abweichung von Tarifverträgen – Kann eine Gewerkschaft „Bündnisse für Arbeit" verhindern?, öAT 2013, 183–187

Singbartl, Jan/Dziwis, Thomas: „Nach dem Spiel ist vor dem Spiel": Einführung in das Sportrecht am Beispiel des Fußballs, JA 2014, 407–412

Smilgies, Ute: Erfolgsbeteiligung von Sportlern und Trainern, Baden Baden 2011

Steffen, Sönke: The Salary Cap in the National Basketball Association – An Economical Analysis, Aachen 2013

Stein, Andreas: Das Weißbuch der EU-Kommission zum Sport, SpuRt 2008, 46–49

Steinbeck, Anja: Vereinsautonomie und Dritteinfluß: dargestellt an den Verbänden des Sports, Berlin, New York 1999

Steiner, Udo: Bemerkungen zum Verhältnis von Staat und Sport in Deutschland, in Festschrift für Volker Röhricht, Köln 2005, 1225–1238

Steiner, Udo: Die Autonomie des Sports, München 2003

Stern, Klaus: Das Staatsrecht der Bundesrepublik Deutschland, Band III, 2. Halbband, München 1994

Stopper, Martin: Financial Fairplay und Verträge mit verbundenen Unternehmen, SpuRt 2013, 2–7

Stopper, Martin/Lentze, Gregor: Handbuch: Fußball-Recht, Schorndorf 2012

Stopper, Martin: Mehr sportlicher Wettbewerb durch begrenzte Umverteilung, in: Zieschang, Klaus/Klimmer, Christian (Hrsg.) Unternehmensführung im Profifußball: Symbiose von Sport, Fußball und Recht, Berlin 2004

Strauß, Marc: Fußballunternehmen in Europa, Berlin 2014

Streinz, Rudolf: EUV/AEUV, 2. Auflage, München 2012

Streinz, Rudolf: Die Rechtsprechung des EuGH nach dem Bosman-Urteil, in: Tettinger (Hrsg.), Sport im Schnittfeld von europäischem Gemeinschaftsrecht und nationalem Recht, Stuttgart, München u. a. 2001, 27–52

Streinz, Rudolf: Die Auswirkungen der europäischen Gesetzgebung auf den Sport, in: Tokarski (Hrsg.), EU-Recht und Sport, Aachen 1998, 14–70

Stütze, Sebastian: Die Kontrolle der Entgelthöhe im Arbeitsrecht, Baden-Baden 2010

Swieter, Detlef: Eine ökonomische Analyse der Fußball-Bundesliga, Berlin 2002 (zit. Ökonomische Analyse)

Thüsing, Gregor: Europäisches Arbeitsrecht, 2. Auflage 2011

Thüsing, Gregor/Lembke, Mark: Zeitarbeit im Spannungsverhältnis von Dienstleistungsfreiheit und Tarifautonomie, ZfA 2007, 87–125

Tokarski, Walter: EU-Recht und Sport, Aachen 1998

Torres, Joseph J./Hedian, H. Victoria/Kearney, Barry J.: The Developing Labor Law, Fifth Edition, 2010 Cumulative Supplement, Arlington, VA, 2010

Trappehl, Bernhard/Lambrich, Thomas: Unterlassungsanspruch der Gewerkschaft – das Ende für „betriebliche Bündnisse für Arbeit"?, NJW 1999, 3217–3224

Trommer, Hans-Ralph: Die Transferregelungen im Profisport im Lichte des „Bosman-Urteils" im Vergleich zu den Mechanismen im bezahlten amerikanischen Sport, Berlin 1999 (zit.: Transferregelungen im Profisport)

Vieweg, Klaus: Normsetzung und -anwendung deutscher und internationaler Verbände, Berlin 1990

Vieweg, Klaus: Zur Inhaltskontrolle von Verbandsnormen, in: Festschrift für Rudolf Lukes zum 65. Geburtstag, Köln u. a. 1989, 809–822

Vieweg, Klaus/Röthel, Anne: Verbandsautonomie und Grundfreiheiten, ZHR 166 (2002), 6–34

Walker, Wolf-Dietrich: Tarifverträge im deutschen Profifußball, SpuRt 2012, 222–226

Walker, Wolf-Dietrich: Tarifvertrag für Fußballprofis?, SpuRt 2011, 177 (Editorial)

Walker, Wolf-Dietrich: Arbeitsrechtliche Mitbestimmung im professionellen Mannschaftssport, in: Walker (Hrsg.), Mitbestimmung im Sport, Stuttgart 2000, 11–42 (zit.: Arbeitsrechtliche Mitbestimmung)

Walker, Wolf-Dietrich: Zur Zulässigkeit von Insolvenzklauseln in den Satzungen der Sportverbände, KTS 2003, 169–187

Weber, Christoph: Das aufgespaltene Arbeitsverhältnis, Berlin 1992

Weber, Lars: Rechtliche Strukturen und Beschäftigungsverhältnisse im Fußballsport, Hamburg 2008 (zit. Rechtliche Strukturen im Fußballsport)

Weiler, Paul C./Roberts, Gray R./Abrams, Roger I./Ross, Stephen F.: Sports and the Law, Fifth Edition, St. Paul 2015

Westermann, Harm Peter: Zum Vertragsrecht im bezahlten Fußballsport, JA 1987, 394–403

Wiedemann, Herbert: Tarifvertragsgesetz, 7. Auflage, München 2007

Windbichler, Christine: Grenzen der Mitbestimmung in einer marktwirtschaftlichen Ordnung, ZfA 1991, 35–52

Windbichler, Christine: Arbeitsrecht im Konzern, München 1989

Wise, Aaron N./Meyer, Bruce S.: International Sports Law and Business, Volume 1, The Hague, London, Boston 1997 (zit.: International Sports Law, Vol. 1)

Yasser, Ray/McCurdy, James R./Goplerud, Peter C./Weston, Maureen A.: Sports Law: Cases and Materials, Sixth Edition, Newark, NJ, San Francisco, CA, Charlottesville, VA, 2006

Zinger, Susanne: Diskriminierungsverbote und Sportautonomie, Berlin 2003

Zwanziger, Bertram: Nationale Koalitionsfreiheit vs. Europäische Grundfreiheiten – aus deutscher Sicht, RdA-Beilage 2009, 10–22

Abkürzungsverzeichnis

a.A.	andere(r) Ansicht
a. a. O.	am angegebenen Ort
ABlEG.	Amtsblatt der Europäischen Gemeinschaften
Abs.	Absatz
AEUV	Vertrag über die Arbeitsweise der europäischen Union
a.E.	am Ende
a.F.	Alte Fassung
AP	Arbeitsrechtliche Praxis
Alt.	Alternative
ArbGG	Arbeitsgerichtsgesetz
Art.	Artikel
AuR	Arbeit und Recht
BAG	Bundesarbeitsgericht
BB	Der Betriebs-Berater
Bd.	Band
BetrVG	Betriebsverfassungsgesetz
BGB	Bürgerliches Gesetzbuch
BGH	Bundesgerichtshof
BT-Drucks.	Drucksachen des deutschen Bundestags
BUrlG	Mindesturlaubsgesetz für Arbeitnehmer (Bundesurlaubsgesetz)
BVerfG	Bundesverfassungsgericht
BVerfGE	Entscheidungen des Bundesverfassungsgerichts (amtliche Sammlung)
bzgl.	Bezüglich
ca.	Circa
CaS	Causa Sport
DB	Der Betrieb
DEB	Deutscher Eishockey Bund
DEL	Deutsche Eishockey Liga
DFB	Deutscher Fußball Bund
DFL e. V.	DFL Deutsche Fußball Liga e. V.
DFL GmbH	DFL Deutsche Fußball Liga GmbH
ECA	European Club Association
EMRK	Europäische Menschenrechtskonvention
EuGH	Gerichtshof der Europäischen Gemeinschaften
EuR	Europarecht
EUV	Vertrag über die Europäische Union

EuZW	Europäische Zeitschrift für Wirtschaftsrecht
EWS	Zeitschrift für alle Berater und Rechtsanwender in Wirtschaft und Verwaltung
FA	Fachanwalt Arbeitsrecht
F.A.Z	Frankfurter Allgemeine Zeitung
FIFA	Fédération Internationale de Football Association
FIFpro	Fédération Internationale des Footballeurs Professionnels
G14	European Football Clubs Grouping
GG	Grundgesetz
GOAL	Spielervereinigung Handball
Hrsg.	Herausgeber
IPRax	Praxis des internationalen Privat- und Verfahrensrechts
JA	Juristische Arbeitsblätter
JuS	Juristische Schulung
JZ	JuristenZeitung
KTS	Zeitschrift für Insolvenzrecht
DFL e. V.	DFL Deutsche Fußball Liga e. V.
DFL GmbH	DFL Deutsche Fußball Liga GmbH
LO	Lizenzierungsordnung für Vereine
LOS	Lizenzordnung Spieler
LSpSt	Lizenzspielerstatut
MLB	Major League Baseball
NBA	National Basketball Association
NFL	National Football League
NHL	National Hockey League
NZA	Neue Zeitschrift für Arbeitsrecht
NJW	Neue Juristische Wochenschrift
NZG	Neue Zeitschrift für Gesellschaftsrecht
öAT	Zeitschrift für das öffentliche Arbeits- und Tarifrecht
RdA	Zeitschrift für die Wissenschaft und Praxis des gesamten Arbeitsrechts
SP.IN	Spielervereinigung Basketball
SpOL	Spielordnung des DFL e. V. s
SpuRt	Sport und Recht
TVG	Tarifvertragsgesetz
UEFA	Union Européenne de Football Association
UEFA Financial Fairplay-Reglement	UEFA-Reglement zur Clublizenzierung und zum finanziellen Fairplay – Ausgabe 2010
UWG	Gesetz gegen unlauteren Wettbewerb
VdV	Vereinigung der Vertragsfußballer
Vde	Vereinigung deutscher Eishockeyspieler
vgl.	Vergleiche

WiSt	Wirtschaftswissenschaftliches Studium
WRP	Wettbewerb in Recht und Praxis
WuW	Wirtschaft und Wettbewerb
ZfA	Zeitschrift für Arbeitsrecht
ZHR	Zeitschrift für das gesamte Handelsrecht und Wirtschaftsrecht

Weitere Abkürzungen gemäß Hildebert Kirchner, Abkürzungsverzeichnis der Rechtssprache, 6. Auflage, Berlin 2008

www.ingramcontent.com/pod-product-compliance
Ingram Content Group UK Ltd.
Pitfield, Milton Keynes, MK11 3LW, UK
UKHW021128041026
8980IPUK00033B/1205